예수라는 사나이

다가와 겐조 지음 ― 한승동 옮김

서커스

차례

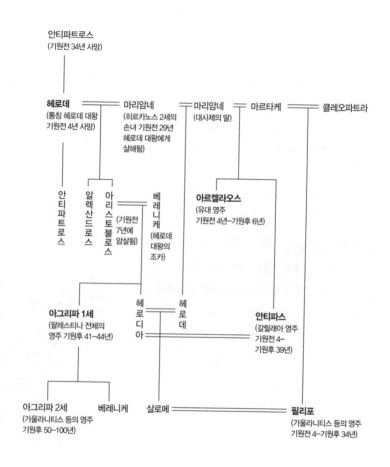

안티파트로스
(기원전 34년 사망)

헤로데
(통칭 헤로데 대왕
기원전 4년 사망)

마리암네
(히르카노스 2세의
손녀 기원전 29년
헤로데 대왕에게
살해됨)

마리암네
(대사제의 딸)

마르타케

클레오파트라

안티파트로스

알렉산드로스

아리스토불로스
(기원전 7년에 암살됨)

베레니케
(헤로데 대왕의 조카)

아르켈라오스
(유대 영주
기원전 4년–기원후 6년)

아그리파 1세
(팔레스티나 전체의
영주 기원후 41–44년)

헤로디아

헤로데

안티파스
(갈릴래아 영주
기원전 4–
기원후 39년)

아그리파 2세
(가울라니티스 등의 영주
기원후 50–100년)

베레니케

살로메

필리포
(가울라니티스 등의 영주
기원전 4–기원후 34년)

헤로데 가 가계도

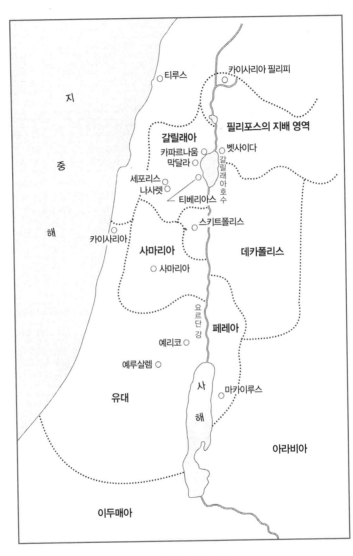

티루스

지

중

해

카이사리아 필리피

필리포스의 지배 영역

갈릴래아

카파르나움
막달라
벳사이다
갈
릴
래
아
호
수

세포리스
나사렛
티베리아스

카이사리아

사마리아

스키트폴리스

데카폴리스

사마리아

요
르
단
강

페레아

예리코

예루살렘

사
해

마카이루스

유대

아라비아

이두매아

예수 시대의 팔레스티나

예수라는 사나이

제1장

역설적 반항아의 삶과 죽음

1. 역사의 선구자

　예수는 그리스도교의 선구자가 아니다. 역사의 선구자다. 역사 속에는 늘 얼마간의 선구자들이 존재한다. 예수는 그중의 한 사람이었다. 아마도 가장 철저한 선구자의 한 사람이었을 것이다. 그리고 역사의 선구자는 그 시대의, 또는 그다음 시대의 역사에 의해 일단 말살당하기 십상이다. 이는 당연한 것이다. 선구자는 그 시대를 거부한다. 역사가 나아갈 저쪽을 자각적으로든 직감적으로든 선취先取한다는 것은 당연히 역사의 현상現狀을 거부하는 것이다. 현상에 대한 냉엄한 거부의 정신이 미래를 변화시킨다. 따라서 역사의 선구자는 그 동시대, 또 그 뒤에 이어지는 역사에 의해 일단 말살당하기 십상이다. 그렇게 해서 말살당한 선구자는 많았을 것이다. 우리가 그 존재를 모를 뿐이다. 말살당했으므로 역사의 기록에는 남아 있지 않다. 역사의 기록에서 살아남은 자가 위대한 것은 아니다. 흔적도 없이 지워진 많은 사람들이야말로 역사를 그 본질에서 담당한 이들이다. 그러나 또한 말살되지 않고 추억이 남아 있는 이도 있다. 그런 사람의 선구자로서의 성격이 대단히 강렬했던 경우에 그랬다. 그리고 또 어떤 우연이 그 사람의 기억을 후세에 남기도록 작용한 경우에 그러했다.

하지만 이처럼 역사가 선구자의 추억을 완전히 말살하지 못하고 남긴 경우에는, 거꾸로 그것을 껴안으려 한다. 그리스도교가 예수를 교조敎祖로 삼은 것이 그런 경우다.

예수는 살해당한 사나이다. 어떤 의미에서는 단순명쾌하게 살해당했다. 그 반역의 정신을 시대의 지배자는 죽일 필요가 있었기 때문이다. 그리하여 역사는 예수를 말살했다고 생각했다. 그러나 그 흔적을 완전히 지울 수는 없었다. 그래서 이번에는 그를 껴안음으로써 그 정수精髓를 제거하려 했다. 그리고 그것은 일단 보기 좋게 성공했다. 체제에 대항한 반항아가 암살당하거나 억압당해 가난 속에서 죽어간 뒤, 체제는 그 인물을 위인으로 찬양함으로써 자신의 질서 속에 짜 넣는다. 카를 마르크스가 사회 교과서에 실렸을 때는 이미 카를 마르크스가 아니게 된다는 이야기다. 그리하여 예수도 죽은 뒤에 교조가 되었다. 말살과 껴안기는, 따라서 본래 같은 취지趣旨를 갖고 있다. 그리스도교는 예수를 계속해서 말살하는 껴안기일 뿐, 결코 선구자 예수의 선구성을 나중에 성취한 것이 아니다. 예수는 여전히 성취되지 못한 채 선구자로 계속 남아 있다.

2. 예수의 출생

예수라는 사나이가 어디에서 왔는지 우리는 모른다. 흔히 '나사렛의 예수'라고 불렸으므로 갈릴래아 지방의 나사렛 마을 출신이었던 것은 확실할 것이다. 그런 의미에서는 나사렛에서 온 것은 틀림없다. 그러나 어느 날 예수가 결단을 해서 마을을 나온 뒤 그런 활동을 시작했다는 건 아니다. 언제 어떻게 나온 것인지는 모르겠으나 어느새 예수라는 사나이가 그런 활동을 하고 있었다는 이야기일 것이다. 아니 예수 자신도 어쩌다 그렇게 살아가면서 여러 가지 일을 하고 있던 중에 그런 활동을 하게 되었다는 이야기일 것이다. 따라서 당신은 어떤 계기로 이런 활동을 하기로 결심한 것입니까, 라는 식으로 물어봐도 예수 자신은 대답하기 어려웠을 것이다. 대개 저만큼의 활동은 한두 번의 결심이나 계기가 되어 할 수 있는 것은 아니다. 그것은 예수라는 사나이의 삶의 귀결이고, 출발이며, 내용이었다. 그런 의미에서는 '활동'이라는 단어로 부르는 것도 어울리지 않을 것이다. 따라서 우리는 예수에 대해 이야기할 경우에 어디에서든 시작할 수 있다. 어디에서 시작하든 마찬가지이기 때문에, 한 장면을 이야기한다고 해도 그 한 장면을 이야기하면서 예수의 삶 전체를 말하는 방식으로 이야기할 수밖에 없기 때문이다.

내친 김에 이야기하자면, 뭐 당연한 말이지만 예수의 탄생과 관련해 복음서에 전해진 이야기는 모두 그 죽음 뒤 반세기 가까이 지난 뒤에 만들어진 전설이다. 즉 예수를 그리스도교로 껴안은 후세 교회의 소산, 그것도 신약성서 중에서도 비교적 나중 시대에 속하는 교회의 소산이다. 이런 이야기들은 그 나름대로 재미있다. 예수가 태어났을 때 동방에서 세 명의 박사들이 와서 예배했다는 이야기 등은 권력 숭배의 냄새가 난다. 갈릴래아의 시골뜨기를, 왕자王者 그리스도의 탄생 이야기로 지어냈으니 말 다했다. 서양 명화들 중에 작은 마구간 짚북데기 속에서 마리아에 안겨 있는 예수를 세 사람의 박사가 예배하고 있는 그림이 있는데, 그것은 사실이 아니다. 예수의 탄생을 왕자 그리스도의 탄생 이야기로 지어낸 마태오 복음서의 정신에서는 작은 마구간에서 태어난 성자와 같은 발상은 나올 수 없다. 작은 마구간에서 태어난 이야기는 마태오 복음서와는 전혀 다른 계보에 속한다. 그것은 루카 복음서에서나 나올 수 있다. 서양 명화는 말하자면 두 명의 다른 작가가 창조한 두 가지 이질적인 상像을 하나로 합성한 것에 지나지 않는다.

그 루카 복음서가 묘사하는 상은 확실히 시적이고 아름답다. 밤에 양치기들이 양을 지키며 노숙하고 있는 곳에 천사가 나타나 구세주의 탄생을 알린다. 그러자 홀연 하늘의 군사들이 나타나 대합창을 우주에 울려 퍼지게 한다. 밤을 새워 일하고 있을 때, 우리도 땅바닥에 넙죽 엎드린 생활에서 우리를 해방해 줄 구세주가 이런 밤에 어딘가에서 태어나 줬으면 하고 간절히 바란다. 그것은 다 큰 성인이어서는 안 되니까 방금 태어난 아기여야 한다. 왜냐하면 우리의 해방은 미래에 속한 것이기 때문이다. 꿈은 미래의 것이어야 한다. 그럴 때 하늘의 군사들의 대합창이 울려 퍼진다면, 게다가 잠에 곯아떨어진 세상에서 보기 싫은 자들에게는 들리지 않고 몰래 일어나 일하고 있는 우리한테만 살며시 들려오는 대합창이라면, 우리는 그 꿈의 계시에 행복을 느끼고 예전과 다름없이 평생 넙죽 엎드린 채

일을 할 것이다. 온 힘을 다해 죽을 때까지.

예수 탄생 이야기는 그런 희구希求가 만들어낸 산물이다. 하지만 예수는 '구세주'가 아니었다. 아니 원래 성인인 예수가 온갖 풍상을 겪고 고생하며 반역의 목청을 높인 그 사실이 폭력적으로 차단당한 지 반세기가 지난 뒤에 영원히 미래인 아기 그리스도가 탄생한 것이다. 꿈은 이야기될 수밖에 없지만, 반역으로 꿈 이야기를 지어내서는 안 된다. 작은 마구간 이야기도 루카 복음서가 전하는 창작이다. 하느님의 아들 예수 그리스도는 순종과 겸허를 로마제국 지배하의 식민지 주민에게 설교하는 상징이다. 따라서 왕궁에서 태어나기보다 작은 마구간에서 태어날 필요가 있었다. 평화의 왕 그리스도는 누구나 섬기는 하인입니다. 그리스도교도 여러분은 온순하게 고분고분법과 질서를 지킵시다…… 이런 설교만큼 권력자를 기쁘게 하는 것은 없다. 하지만 예수는 반역자였다. 반역자 예수가 국가권력에 의해 학살당한 지 반세기가 지나 순종의 아들 그리스도가 작은 마구간에서 태어났다.

처녀 마리아의 몸에서 태어났다는 것도, 예루살렘 근교의 베들레헴에서 태어났다는 것도 같은 시기에 만들어진 전설이다. 그리스도 기원 50년대에, 즉 예수 사후 30년쯤 지나서 기록 작업을 한 마르코와 바울로는 아직 그런 이야기를 모르고 있었다. 그런 이야기들은 모두 그리스도 기원 80년 무렵에 만들어진 전설인 것이다. 성스러운 이념理念이 처녀와 결합한다. 이것은 사회사상의 문제일 것이다. 예수는 평범한 부모에게서 평범하게 태어난 사람의 아들이었을 뿐이다. 베들레헴 전승傳承 또한 왕자 이념의 산물이다. 이스라엘 역사상 최고의 왕 다윗은 천 년 전에 베들레헴에서 태어났다. 왕자 예수 그리스도는 그 육체가 죽은 지 반세기가 지난 뒤 베들레헴에서 태어난 것으로 여겨졌다. 그리하여 예수 탄생 이야기는 그리스도교가 그를 포섭한 시점에 만들어진 전설인 것이다.

실제로 나사렛 출신이라고 하니까 갈릴래아의 나사렛에서 태어났을 것이다. 본시 예수라는 이름은 쓸어 담을 정도로 많았기 때문에 1세기의 유대인 역사가 요세푸스의 책에는 20여 명의 다른 예수들이 등장한다. 히브리어의 여호수아가 예슈아로 전화되고, 다시 예슈가 되었다가, 그리스어에서 예수스가 되었으며, 그것이 예수가 된 것인데, 흔한 이름이었으니까 출신지를 붙여서 구별했을 것이다.

나사렛 예수라는 사나이가, 정신을 차리고 보니 그런 활동을 하고 있었더라는 이야기다.

3. 그렇다면 당신은 어떻게 기도하나?

이런 이야기가 있다.

어쨌든 강력한 종교 지배 사회에서의 이야기다. 유대인은 모두 기도한다. 기도의 방식에 대해서도 꽤나 요란스레 논의가 벌어졌던 사회다. 저녁 기도를 서서 할 것인지 누워서 할 것인지를 두고 신학적인 대논쟁이 벌어져, 그것으로 율법학자들의 파sect를 식별할 수 있었던 사회의 이야기다. 매일 아침에 기도하고, 저녁에 기도한다. 이것은 구약성서의 긴 인용구를 이어 붙인 것이 중심인데, 기도라기보다는 경전 암송과 같은 것이다. 토요일인 안식일에는 시나고그(회당)에 모인다. 거기에서

예배하고 유대교 율법에 관한 교육도 받는데, 그 예배 사이에
도 흔히 기도를 한다. 그 외에 여러 가지 기도들이 정해져 있었
다.

예수가 그런 활동을 하게 되었고, 당연히 그것은 유대교의
신성불가침한 전제도 비판에 노출시킬지도 모르는 것이었으
므로, 사람들이 질문을 하는 경우가 상당히 많았을 것으로 생
각된다. 그런 이야기를 하는 당신은 그러면 어떻게 기도하는
가. 예수를 비판하는 종교 세력 쪽에서도 그런 질문은 나왔을
것이고, 또 예수의 '제자'로 자칭 또는 타칭 불리게 된 자들로
부터도, 그러면 우리는 어떻게 기도해야 할까요, 라는 질문도
나왔을 것이다. 전자의 질문은 사회질서를 비판에 노출시키는
자에 대해, 그러면 당신은 어떤 질서를 만들어 줄 것인가, 라고
묻는 것이다. 후자의 질문은 사회질서를 비판에 노출시키는 자
에게 어느 정도 찬동을 해 봤지만 역시 무서워져서, 우리에게
도 안심하고 몸을 맡길 수 있는 질서를 주세요, 라며 묻는 질문
이다. 본질적으로 양자는 공통된다. 전자는 후자 위에 서서 자
신을 지키며, 후자는 전자의 힘을 보완한다. 또 이런 질문에 대
해서만이 아니라 예수도 스스로 여러 기회를 통해 '기도'라는
형식으로 설정된 유대교 지배 이데올로기에 대해 냉소적인 비
판을 퍼부었을 것이다. 그랬기 때문에, 그렇다면 당신은 어떻
게 기도하는가, 라는 질문이 집요하게 달라붙었다. 그리하여
예수는 여러 기회에 '기도'에 대해서도 말을 하게 되었다.

복음서의 전승이라는 것은 이런 예수의 갖가지 발언들을 같
은 종류의 것들은 하나로 모으고, 짧은 것은 하나의 언사로 만
들어 한 장면에서 발설한 것으로 해서 지극히 짧은 단편 전승

으로 정리되어 전해진 것이다. 물론 전승을 모으고 정리한 것은 그리스도교도이기 때문에 거기에 여러 호교론護敎論적인 생각, 교조敎條적인 선전이 가미되었을 것이다. 나아가 각 복음서의 저자들이 그것을 쓸 때 자신의 사상적 관점에서 다듬었다. 본시 하나로 모으고 짧게 정리한다는 것이 이미 극도의 추상화 작업이다. 인간 삶의 무수한 장면들은 짧게 몇 줄로 다듬어서 이야기할 수 있는 것이 아니다. 하지만 예수도 같은 취지의 말을 몇 번이나 했을 것이므로, 그것이 하나의 대사로 정리되더라도 어쩔 수 없는 일일지 모른다. 그런 활동을 하노라면 여기저기서 같은 질문이 쏟아질 것이므로 물릴 정도로 반복해서 같은 말을 할 수밖에 없게 된다. 하나의 사회를 지배하는 이데올로기의 공통성은 의외로 강력하다. 소관료小官僚적인 권력의 꼬리는 어디에서 맞닥뜨리더라도 모두 같은 얼굴을 하고 같은 말을 같은 억양으로 발설한다. 길들여진 민중은 어디에서나 같은 말을 하도록 오도된다. 고대 사회라고는 하나 1세기의 팔레스티나는 이미 각 도시와 시골 주민들이 밀접하게 유대교 회당으로 엮여 있었고, 거기에서 강력한 이데올로기 주입 작업이 국민 교육적으로 행해지고 있었다. 따라서 예수도 같은 것을 몇 번이고 이야기할 수밖에 없었을 것이다.

그래서 우리에게는 예수가 '기도'에 대해 한 발언이 두세 개 전해지고 있다.

율법학자라는 자는 긴 예복을 걸치고 나다니며 광장에서 인사 받기를 좋아하고, 회당(시나고그)에서는 가장 높은 자리를 찾으며, 잔칫집에 가면 식탁의 제일 윗자리에 앉으려 한다.

그런 자들은 조심하는 게 좋다. 그들처럼 과부의 집을 차례차례 등쳐먹고 허세를 부리며 긴 기도를 하는 자들은 그만큼 더 엄한 벌을 받게 될 것이다.

(마르코 12장 38~40절)

종교가가 고생하며 살아가고 있는 과부를 등쳐먹고 대학교수가 광장에서 인사받기를 좋아한다는 것은 언제나 변함없는 세상살이 같지만, 여기서 과부 집을 등쳐먹는다는 것은 좀 더 악랄한 짓이다. 유대교 율법학자는 종교가로서 구약성서의 모세 율법을 민중에게 가르치고 매우 번거로운 해석 체계를 학파적으로 전승한다. 율법은 ―'율법'으로 번역한 것은 원래 잘못된 것으로, 법률이다― 종교적인 규정임과 동시에 사회적 윤리적으로도 민중의 생활을 규정한다. '율법'에 적혀 있는 '정의'가 민사적 형사적 재판을 집행하는 기준이다. 따라서 율법학자는 동시에 민중 사이의 재판관을 겸한다. 과부의 약점을 이용해 강탈하는 자는 세상에 흔하다. 그래서 과부는 재판관에게 호소한다. 재판관에게 공평한 판결을 요구한다. 하지만 실상은 어떠한가.

이런 이야기를 예수가 한 적이 있다.

어느 도시에 하느님을 두려워하지 않고 또 사람을 사람으로 여기지 않는 재판관이 있었다. 그 도시에는 또 과부가 한 사람 있었는데, 재판관에게 와서 말했다. '내 소송 상대방과 나를 판가름해서 상대의 잘못을 처벌해 주십시오.' 재판관은 이를 들은 척도 하지 않았으나, 나중에 이렇게 생각했다. '나는 하느님을 두려워하지 않고, 사람을 사람으로 여기지도 않지만, 아무래도 저 과부는 악착같아서 안 되겠다. 귀찮으니 판결해 줄까. 그렇지 않으면 자꾸 찾아와서 귀찮게 굴 테니 견딜 수 없을 거야.'

(루카 18장 2-5절 참조)

이 이야기를 전한 루카 복음서 저자는 엉뚱하게 이 이야기를 '하느님에 대해 싫증내지 말고 늘 기도를 계속해야 한다는 것'을 가르친 설교로 해석해 버렸다. 그러나 이 이야기를 읽어 보면 그런 게 아니라는 것을 금방 알 수 있을 것이다. 이것은 실제 사회관계를 이야기하고 있는 것으로, 어리석은 재판관이지만 만일 그런 자들밖에 없다면 어쩔 수 없이 이쪽이 끈질기게 계속 주장하는 것 외에 달리 방법이 없다는 민중의 생활의 지혜 같은 것을 이야기하고 있는 것이다. 하지만 생활 지혜도 이야기하는 방식에 따라, 득의양양하게 설교를 하는 것과, 권력에 매달리는 인간을 비웃으며 이야기하는 것은 그 방향이 다르다. 배가 불룩 나온 남자가 '나는 하느님을 두려워하지 않고, 사람을 사람으로 여기지 않는 재판관이올시다'라고 무대에서 자기소개를 하면, 시골 연극의 촌극이라면 왁자지껄한 웃음을 이끌어낼 수 있을 것이다. 그러나 실제 생활에서는 많은 율법학자들이 재판을 위한 사례금을 과부로부터 많이 받아내는 것을 좋은 수입원으로 삼고 있었을 것이다. 따라서 예수는 한편으로는 빈정거리며 웃어넘길 때도 있었지만, 때로는 날카롭게 비난했다. 저놈들이 과부들을 등쳐먹고 있다고.

그런 무리들이 하는 기도는 도대체 어떤 것일까. 쓸데없이 길게, 언제 끝날지도 모를 정도로 계속 큰 소리로 떠들어댄다. 경전 암송문을 적은 양피지 등을 넣은 경전함을 팔이나 어깨에 끈으로 동여매고 기도를 하는데, 이를 보라는 듯 화려하고 넓적한 끈을 쓴다. 본시 보여주고 싶어 안달이었으니 회당(시나고그)에 사람들이 모이면 기도하고 그만두면 좋을 텐데, 기도하는 시간이 되면 바깥으로 나가 때마침 광장을 지나가기라도 할 때면 '기도할 시간이 되었습니다'라는 얼굴 표정을 하고 멈춰 서서 큰 소리로 기도를 시작한다. 그렇게 기도를 하고 싶으면 점잖게 다른 사람 눈에 띄지 않는 골방 같은 데에 들어가서 살며시 기도하면 좋지 않겠는가. 대개 기도라는 것은 하느님과의 대화로 여겨지고 있을 것이다. 일부러 다른 사람에게 보여주는 것은 아니지 않은가. 대체로 당신들 기도는 너무 길어요……(마태오 23장 5절 이하, 6장 5절 이하)

늘상 이런 이야기를 하고 있으면, 그렇다면 당신은 어떻게 기도하는가, 라는 질문을 받기 마련이다. 그때 예수가 문득 떠올린 것이 예의 그 카디쉬kaddish(성스러운 것)의 기도다. 이는 짧게 다듬은 기도문, 기도라기보다 하느님을 찬미하는 구절로, 여러 긴 기도나 경전 암송 도중에 약간 기세를 정리하기 위해 외거나, 특히 긴 기도나 경전 암송 마지막에 마무리를 지을 때 하는 기도다. 지금도 유대교 회당에서 활용되고 있는데, 그 기초적인 원형은 예수 시대까지 거슬러 올라간다. 그것이라면 짧아서 좋을 것이라고 예수는 생각했을 것이다.

위대한 이름으로 칭송받으시고, 신성해지시며, 뜻하시는 대로 창조하신 세계가 되게 하소서.

너희의 생애와 너희의 시대에, 또 이스라엘 모든 집이 살아 있는 동안에 그 나라가 하루빨리 실현되기를.

(이에 대해 사람들은) 아멘(하고 제창하라).

약간 옆길로 새지만, '아멘'이라는 말이 나온 김에 설명해 두자면, 이 말은 원래 히브리어로 '정말로 그렇습니다'라고 종교 의례적으로 찬동한다는 뜻을 표현하는 말이다. 이미 구약성서에서 오래 전부터 사용되고 있었다. 그것이 유대교 회당에서 하느님 예배에 사용되게 되면서 사제의 말에 대해 모여 있던 사람들이 화답으로 제창할 때, 또는 누군가가 대표로 기도를 했을 때 거기에 찬동한다는 의미로 다 같이 '아멘' 하고 말했던 것이다. 그리스도교는 그것을 그대로 물려받아 2천 년이 지난 일본 그리스도교도들도 아멘, 아멘하고 있는 것인데, 예수라는 사나이는 그럴 때에도 심술꾸러기 같았던 모양이다. 대개 아멘이라는 말은 이처럼 예배 같은 것을 드릴 때 다른 사람의 말에 찬동해서 그 마지막에 함께 제창하는 것인데, 그것을 예수는 일상적으로 이야기할 때 자신의 말에 자신이 아멘이라고 하고, 게다가 보통은 발언 마지막에 아멘이라고 해서 그 끝맺음을 확인하는 것인데, 예수는 무슨 이야기를 할 때 자신의 말을 시작하면서 먼저 아멘하고 선언해 버린다. 유대교 랍비의 말에, 자신의 말에 자신이 아멘이라고 덧붙이는 것은 교양이 없는 표시라는 게 있는데, 예수의 경우는 교양이 없어서 그만 깜박해버린 것이 아니라 의도적으로 전통적인 아멘 사용법을 거꾸로 활용하고 있는 것이다.

논의를 하다가, 예수는 상대방에게 이렇게 말한다. '아멘, 그렇다면 당신들에게 분명하게 선언하겠다.' 사람들을 상대로 긴 연설을 할 때, 도중에 잠시 말을 끊고 '아멘, 나는 분명히 말한다'라며 자세를 가다듬고 결정적인 말을 꺼낸다. 아니 애초에 갑자기 사람들 붙잡아 놓고 '아멘, 당신에게 말씀드리겠소' 하고 이야기를 시작한다. 오래 전해져 온 종교적 권위를 앞세우며 점잖게 나중에 살며시 입을 맞춰 아멘하고 찬동하는 그런 화법을 예수는 참을 수 없었을 것이다. 그는 하고 싶은 말이 얼마든지 있었다. 소리치지 않으면 안 될 것들이 얼마든지 있었다. 당연한 일이다. 살아 있다는 건 그런 것이다. 이 사회체제 속에서 수탈당하며 살아가노라면 소리치고 싶어지는 것도 당연하다. 또는 충실한 삶을 살아가는 덕에 힘이 어느 정도 솟구치면 그것이 소리가 되는 건 당연하다. 그럴 때 어떻게 권위가 실린 발언에 대해서만 살며시 목소리를 합쳐 아멘하고 말해야만 하겠는가. 그건 아니다. 나는 말하겠다. 아멘, 하고 단호하게 말하겠다.

그런데 원시 그리스도교부터 시작해서 2천 년 동안 그리스도교는 구약·유대교 종교의례의 아멘은 충실히 지켜 전하면서 예수가 외친, 거꾸로 들이대는 그런 태도는 계승하지 않았다. 그리스도교는 이처럼 언제나 예수의 머리를 뛰어넘어 유대교의 이데올로기를 계승한다.

이쯤에서 카디쉬 기도 이야기로 돌아가면, 패거리의 기도치고는 짧고 깔끔하지만 그럼에도 얼마나 신중하게 신학적인 배려를 깔고 있는가. 그들은 아침부터 밤까지 하느님을 매우 잘 알고 있는 것처럼 절대적 초월자인 하느님에 대해 입만 열면 우리에게 설교한다. 그런 주제에 모세의 십계명 '너, 하느님의 이름을 함부로 입에 담지 말라'를 형식적으로는 엄격하게 지키면서 결코 하느님을 직접 지명하지 않고 에두르는 말투를 쓴다. 좀 더 확실히 부르는 게 좋지 않을까. 유대교 신학에서는 하느님은 '하늘에 계신 우리 아버지'로 되어 있다. 아버지라면 아버지로, 좀 더 확실히 '아바_{abba}'*라고 부르면 안 되나.

신성한 히브리어가 아니라 일상생활 언어인 아람어, 그것도 속어로 '아버지'라니 무슨 이야기인가.

그렇다면 당신들은 자기 집에서 아버지를 뭐라 부르는가. 자신이 살고 있는 곳의 말을 정직하게 써야 하는 거요. 게다가 하느님의 '존함'이라면 황급히 '위대한'이라는 형용사를 붙여야 한다고 생각한다. '칭송받으시고, 신성해지시며'라고 같은 이야기를 되풀이하지 말고 어느 한쪽만 해도 족한 것이 아닌가. 그 '존함'이 칭송받는 것은 이 세상에서인 것이 분명하다. 그럼에도 굳이 '이 세상'이라고 하면 반드시 그 수식어로 '그 뜻대로 창조하신'이라는 말을 붙여야만 되는 신경은 도대체 어떻게 된 건가. 그러니 카디쉬의 기도도 여전히 너무 길어요. '아버지, 이름이 거룩해지시옵소서'로 족하지 않습니까.

다음 구절도 너무 길다. 하느님의 나라가 정말로 왔으면 좋겠다고 하는 이야기라면, '당신의 나라가 오게 하소서'로 간결하게 끊어 말하면 충분하므로 이 자리에 이스라엘 민족주의를

---

* 아람어로 '아버지'를 뜻하는 단어인데 신을 이렇게 친근한 호칭으로 불렀다는 것이 그리스도교에서는 예수와 신의 친밀한 관계에 대한 근거로 제시되고 있고 반면에 유대인들은 그들의 신에 대한 호칭으로 '아바'를 사용한다는 것은 도저히 상상할 수 없는 표현이라며 복음서의 기술이 근거가 없다고 부정하고 있다. —옮긴이

들고 나올 필요가 전혀 없다. 이스라엘 민족의 민족적 생명이 있는 동안에, 하느님이시여, 당신의 불가사의한 질서 속에 이스라엘 민족을 세계에서 으뜸가는 존재로 만드시고, 나라를 세워 주소서, 어쩌고 하면 그건 민족주의의 노골적인 소망을 이야기하고 있을 뿐이지 않은가. 게다가 종교가들은 어떻게든 하느님의 대변자인 것처럼 보일 작정으로 하느님에 대한 기도를 할 때마저 우리를 향해 '너희들, 너희들' 하고 설교하고 싶어한다. 우리가 하느님에게 기도하는 것이라면 확실하게 '우리'라고 하면 될 일이다.

이런 식으로 예수는 율법학자의 기도가 너무 길다며 늘 불평을 하고 있는데, 그러면 당신은 어떻게 기도합니까, 하고 묻자, 예컨대 카디쉬라면 나는 이렇게 줄이겠소, 라면서,

'아버지, 이름이 거룩해지시옵소서. 당신의 나라가 오게 하소서'

라고 두 마디로 끝내 버렸다. 하지만 일단 그렇게 말해 놓고 잠시 쉰 뒤 나직이 중얼거리기라도 한 것일까, 카디쉬에는 없는 구절이 하나 더 붙었다.

'실은 한마디 더 붙이는 게 좋겠군요. 우리에게 매일 빵을 주시옵소서, 라고.'

듣고 있던 이들은 아연실색했을 게 분명하다. 성스러운 하느님을 찬미하는 기도를 속어까지 섞어서 최소한으로 빠듯하게 축소해 놓고는 하필 '오늘 먹을 빵을 주세요' 따위를 덧붙이다니. 하지만 무슨 기도를 하든 당시의 민중에게 로마제국의 간접지배, 헤로데 왕가의 지배, 종교적 귀족층의 수탈로 이중삼중의 수탈에 신음하던 민중에게, 그리고 주기적으로 반드

시 밀려오는 기아로 생명까지 위험에 노출되어 있던 민중에게 무사히 그날그날의 빵을 주세요, 라는 것은 절실한 마음이었을 것이다. 확실히 예수는 빵만 있으면 된다고는 물론 생각하지 않았을 것이다. 그러나 빵이 있으면 좋다는 것과 그날그날 먹을 빵을 꼭 매일 주세요, 라는 것 사이에는 무한한 거리가 있다.

'기도'에 대한 이런 예수의 발언이 원시 그리스도교 속에서 다시 한 번 정리가 되어서 〈주의 기도〉로 후세에 불리게 되는 것이 만들어졌을 때(마태오 6장 9절 이하 = 루카 11장 1절 이하, Q자료*), 말투는 거의 같지만 방향이 바뀜으로써 전혀 다른 것이 된다. 예수의 경우 '기도'라는 것이 설정되는 유대교 사회 전체의 양상에 대해, 또 거기에서 이뤄지는 실제 기도에 대해 냉소적, 비판적으로 말을 던졌다. 그것은 냉소적인 비판이면서 동시에 생활하는 자의 절규이기도 하다. 어느 쪽이든 결코 모범적인 기도의 유형을 제시하고자 하는 것이 아니다. 오히려 카디쉬라는 하나의 모범적인 기도 유형과 대결을 벌였던 것이다. 이에 대해 원시 그리스도교는 거기에서 대결 요소를 지워 버리고 다시 하나의 모범적인 기도를 만들어 버렸다. 예수가 '아버지, 이름이 거룩해지시옵소서'라고 바꿔 말했을 때, 그것

---

* Q는 독일어 Quelle(자료)의 두문자로 Q문서는 원칙적으로 마태오 복음서와 루카 복음서에만 공통으로 나타나는 언어에 대한 전승이 마르코 복음서와 별도로 존재했다는 가설의 근거로 상정되는 문서다. 근거가 되는 기록은 현존하지 않지만 나그 함마디 파피루스 사본에서 예수의 어록집인 도마 복음서가 발견된 이후에 Q문서는 더욱더 신빙성이 있는 것으로 여겨지고 있다. – 옮긴이

은 어디까지나 '말 바꾸기'이고, 카디쉬의 말투가 머릿속에 꽉 차 있었다. 그것을 원시 그리스도교가 영원불변의 종교적 진리의 표현으로 받아들인 순간 역사적인 장으로의 살아 있는 진입은 무산되었다. 거기에서 역류逆流가 생기는 것은 쉬운 일이다. 그런 경우 루카는 아직 예수의 발언을 말로서는 거의 그대로 전하고 있으나, 마태오에서는 '하늘에 계신 우리 아버지시여'가 되며, '나라가 임하게 해 주시옵소서'라고 한 뒤에, 그걸로는 너무 짧아 불만이었는지 '그 뜻이 하늘에서 이루어지는 것과 같이 땅에서도 이루어지게 해 주시옵소서'라고 덧붙여버렸다.

4. 예수 서술의 방법

나는 여기에서 '주의 기도'의 전승에 대해 자세하게 해설하고자 하는 것도 아니고, 예수가 '기도'라는 것을 어떻게 받아들였는지를 해설하고자 하는 것도 아니다. 이런 데에 예수의 발상의 한 가지 특색이 드러나 있다고 생각하기 때문에 소개한 것뿐이다. 예수의 사상과 삶의 양태를 파악하려면 이처럼 그가 살아간 곳에서 왕성하게 벌어지고 있던 일들 가운데서 포착해낼 수밖에 없다는 이야기다.

한 사람의 역사적 인물을 어떻게 그려낼 것인지는 결국 그 사람이 살고 있던 역사의 장場을 어떻게 파악할 것인가 하는 문제로 귀착한다. 설사 추상적 사상의 언어라 할지라도 한 사람의 역사적 인물의 말을 제대로 알아내려면 그 사람이 살고 있던 역사적 장을 봐야 한다. 하물며 예수의 그와 같은 활동을 묘사하려 한다면 이 문제는 빠뜨릴 수 없는 요소다. 이런 문제의식 없이 예수를 묘사하는 것은 존재의 극히 표층적인 부분의 나열에 지나지 않는다. 그리고 표층의 단순한 나열만으로 시종한다면, 그것은 역사의 소재素材를 그저 나열하는 것과 같은 것이며, 결국 자신이 내면 깊숙이 자각하지 못한 채 지니고 있는 현재의 보수적 이데올로기를 거기에 투입하는 것에 지나지 않는다. 역사의 장을 보지 않기 때문이다. 자기 나름으로 예수를 객관적이고 정확하게 묘사한 것 같지만 실은 자신의 모습을 거기에 투영한 것에 지나지 않는다. 게다가 자신이 그것을 자각하지 못한다. 자신이 지니고 있는 의식을 자신이 자각하지 못한다면 결국 체제를 떠받치는 보수적 이데올로기에 자신도 모르게 순응하고 있는 데에 지나지 않는다. 한편 과거 역사의 장을 보는 눈이 없다면 지금 살아가고 있는 자신도, 또 자신들이 살아가고 있는 지금의 상황도 역사의 한 장면으로 포착할 수 있는 눈을 가질 수도 없다.

여기에 이제까지의 예수 연구의 애로가 있었다. 근대적인 문헌학으로서는 성서학, 특히 복음서 연구는 상당히 정밀해졌다. 사본도 많고, 또 예수를 알기 위한 소재로서 3개의 복음서(마르코, 마태오, 루카)가 존재하므로 여러 가지 비교 연구도 할 수 있다(요한 복음서는 간접적으로 고려할 수는 있어도 예수를 알기 위한 직접적인 자료로 삼기는 어렵다. 복음서라는 양식을 빌려서 저자가 자신의 상당히 특수한 종교 사상을 전개한 문서이기 때문이다). 거기에다 이런 좁은 영역에 엄청나게 많은 신약학자들이 대거 몰려들어 한 문장 한 구절마다 수많은 연구논문을 쏟아냈으니 정밀해지는 것도 당연하다. 따라서 근대 성서학이 행해 온 복음서 전승의 비판은 오늘날에 이르러 그 정밀도가 매우 높다. 그런 점에서는 상당히 신용할 만하다.

대략적으로 요약하자면, 예수 사후에, 아니 아마도 그의 생전부터 예수에 대해 전해져 온 이야기는 구전 전승으로, 또는 소문으로 다양하게 전해지고, 다양하게 변화하면서 부분적으로 크게 수정된 것도 있고, 전설적으로 창작된 것도 있다. 그것이 예수의 사후 20년 이상 지난 뒤 두 개의 문서로 정리되었다. 하나는 마르코 복음서인데, 이것은 한 사람의 저자의 의도적인 저작이다. 또 하나는 오늘날에는 사라져버렸지만 마태오와 루카가 공통적으로 이용한 자료로, 공자의 『논어』와 같은 양식으로 예수의 말만 나열한 어록('예수는 말했다'는 정도의 짧은 도입구만을 붙여서 그 발언을 나열한 것. 통상 Q자료로 불리고 있다. Q는 독일어의 '자료Quelle'라는 단어의 두문자)이다. 이것은 한 사람의 저자가 쓴 작품이 아니라, 애초에 하나의 완결된 문서라기보다는 점점 성장해온 것으로, 문서가 된 뒤에도, 점차적으로 예수의 '말씀logia'이 첨가되었을 것이다. 따라서 이것은 원시 그리스도교 교단의 교단 체제가 만들어낸 문자 그대로의 자료집이다.

마르코와 Q자료가 만들어진 뒤 30~40년이 지난, 말하자면 1세기 말 무렵에 마태오와 루카가 제각각 복음서를 썼다. 두 사람 모두 마르코와 Q를 자료로 입수해 그 두 가지를 종합해야 한다고 생각했을 것이고, 또 이 두 가지 주 자료 외에도 각기 개별적으로 상당한 양의 전승들을 알고 있었기 때문에 그것을 정리해서 발표하고자 했을 것이며, 아마도 가장 근본적인 동기는 그때까지 유일하게 정리되어 있던 예수 기술인 마르코 복음서가 원시 그리스도교 주류에 대해서는 분명히 비판적인 관점을 내세우고 있었기 때문에 그런 복음서만으로는 정통적 교회로서는 곤란하다고 생각해 마태오, 루카가 각자 그들 나름대로 더 정통적인 권위를 지닌 복음서를 쓰고 싶어 했기 때문일 것이다. 이 가운데 루카 쪽은 한 사람의 저자의 저술인데, 바울로의 전도 활동에 때때로 '동료'로서 협력했던 인물로, 비교적 평범한 종교 의식의 관점에서 자료를 정리해서 쓴 작품이고, 마태오 쪽은 한 사람의 저자의 작품이라기보다도 저자 마태오(예수의 제자로 되어 있는 마태오와는 다른 사람)가 속해 있던 그리스어를 하는 유대인 교회(아마도 시리아 지방)의 지식인 그리스도교도가 일종의 학파적 작업으로 자신들의 교회의 정전正典적인 복음서를 만들려고 했던 노력을 마지막에 한 사람의 저자가 정리한 것이다.

복음서라는 것이 이런 것이라고 본다면, 그것을 자료로 해서 예수를 묘사할 경우에는 어쩔 수 없이 전승을 거꾸로 거슬러 올라갈 필요가 생긴다. 마지막 복음서 저자 단계에서의 윤색을 먼저 제거하고, 이어서 긴 구전 전승 단계에서의 많은 윤색을 제거하는 식으로 거슬러 올라가고 또 거슬러 올라가서 가려내고, 신빙성이 있는 전승을 남기는 것이다. 이 작업은 방금 이야기했듯이 오늘날에는 비교적 확실하게 해낼 수 있다. 객관적으로 상당히 정확하게 예수의 발언을 확정할 수 있는 것이다. 흔히 이 작업을 염교 껍질 벗기기에 비유해, 차례차례 벗겨 가니 나중에 아무것도 남지 않았다는 반놀림조의 이야기를 하는 사람이 있지만, 그것은 실제로 본격적으로 복음서 연구를 해 본 적이 없는 사람이 말하는 인상비평적인 험구에 지나지 않는다. 어느 정도 이상 본격적으로 복음서 연구에 종사한 학자들 사이에서는 어느 전승이 예수 자신에게로 거슬러 올라갈까 하는 점에서는 대다수가 일치하고 있다. 그리고 그렇게 판단되는 전승의 수는 많다. 의견이 다른 것은 그 내용을 어떻게 이해할 것인가 하는 점인데, 어느 전승이 예수 자신에게까지 거슬러 올라갈까 하는 판단에 대해서는, 우선 신용할 수 있을 정도로 정밀도가 높은 연구가 이루어져 있다.

그러나 이 가려내기 방법에만 의존하면 객관성에 대한 맹신에 빠져 크게 실패한다. 대개 역사 연구에서의 객관성이라는 것은 하나의 한정된 방법론상의 문제로, 객관적 정확성이라는 규준規準에만 의존해 대상을 그려내려고 하면 객관적이기는커녕 아마도 왜소한 대상만 포착하게 될 것이다. 여기에서 방법론의 문제를 자세하게 논할 겨를은 없지만, 현대 신학자들이 묘사하는 '예수'가 모두 극도로 추상적인 것은 그 때문이다.

가려내기 방법의 최대 결점 가운데 하나는 예수의 발언 자구字句밖에 남지 않는다는 점이다. 확실히 복음서 전승 중에는 꽤 정확한 것도 있기 때문에 한 글자 한 구절 예수는 이렇게 말을 했다고 추정할 수 있는 것, 또는 그 정도까지는 아니라고 하더라도 상당한 정도의 확실성을 가지고 추정할 수 있는 것도 많다. 앞서 이야기한 '아버지, 이름이……'라는 기도문 등이 그런 예일 것이다. 하지만 그 발언이 어느 장면에서 나온 것인가, 또는 발언의 기록이 아닌 경우에는 예수가 어떤 행동을 했는가 하는 문제가 되면, 그것은 전승자나 편집자가 자신들의 주관을 담아 묘사한 상이지 '객관적'인 예수상은 아닌 셈이 된다.

즉 단순소박한 객관성 신앙을 규준으로 삼으면, 단순한 이론적 가능성만으로 생각하면, 사람이 이야기한 말은 그대로 정확하게 암기해 전할 수 있다. 고대인의 기억력은 현대인보다 훨씬 뛰어났을 것으로 생각할 수 있고, 실제로 당시의 유대교 랍비들은 의식적으로 훈련을 해서 스승 랍비의 말을 암기해 그대로 제자에게 전하는 작업을 하고 있었으므로 그 전승의 정확성은 상당한 정도로 신용할 만하다. 이에 비해 사람이 행한 것이나 그 장면은 그 사람 자신이 직접 한 말이 아니어서 아무래도 그것을 묘사하는 사람의 주관이 혼입된다. 그런 점에서는 '객관적'으로 정확한 사실 그 자체의 묘사라고 할 수는 없다. 따라서 '객관적'으로 정확한 사실 그 자체는, 예수가 이야기한 '말'만 남게 된다.

그렇지만 이 주관·객관의 도식은 역사를 이해하는 데에는 대단히 유치한 수법이라고 할 수밖에 없다. 또 보통의 역사 연구는 이런 유치한 수법에 의존하지 않는다. 그것이 특히 예수에 대해서는 아직까지도 버젓이 통용되고 있다. 하지만 예수는 좁은 의미에서의 랍비가 아니었으므로, 그 말이 랍비적 전승처럼 전해졌다고 생각할 이유가 없다. 뭐, 그 정도로 개성적이고 강렬한 인상을 남긴 사람이니까, 그 발언들 다수의 기본적인 취지나 그 말투의 특색 등은 많은 사람들의 기억에 선명하게 남아 있었겠지만, 그러나 문제점은 거기에 있는 것이 아니다. 이 방법에 의존하면 그다음은 역사적 장면에서 추상화된 대사의 나열을 어떻게 이론적으로 정리, 통합하고, 나아가 추상에 추상을 거듭해서 예수의 가르침의 '본질'을 뽑아낼 것인가, 라는 작업이 된다. 그럴 경우 출발점의 소재는 아무리 객관적으로 확실한 소재일지라도 이미 추상화되어 있다. 사람의 발언은 반드시 그 역사적인 장場에서 이뤄진다. 그러나 이런 방법을 쓰면 역사적 장은 소거되고 '발언'만 남는다. 하지만 장이 없는 말은 있을 수 없다. 따라서 이런 방법을 쓰는 신학자들은 예수가 살아간 역사적 장을 버리는 대신 여러 현대풍의 종교 사상의 틀을 그 전제로 끌어들이게 된다. 그리고 자신들은 '객관적'인 예수상이라고 생각하고 있으므로 자신이 자기의 취향에 맞는 현대풍의 틀을 끌어들였다는 사실조차 자각하지 못한다. '가장 객관적인 예수상'이라는 것의 속임수는 바로 거기에 있다. 오늘날 신학자들이 그리는 '예수'가 비교적 뛰어난 학자들의 경우에서조차 모두 예수의 삶과 활동을 그리는 것이 아니고, 예수의 사상을 그리는 것도 아니며(역사적 인물의 사상을 그린다는 것은 단적으로 말해서, 그 사상을 그 역사적 상황 속에서 이해한다는 것이기 때문에), 예수의 '가르침'의 해설, 그것도 추상적 신학 논의적인 해설로 끝나는 것은 바로 그 때문이다.(예컨대 불트만Rudolf Karl Bultmann은 실존주의와 현대풍 신학의 발상이라는 틀 속에 예수의 말을 새겨 넣어서 해석했다. 야기 세이이치八木誠一는 진묘珍妙한 종교철학의 틀 속에 예수의 발언을 채워 넣었다. 등등) 처음부터 예수를 영원불멸의 진리의 화신으로 만들었기 때문에 그 살아 있던 역사적 상황 속에서 예수를 파악하려는 의식은 조금도 없었다. 이른바 객관성으로는 역사를 파악할 수 없는 것이다.

확실히 복음서 개개의 전승에서 묘사된 장면은 전승자나 복음서 편집자의 '주관'이 그려낸 상像이라 하더라도, 그리고 그것들이 대개의 경우(후술하겠지만 마르코의 경우는 다르다) 그들의 호교론적 의도가 만들어낸 상이기 때문에 그대로 믿을 이유는 없지만, 그렇다고 해서 예수의 발언이 역사적 상황이 존재하지 않는 허공에서 이뤄진 그 무엇이라고 할 수는 없기 때문에, 개개의 장면이 정확하게 전해졌는지 아닌지는 따로 따져 봐야겠지만, 그것이 역사적 상황 속에서 나온 말이라는 것은 확실하다. 어떤 장면에서 한 말인지를 알 수 없다고 해서 장면이 없는 상황에서 나온 말이라고 간주하면 더 심한 오류를 범하게 된다. 확실히 작은 장면, 즉 개개의 말이 누구를 상대로 어느 도시에서, 또는 마을에서 어떤 억양으로, 즉 싸우듯 다그치며 말했는지 비꼬듯이 히쭉 웃으며 말했는지, 방긋 웃으며 말을 걸었는지 등은 많은 경우 알 수 없다 ―다만 꽤 확실하게 알 수 있는 경우도 많다, 고 하는 정도로 덧붙여 둘까― 그러나 좀 더 큰 장면, 즉 전체의 역사적인 상황은 우리가 명료하게 알고 있는 것이다. 이른바 역사적인 큰 상황은 물론 더 작은 상황도, 예컨대 조금 전에 살펴 본 '기도'에 대한 예수의 발언에 대해 이야기하자면, 당시의 유대교 사회에서 어떻게 기도를 하고, 기도가 어떤 사회적 위치를 지니고 있었는지 등에 대해서는 알고 있는 것이다.

교회적인 설교 중에서 이른바 '주의 기도'라는 것이 해설되는데 그 해설이 귀에 익은 사람이라면 앞서 이야기한 것과 같은 내 설명에 놀랄 게 분명하다. 그렇지만 그런 사람들은 예컨대 카디쉬의 기도가, 또 카디쉬만이 아니라 그보다 몇 배 몇십 배로 복잡기괴한 기도 체계가 서민의 생활을 억누르고 있었던 1세기 팔레스티나의 종교적 상황 등은 전혀 모른 채, 또는 묵살하고 '주의 기도'를 보편타당한 기도의 모범으로 해설해 버리는 것이다. 1세기 팔레스티나의 유대인이 예수의 저 말을 들었다면, 어쩔 수 없이 예수가 카디쉬를 의식적으로 바꿔 말하고 뒤집었다는 것을 알았을 것이다. 따라서 또 예수는 평소에도 늘 경건하면서 완고한 유대교도의 격분을 사고 있었기 때문에, 보편타당한 기도의 모범을 입에 올린 정도였다면 죽임을 당하지는 않았을 것이다.

따라서 예수의 말이 발설된 개개의 장면을 엄밀히 파악하는 것은 불가능하더라도, 그 말이 발설된 전체적인 상황은 알 수 있다. 그리고 그것을 알 수 있다면, 실제로는 개개의 장면에 대해서도 그것이 빈정거린 것인지, 분노를 폭발시킨 것인지, 분노를 뒤로 감춘 것인지 등은 상당한 정도까지 상상할 수 있는 것이다. 말은 이처럼 상황을 향해 발설될 때에는 분명히 하나의 행동인 것이다. 그리고 예수의 활동 전체도 그 역사적 상황에 맞선 것으로 이해할 수 있을 것이다. 그래야 비로소 예수는 무엇 때문에 죽임을 당했는지 이해할 수 있다. 예수는 권력에 의해 체포되고 죽임을 당한 반역자였던 것이다. 권력 쪽에서 보자면 어떻게든 붙잡아서 죽이지 않으면 안 될 사나이였던 것이다. 그 삶과 활동은 생글생글 웃는 분위기 속에 설교하면서 이야기할 수 있는 것이 아니었다.

따라서 우리는 예수에 대한 개개의 전승을 역사적인 장으로 되돌리면서 파악해 나갈 것이다. 물고기를 물속에 되돌려 놓듯이. 그것은 역사적 상상력의 문제다. 그리고 확실히 말해 두지만, 역사적 상상력은 결코 역사가 마음대로 주관을 집어넣는 그런 것이 아니다. 그것은 이미 주관·객관이라는 축을 가지고는 이야기할 수 없는 과제, 역사적 진실에 어떻게 육박할 수 있는가 하는 과제인 것이다.

5. 예수는 사랑의 설교자가 아니다

그런데 '기도'에 대한 예수의 발언 하나를 예로 들어 살펴본
것은, 예수라는 사나이가 유대교에 대해 어떤 반항의 자세를
취했는지를 보여주는 하나의 전형적인 예로 생각했기 때문이
다. 거기에서 예수는 카디쉬를 공격 대상으로 삼았다. 그런 방
식으로 예수는 유대교의 기본적인 교조敎條 가운데 하나를 비
판했다. 그리고 예수는 유대교의 다른 기본적인 교조에 대해서
도 같은 식으로 비판을 퍼부었다. 셰마Shema의 신앙고백에 대
해서도 모세의 십계에 대해서도 그랬다.

　너, 마음을 다 기울이고 정성을 다 바치고 힘을 다 쏟아
주主이신 너의 하느님을 사랑하여라. 또 자신처럼 너의 이웃
을 사랑하여라.

이 말은 예수가 한 말로 여겨지고 있다. 그뿐만 아니라 바로
여기에 예수의 가르침의 근본이 표현되어 있는 것으로 여겨지
고 있다. 그러나 실은 그렇지 않다. 대체로 이 말은 예수 자신
이 한 것이 아니라 토론 상대 중 한 사람인 율법학자가 한 말
에 지나지 않는다. 예수라는 사나이는 대개 이런 종교적인 교
조를 요란하게 입에 올려 그것으로 이야기를 끝내려는 어리숙
한 사나이가 아니다. 원래 예수는 현대의 '휴머니즘' 취향의 그
리스도교도처럼 무턱대고 사랑, 사랑 하며 그런 말을 남발하는

짓은 하지 않는다. 예수 언동言動의 본질을 잘 추상해 보면, 결국 사랑이라고 할 수 있다고 주장하는 것은 자유지만, 예수 자신은 '사랑'이라는 단어를 거의 전혀 사용하지 않았다는 사실만큼은 알고 있는 편이 좋다. 중학교나 고등학교의 ○×시험에서 예수의 종교＝사랑의 가르침으로 연결하면 ○를 주는 정도의 짓만은 적어도 그만두는 게 좋다. 애초에 '예수의 종교(예수교)' 같은 것은 없고, 예수는 종교가 지배하는 사회에 대해 저항한 사나이였다.

복음서에 '사랑' 또는 '사랑한다'는 단어가 나오는 것은 '자비를 베풀다(불쌍히 여기다)'이거나 '좋아하다' 같은 비교적 가벼운 의미로 쓰이는 두세 개의 경우를 빼고는, 이 경우와 나중에 살펴 볼 유명한 '너의 적(원수)을 사랑하라'라는 구절 전후 정도만 예수의 발언이고 나머지는 모두 마태오 또는 루카가 그 자료에 덧붙인 것이다. 그리스도교는 '사랑'의 종교라는 교의적 주장에 기반해 예수의 말을 해석하게 되었다는 이야기다. 하지만 예수 자신은 이처럼 '사랑'이라는 단어를 거의 쓰지 않았을 뿐만 아니라, 이 두 가지 예만 본다면, 당시의 유대교가 '하느님에 대한 사랑'과 '이웃 사랑'을 강조해서 말한 구절을 인용하면서 거기에 대해 비판적으로 논평을 하고 있다.

어느 날 한 율법학자가 예수한테 와서 물었다.

'율법 중에 가장 중요한 계율은 무엇인가?'(마르코 12장 28절)

하나의 가치체계가 만들어질 때 그 합리성의 기준을 받쳐주는 기초적인 척도를 사람들은 반드시 찾고 싶어 한다. 그것은 모든 합리주의에 저절로 따라오는 발상이다. 고대 사회의 합리주의의 한 전형인 유대교 법체계에 종사하는 율법학자들 사이에는 그래서 율법의 계율 중에서 가치 수준을 정리해서 '큰 계율'과 '작은 계율'로 분류하는 작업이 이미 상식으로 정착되어 있었다. 무엇을 어떻게 가르쳤는지는 모르지만 율법 전체에는 613개의 계율이 있다고 당시 유대교 회당에서는 가르치고 있었다. 613개의 계율 모두를 동등하게 취급했을 리 없다. 그중에서 무엇이 가장 중요한 계율인가라는 질문은 그들 사이에서는 종종 논쟁의 씨앗이 되기도 했고, 결론도 어느 정도 공통되어 있었다. 가장 중요한 계율을 기준으로 해서 다른 계율을 모두 그 기준에 맞춰 재어 보려 한 것이다.

이런 이야기가 예수보다 20~30년 전의 랍비에 관해 전해지고 있다.

어느 이방인이 랍비 샴마이에게 와서 자신이 한쪽 다리로 서 있는 동안 율법 전부를 이야기해 준다면 유대교로 개종하겠다고 반농담조로 이야기했다. 샴마이는 화를 내며 내쫓았다. 그러자 이 이방인은 샴마이와 대립하던 또 한 사람의 랍비 힐렐에게 가서 같은 말을 했다. 힐렐은 이렇게 대답했다. '내가 싫어하는 것은 이웃에게도 하지 않는 것이 좋다. 이것이 율법의 모든 것이며, 다른 것은 모두 그 해석에 지나지 않는다. 이 것을 배워 두는 게 좋다.'

또 2세기 초의 제2차 유대 독립전쟁의 정신적 지도자였던 랍비 아키바도 같은 말을 남겼다. '자신처럼 너의 이웃을 사랑하라. 이것이야말로 율법 중에서 가장 중요하고도 포괄적인 기본 계율이다.'

이런 것이 이른바 상식이 되어 있는 세계에서 한 율법학자로부터 가장 중요한 계율이 무엇이냐는 질문을 받는다면, 예수가 아니더라도, 그런 것은 당신이 잘 알고 있지 않소, 하고 대답하기 십상일 것이다. 하지만 율법학자가 예수에게 그 질문을 한 것은, 당신처럼 심하게 율법 비판을 하는 사나이라면 당연히 율법 중에서 무엇이 가장 중요한 계율인지 당신 나름의 식견을 갖고 있을 것 아니냐는 아니꼬워하는 생각을 뒤에 감추고 있을 게 분명하다. 루카 복음서 저자는 율법학자가 '예수를 시험했다'고 했으나, 이는 딱 맞는 말도 아니지만 완전히 틀린 말도 아니라고 할 수 있다. 그러나 이런 질문에 우쭐해서 대답하게 되면 상대의 논리적인 전제에 넘어가 버리기 때문에, 실제로 무엇이 가장 중요한 계율인가 라는 질문에 그대로 대답해서는 개개의 율법 조항에 대해서 아무리 비판을 하더라도 유대교 법체계의 기본 구조를 승인하고 그 전제 위에서 사고하는 것이 되어 버린다. 예수가 비판하려고 한 것은 바로 그 기본 구조였던 것이다.

그런 걸 당신은 잘 알고 있지 않습니까, 라는 말을 듣자 율법학자는 얼씨구나 하고 자신이 선생한테서 배운 것을 늘어놓는다. '그건 물론 너의 마음을 다 기울이고, 정성을 다 바치고, 힘을 다 쏟아, 주$\pm$이신 너의 하느님을 사랑하여라. 또 자신처럼 너의 이웃을 사랑하여라, 라는 것이지요.'

이것이 앞서 말한 힐렐이나 아키바의 발상과 닮았다는 것은 말할 것도 없지만, 여기에서는 하느님에 대한 사랑과 이웃에 대한 사랑, 이 두 가지가 함께 열거되어 있는 점이 다른 것 같다. 힐렐이나 아키바의 경우 물론 그들도 당연히 하느님에 대한 사랑이나 이웃에 대한 사랑을 각각 강조하고는 있으나, 이처럼 그 두 가지를 양쪽 모두 동시에 이야기하지는 않는다. 그래서 어쩐지 이것은 예수의 독특한 발언이라고 이야기하고 싶은 신학자는 이를 두 가지로 동시에 이야기한 점에 예수의 특색이 있다는 식으로 주장한다. 그러나 루카 복음서에서 이것은 원래 예수의 발언이 아니라 율법학자의 발언이다. 게다가 예컨대 예수 당시의 유대교 문학 중에서 꽤 독특한 색깔이 있는 〈12족장의 유언〉이라는 책자가 있는데, 그 속의 '이사카르의 유언'이라는 장에는 '얘들아, 하느님의 율법은 지키는 게 좋다……주와 이웃을 사랑하라'라는 식으로 율법의 중심으로 이 두 가지를 열거하고 있으며, 또 '나는 마음을 다 기울여서 주와 모든 사람들을 사랑해 왔다. 얘들아, 너희들도 그렇게 하여라'라거나, '단의 유언'에는 '생명을 다 바쳐 주를 사랑하고 또 진심으로 서로 사랑하라'는 표현이 나온다.

　나중에도 이야기하겠지만, 원시 그리스도교단 중에는 율법학자의 수련을 거친 이들도 상당수 존재했으며, 그런 사람들이 교단의 이데올로그가 되었으리라는 것은 상상하기 어렵지 않다. 그리고 그들이 사상적 계보의 하나로서 계승했던 것이 〈12족장의 유언〉을 낳은 유대교의 흐름이다. 여기에도 예수의 생각과는 상관없이 유대교에서 그리스도교로 계승되어 간 요소의 하나가 있다. 이런 류의 말투가 종교적 상식으로 퍼져 있는 세계에 비판적인 쐐기를 박은 예수였지만, 그리스도교는 이런 말을 자신들의 간판으로 채용했다. '하느님을 사랑하고 이웃을 사랑하라'라는 말은 율법학자가 예수에게 대답하면서 자신의 유대교 신앙의 상식을 표현한 것에 지나지 않는다. 그런데 그 말이 전승되는 과정에서 어느새 질문한 자와 대답한 자의 관계가 역전되어 버렸다. 즉 율법학자로부터 무엇이 중요한 계율인가라는 질문을 받은 예수가 자진해서 '하느님을 사랑하고 이웃을 사랑하라'고 말했다는 것으로 바뀌어 버린 것이다.(마르코 12장 28-34절, 마태오 22장 34-40절. 이런 점에서는 루카 10장 25절 이하 쪽이 원래의 문답을 더 잘 전하고 있다.) 나아가 그리스도교가 유대교의 토양을 떠나 세계종교로서 독차의 전통을 갖기 시작하면서 하느님을 사랑하는 사랑과 이웃 사랑이야말로 예수의 독특한 주장이며, 이것이야말로 그리스도교의 근본정신이라는 것으로 바뀐다. 사랑을 이야기하는 것은 좋다. 더구나 사랑을 실천하는 것은 괜찮은 일이다. 그러나 그 사랑의 정신을 다른 사람한테서 배운 것이라면 너무 젠체하면서 이게 내 독특한 본질이야, 라는 식의 이야기는 하지 않는 게 좋다. 그렇게 할 경우 유대교도가 당연히 어처구니없어 할 것이다. 자신들이 오랜 세월에 걸쳐 공통의 인식으로 다듬어낸 자세를 그리스도교도가 차용했을 뿐만 아니라, 마치 이것이야말로 그리스도교의 전매특허인 것처럼 떠든다. 이쯤 되면 불평 한마디쯤은 하고 싶어질 것이다.

그런데, 예수는 어떻게 했던가. 당신, 그 정도는 알고 있을 것이다, 라는 예수의 말을 들은 율법학자가 하느님의 사랑과 이웃 사랑을 늘어놓았고, 이에 대해 예수는 말했다,

'좋아요. 당신처럼 잘 알고 있는 사람이 내게 굳이 질문할 게 뭐가 있나요. 그냥 제대로 그렇게 해 보는 것이 어떻겠습니까.'

이 말을 한 예수는 복잡한 웃음을 뱃속에 감추고 있었을 것이다. 대개 체제 내적 규범의 원칙이라는 것은 그것을 진심으로 실천할 수 없게 될 때 비로소 무난한 간판으로서의 가치를

지닐 수 있는 법이다. 어느 대학이나 '영원한 진리를 탐구하고' 라는 따위의 거창한 문구로 치장하고, 경찰은 시민을 지키기 위해 존재하며, 법 아래 모든 인간은 평등하다고들 하는 법이다. 좋지 않은가, 진심으로 그걸 실천해 주세요.

이런 말을 듣자 그 율법학자는 꽤 진지한 사나이여서 일을 유야무야 하긴 싫었는지, 아니면 아주 철면피여서 무슨 말을 들어도 예사였는지, 한마디 더 다그치듯 덧붙였다. 그것이 그때까지 신랄하되 말수가 적고 무거운 마음이던 예수에게 일거에 웅변조로 떠들어대게 만드는 결과를 불렀다. 즉 율법학자는 '그러면 내 이웃이란 도대체 누구인가요' 하고 물었던 것이다.

그렇지만 이것도 율법학자식 문답의 연장으로, '이웃'이라는 개념은 그들 사이에서는 매우 엄밀하게 쓰이고 있던 개념이었다. 그들에게는 어쩌다 이웃에 살게 되었거나, 이따금 마주치는 사람을 이웃이라고 본 게 아니기 때문에, 선택받은 이스라엘의 백성에 속한 자가 이웃이지 태생이 유대인이라는 것만으로는 안 되며 —유대인으로 태어났지만 율법을 모르고, 이방인처럼 율법을 준수하지 않고 더럽혀진 생활을 하고 있는 '땅의 백성'은 얼마든지 있으니까— 신앙공동체로서의 이스라엘 백성에 속하는 자야말로 서로 '이웃'인 것이다. '이웃'에 대한 이런 엄밀한 개념 규정을 결여한 채 '네 이웃을 사랑하라'고 불쑥 이야기한다면, '땅의 백성'과 대차 없지 않을까. 그렇다면 율법 비판자 예수여, 당신은 '이웃'이라는 개념을 정확하게 구별하고 이해한 바탕 위에서 비판을 하고 있는 것인가?

여기에서 예수는 복잡한 웃음에서 분노로 태도를 바꾼 뒤 다그친다.

그런 말까지 하며 시끄럽게 하니 그렇다면 당신, 최근에 일어났다는 이야기를 알고 있습니까? 예루살렘에서 예리코로 가는 길에, 사람 왕래가 많은 어느 큰 길에서 한 사람이 강도를 만났어요. 강도들은 입고 있던 옷까지 벗기고 마구 때려 반쯤 죽여 놓고 내팽개친 뒤 도망가 버렸어요. 하지만 큰 길이니까 사람들이 계속 지나갔습니다. 그럴 때 종교적 지배 계급 무리는 어떻게 했으리라고 생각합니까. 사제 한 사람이 그것을 봤어요. 다쳐서 땅바닥에 넘어져 있는 것은 '땅의 백성'이라고 생각했는지 여부는 모르겠지만, 길 반대쪽으로 모르는 척하며 지나가 버렸습니다. 다음에 레위 사람이 왔어요.(레위 사람이라는 종교 계급이 어떤 존재인지는 분명하지 않은 부분이 있지만, 일단 하층계급 사제로 설명해 두겠다) 그도 또한 마찬가지로 말없이 지나갔습니다. 그런데 그곳을 지나가던 사람 중에 여행을 하고 있던 사마리아 사람이 이를 보고 동정해서 가까이 다가와 그의 상처에 올리브유와 포도주를 바르고 싸맨 뒤 자신의 나귀에 태워 여관까지 데리고 가 돌보아 주었어요. 게다가 다음 날이 되자 이 사마리아 사람은 여관 주인에게 2데나리의 돈을 주며 말했다고 해요. 이걸로 이 사람을 돌봐 주시오. 만일 이걸로 충분치 않다면 다음에 여기를 지나갈 때 갚아드리겠소, 라고. 당신은 이 세 사람 중에서 누가 강도를 만난 피해자의 이웃이라고 생각합니까.

(루카 10장 30-37절 참조)

이것이 유명한 선한 사마리아인의 비유다. 그러나 그리스도교도라면 누구나 알고 있을 이 이야기가 이상과 같은 유대교에서의 이웃 사랑 이념에 대한 비판으로 발설되었다는 것은 의외로 주목받지 못했다. 그리고 이 이야기는 대단한 애호를 받으며 그리스도교적 휴머니즘 정신에 호소해 왔다. 여기에서는 '사제 레위인'이 비판받고 있으나, 이 이야기를 소재로 삼아 설교하는 그리스도교 목사, 신학자들은 자신들이 '사제 레위인' 쪽에 속한 인간이라고는 생각조차 해 보지 않는다. 여기에서 비판받고 있는 것은 '유대교'라는 옳지 못한 종교이기 때문에 그리스도교는 그것을 극복해 왔다는 것, 말하자면 '선한 사마리아인'의 종교다, 라고 생각하는 것이다. 그러나 예수는 여기에서 결코 유대교를 대신해서 새로운 종교를 만들려 하고 있는 게 아니다. 대저 종교적인 것이 사회를 지배하면 어떻게 되는가, 라는 하나의 희화戱畫를 그려 보였을 뿐이다.

예수가 무엇을 생각하고 있었는지는 일단 제쳐 놓고, 이 사마리아인의 행위야말로 진정한 이웃 사랑이다, 라며 극구 칭찬하기는 쉽다. 하지만 그것을 설교로 상찬하는 것이 '엉클 톰'적으로 순종적인 피지배자의 윤리를 오랜 세월에 걸쳐 그리스도교 사회에서 만들어 왔다는 것도 다들 알고 있는 사실이다. 식민지 지배로 가는 길을 닦은 그리스도교가, 유대인 사회 속에서 차별받던 사마리아인조차 이런 이웃 사랑을 갖고 있었다고요, 그러니 뒤처진 미개의 백성 여러분도 구원받을 수 있어요, 순종적인 사랑만 지니고 있다면……, 하고 설교했을 때 이 비유는 식민지 지배하의 사람들에게 하나의 희망을 심었다. 하느님 눈 밖에 나 있는 '사마리아인'도 사랑의 행위를 통해 하느님의 칭찬을 받을 수 있다면 여러분 '미개인'들도 사랑의 행위를 하려 애쓰면서 교회를 계속 다니면 백인과 같은 훌륭한 그

리스도교도로 인정받을 수 있을 겁니다…… 그렇게 해서 그들
이 순종적인 사랑을 하려고 애쓰고 있는 가운데 손에 성서를
들게 되었으나 예전부터 자신들의 것이었던 땅은 빼앗기고 말
았다는 이야기는 흔히 지적받고 있는 사실이다. 비유 이야기는
쓰기에 따라 여러 가지 작용을 한다. '사제, 레위인'을 비판한
이 비유 이야기는 어느새 그리스도교 사제, 레위인이 이용하기
에 이르렀다.

　　분명히 사마리아인은 팔레스티나에서 계속 차별을 받았다.
팔레스티나에 대한 오랜 외국의 지배 역사는 그 지방 지방마
다 상당히 다른 성격을 만들어 냈다. 예루살렘의 중앙 성소에
의거하면서 거대한 종교적 권위를 통해 민족성을 지키려 한
남 팔레스티나(협의의 유대)와, 외국 지배의 정치적 거점 역할
을 해온 중앙 팔레스티나(사마리아)는 주민의 의식이 상당히
달라졌다. 이 분열은 천 년 가까운 옛날로 거슬러 올라간다. 즉
다윗 왕이 기원전 1천 년 무렵 팔레스티나 통일왕국을 세웠지
만 그 손자 대에 이르자 이미 이스라엘은 남북 두 왕국으로 분
열되었다. 그러나 사마리아 차별의 역사는 기원전 8세기 말에
북왕국(사마리아)이 아시리아 제국에 괴멸당했을 때부터 시작
되었다고 해도 좋다. 메소포타미아 대제국에 괴멸당했다는 점
에서는 남왕국(유대)도 마찬가지로, 기원전 6세기 초에 칼데아
(신바빌로니아)의 침략으로 독립을 상실했으나 그 뒤 페르시아
의 지배 아래 반╂ 독립적 종교국가로 존속하면서 강력한 민족
의식을 함양해 갔다.

　　고대 말기의 유대인에게 민족의식이 악착스러울 정도로 강
했던 것은 나라의 독립을 잃었기 때문이 아니다. 나라의 독립

을 반쯤 잃었기 때문이다. 정치적인 독립은 상실했지만 종교 지배를 통한 민족 사회의 내부 구조에는 외국인 지배자가 손을 대지 않았다. 그 때문에 오히려 민족적 자존심은 점점 더 강해졌던 것이다. 그러나 사마리아 쪽은 이미 아시리아의 정복 때부터 주민들은 대거 타국에 노예, 식민자로 끌려갔고, 거꾸로 '이방인'들이 상당수 그 땅에 들어갔다. 인종적인 혼혈도 이뤄지고 문화적으로도 자연스레 이질적인 것을 품게 된다. 페르시아 시대에는 종교적으로도 예루살렘과 분리되어 사마리아 시(사마리아는 원래 이 지방의 중심 도시 이름이었는데, 그것이 지방명이 되었다)에 가까운 게리짐 산에 독자적인 성소聖所를 두고 있었으며, 모세오경도 독자적인 형태로 전승하게 된다. 이런 역사 과정은 이어서 헬레니즘·로마 시대가 되어서도 사마리아 지방이 가장 쉽게 헬레니즘화하는 결과를 낳는다. 사마리아 시는 헬레니즘적 도시가 되었다. 이렇게 되면 유대인이 보기에 사마리아는 이미 이질적인 세계다. 게다가 그 이질성은 원래부터 전혀 이질적인 것이었다면 모를까 동질의 것이 역사 과정을 통해 차이가 생겨난 것이므로, 한쪽 편이 보기에 다른 쪽은 타락한 것으로 비친다. 하지만 또 이질적이라는 것만으로는 차별이 생기지 않는다. 사회 차별을 강력하게 만들어 내는 것은 한쪽이 다른 쪽을 정치적 사회적으로 지배할 때다. 유대는 기원전 2세기 중반에 마카베오 왕조 하에서 독립하지만, 사마리아 입장에서는 유대인 왕조의 침략을 받아 그 지배 아래로 편입된 것이다. 새로운 지배자는 피지배자를 강제로 동화시키려 했다.

그리하여 사마리아인에 대한 심한 멸시가 시작된다. 그들은 유대화할 것이라는 기대를 받았으나 정작 유대인 대우를 받지는 못했다. 그 뒤의 헤로데 왕조 때에는 사마리아 시가 로마 풍으로 개조되고 그 이름도 로마 황제를 기념하는 세바스테 Sebaste로 바뀌었으며, 시내에는 로마 황제에게 예배를 올리기 위한 신전이 지어졌다. 그 헤로데가 만년에 예루살렘 신전 입구를 금독수리상으로 장식했을 때에는 큰 소동이 일어났다. 성도聖都에 '우상'을 들여왔다는 것이 그 이유다. 그러나 사마리아가 이런 대우를 받았음에도 아무 일도 일어나지 않았다. 그곳은 어차피 더럽혀진 이방인의 도시가 되어버린 것으로 여겨졌기 때문일 것이다.

그런 상황 속에서 예수가 사마리아인을 예로 들어 이 이야기를 했을 때, 그것은 명백히 사마리아인에 대한 차별에 항의하려는 자세였다, '이웃'이라는 이념 때문에 차별당하는 부분을 배제해 가는 것에 대한 분노였다. 당신들은 사마리아인은 '이웃'이 아니라고 한다. 그러나 다쳐서 괴로워하는 나그네에게 자진해서 '이웃'이 되어준 것은 당신들이 존경하는 '사제, 레위인'이 아니라 사마리아인이었어요.

그러나 또 한편으로는, 이처럼 사마리아인 차별에 대해 분노하고 항의한다 하더라도, 그 항의하는 이의 말투가 경우에 따라서는 차별의식을 뒤집어 놓은 콤플렉스의 표출이 될 수도 있다. 예수 자신은 사마리아인이 아니었다. 이것이, 사마리아인조차도 이런 훌륭한 일을 하지 않습니까, 하물며 당신네들은, 하는 식의 설교가 되면 실은 뒤집기 형태로 변함없이 차별의식을 계속 견지하는 꼴이 되어버린다. 차별의식에 눈을 뜬 어느 정도 양심적인 사람들이 차별을 극복하기 위해 품게 되는 마음씨 고운 발상이긴 하지만.

저 사람들은 어리석은 악인들이라고 모두들 이야기하지만, 이런 훌륭한 일도 하고 있어요, 이런 선한 사람도 있어요, 그러니 우리 편에 넣어 주어야 하지 않을까요……

그렇게 말할 때 거기에는 온화한 친절이 넘쳐나고 사람의 마음으로서는 아름답다. 하지만 그것은 차별을 온화하게 덮어 감추는 역할도 한다. 그렇게 말함으로써 사람들은 차별받아온 이들을 사회적 질서에 대한 순종으로 길들여 가려 한다. 그들도 이렇게 온순하고 좋은 사람들이야, 라고 하면서. 예수가 사마리아인을 끌어들여 이야기를 할 때에는, 한편으로는 아직 그런 수준에서 완전히 벗어나지는 못했다고 할 수 있을지 모르겠다. 예컨대 이런 이야기가 있다.

어느 마을에서 예수가 열 사람의 나병환자를 치유한 적이 있다. 그중의 한 사람은 사마리아인이었는데, 큰 소리로 하느님을 찬미하면서 돌아와 예수의 발밑에 엎드려 감사했다. 그러나 나머지 아홉 사람은 감사하지도 않았다……

(루카 17장 11-19절 참조)

이것은 물론 다소 나중에 어느 그리스도 교회에서 전설이 되고 교훈이 되어 전해진 이야기(또는 이런 종류의 이야기를 좋아하는 루카가 창작했거나)인데, 이런 형태로는 도저히 예수 자신에게로 거슬러 올라갈 이야기가 아니다. 그러나 가능성으로서는, 예수가 원래 '선한 사마리아인의 비유'와 같은 식으로 이야기한 비유가 대폭 개작돼 실제로 예수가 나병환자를 치유한 이야기로 바뀌어 버렸을지도 모른다. 이야기의 출처는 그렇다 치고, 여기서도 마찬가지의 발상을 볼 수 있다. 그리고 특히 사마리아인 문제에 관해서만큼은 예수 자신이 이런 발상 이상으로는 나아가지 않으며, 그것은 결국 사마리아인이 아닌 사람이 비교적 떨어져서 사마리아인 이야기를 생각할 때 품을 수 있는 발상이다. 공관 복음서에 따르면, 예수는 사마리아 지방에서는 활동하지 않았고, 예수의 '제자'나 지지하는 민중 속에도 사마리아인은 발견되지 않는다.(마르코 3장 8절)

그러나 예수 자신에게도, 그의 삶 주변의 민중에게도 사마리아 차별과는 형태는 다르지만 뿌리는 같은 차별이 무겁게 내리누르고 있었다. 그들은 북부 팔레스티나, 즉 갈릴래아 사람이었다. 예루살렘을 거점으로 하는 마카베오 왕조에 의해 갈릴래아가 통합되었을 때 갈릴래아 사람은 사마리아인보다 상당히 '순종'적으로 유대화되었다. 그것은 오히려 사마리아만큼의 경제적 실력도 정치적 사회적 자립성도 갖고 있지 못했기 때문일 것이다. 사마리아만큼 중요하지 않았기 때문에 수백 년에 걸친 외국인 지배 기간에 오히려 그다지 이국화되어 있지 않았다. 요컨대, 갈릴래아 등은 역사의 지배자들이 돌아보지도 않고 내버려두었던 것이다. 다만 그 기간에도 예루살렘 신전을 통한 종교 지배에 대해서는 달라붙지도 떨어지지도 않는 어중간한 관계를 유지했다. 따라서 갈릴래아 사람은 '유대인'이었다. 그러나 그것은 복종하고 순응당한 '유대인'으로, 남부 유대 지방의 순수한 유대인이나 번쩍거리는 예루살렘의 유대인과는 달랐다. 갈릴래아의 이런 위치에 대해서는 다시 한 번 쓰게 되겠지만, 예수의 활동은 결코 '유대인' 예수의 활동이 아니라 갈릴래아 사람 예수의 활동이었다는 점은 명기해 둬야 할 것이다. 따라서 예수의 경우 제삼자의 입장에서 차별받은 사마리아인도 우리 편에 넣자고 하기 이전에 먼저 그들 자신의 장에 덮쳐 오는 강력한 종교 지배에 저항하는 활동가로 존재했다. 온화한 상냥함에서 벗어나 역설적 반항이 되었을 때 예수의 활동은 존재의 뿌리에 박히게 된다.

하지만 이 '선한 사마리아인 비유'도 단지 마음씨 고운 사마리아인을 받아들이자는 정도의 발언은 아니다. 자신들을 일상적으로 덮어 누르고 있는 종교성이야말로, 예컨대 사마리아인에 대한 차별을 만들어내는 요인이라는 비판인 것이다.

'누가 우리의 이웃인가'와 '이웃'의 범위를 종교적으로 규정하려 할 때 사마리아인은 거기에서 배제된다. 따라서 예수는 율법학자의 그 질문에 그대로 대답해서 '이웃'의 범위를 정하는 일은 하지 않았다. 이 비유의 최대 요점은 바로 거기에 있다. 예컨대 정통적 율법학자보다 '이웃'의 범위를 넓혔다고 하더라도 그 범위를 정하려고 하는 한 본질적으로는 다를 게 없다. 범위 바깥에 있는 사람은 이웃이 아니게 되어 버리기 때문이다. 오히려 예수는 그 질문에 대해 '누가 이 피해자에 대해 이웃이 되었는가'라는 질문을 대치시켰다. 이웃이란 자신이 먼저 이웃이 되는 것이라는 이야기다. 이렇게 이야기함으로써 예수는 '이웃'의 개념을 뒤집으려 했다. 이처럼 질문의 방향이 바뀌면 특정한 인간의 범위만을 '이웃'으로 정하는 한정된 이웃관觀은 사라지게 된다. 상대가 누구든 자신이 먼저 이웃이 되면 되는 것이다.

그리고 또 이것은 단지 일반적으로 당시의 유대교를 지배하고 있던 '이웃'의 개념을 뒤집은 것일 뿐만 아니라 유대교의 근본적인 신앙 조항에 대한 비판으로 제시되었다. 즉 이런 문답을 할 때 율법학자는 '너, 마음을 다 기울이고, 목숨을 다 바치고, 정성을 다 바치고, 힘을 다 쏟아 주主이신 너의 하느님을 사랑하여라'라고 먼저 대답했다. 주해서註解書 등을 읽어 보면 이것은 구약성서 신명기 6장 5절의 인용이라고 반드시 적혀 있다. 그것은 분명하다. 그러나 그 율법학자도 예수도, 또한 당시의 유대인이라면 누구라도 이것을 단순한 신명기의 인용이라 생각하기보다 먼저 친근한 것을 생각해냈을 것이다. 아침저녁으로 외는 기도, 기도라기보다도 틀에 박힌 신앙고백의 말이다.

셰마로 불리는 이 기도는 주로 신명기 6장4-9절, 11장 13-21절, 민수기 15장 37-41절의 연속적인 경전 암송으로 구성되어 있다. 그들로서는 이미 암기하고 있는 구절이고, 유대교 신앙고백의 가장 중심적인 구절이다. 셰마라는 것은 '들어라'라는 의미의 히브리어로, '들어라, 이스라엘이여'라는 호소로 시작되기 때문에 이렇게 불린다.

들어라, 이스라엘이여, 주이신 너의 하느님은 유일한 주이시니.
너, 마음을 다 기울이고, 목숨을 다 바치고, 정성을 다 바치고, 힘을 다 쏟아 주이신 너의 하느님을 사랑해야……

따라서 저 율법학자로서는 가장 중요한 계율이 무엇인가, 라는 자신이 제기한 질문에 대해 스스로 셰마 신앙고백의 첫

부분을 인용한 것이다. 이것은 그들에게 당연하고 상식적인 답이었음에 틀림없다. '이웃 사랑'의 이념은 이스라엘의 하느님에 대한 이 신앙에 포섭됨으로써 비로소 의미를 지닌다. 따라서 또 예수가 거기에 대해 좋아요, 당신은 그것을 진심으로 실천해 주세요, 라고 빈정거리듯 대답하면서, 그냥 넘길 수 없는 문제로 사마리아인 비유를 자신이 말했을 때 그것은 명백히 셰마 신앙고백이라는 형태로 전 국민적으로 유대인의 머리를 지배하고 있던 교조敎條에 대해 하나의 실천적인 문제 제기를 하려고 했던 것이다.

이상의 '사랑'에 대한 예수의 발언과 비교하면 '원수를 사랑하라'고 예수가 단언하듯 잘라 말한 경우의 의미도 이해할 수 있을 것이다.(마태오 5장 44절) 마태오는 이것을 그리스도교 박해자의 영혼을 구제하기 위한 기도라는 의미로 해석했고, 그런 관점에서 다소의 논거를 열거하고 있으나, 예수 자신의 논점은 결코 그런 것에 있지 않았다. 예수는 '원수에 대한 사랑'을 보편타당한 진리로 이야기할 정도의 초세속적 설교가는 아니었다. '원수에 대한 사랑'이란 결국 모순이기 때문에(사랑할 수 있는 상대라면 애초에 원수가 아니다), 이것을 절대적 진리로 그럴듯하게 구슬리는 자는 어딘가에서 속일 수밖에 없다. 이 또한 역설적인 반항으로 이야기될 때에만 비로소 의미를 갖는다. 그리고 이것도 확실히 '이웃 사랑'의 이념에 대한 비판으로 주장되고 있다.

옛사람들에게(즉 구약의 율법에서) 이웃을 사랑하고, 원수를 미워하라, 라고 하신 말씀을 너희는 잘 알고 있다.

하지만 나는 말하겠다. 원수를 사랑하라고.

성서학자들이 이 말을 해석하기 위해 아무리 구약성서를 찾아 봐도 '이웃을 사랑하고, 원수를 미워하라'라고 적혀 있지 않아 난처했다. 그런데 1947년에 사해死海 근처의 쿰란에서 발견된 문서(이른바 사해사본)에 분명히 나와 있었다. '모든 빛의 자식들을······ 사랑하고, 모든 어둠의 자식들을 각기······ 그 죄에 따라 미워할 것'(1QS 1장 9-10절) 이것이야말로 바로 '이웃을 사랑하고, 원수를 미워하라'가 아닌가. 성서학자들은 기뻤다. 예수의 이 발언은 구약성서에 대한 것이 아니라 유대교의 특수한 일파인 쿰란의 수도원적 교단 사상에 대한 비판이었다고 그들은 생각했다. 그리하여 그들의 호교론적 의식은 충족되었다. 그렇게 되면 구약성서가 상처받는 일 없이 예수의 발언을 내세울 수 있다······

그러나 예수가, 오늘날의 학자가 '종규요람宗規要覽'(1QS로 약칭)이라는 이름을 붙인 쿰란 교단의 이 문서를 알고 있었다고 볼 수 없고, 쿰란 교단을 직접 상대해서 비판적인 활동을 전개했다는 흔적은 전혀 찾을 수 없다. 오히려 '이웃'이라는 개념이 위에서 이야기한 것과 같은 정통적 신앙에 의해 규정된 개념이라면, 쿰란 교단만큼 노골적으로 이야기하지 않더라도 '이웃을 사랑하라'라는 주장은 자연히 그 그림자로서 '원수를 미워하라'라는 주장을 수반할 수밖에 없지 않을까. 당신은 그것을 의식하지 못하고 있을 뿐이다. 겉으로 내세우는 이념의 그림자에, 무의식적으로 무엇을 껴안고 있느냐가 문제인 것이다. 따라서 당신에게 분명히 이야기한다. 그게 아니다. 원수야말로 사랑하라.

이 말은 지배권력이 '원수'를 만들어냄으로써 인민을 자신들의 지배하에 두려는 것에 대한 역설적 반항으로, 그렇게 이야기해야 비로소 의미를 지닌다. 그것이 거꾸로 지배계급이 자신들에게 반항하는 이들에 대해 '미워해서는 안 됩니다. 원수도 사랑할 만큼의 마음을 가져 주세요'라고 웃으며 설교할 때에는 의미가 역전된다. 일본 그리스도교는 예전에 일본제국주의가 아시아 대륙 침략에 나섰을 때에는 '원수敵'와 싸우는 것이 하느님의 뜻이라고 설교했다. 그걸 모르는 사람들은 설마, 하겠지만 유감스럽게도 사실이다. 그리고 지금은 일본제국주의를 원수로 여겨 저항한 사람들에게 예수님은 원수를 미워해서는 안 된다고 말씀하시지 않았습니까, 라고 열심히 설교한다. 같은 말이라도 방향이 바뀌면 의미가 역전된다.

6. '십계' 비판

예수의 활동은 유대교라는 종교적 사회 지배 체제에 대한 역설적 반항이었다. 따라서 그는 카디쉬, 셰마처럼 유대인들에게 가장 일상적인 것으로 되어 있던 판에 박힌 종교적 언사를 냉소적으로 거론한다. 이는 셰마와 나란히 유대교의 중심을 이루고 있던 모세의 십계에 대해서도 그대로 적용된다.

어떤 돈 많은 부자가 예수에게 와서 '선하신 선생님, 영원한 생명을 얻으려면 어떻게 해야 할까요?' 하고 물었다. 경제적으로 여유 있는 생활을 할 수 있더라도 사람은 그것만으로는 불안하다. 이러면 된다, 라는 안심을 얻고자 한다. 그것이 예컨대

'영원한 생명'이라는 종교적 이념과 결부된다. 이런 진지한 부자는 우선은 그 시대의 종교적, 윤리적 교조敎條에 대해서 한두 가지는 알고 있다. 이런저런 '선생님'들을 편력했으나 절대적인 안심입명安心立命을 얻을 수 없었던 경우가 많다. '선생님'에게도 제대로 된 것이 없는 경우가 많지만, 대체로 어딘가에 있을 '선생님'으로부터 절대적으로 안심입명을 얻을 수 있는 가르침을 받겠다고 생각하는 것부터가 무리한 바람이다. 예수는 애초에 이 남자가 근실한 척하며 거창하게 '선하신 선생님' 따위로 말을 걸어온 게 마음에 들지 않았다.

　사람을 선한 자 따위로 부르지 마시오. 당신의 올바른 신앙대로라면 선한 것은 하느님뿐인 것으로 되어 있지 않습니까. 게다가 보아하니 당신은 상당한 인텔리 같소. 나 같은 사람에게 물을 것도 없이 유대교 신앙의 근본은 잘 알고 계시겠지요. 모세의 십계의 내용 말이지요. 죽이지 마라, 간음하지 마라, 도둑질하지 마라……

　당연히 이 남자로서는 마음에 들지 않을 것이다. 그런 상식적인 것을 물으러 온 건 아니다. 유명한 유대교 비판자니까 뭔가 독자적인 율법 해석이라도 갖고 있지 않을까 하는 생각에서 들으러 온 거죠. 그래서 갓난아기처럼 불만스러운 얼굴을 하고, 그렇지만 여전히 정중하게,
　'선생님, 그런 일이라면 어릴 때부터 늘 지키며 살아 왔습니다.'
　그 진지함을 가상히 여겼는지 예수는 냉소적인 태도를 버리

고 솔직하게 이야기한다.

'그렇다면 굳이 하나만 말씀드릴까요. 당신의 재산을 전부 팔아서 가난한 사람들에게 나눠 주고 오세요.'(마르코 10장 17절 이하 참조)

이 전승도 현재 복음서에 기록되어 있는 것은 원시 그리스도교단이 금욕주의적인 윤리를 종교적 가치로 상찬하는 시점부터 윤색한 전승이다. 즉 그것이 '하늘에 보물을 쌓는다'는 것이라고 유대교 윤리적 가치를 담은 표어를 덧붙이고, 거기에다 '예수를 따르는 것이 좋다', 즉 크리스천이 되세요, 라고 종파의 선전까지 덧붙이는 것도 잊지 않았다. 예수의 냉소적인 이야기는 여기에서도 원시교단에 의해 하나의 설교로 재구성된다.

원시 그리스도 교단이 사유재산을 포기한 사람들의 금욕적 공동체라고 흔히 통속적인 책에서 이야기하는 것은 거짓말이다. 재산 전부를 교단에 ―'가난한 사람'에게가 아니라― 기부한 예외적인 경우가 두세 번쯤 있었을지는 모르겠으나 일반적으로는 그런 일은 전혀 일어나지 않았다. 그럼에도 원칙적으로 그런 주장이 나온 것은, 그것이 말하자면, 그렇게 하겠다는 마음가짐으로 시시각각 그리스도교도로서 생활해 주세요, 라는 정신화한 설교에 지나지 않았다는 이야기다. 그것은 금욕주의적인 윤리관을 낳았지만, 그 결과는 만일 이것을 진심으로 실천하려 했다면 사람 없는 외딴곳에서 금욕의 수도사와 같은 생활을 하는 수밖에 없었다. 하지만 많은 경우 원시 그리스도교는 유대교가 이처럼 그럭저럭 실천적인 윤리로 주장하고 있던 것을 정신화해서 '계승'한 것이다.

물론 이 문답에서 예수의 경우, 재산을 버릴 작정을 하고 겸허하게 다소곳이 어쩌고저쩌고 하는 시시한 설교를 하고 있는 것이 아니며, 또 무슨 교단을 만들 목적 같은 것도 없었기 때문에, 재산을 기부하고 교단에 참가하세요, 라는 이야기를 일반적인 교의에 따라 하려고 한 것도 아니다. 무슨 생각으로 예수가 이 남자에게 이런 말을 한 것인지 이미 알 수 없지만, 어쨌든 실생활에 저촉되지 않는 선에서 영원한 생명 따위를 아무리 문제 삼더라도 쓸데없는 일이라는 이야기일 것이다. 우리 같으면, 낙하산 인사로 출세한 관료나 재벌가의 자식이나, 재벌은 고사하고 고용된 중역의 자식이나 그런 집안의 유한부인으로부터 어떻게 하면 삶의 보람을 얻을 수 있을까요, 라는 질문을 받는다면, 그런 말 하지 않아도 좋으니까, 지금의 생활을 버리고 어쨌든 자신의 노동으로 뭐든 먹고 살기 위해 일하러 다녀 보시오, 삶의 보람이고 나발이고 우리는 살기 위해 발버둥치는 게 고작이오, 라고 이야기해 주고 싶어질 것이다. 예수라는 사나이는, 당신은 어떻게 기도하는가 라는 질문을 받고, 내일의 빵을 원하지만, 하고는 느닷없이 그렇게 덧붙이는 남자다. 영원한 생명 따위에 대해 신학적인 주장을 전개할 생각은 추호도 없었을 것이다.

　영원한 생명이라는 개념은 바울로나 요한 문서에는 상당히 많이 나오고, 공관 복음서에도 후기의 마태오나 루카에는 편집상의 부가附加로 다소 나온다. 그렇지만 예수 자신에게 소급될 수 있는 전승에서 이 개념이 나오는 것은 아마도 '만일 네 손이 죄를 짓게 하거든 잘라 버려라. 한 손이 되더라도 생명에 들어가는 것이 두 손을 다 갖고 지옥에 떨어지는 것보다 낫다'

(마르코 9장 43절)는 말뿐일 것이다. 이것은 으스스한 말이다. 현대인은 이미 가질 수 없는 으스스한 느낌이다. 몸을 혹사하는 경우가 비교적 많아 일상생활에서도 그런 일을 볼 수 있었던 옛날 사람이라면 진지하게 이런 말도 할 수 있지 않았을까, 싶은 부류의 말이다. 하지만 고대인들에게조차 종교적인 요구를 이렇게까지 들이대는 것은 으스스할 정도로 강렬한 요구였다고 할 수 있을 것이다. 예수는 어느 정도로 정색을 하고 이런 말을 한 것인지, 이 경우도 또한 이런 말을 한 구체적인 상황을 알 수 없기 때문에 무엇을 어느 정도로 말하려 했는지 잘 모른다. 다만 세 가지 정도는 이야기할 수 있을 것 같다.

첫째로, 예수라는 사나이는 으스스하게 파고드는 모종의 사상적 분위기를 갖고 있었다. 이 점에 대해서는 나중에 다시 거론하겠다. 둘째로, 이런 말을 할 경우의 예수는 결코 뭔가 특별한 성자에게만 어울리는 말을 하는 게 아니다. 세상에 드문 고매한 전설적인 성자에게는 이런 것이 있습니다, 라는 식의 말을 하고 있는 게 아니다. 이런 으스스할 정도로 강렬한 추궁을 누구에게나 들이댄다. 셋째로, 그럼에도 불구하고 예수가 어느 정도로 정색을 하고 이런 말을 하고 있는지 알 수 없다고 하는 면이 있다. 지금 이야기한 것처럼 '영원한 생명' 같은 것을, 예수는 진심으로 이것이야말로 인생의 모든 목표라는 식으로 끊임없이 항상 몰두해서 추구한 것은 아니었다. 만일 그랬다면 이런 으스스할 정도로 강렬함을 지닌 예수였던 만큼 실제로 자신의 손을 잘라 버리거나 한쪽 눈을 도려냈을지도 모른다. 그러나 예수는 보통은 영원한 생명 따위를 생각조차 하지 않았다. 물론 고대인이니까 영원한 생명이라는 것을 부정하지는 않았을 것이다. 그렇지만 질문을 받았을 때나 생각해 본다는 정도였을까. 어쨌거나 이 사람은 만만한 상대가 아니다. 당신들이 그토록 영원한 생명이라는 것 속으로 들어가고 싶다면, 그리고 당신들이 이야기하듯이 죄를 지은 자는 들어갈 수 없다면, 당신 손이 죄를 지으면 잘라 버리면 될 것이다. 눈이 죄를 지으면 도려내서라도 들어가면 될 것이다…… 어떤가, 평소 다른 사람에게 '죄를 짓지 마라, 죄를 짓지 마라' 하고 설교하겠다면 먼저 자신이 그렇게 해 보라…… 어쩌면 예수는 넌지시 덧붙였을지도 모른다. 내게는 그런 종교적 열정이 없지만 말이오.

그건 그렇고, 부자와의 문답으로 돌아가자. 여기에서도 예수는 재산을 버리고 오라는 말을 상황과 상관없이 누구에게나 적용되는 진리로 이야기하고 있는 게 아니다. 진지하게 모세 십계를 실천해 왔지만 아무래도 그것만으로는 석연치 않다는 어느 부자에게 이렇게 말했다는 이야기다. 모세 십계의 교조성敎條性으로는 언급할 수 없을 것 같은 생활의 실질 부분 속으로 파고 들어감으로써 유대교의 법 지배에 치명타를 가했다. 주변의 대다수 사람들이 겨우 먹고 살고 있는 사회 속에서 큰 부자로 살 수 있다는 건 도대체 어떻게 봐야 하나……

유대교의 사회적인 지배력은 압도적이었다. 그중에서 십계, 셰마, 카디쉬 등 유대교의 중심이 되는 일들을 열거하며 이렇게 설파했는데, 그것만으로도 엄청난 일이었다. 그것만으로도 죽어 마땅한 일이었다. 뿐만 아니라 그럴 경우에 예수는 늘 삐딱한 자세로 비꼰다. 십계도 좋고, 셰마도 좋고, 카디쉬도 좋아요, 모두 진심으로 그것을 실천해 주세요, 라고 그가 말할 때에는 실쭉 웃는 짓궂음이 있다. 그리고 한마디를 신랄하게 덧붙인다. 내일의 빵을 쳤으면 좋겠는데…… 자신이 먼저 이웃이 되어 주세요…… 재산을 버리고 우리와 마찬가지로 옥신각신 살아 보는 게 어떤가……

7. 역설적 반항

그러나 예수가 언제나 빈정거리는 태도로 딱 한마디만 본심의 신랄함을 내보이는 식으로 이야기한 것은 아니다. 정면으로 유대교 비판을 전개하는 경우도 있다. 아니 그런 경우가 상당히 많다. 다만 어떤 경우든 예수의 활동 기반이 되어 있는 것은 역설적 반항이라고 해야 할 발상이다. 십계, 셰마, 카디쉬를 비판하는 경우에도 어렴풋이 보이는 이 자세가 더욱 단적으로 표현되어 있는 경우도 많다.

레위라는 이름의 세금 걷는 사람 집에서 밥을 먹고 있었을 때의 이야기다. 예수는 곧잘 레위나 레위 동료들의 집에서 함께 밥을 먹거나 술을 마시며 담소를 나눴다. '세금 걷는 사람'이란 요컨대 세리稅吏인데, 이 경우에는 특히 관세를 걷는 세관稅關의 하청업자를 가리킨다. 직업상 '이방인'들을 많이 접한다. 따라서 이방인에게 지우기 어렵게 달라붙어 있는 '불결함'과 접촉하기 쉬워 이방인만큼이나 '불결'한 자로 간주된다. 하지만 세리가 특히 혐오의 대상이 된 것은 사람들로부터 부당하게 돈을 빼돌리기 때문이었다. 세리는 도둑과 같다는 말투가 많이 보인다. 이방인과 비교적 많이 접촉하는 사람은 세리 외에도 있겠지만, 예컨대 상인이 세리와 마찬가지로 혐오 대상이 되었다는 이야기는 없다. 역시 부당하게 돈을 갈취당한 데에 대한 원한이 특히 세리만을 유대교 사회에서 배제하려는 감정적인 근거가 되었을 것이다. 세금은 공공의 일에 쓰기 위한 것입니다, 라는 이념은 아직 존재하지 않았던 고대의 일이다. 현대에도 자신들이 부당하게 너무 많이 내고 있다고 느끼는 사람이 많을 텐데, 하물며 고대인들로서는 자신들이 애써 일해 번 돈을 아무 이유도 없이 부당하게 강탈당한다는 느낌이 강했을 것이다. 하지만 세상 사람들의 감정은 불공평해서, 만일 세금이란 게 원래 그런 것이라고 생각한다면 세금을 걷는 자들의 우두머리인 정치 지배자에게 원망의 소리를 내면 좋은데, 실제로는 직접 사람들이 접촉하는 현장의 하수인들이 가장 빈번히 성토 대상이 된다.

사실 또 당시의 관세 수집 방법으로 보건대, 현장의 하수인들이 야비하게 마구 걷어들이지 않으면 자신의 수입도 챙길 수 없게 되어 있었으므로, 매우 악착스럽게 돌아다니면서 사람들로부터 점점 더 경원당했을 것이다. 즉 정치 지배자는 자신들이 직접 세금을 징수하는 것이 아니라 청부인에게 징세 사업을 맡긴다. 그럴 때 청부인은 사실 이 만큼의 세수가 있었습니다 하고 보고하지 않는다. 정치 지배자는 처음부터 어림잡아서 이곳에서는 연간 액수 얼마의 세금을 걷으라고 명하며 도급을 준다. 그것 이상 걷으면 남는 부분은 청부인의 수입이 되는 구조다. 견적액은 엄밀한 계산의 근거가 있어서 나오는 숫자가 아니기 때문에 실제로는 상당히 가혹한 금액이었을 것으로 보인다. 청부인이 그것 이상으로 자신을 위한 수입을 올리려고 하면 상당히 야박하게 걷어들이지 않을 수 없었을 것이다. 게다가 청부인은 다시 하청을 주었고, 그 하청인에게 고용된 하수인이 세금 징수 사무소에 앉아 실제로 세금을 징수했다.

이처럼 중간착취가 많아 관세액은 지극히 부당한 액수가 되었을 것이다. 이 기구에서는 '세리의 우두머리'인 청부인과, 말단 관리인 하수인은 구별해서 생각할 필요가 있다. 우두머리는 자신이 탐욕스러운 짓에 직접 손대지 않고 하수인을 시켜 우려냄으로써 막대한 수입을 올릴 수 있다. 루카 19장 2절에 나오는 자캐오라는 세리 우두머리가 '부자였다'고 되어 있는 것은 바로 그런 사정을 보여준다. 그에 비해 실제로 징세 사무소에 앉아 있는 하수인들은 자신들이 얼마를 걷는지 주인이 금방 훤히 알게 되어 걷으면 걷을수록 위로 빨려 올라가기 때문에, 사람들로부터 사갈시蛇蠍視되며 세금을 짜내어도 자신의 몫으로 남는 것은 별로 없었다. 마르코 2장 14절에 나오는 세관에 앉아 있던 남자 레위는 이런 하수인 세리다. 민중과 많이 접촉하는 입장에서 미움을 받으면서도 민중 속의 인색한 작자들로 살았던 것이 하수인 세리들이었다.

예수가 세리와도 아무렇지 않게 잘 어울렸다는 사실은 어떻게 해서든 예수에게서 정치적 사회적 의식을 보고 싶어 하지 않는 현대의 추상적 박애주의 신학자들에게는 매우 기쁜 사실이다. 세리는 권력의 앞잡이다. 로마제국이 현지에 파견한 기관이다. 예수는 그런 자들에 대해서도 구원의 손길을 내밀어 주셨다. 따라서 예수는 결코 로마제국 지배에 반대했던 것이 아니며, 또 억압받던 계급의 해방을 부르짖은 것도 아니다. 정치 권력자든 가난한 자든, 로마인이든 유대인이든 평등하게 모든 사람을 예수님은 사랑하셨습니다, 라는 이야기다. 이 정도로 극단적이지는 않지만, 아라이 사사구荒井獻도 이 점에서는 큰 차이가 없다. '세리는…… 적어도 경제적으로는 사회의 하층에 속하지는 않았고, 게다가 외국인(로마인) 지배자의 앞잡이로 일했다. 그들은 말하자면 자국민을 경제적으로 착취함으로써 자신들의 일상생활을 영위하던 적성敵性 협력자collaborator였다. 바로 그 때문에 바리사이파 특히 젤로타이(열심당)으로부터 사갈시되었으며…… 이것은 예수를 지배-피지배, 체제-반체제의 도식에 끼워넣어 그를 피지배-반체제 쪽에 놓으려는 사람들에게 가장 설명하기 곤란한 대목이다. ……예수는 그 행동과 사상의 시좌視座를 지배-피지배, 체제-반체제라는 정치적·경제적 구별을 넘어서는 곳에 두고 있었다.' 그렇게 이야기하면서 이 사람은 다른 곳에서는 예수가 늘 사회적 '약자'에게 시좌를 고정시키고 궁극적으로는 국가권력에 저항했다는 식의 결론을 끌어내고 있어서, 도대체 어느 쪽을 이야기하고 싶은 것인지 도무지 알 수 없지만, 저 페이지에서는 저 사람의 의견을 쓰고 이쪽 페이지에서는 이쪽 사람 의견에 따르는 식의 책 쓰기를 하다 보니 그렇게 되는 것이다. 조금은 자신의 머리로 생각해 보면 좋을 텐데.

그것은 그렇다 치고, 정치 지배자를 국가권력으로 의식한다는 일 따위는 우선 있을 수 없었던 1세기 팔레스티나의 인간을 '국가권력의 총체'에 대해 저항한 자인지 아닌지 판정해 보자는 식의 아라이 씨의 이런 견해는 시대착오적일 수밖에 없다. 또 사회의 지배 피지배 구조를 전체적으로 파악해서 그 구조를 뒤엎기 위해 싸운 '반체제의 투사'로 예수를 그리려 하는 것도 시대착오다. 그러나 또한 그 반대의 극단으로 치달아 예수는 지배 피지배 구조를 초월한 전인간적인 입장에 서 있었다는 식의 이야기도 역사를 모르는 잠꼬대에 지나지 않는다. 자각하든 않든 역사 사회 속에서 살아가는 인간은 역사 사회 구조 바깥에 나가서 존립하는 것이 불가능하다. 무의식적일지라도 지배 체제를 긍정하는 마음이 어떻게 예수한테서 스며 나오는가, 또 거꾸로 직감적인 분노에 지나지 않을지라도 지배 체제의 갖가지 표현에 대해 예수가 어떻게 저항했는가, 라는 것을 밝히는 것이 역사적 현실 속에서 살아간 인간 예수를 이해하는 방법일 것이다. 세리와도 사이좋게 지냈으니까 예수는 로마제국을 적대시하지 않았다, 체제 반체제를 초월했다고 이야기하는 것은 논리적으로 너무 유치해서 말이 안 된다.

첫째로, 이 경우의 세리는 로마제국의 현지 파견 기관이 아니다. 예수 당시의 갈릴래아 지방에서 로마제국은 직접 세금을 징수하지 않았다. 영주 헤로데 안티파스가 자신의 영토 내에서 징수되어 올라오는 세금 수입 중 일부를 공납금으로 로마제국에 바쳤다. 따라서 개개의 세금 징수업자들은 로마제국이 아니라 헤로데를 섬기며 일했다. 카파르나움의 세리는 영주의 고용인에 지나지 않았다. 그것도 직접 고용인이라기보다는 하청인의 하수인이었다.

둘째, 예수가 평소 어울렸던 사람들은 이런 하수인 세리들로, '세리의 우두머리'에 대해서는 앞서 이야기한 자캐오에 대한 이야기가 전해지고 있을 뿐이다.(루카 19장 1-10절) 이 이야기는 종교 설화적으로 상당히 윤색되어 있어서 자캐오를 '아브라함의 아들' 즉 이스라엘 민족에 속하는 사람이었기에 구원받을 자격이 있다고 간주하고 있는 점 등 민족주의 색채를 아직 강하게 지니고 있던 가장 이른 시기의 예루살렘 교단의 경향이 강하게 반영되어 있으며, 한편으로는 루카 특유의 달콤한 박애주의가 배어나기도 해 이미 실제 사실을 제대로 파악하기가 불가능하다. 애초에, 유명한 예수가 지나간다니까 나무 위에 올라가 구경하고 있던 자캐오를 예수가 때마침 지나가다가 즉시 그가 세리라는 걸 간파하고, 오늘은 당신 집에서 묵어야겠다고 말했다는 식의 이야기가 이미 너무 지어낸 이야기 냄새가 난다. 그럼에도 이 이야기에서 재미있는 것은 '세리의 우두머리' 자캐오는 재산의 절반을 빈민에게 베풀어 주었다고 되어 있는 점이다. 이 이야기에서는 자캐오가 자발적으로 그런 일을 한 것으로 되어 있으나, 다른 곳에서는 경건하고 대단히 진지한 어느 부자 남성에게도 모든 재산을 팔아 버릴 것을 요구한 예수다. 그런 예수라면 자캐오에게 그 정도의 요구를 했다고 해도 이상할 게 없다. 그런데 갈릴래아 지방에서 예수가 곧잘 어울렸던 사람들은 자캐오와 같은 우두머리가 아니라 하수인 세리다.

셋째, 만일 세금 걷는 하청인의 하수인과 사이좋게 지내면 '적성敵性협력자'를 승인한 셈이 되니 반체제가 될 수 없다, 라는 식이라면 예전의 오키나와의 미군기지에서 일하는 노동자 투쟁 등은 전혀 이해할 수 없게 될 것이다. 아니 일본 전국의 국가공무원 지방공무원의 한 사람, 그 하청으로 소문난 저임금을 받고 일하는 '임시'나 비상근 노동자들 중 한 사람과 다소 사이좋게 사귄다면, 그것은 국가권력을 전면적으로 승인한 것이 되어 체제 반체제를 초월한 지점으로 올라서는 것인가. 낙하산 인사로 불로소득을 아득바득 챙긴 재무부 관료나 국세국國稅局의 상층부와 지방의 작은 세무서의 하청 아르바이트 비상근 직원을 한통속으로 여기지 마시오. 아무리 그렇기로서니 그런 어린아이 속이기 같은 유치한 논리로 역사를 쓸 수 있습니까.

그만하고 본래 이야기로 돌아가자. 예수가 세리 레위의 집에서 밥을 먹고 있을 때의 이야기다. 세리가 '불결'하다면 세리와 예사로 사귀는 자도 '불결' 규정을 무시하는 무법자, 자신도 불결한 자가 된다. 하물며 함께 밥을 먹거나 술을 마시고 담소까지 한다면. 참으로 칠칠치 못한 생활을 하고 있는 것이 아닌가. 율법학자는 이렇게 말하며 예수를 비판한다. 그 말을 듣고 예수는 딱 한마디 했다.

'나는 의인을 부르기 위해서가 아니라 죄인을 부르기 위해 왔다.'(마르코 2장 17절)

루카 복음서 저자는 그 정도로 끝냈으면 좋으련만, 이 말에 쓸데없는 단어를 덧붙였다. '죄인을 불러 회개하게 하려고'라고. 그러나 이 덧붙인 말 때문에 의미가 역전된다. '의인'이라는 개념을 전제로, '죄인'은 의인이 될 수 없는 악한 사람인데, 그 악한 '죄인'조차 만일 회개하면 구원받을 수 있어요, 라고 이야기한 셈이 된다. 별일 아니야, 예수님은 '죄인'을 '의인'으로 만들기 위해 오셨어, 라는 말이 되어 버린다. 그러나 예수의 말은 그 반대다. 여기에서는 분명히 의인이 아니라 죄인을 부르겠다고 말하고 있다. 이것은 따라서 세상 사람들은 모두 죄인이기 때문에 당신네 갈피를 못 잡는 죄인들이여, 이리로 오세요, 그러면 하느님의 나라에 들어가게 해 드릴게요, 라는 루카적 설교와는 전혀 다르다.

이것은 다른 기회에 예수가 한 말과 일치한다.

'세리나 매춘부들이 당신네보다 먼저 하느님의 나라에 들어갈 것이다.'(마태오 21장 31절)

여기에서 '당신네'라고 했는데, 직접적으로 누구를 가리키는지 분명하지 않다. 마태오의 전후관계로 보면 예루살렘의 종교귀족에 대해 한 말이 된다. 그렇게까지 엄밀하게 확정하는 것은 무리겠지만, 어쨌든 '의인'이기를 종교적으로 엄격하게 추구하려 했던 유대교 지도층을 향해 던진 말인 것은 분명하다. 현대의 성서학자들은 그 언어적인 지식을 구사해, 이 '먼저'라는 말은 직역하기보다 좀 더 강하게 부정적인 의미로 번역해야 한다고 이야기하는데, 그건 맞는 말이다. 즉 먼저 세리나 매춘부가 하느님의 나라에 들어가고 당신네는 나중이라는 정도의 말이 아니라, 오히려 세리나 매춘부야말로 하느님의 나라에 들어가야 하고 당신네는 아니다라는 주장이다.

당시의 유대교 지도자층은 그 엄밀한 종교적 사회윤리를 통해 사회질서를 지키려 했다. 흔히 이야기하듯 그들, 특히 그 주력을 이루는 바리사이파가 말치레뿐 실제로는 아무것도 하지 않는 위선자라는 것은 상당히 왜곡된 상이며, 실제로는 그들 중에 예외도 있겠지만 대부분 엄밀한 종교적 윤리적 실천자였다. 그들을 언행불일치의 위선자로 부르는 것은 원시 그리스도교 쪽에서 만든 선전, 특히 마태오 복음서 저자들의 선전으로, 액면 그대로 받아들여서는 안 된다. 예수도 그들을 위선자라며 비판했으나 그것은 단순히 언행불일치라는 이야기가 아니라 그들의 종교적인 이념에 토대를 둔 윤리 행동 자체가 곤란하다고 말하고 있는 것이다. 언행불일치는 고사하고, 그런 종교적 지배를 열심히 진지하게 실천하려고 하면 할수록 타인에게는 억압이 돼요, 라고 말하고 있다. 그들이 주장하는 종교적 사회윤리에 엄밀하게 충실한 자들만 '의인'이라 불릴 수 있으며, 그런 '의인'이야말로 '하느님의 나라'에 들어갈 것이라고 그들은 말한다.

원래 '의義'라는 개념은 법적인 발상에 토대를 둔 것이다. 유대교 윤리가 모세 율법을 중심으로 한 법적인 체계에 그 기초를 두고 있다는 것은 이미 몇 번이나 강조했다. 법이 매개가 되어 민족이 국가지배 구조 속으로 흡수되고, 법이 표준이 되어 사회지배 질서가 유지된다. 유대교의 '정의'는 '법적 정의'와 같은 것이다.

그런 사회질서에서 밀려난 사람들, 여기에서 말하는 '세리나 매춘부'야말로 당신네보다 오히려 하느님의 나라에 들어가게 될 것이라고 예수가 우길 때, 그런 것은 친절한 그리스도교적 설교 같은 데서는 있을 수 없는 일이기 때문에, 그렇게 설정된 질서에 대한, 그렇게 '의인'이라는 것의 틀을 설정하는 자에 대한 반역의 부르짖음일 것이다. 따라서 예수는 또 자신이 하려는 일은 의인이 아니라 죄인을 부르는 행위라고 주장한다. '의인'이라는 것을 설정함으로써 '죄인'이 배제된다. 그런 설정이야말로 뒤집어 버려야 한다.

비슷한 주장은 비유를 통해서도 이야기된다.

두 사람이 기도하러 신전에 갔다. 한 사람은 바리사이파 사람이고 한 사람은 세리였다. 바리사이파 사람은 서서 마음속으로 이렇게 기도했다.

'하느님, 제가 다른 자들처럼 탐욕스럽고 불의하고 음탕하지 않고, 또 여기에 있는 세리와도 같지 않은 것을 감사드립니다. 나는 주 2회 단식을 하고 내가 손에 넣을 수 있는 모든 것의 10분의 1을 바치고 있습니다.'

하지만 세리는 멀리 떨어진 곳에 서서 눈을 하늘을 향해 올려다보려고도 하지 않고 가슴을 치며 말했다,

'하느님, 죄인인 저에게 자비를 베풀어 주십시오'라고.

너희들에게 말하는데, 오히려 이 세리가 저 바리사이파 사람보다 의롭다고 인정을 받고 집으로 돌아갔다.

(루카 18장 9-14절)

유감스럽게도 이 이야기는 루카 복음서에만 나온다. 의인이 아니라 죄인을, 이라고 한 역설적 반항의 말을 '죄인을 회개하게 한다'는 종교적 설교로 바꿔 버린 루카다. 이 비유도 상당 부분 자기 식으로 고쳐 썼을 것이다. 그것은 이 비유의 결론으로 '누구든 자신을 높이는 자는 낮아지고, 자신을 낮추는 자는 높아질 것이다'는 겸손의 도덕을 설파한 구절을 덧붙이고 있는 것을 봐도 알 수 있다. '죄인에게 자비를 베푼다'는 것도 바울로가 좋아하는 속죄 신앙의 용어다. 따라서 여기에서 예수가 이야기한 원래의 말을 엄밀하게 복원하는 것은 불가능하지만, 위의 발언과 같은 부류의 말이라는 것은 확실하다고 할 수 있을 것이다.

그러나 예수 자신도 여기에서는 아직 비유로 바리사이파 사람보다 세리 쪽이 '의롭다고 인정을 받았다'고 말할 뿐이어서,

달콤한 설교로 굴러 떨어질지도 모를 요소가 있다. 그것은 종이 한 장 차이의 근소한 전환점이어서, 거기에서 거꾸로 굴러가면 곧바로 계급적 회유 쪽으로 휩쓸려 간다. '죄인' 쪽이, 즉 많은 경우 사회의 밑바닥에서 신음하고 있는 자들 쪽이 오히려 겸허하다는 것을, '자신을 낮춘다'는 것을 알고 있기에, 그 순종적인 정신이야말로 훌륭한 것이니 그들을 사회로부터 배제하지 말고 따뜻하게 받아들이자고 말할 때, 그것은 바로 사실상 그들을 굴종 속에 침잠沈潛시킬 뿐만 아니라 그 굴종을 굴종이라고 여기며 분노하는 정신마저 그들로부터 빼앗아 버리려 하는 것이다.

의인이 아니라 죄인이 구원받는다고 주장하는 것은, 따라서 대단한 위험을 잉태한다. 이것을 고정된 진리로 증명하려 할 때는 이미 이상해진다. 그러나 예수는 인류에게 진리를 가져다준 사람이 아니다. 현상을 지배하는 '진리'를 거부하는 역설적 반항아였다. 그 종이 한 장 차이의 전환점이 저쪽이 아니라 이쪽으로 굴러오는 순간은 그것을 분노와 함께 발언할 때다. 그것을 '의인'을 향해 내뱉을 때다. 세리나 매춘부야말로, 당신네 종교적 지배계급이 아니라 그들이야말로 하느님의 나라에 들어갈 것이라고 상대에게 곧바로 들이댈 때다.

따라서 세리 레위의 집에서 식사를 했던 것을 두고 율법학자로부터 트집을 잡혔을 때 예수는 분개해서 말한 것이다. 당신네들 의인에게는 볼일이 없다, 죄인이야말로 맞아들여야 할 손님이다, 라고. 이 말에 의미를 부여하는 것은 분노다.

그렇다 하더라도, 논리적으로 이야기하자면, 여기에서 예수가 말하려 하는 것은 '의인'이라는 종교적 가치를 정하는 틀을 설정하니까 그 틀에서 벗어난 '죄인'이 배제당하는 것이고, 종교적 차별이 사회적 차별을 강화시키게 된다는 것이므로, 요컨대 의인이라거나 죄인이라는 개념을 정하는 근본적 발상 자체가 옳지 못한 것이라는 이야기다. 그러나 그런 것이라면 분명히 그렇다고 낙착을 지어 이야기하면 좋을 것이 아닌가. 의인이니 죄인이니 하는 개념을 폐기하라고. 매사를 뒤틀어서 죄인쪽이 구원을 받고 의인은 안 돼, 따위로 이야기하지 않아도 될게 아닌가. 죄인은 구원받을 수 없어요, 라며 배제하는 것은 분명히 좋지 않다. 그들도 맞아들여야 한다. 그러나 그렇다고 해서 의인 쪽은 안 돼, 따위로 말하는 것은 너무 거꾸로 가는 것이 아닌가. 죄인이 배제당해서는 안 된다면, 의인이 배제당하는 것도 옳지 않다. 바울로처럼 의인은 한 사람도 없고 모두 죄인이기 때문에, 죄인은 구원받을 것입니다, 라고 하면 될 텐데, 당신은 진자振子가 반대쪽으로 가버린 듯한 느낌이고, 너무 공격적이다. 당신과 같은 문제 제기자는 지금까지 사람들이 미처 몰랐던 매우 예민한 부분을 지적하고 있는 점에서 존경할 만하고, 우리도 귀를 기울이겠소. 하지만 그렇게까지 이야기하는 건 지나친 거요. 종교적인 차별이 옳지 못한 것이라면, 반대 방향으로 너무 나가는 것도 폭력적이고 더 옳지 못한 것이오. 모처럼 옳은 이야기를 하지만, 그렇게 해서는 누구도 당신을 이해하지 못할 거요……

그리하여 이처럼 예수를 잘 이해했다고 생각한 무리가 예수를 죽였다. 예전에는 육체적으로, 지금은 정신적으로.

물론 의인이니 죄인이니 하는 종교적 개념의 틀을 설정하는 것이야말로 폐기되어야 한다. 그것이 근본적인 문제다. 그러나 그것을 폐기하기 위해서는 그냥 그렇게 말만 해서는 안 된다. 종교적인 '의인'은 사회질서에서, 사회구조에서 상층부다. 지배자다. 권력을 갖고 있다. 따라서 그들은 낙착을 지어 말할 수가 있다, 현상을 있는 그대로 두고 쌍방이 사이좋게 지내자, 의인도 죄인도 모두 구원받을 수 있어요. 그에 따라 그와 같은 말을 이쪽에서 되풀이해 봤자 안 된다. 설령 근원적인 진리라 할지라도 그것을 그대로 매끈하게 그들에게 가지고 가 봤자 그들이 그것 때문에 자신들의 권력을 포기하는 것은 있을 수 없는 일이다.

'괜찮지 않은가, 세리의 집에서 밥 좀 먹었기로서니. 좀 기다려 주세요. 차차 교육을 해서 죄인이 아니게 되도록, 좋은 사회 구성원이 될 수 있도록 할 테니까⋯⋯' 하고 말해 봤자 그들 '의인'의 대표자는 씨익 웃으며 돌아갈 뿐이다. 그렇지 않아. 거기에 트집을 잡으러 온 그들이야말로 규탄받아야 마땅해.

역설적 반항이란 그런 것이다. 그것 자체를 객관적 진리라고 이야기하면 거짓말이 된다. 하지만 객관적 진리란 무엇인가.

8. 가난한 사람은 정말로 행복한가?

'가난한 자는 행복하다'라고 예수는 선언했다. 이런 경우는 명백히 객관적 진리는 아니다. 가난한 자가 행복할 리가 없다. 비교적 유복한 나라에서, 비교적 경제적으로 혜택받은 사람들에게 이것은 머릿속에서만 성립되는 훌륭한 진리일지도 모르겠다. 남아도는 부를 버리고 청빈 속에서 소박하게 살아갈 수 있다면…… 가난한 자는 부에 집착하지 않으니까 오히려 서로 도울 줄 안다…… 오히려 부나 권력이 있기 때문에 추한 싸움이 일어나고 거짓으로 다져진 인간관계가 만들어지지만, 가난한 자는 그럴 일이 없고 오로지 정직하게 살아간다…… 확실히 그런 면이 없지는 않다. 하지만 그러니까 가난한 것이 당연히 좋다고 하면 거짓이 될 것이다. 이상을 이야기하자면, 모두가 평등하고 어느 정도 풍요롭게, 그리고 정직하고 친절하게 서로 도우며 살아가는 게 좋다. 가난한 쪽이 인간이 소박해서 좋다는 식으로 큰소리치는 자들은 거의 백 퍼센트 자신은 가난의 밑바닥에서 내일 먹을 빵도 없을지도 모르는 생활을 하고 있지 않은, 어느 정도 여유 있는 자들에 지나지 않는다. 그들에게 가난은 하나의 관념일 뿐이다. 물론 많은 사람들 중에는 스스로 가난의 밑바닥에 있으면서 부자들의 추악함에 대한 증오 때문에 인간은 가난한 쪽이 좋다고 굳게 믿고 있는 사람도 있다. 그러나 그것은 극히 예외적인 경우이며, 그것은 결국 지금 세상에서는 어느 정도 부유하게 살고자 하면 타인을 짓밟지 않으면 안 되는 현실에 대해 장렬하게 반항의식을 표명하고 있는 것에 지나지 않는다. 본인은 장렬도 반항도 생각하지 않고 순박하게 가난 속에 자족하고 있을 뿐일지도 모르겠으나, 그렇게 되면 점점, 그런 사람이 있으니까 가난한 자는 가난한 대로 사는 것이 행복한 것입니다, 라고 설교를 하면 가난한 자가 짓밟히는 사회는 바뀌지 않는다. 그리고 그리스도교는 예수의 이 말을 객관적 진리라고 계속 설교함으로써 가난한 자들을 가난한 대로 억눌러, 결과적으로 부자들의 사회적 횡포를 정당화하는 역할을 수행했다. 예수가 무슨 생각으로 이 말을 했건 그와는 상관없이 그리스도교는 2천 년 동안 예수를 빙자해서 그런 역할을 수행해 온 것이다. 그렇다면 주관적으로는 어떨지 몰라도 결과적으로 예수는 죄를 지은 인간이었던 셈이 될까. 그렇지 않으면 역설적 반항의 외침을 객관적 진리로 만든 그리스도교만이 나쁜 것인가.

어쨌든 가난은 결코 순박한 성실 따위의 아름다워 보이는 것에 머물지 않는다. 살아가기 위해서는 그악스러워지고 자신보다 더 약한 자를 매몰차게 차버리며, 권력이 없어 온갖 종류의 부당한 수모에 대해서도 그저 비굴하게 참고 견디는 수밖에 없고…… 아니 애초에 내일 먹을 것이 손에 들어올지 어떨지도 모르는 상태는 절망적으로 두려운 법이다. 주변 사람들이 가난으로 인한 영양실조로 쉽게 병에 걸리고, 많이 죽어 나가는 상황 속에서 살아가는 아프리카의 대학 신학부 학생들에게 물어봤다. '여러분은 성서를 믿는다고 하는데, 정말로 가난한 자는 행복하다고 생각하는가.' 그들은 발을 쾅쾅 구르며 큰 소리로 말했다. '아뇨Non!'

예수는 무슨 생각으로 이 말을 했을까? 마태오와 루카가 전하는 전승(마태오 5장 3절 이하 = 루카 6장 20절 이하, Q자료)에서 최대공약수를 뽑아내, 원래 예수가 이야기했을 것으로 생각되는 말을 재현해 보면 다음과 같다.

행복하도다, 가난한 자여
하느님의 나라는 그들의 것이 될 것이다.
행복하도다, 굶주리는 자여
그들은 배부르게 될 것이다

행복하도다, 울고 있는 자여
그들은 웃게 될 것이다.

'행복하도다……'라는 말투는 구약성서 전래의 말투로, 복잡한 의미를 지닐 수 있다. 원래 눈앞에 있는 상대에게 '행복하도다'라고 해서 축복하는 표현이다. '행복'은 하느님이 주시는 축복이다. '행복'이라는 것이 당신에게도 있기를, '행복'이라는 것이 당신에게도 이루어지기를…… 그러나 하느님이 주시는 축복이라고 했지만, 이것은 매우 비속卑俗하게 이 세상에서 요행히 행운을 얻어 번영할 수 있다는 의미에서부터, 종교적으로 경건하고 올바른 신앙의 소유자가 하느님의 축복을 받을 것이라는 의미, 나아가 윤리적으로 이런 식으로 살아가는 사람이 올바른 것이라는 의미까지 다종다양한 의미를 표현한다.

'행복하도다, 지혜를 찾는 자여'(잠언 3장 13절)라는 것은 첫 번째 의미일 것이고,

'행복하도다, 주(이신 하느님)에게 의지하는 자 모두'(시편 2장 12절)는 두 번째의 경건한 종교신앙의 의미,

'행복하도다, 가난한 자를 깊이 배려해 주는 자여'(시편 41장 1절)은 윤리적인 의미에 중점을 두고 있다.

이처럼 다양한 의미를 표현할 수 있는 것은, 원래 하느님 신앙이라는 것이 지극히 현실적인 이해에서부터 각인각색으로 변화하는 숭고한 이상에 이르기까지 뭐든 폭넓게 채워 넣는 큰 보자기이기 때문인데, 셈어 특유의 동사를 생략하는 이런 말투를 쓰는 데에도 나름의 이유가 있을 것으로 보인다. '행복하도다, 가난한 자여'라고도 하고, 거기에 보충하는 동사를 넣

어 '가난한 자가 행복하다'라는 서술문이 되기도 하고, '가난한 자야말로 행복하다'는 강조문이 되기도 하며, '가난한 자도 행복해질 것이다'라는 미래를 예측한 문장도, '가난한 자야말로 행복해지기를'이라고 원망顧望과 의욕을 고양시키는 문장도 된다.

'행복하도다'라는 축복의 말이 일상에서 온갖 방식으로 오가는 환경에서 살았던 예수가 무엇을 생각했을까. 그의 역설의 정신은 이런 데서도 드러난다. 당신들, 마치 자신이 하느님의 대변자라도 된 양 '행복하도다' '행복하도다' 하고 자신들의 진부한 기준으로 사람을 골라 축복하고 있는데, 만일 정말로 '행복하도다'라고 하면서 호소할 수 있는 상대가 있다면, 그건 가난한 사람일 수밖에 없지 않은가. 가난한 자에게 행복이 찾아오지 않는다면, 도대체 무엇을 위한 축복인가. 이치가 이러하니 예수는 굳이 선언했다. '행복하도다, 가난한 자여'라고.

마태오의 저자는 이대로는 이 말이 무리가 있다는 것을 잘 알고 있었다. 따라서 말을 보충해서 '마음이 가난한 자'라고 설명한다. 그렇다면 실제로 돈이 없어서 쩔쩔매는 자가 아니라, '마음'이 교만하지 않은 자, 그것도 인간관계에서 겸허한가 그렇지 않은가의 차원을 넘어 하느님에게 겸허한 자가 축복의 대상이 된다. 마태오가 이렇게 해석한 것은 구약·유대교의 전통으로 볼 때 반드시 부당한 것은 아니다. '가난한 자'라는 표현을 경제적 사회적인 의미로 사용하지 않고, 하느님에 대해서 겸손한 자라는 의미로 사용하는 예는 유대교 경건주의자의 말투에서 많이 발견된다. 예컨대 기원전 1세기에 〈솔로몬의 시〉라 불리는 일군의 시를 지은 경건주의자 집단은 자신들을 종종 '가난한 자'라 불렀다.

그러나 예수는 좀 더 구체적 현실적인 의미로 '가난한 자'라고 말했다. 바로 이어서 '굶주리는 자' '우는 자'를 이야기하고 있는 것으로 보건대 이것을 정신 상태에 관한 것으로 봐서는 안 된다. '굶주리는 자'는 더욱 즉물적即物的이고 단적으로 가난을 표현하고 있다. 굶고 있는 자에게 필요한 것은 무엇인가. 배부르게 먹는 것이다. 가난한 자, 굶주리는 자는 단지 음식, 옷만 부족한 게 아니다. 가난하니까 체력도 약하고, 사회적인 권력도 없다. 종종 굴욕으로 눈물을 흘려야 한다. '우는 자'에게 필요한 것은 무엇인가. 웃을 수 있는 것이다.

실제로 행복할 수 없는 '가난한 자'를 두고 '행복하도다, 가난한 자여'라고 선언해 봤자 무슨 의미가 있겠는가. 그러나 역설적 반항이란 게 그런 것이 아닌가. 빈곤은 고통이다. 빈곤이 행복할 리가 없다. 하지만 그렇다고 해서 행복은 부유한 자만의 것이고, 부자야말로 행복하다고 해 봤자 꺼림칙한 기분이 들기만 할 것이다. 그래서는 안 된다. 그런 자들만이 행복하다는 식으로 이야기한다면 가난 속에서 고생하며 살아가는 자의 긍지가 그것을 용납할 수 없다. 아니 이것은 오기에서 나온 긍지가 아니다. 부자가 행복하고 가난한 자가 불행하다는 게 당연한 것으로 받아들여져서 좋을 리가 없다. 만일 이 세상에서 누군가가 '행복하라'고 축복받을 일이 있다면 빈곤에 허덕이는 자를 빼고 누가 축복받아야 할까. 만일 '하느님의 나라에 들어갈 것이다'는 말을 해 줄 수 있다면, 우리네 가난을 껴안고 옥신각신 복작거리며 살고 있는 자들을 놔두고 누가 그런 말을 들을 수 있겠는가. 아니 '하느님의 나라에 들어갈 것이다'

따위로 말하지 마라. 하느님의 나라는 가난뱅이들의 것이다, 반드시 그렇게 되도록 하겠다.

그렇게 이야기한 것인데, 예수는 '행복하도다, 가난한 자여'의 뒤에 한 구절을 더 붙였다. '하느님의 나라는 그들의 것이 될 것이다.'

그 밖에 또 이런 비유가 전해지고 있다.

> 양 100마리를 가진 사람이 있었다고 하자. 그중에 한 마리가 길을 잃고 어딘가로 가 버렸다. 그럴 때 설사 99마리를 들판에 놓아두고라도 없어진 양을 찾아 나서지 않겠는가. 나가서 다행히 그 양을 찾는다면 길을 잃지 않은 99마리보다 그 한 마리 양 찾은 것을 더 기뻐하지 않겠는가.
>
> (마태오 18장 12-13절 = 루카 15장 4-6절, Q자료)

이 짧은 비유 이야기도 '가난한 자는 행복하다'는 구절과 마찬가지로, 누구를 상대로 어떤 장면에서 한 이야기인지 잘 알 수가 없다. 따라서 예수가 다른 장면에서도 보여준 역설적인 이야기의 하나로 이해하는 것이 적절하리라 생각한다. 마태오도 루카도 이것을 교회 경영을 위한 시사로 해석해 버렸지만 말이다. 즉 마태오가 '길 잃은 양'을 교회 신자들 중에서 '죄 지은 자'의 의미로 해석했다는 것은, 곧 어떤 의미에서 교회의 주장과 다른 말을 하거나 다른 일을 하는 자라는 이야기가 되는데, 그런 자를 내버려두지 말고 교회의 규율 속으로 되돌아올 수 있도록 노력해 주세요, 라는 설교로 삼고 있는 것이다. 루카는 신자가 되어 교회에 가는 자는 '죄를 회개한 자'라는 단순한 전제가 있기 때문에, '잃어버렸'지만 다시 돌아온 양은 즉 죄를 회개한 자, 그리스도교도를 가리킨다고 해석했다. 세상의 백 사람 가운데 한 사람은 그렇게 해서 그리스도교도가 되지만 나머지 99명은 '회개가 필요 없는' 사람들로, 말하자면 그리스도교도가 될 의지가 없는 사람들이며, 따라서 '하늘에서 기쁨을 누릴 일이 없다'고 해석한다. 어느 쪽이든 예수 자신의 생활의 장과는 관계없는 교회 경영의 논리다. 그리고 이렇게 해석해서는 99마리를 그 자리에 버려두기까지 하면서 한 마리를 찾으러 간다는 비유의 강렬함을 잃어버린다.

이것은 비유이기에 그 내용 하나하나를 따져 봤자 소용없기 때문에 이를 통해 비유되고 있는 '일'의 '진실'을 파악하는 것이 중요하다는 것은 해석으로서는 일견 옳은 것으로 보이지만, 그러면 비유의 재미가 없어진다. 이것도 줄거리로서는 터무니없는 이야기다. 양치기의 중요한 임무는 들짐승으로부터 양을 지키는 일이다. 그렇다면 99마리를 들판 또는 산에 내버려두고 한 마리를 찾아 나서는 것은 위험한 도박이다. 산술적으로 합리적인 논리에 따르자면, 99와 1을 저울에 달면 1을 희생하더라도 99를 지키는 것이 옳다. 그럼에도 이 이야기는 양치기의 당연한 심리도 묘사하고 있다. 실제로는 역시 한 마리라도 자신이 키우고 있는 양을 잃어버리면 슬플 것이다. 양치기에게 이것은 99 대 1이라는 산술 문제는 아니다. 각각의 한 마리가 다른 무엇으로도 대체할 수 없는 개성을 지닌 생명이다. 따라서 99마리를 일단은 놓아두고라도 어떻게든 잃어버린 한 마리를 찾아 나서려 할 것이다.

현실의 세계는 산술적 합리성으로 움직인다. 사실 만일 99

대 1을 글자 그대로 이거냐 저거냐는 식으로 선택해야 될 때 99를 버리고 1을 취하는 사람은 없다. 또 그러한 이치에서, 실제로는 반드시 절대적으로 이거냐 저거냐를 택해야 할 상황이 아닌 경우에도 99를 위해 1이 희생의 제물이 된다. 그리고 그런 경우에는 거의 항상 99쪽이 어떤 의미에서 강자이고, 희생제물이 되는 한 사람은 여러 사람들 중에서도 어떤 의미에서 약자다. 이런 현실에 대해 이성의 입장에 서서 제대로 반론을 펴면, 실제로는 99명의 사람들이 조금씩 서로 양보해서 그 한 사람을 희생시키지 않아도 되기 때문에 모두가 평등하게 어려움을 나누자는 쪽으로 갈 수 있을 것이다.

하지만 그렇게 부드럽게 이야기해서 세상의 불공평이 제거되는 일은 거의 없다. 세상 전체가 산술적 합리성을 힘으로 강제해 올 때 거기에 저항하겠다고 마음먹으면 이쪽도 강력하고 단순하게 그것을 되받아치며 주장하지 않으면 강한 충격 효과를 낼 수 없다. 중요한 것은 99가 아니라 1이다. 그렇게 주장할 때 이미 사람은 깊게 전체를 꿰뚫어보는 균형 잡힌 이성을 잃고 있다. 폭론이라고도 할 수 있다. 하지만 그렇게 외치지 않으면 안 될 상황이 종종 있다. 이것 또한 결코 부동의 진리는 아니다. 역설적 반항인 것이다.

이 세상에서 실제로 이런 주장을 어느 정도 이상으로 하게 되면 묵사발당할 수밖에 없다. 실제로는 99의 힘에 1이 이길 리가 없기 때문이다. 역설적 반항에 나서는 사람은 비극에 돌입한다. 그러나 역사를 움직여 온 것은 여러 비극이었다.

예수라는 사람이 여러 장면에서 말하고 주장해 온 역설적 반항을 '진리'의 교훈으로 바꿔치기 해서는 안 된다. 예수는

'진리'를 전하기 위해 세상에 온 사자가 아니다. 그렇게 반항하지 않을 수밖에 없는 곳에서 살았기 때문에 그렇게 반항했다는 이야기다. 그리고 다시 한 번 이야기하지만, 그 때문에 죽임을 당했다.

제2장

예수의
역사적 장

예수는 어떤 사회에서 살았을까.

전기를 쓸 때는 누구나 그 사람의 역사적 배경을 찾으려 한다. 어느 정도는. 하지만 역사적 배경을 그 사람의 활동 '배경'으로만 간주할 때는 그 역사적 장場을 파악할 수 없게 되고 그 사람의 활동도 이해할 수 없다. 그것은 일반적으로 그러하며, 예수와 같은 사람의 경우는 특히 그러하다.

하나의 사상이 반항의 사상일 수 있는 것은, 자신이 놓여 있는 역사적 장에 대해 자각적으로 깊이 파고들려고 할 때다. 요행수의 용맹은 때로 우연하게 일의 핵심을 찌를 수는 있어도 근원을 찌르는 반항은 될 수 없다. 물어야 할 것은, 따라서 예컨대 예수라면, 예수의 경우 그 하나하나의 말이, 또 그 활동 전체가 자각적으로 역사의 장을 의식하고 거기에 깊이 파고들려고 한 것인가, 그렇지 않으면 그 사람의 주관적 의도로 역사의 장을 초월한 무시간적인 진리라고 본 것인가, 라는 것이다.

후자의 경우에도 물론, 실은 역사의 장을 초월하는 것은 불가능하므로, 초월했다고 생각하면 할수록 자신이 처한 현실을 잊고 있는 것에 지나지 않는다. 그러나 설령 잊어버렸을지라도 자신의 역사적 현실이 사라져 없어지는 것은 아니다. 자각적으로 파고들지 않으면 자신이 놓여 있는 역사 사회 체제의 지배적 이념이 무자각적으로 자신의 머리에 흘러들어올 뿐이다. 역사를 넘어섰다고 생각하는 사람일수록 역사적 상황 속의 지배적 표층에 무자각적으로 떠내려간다. 따라서 그런 경우에도 역사적 배경은 결코 그저 '배경'일 수 없기 때문에, 오히려 역사적 장이 그 주역이다.

따라서 일반적으로 어떤 사람의 경우에도 역사적 장은 그 사람의 사상과 활동의 중심문제이며, 결코 '배경'—하나의 장식품—이 아니다. 역사적 장은 그 사람의 후방에 따로 떨어져 있는 것이 아니라 그 사람의 생활과 활동의 내실을 형성한다.

하물며 자신이 놓여 있던 사회 상황에 자각적으로 맞서 싸우려 한 예수의 역설적 행동의 경우, 이것은 점점 더 강조되지 않으면 안 된다.

1. 헤로데가와 로마풍

갈릴래아 호반湖畔에는 이 지방의 대도시가 몇 개 있다. 대도시라고 해봐야 이 지방 차원의 이야기지만, 그중에서도 티베리아스는 신흥 도시로 새로운 문명과 기술의 힘을 과시하고 있었다. 갈릴래아 호수 서남쪽의 이 도시가 들어선 곳에는 불과 20여 년 전까지 사람이 사는 마을은 존재하지 않았다. 헤로데 안티파스가 갈릴래아 지방 영주로 이 마을을 새로 건설한 것이다. 1세기의 유대인 역사가 요세푸스에 따르면, 바로 가까이에 온천이 나오는 마을도 있어 갈릴래아 지방에서 '가장 좋은 장소'라고 한다. 도시라는 것은 고대 지중해 세계에서도 성벽으로 에워싸고 그 내부에는 왕궁을 비롯한 몇 가지 중요한 건물들이 들어서, 멀리서 바라보면 그것들이 우뚝 솟아올라 있기 마련이다. 중세 유럽의 도시 건축은 로마제국 시대의 거대한 석조 건축 기술을 이어받은 것이기 때문에 지금도 유럽에 있는 중세 이래의 성벽을 남긴 인구 1, 2만의 도시를 멀리서 바라봤다면 경치가 다 비슷하게 보였을 것이다. 티베리아스는 그것보다 훨씬 작은 도시였으나 처음 보는 사람들에게는 눈이 휘둥그레질 거대한 크기였을 것이다.

당시의 팔레스티나 사람들에게는 이런 성시城市의 건설은 바로 근대 일본에서 거대한 콘크리트 건축물들이 만들어지기 시작한 것과 비슷한 인상을 주었을 것이다. 그것은 말하자면 '근대 기술'의 인공적인 힘이 자연에 대립해서 으스스한 치장을 확대해 가는 모습을 접하기 시작한 사람들이 놀라움과 불안을 느낀 것과 비슷하다. 로마풍의 거대한 석조 건축이 비교적 대량으로 팔레스티나에 만들어지게 된 것은 예수가 태어나기 직전 무렵이었다. 팔레스티나에 로마의 세력이 직접 들어온 것은 기원전 63년 폼페이우스의 팔레스티나 침략 때부터다. 폼페이우스는 저 유명한 율리우스 카이사르와 동시대인으로, 카이사르와 함께 삼두정치의 일각을 이룬 사람이다. 로마 공화제의 마지막 시기에 형식적으로는 아직 제정帝政이 수립되어 있지 않았지만 로마제국의 세계지배가 비약적으로 뻗어나가던 시기다. 그때까지의 팔레스티나는 시리아와 이집트에 있는 2개의 헬레니즘적 세계세력(셀레우코스 왕조와 프톨레마이오스 왕조)에 끼여, 그 사이에서 간신히 독립을 유지해 오고 있었다. 독립이라고 해도 실제로는 시리아에게 거의 항상 종속되어 있었다. 그런데 이 2개의 헬레니즘 왕조는 기원전 1세기에 차례차례 로마에 정복당한다. 로마는 카이사르가 서쪽으로 힘을 확대한 것과 동시에 폼페이우스가 동쪽으로 제국 지배를 확대했다.

로마제국을 중심으로 한 이 세계적인 세력 교체의 변동기를 이용해 팔레스티나의 지배자로 올라선 사람이 헤로데라는 남자다. 그때까지의 팔레스티나는 기원전 2세기 중반부터 약 1백 년간 마카베오 왕조(또는 하스몬 왕조)가 지배했다. 유명한 유다 마카베오(유다스 마카베이오스)가 유대를 독립시켜 만든 왕조다. 이 왕조 말기에 왕가의 대신(장관) 지위에 있던 헤로데 가문이 왕조 내부의 실질적인 권력자로 권력을 확대해 갔다. 하스몬 왕조 최후의 왕인 히르카노스 2세가 대체로 무능한 인물이었기 때문에 그 대신이었던 안티파트로스가 실질적으로 최고권력을 쥐게 되었다. 이 인물의 아들이 헤로데다. 헤로데는 로마제국 세력이 새롭게, 그리고 이후 지속적으로 세계적인 지배 세력이 되어 가리라는 것을 내다보고 있었다. 정치적 권력자로서의 능력은 발군이었다고 하지 않을 수 없다. 그것도 로마제국 세력을 전체적으로 꿰뚫어보고 있었을 뿐만 아니라 차례차례 바뀌는 로마제국 내의 새로운 권력자에게 그때마다 보조를 잘 맞췄다. 즉 폼페이우스에서 카이사르, 카이사르 암살 직후의 '원로원파', 그 '원로원파'를 곧바로 무너뜨린 안토니우스로, 안티파트로스 및 헤로데 부자父子는 말을 잘 갈아타면서 점점 권력을 키워갔다. 헤로데가 국왕이 된 것은 기원전 40년에 로마에 가서 안토니우스, 옥타비아누스 두 사람을 움직여서 임명을 받은 결과였다. 이 사실로 보건대 이미 헤로데 왕조는 로마의 괴뢰정권이었다는 것을 알 수 있다. 하지만 괴뢰傀儡라 해도 무능한 인형이 아니라 당시 로마 지배하에 있던 수많은 민족들의 괴뢰정권 중에서는 발군의 솜씨 좋은 정치적 실력을 구사했다. 당시 로마의 어떤 지배자들보다도 헤로데 지배권력 쪽이 오래 이어졌던 것도 그 때문이다. 앞서 이름을 든 로마의 권력자 중에서 천명을 다한 것은 마지막에 이야기한 옥타비아누스뿐이다. 다른 모든 사람들은 암살당하거나 경쟁자와의 전쟁에서 져서 목숨을 잃었다. 그러나 그들에게 종속되어 있던 헤로데는 왕위를 차지한 뒤의 햇수만 세어 보더라도 늙어서 병사하기까지 36년간(기원전 40-4년)을 통치했다. 그 기간에 그의 세력은 증대일로였다. 예컨대 헤로데는 국왕이 된 이후 변함없이 로마제국의 동방 권력자 안토니우스와 손을 잡았다. 하나를 보면 다른 것들도 미루어 짐작할 수 있듯이, 안토니우스의 기색을 살피고 있었던 것이다. 그런데 기원전 31년, 안토니우스가 악티움 해전에서 패배하자 기회를 포착하는 데 재빨랐던 헤로데는 바로 말을 갈아타 안토니우스 쪽 군대가 이집트로 이동하기 위해 시리아에서 팔레스티나를 지나가려 할 때 자신의 군대를 보내 이를 방해했다. 그리고 그것을 선물로 삼아, 로도스 섬에서 이집트 공격을 준비하고 있던 승리자 옥타비아누스를 찾아가서 자신의 왕위를 다시 확인받았다.

헤로데의 인물 됨됨이와 헤로데 치세의 문제는 나중에 다시 살펴보기로 하고, 여기에서는 우선 헤로데 시절에 로마풍의 거대 건축이 대량으로 팔레스티나에 지어졌다는 사실을 지적해 둔다. 헤로데는 이처럼 친로마적인 권력자였기 때문에 적극적으로 로마의 건축 기술을 도입해 도시를 만들었다. 그것은 권력자가 자신의 번영을 과시하는 행위이기도 했다. 예루살렘 근교에 로마풍의 극장이나 원형 경기장을 만들고, 기원전 34년에는 자신의 왕궁을 지었다. 특히 도시 만들기에 힘을 쏟아 사마리아의 도시를 새롭게 건설하고 도시 이름도 세바스테라고, 로마 황제를 기념하는 이름으로 바꿨으며, 나아가 더 중요하게는 지중해 쪽으로 카이사리아 항을 건설한 것이다. 야심만만했던 고대, 중세의 권력자들은 항구를 만들었다. 다이라노 기요모리平淸盛가 고베항을 만든 것과 같은 것인데, 헤로데의 경우 특히 지중해로 열린 항구를 갖는다는 것은 팔레스티나의 산업 발전과도 관련해 중요한 의미를 갖는 것이었다. 그때까지 유대는 독립국이었다고는 해도 해안에 좋은 항구가 없었고, 원래 해안지대는 타국에 지배당하는 경우가 많았다. 헤로데도 안토니우스의 압력을 받아 팔레스티나의 해안지대 지배권을 이집트의 클레오파트라에게 넘겼다. 이것은 헤로데로서는 분통 터질 양보였음이 분명하다. 안토니우스가 옥타비아누스에게 패한 뒤 잽싸게 옥타비아누스에게 빌붙어 해안지대의 지배권을 돌려받았다. 그리하여 기꺼이 항구도시 건설에 착수했다. 바다 속으로 큰 제방을 쌓고 그 제방 위에는 뱃사람들이 사는 주거지도 만들고 산책로도 둘 정도로 규모가 컸다고 한다. 그 건축에 12년이 걸려 기원전 10년 또는 9년쯤에 완성되었다. 이것은 당시로서는 눈이 휘둥그레질 정도의 대토목공사였을 것이다.

물론 가장 유명한 것은 예루살렘 신전이다. 이 신전은 제1차로 기원전 1천년 무렵의 솔로몬 왕 때에 세워졌고, 기원전 6세기 초 바빌로니아의 침략으로 파괴된 뒤, 이른바 바빌론 포로시기 뒤에 제2의 신전이 건설되었는데, 이 제2신전은 꽤나 허접했던 모양이다. 이에 비해 그것을 다시 지은 헤로데 신전은 위에서 지적했듯이 로마의 석조 건축 기술을 익혀서 지은 것이어서(하지만 신전의 성소聖所 건축은, 사제 이외에는 들어갈 수 없는 장소였기 때문에, 다수의 사제들에게 석공 기술을 익히게 해서 사제들만으로 짓게 했다), 매우 장대했을 것이다. 랍비의 전해지는 말 중에도 '헤로데 신전을 보지 않고는 아름다운 것을 봤다고 할 수 없다'는 것이 있다. 기원전 20년부터 약 8, 9년 걸려 완성했다.(요세푸스 『유대 고대지』 15장 421절 이하) 하지만 이것은 일단 완성된 것으로, 그 뒤에도 공사는 계속되어 기원후 60년대 초까지 이어졌다.

헤로데 왕의 이 건축 취미는 자식 대에도 계승되었다. 헤로데의 영토는 세 아들이 분할통치하게 되는데, 그중에서 갈릴래아 지방의 영주, 즉 예수가 살았던 지방의 영주가 된 것은 헤로데 안티파스라는 인물이다. 이 안티파스가 앞서 이야기한 티베리아스 성시를 건축했다. 이것도 세바스테나 카이사리아처럼 로마의 2대째 황제 티베리우스의 이름을 따서 지어진 것이다. 이곳에 그는 자신의 왕궁을 지었다. 하지만 아무것도 없는 호안湖岸의 들판에 갑자기 도시를 만들고는 여기가 수도니까 모두 이주하라고 해봤자 전통을 고집하는 유대인들이 그렇게 간단히 이주할 리 없다. 저간의 사정을 당시의 역사가 요세푸스는 예전에 이곳에 묘지가 있었기 때문에 율법에 충실한 유대인들은 더럽혀질 것을 우려해 그 도시에 살고 싶어 하지 않았다고 전한다. 그 결과 안티파스는 여러 종류의 인간을 이 새 도시에 강제적으로 이주시켰고, 또 이 도시에 살게 만들려고 노예를 해방시켜 집과 땅을 주기도 했다고 한다.(『유대 고대지』 18장 36-38절)

묘지 위에 세워졌다는 것은 사실이 그러한지 여부는 차치하고라도, 지배자가 강권적으로 시행한 토목공사와 거기에 집단이주를 강제한 것에 대한 주민의 반응에서 생겨난 이야기가 전해진 것이리라. 이런 류의 '근대화'에 대한 주민 감정이 잘 드러나 있다. 그리고 이런 주민 감정이 유대인 인텔리의 민족주의적인 종교 의식에 잘 흡수된다. 성스러운 율법의 관점에서 보면(민수기 19장 11절 이하) 저 도시에 살면 7일간은 부정不淨하게 될 거라고 율법학자는 민중을 위협한다. 저기에는 이방인과 같은 자, 노예와 같은 자가 많이 살고 있지 않은가…… 따라서 이 이야기에는 정치 지배자의 권력에 대해 주민이 당연히 갖고 있을 반감과 사회적, 종교적인 상·중류 계급이 체제적 이데올로기로 지니고 있는 차별의식(이방인, 노예는 '더럽혀져' 있다)이 결합되어 있다. 사회적으로 지배계급에 속하면서도 직접적인 정치권력의 자리에는 앉아 있지 않은 자들은 당대의 권력자에게 욕을 하고 싶어 한다. 특히 헤로데가는 순수한 유대인이 아니라 헤로데의 아버지대에 이두매아에서 온 '반半유대인'이기 때문에 — 이두매아(구약성서의 전통적 표기에서는 '에돔')는 유대보다 더 남쪽 지방에서 백 년 정도 전에 유대인 왕조에 정복당한 땅이다. 이두매아인은 사마리아인 이상으로 차별받았던 것으로 보인다. 성서 속에서 사마리아인의 차별은 상당히 문제가 되지만, 이두매아인에 대해서는 거의 언급하지 않는 것은 인구적으로나 사회적·경제적으로나 사마리아 쪽이 훨씬 더 컸기 때문이며, 이두매아인은 그런 차별이 문제조차 되지 않을 정도로 크게 차별받고 있었던 것이다. 사마리아인은 유대인과는 다른 형태이긴 했지만 그들 나름의 모세오경(이른바 사마리아 5서)를 갖고 있었으며, 같은 야훼 신에 대한 신앙을 갖고 있었다. 이두매아인은 지배당할 때 강제적으로 유대화되었다.—따라서 유대인의 종교적 상류계급은 민족주의적 종교 의식에서 헤로데에 대한 반감을 부채질했다.

유감스럽게도 긴 역사 속에서 거의 언제나 민중은 사회적인 지배계급이 권력자에 대해 갖고 있는 반감과 자신들이 지배자에 대해 품고 있는 반감을 구별할 줄 몰랐다. 한쪽(전자)은 자신이 지배자가 될 수 없는 데서 생기는 대항의식이 있으나, 또 한쪽(후자)은 지배당하는 것에 대한 반항의식이기 때문에 본질적으로 서로 다른 것이지만, 많은 경우 민중은 사회적 지배계급이 내세우는 '진보적'인 이데올로기 속에 자기 영혼의 당연한 외침을 동화시켜 왔다.

이것을 모르고 헤로데 왕가 및 그 배경에 있는 로마제국만을 1세기의 팔레스티나의 지배계급으로 본다면, 그것은 역사를 모를 뿐만 아니라 지배계급이라는 것을 모르는 것이다. 헤로데를 마구 욕하던 유대교 민족주의자야말로 당시의 사회지배 체제를 어떻게 떠받치고 있었는지를 탐구하려 하지 않고 한패가 되어 헤로데에 대한 험담을 쓰기만 하면 당시의 팔레스티나 역사를 묘사할 수 있다는 식으로 생각했다면 완전히 번지수를 잘못 짚은 것이다. 따라서 유대인 사회 상층의 지식인 요세푸스의 이 기술을 이유로 티베리아스를 '이방인'의 도시였다는 식으로 설명하는 것은 옳지 않다. 당시의 요세푸스 자신이 주민의 대부분은 갈릴래아인이었다고 덧붙여 놓았다. 그러나 또한 갈릴래아 토착의 대다수 주민들은 이 마을이 로마풍의 호화스러움과 풍요를 가지고 있었다 하더라도, 거기에는 역시 갈릴래아의 자연 풍토와는 이질적인 것을 지배자가 강제로 도입한 인공적인 왜곡을 알아채고 있었을 것이다. 그럼에도 결국 수도는 정치적 경제적인 중심지로서 많은 사람들이 살게 된다.

헤로데 안티파스는 그 밖에 갈릴래아 지방의 예전 중심도시였던 세포리스가 기원전 4년 아버지 헤로데의 사망 직후에 일어난 반란으로 폐허가 되어 있던 것을 재건했다. 또 이복형제로 북부 팔레스티나의 영주가 된 필리포스도 갈릴래아 호 북안의 벳사이다 마을을 도시로 만들어 옥타비아누스의 딸 이름을 따서 유리아스로 개명하게 했다. 그도 또한 자기 지배 영역의 수도를 자신이 만들었다. 즉 북방에 있는 바니아스로 불리던 오랜 마을을 크게 로마풍으로 다시 만들어 카이사리아로 명명했다.(항구도시 카이사리아와 구별하기 위해 '필리포스의 카이사리아'로 부른다)

2. 솔로몬의 영화

이상 로마풍의 도시 만들기를 일례로 해서 1세기 팔레스티나의 세상을 살펴봤다. 이 정도의 지식을 염두에 두고 보면 예

컨대 예수가,

> 공중의 새를 보아라, 씨를 뿌리거나 거두거나 곳간에 모아
> 들이지도 않는다. 그럼에도 하늘에 계신 너희의 아버지께서
> 먹여 주신다. 너희는 새보다 훨씬 귀하지 않느냐. ……무엇 때
> 문에 옷 걱정을 하느냐. 들꽃이 어떻게 자라는지 배우는 게 좋
> 다. 노동도 길쌈도 하지 않는다. 그러나 솔로몬조차 그가 누린
> 온갖 영화榮華를 다 동원하더라도 이 꽃 한 송이만큼 차려 입
> 을 수 없지 않았느냐
>
> (마태오 6장 25-29절)

라고 했을 때, 그 의도하는 바는 결코 추상적인 자연 예찬이
아니라 그 시대의 상황에 기반한 발언이라는 것을 알 수 있을
것이다.

유감스럽게도 이 전승에도 초기 교회의 전승자들이나 복음
서 저자들이 자신들의 신앙적 발상에 맞춰 여러 말들을 더하
거나 빼 버리기도 했다. 예컨대 위의 '하늘에 계신 너희의 아
버지'라는 말은 마태오 교회가 율법학자적 표현을 집어넣은
것이고, 루카는 같은 구절을 그저 '하느님'이라고만 썼다.(루
카 12장 22-31절) 그리고 이 구절의 결론으로 '걱정하는' 자는
'믿음이 작은' 자이기 때문에 의식衣食의 물질적 향상을 추구하
는 것은 '이방인'이 하는 것이고 너희 그리스도교도는 '하느님
의 나라'를 먼저 추구하는 게 좋다고 말하는 것도 교회적인 추
가다. 그러나 엄밀하게 모든 말 하나하나를 어디까지가 교회적
추가이고, 어디까지가 예수의 발언인지 구별하는 것은 불가능

하지만, 이 말의 전승의 골격은 예수 자신에게로 돌릴 수 있을 것이다.

하지만 이것은 특히 예수, 또는 초기 그리스도교에, 그 특징이 있는 발언은 아니다. 오히려 당시의 유대교에 일반적이었던 하느님 신앙의 표명이다. 대체로 이런 류의 예수 발언 전승은 그 다수가 당시의 유대교 일반에 공통되는 것을 포함하고 있다. 여기에서는 클라우스너라는 현대의 유대교 학자의 발언을 소개해 둔다. '모든 복음서에는, 구약성서나 예수 시대의 외경, 위경, 탈무드, 미드라쉬 등의 문헌에서 유례를 찾아 볼 수 없는 윤리적 가르침은 포함되어 있지 않다.' 그리스도교도가 예수의 뛰어난 윤리적 발언으로 전승하고 있는 것들은 예수의 독창도 무엇도 아닌 유대교의 상식이라는 이야기다. 예컨대 랍비 엘리에제르 벤 히르카노스는 '바구니에 빵 한 조각을 갖고 있으면서, 그럼에도 내일 무엇을 먹을까, 라고 하는 자'는 '믿음이 작은 자'라고 말했고, 또 다른 엘리에제르란 이름의 한 랍비는 '매일을 창조한 자(하느님)는 매일의 빵도 창조해 주신다'고 말했으며, 또 '오늘을 위한 음식을 무엇이든 갖고 있으면서 내일 무엇을 먹을까 묻는 자는 믿음이 없는 자다'라고 자주 말했다고 한다.

이런 예를 인용하면서 클라우스너는 위의 결론을 내렸다. 그리고 그에 따르면 유대교와 예수(내지 그리스도교)의 유일한 차이는 구체적인 '민족'에 집착하는가 아닌가, 라는 점이다. '유대교는 단지 종교인 것만은 아니고, 단지 윤리인 것만도 아니다. 민족이 필요로 하는 것의 총체다. 그 총체가 종교적 기초 위에 서 있는 것이다. 즉 유대교는 종교적 윤리적 기초 위에 서 있는 민족적 세계관이다.' '(하지만 예수는) 민족적 생활을 종교에서 떼어내 종교에 특별한 위치를 주려고 했을 뿐만 아니라 민족적 생활을 완전히 무시하고 그 대신에 종교적 윤리적 체계를 놓았다.' 따라서 '예수가 말하는 것은 모두 유대교의 윤리이지만, 그럼에도 윤리적 측면만을 너무 강조한 결과 비유대교적인 것이 되었다.' 종교, 윤리와 일상적 사회생활을 이처럼 분리해 버린 결과 그 방향으로 나아간 그리스도교는 '종교는 가능한 한 윤리적이고 이상적이지만, 정치적 사회적 생활은 가능한 한 야만적이고 이교적인 것이 되었다.'

클라우스너는 한참 전의 사람이니까 20세기 후반 이후의 가능한 한의 야만적이고 살육적인 '이스라엘' 국가를 몰랐기 때문에 이런 글을 쓸 수 있었겠지만, 만일 그걸 알고 있었다면 이렇게 노골적으로 유대교 찬미를 할 수 없었을 것이다. 그러나 예수에 관해서는 어떻든 간에 그리스도교에 관해서는 약간 과장하고 있긴 하지만 이런 그의 비판은 옳다. 종교 및 종교적 윤리가 그것만으로 따로 떨어져 나간 결과 정치적 사회적 생활은 '세속'의 것으로서 고려 대상 바깥으로 밀려나 버렸다. 그래서 거꾸로 그때마다의 정치적 사회체제와 화합할 수 있었다. 클라우스너는 현대의 유대교 이데올로그이기 때문에 정치적 사회적 생활을 '민족적 생활'이라 부르고 있지만, 그리고 또 이것은 이것대로 정치적 사회적 생활을 민족주의로 흡수하는 것이기 때문에 그런 관점은 조금도 칭찬할 만한 것은 못 되지만, 그의 그리스도교에 대한 비판은 나름대로 정확하다. 실제로 특히 마태오 복음서 저자의 배경에 있는 교회는 유대교 율법학자의 말투와도 상당히 통하는 것이었기 때문에, 예수의 발언을 전승할 때 그것을 점차 율법학자적 말투 쪽으로 끌어당겨서 바꿔 나갔다. 클라우스너가 예수의 윤리적 발언은 모두 유대교 문서들에서 그와 유사한 것을 볼 수 있다고 하는 것도 마태오 복음서가 주는 인상에 의존하는 바가 크다.

하지만 마태오가 바꿔 말했을 뿐만 아니라 예수 자신도 당시의 유대교 지식인과 공통되는 내용의 발언을 상당히 많이 했던 것은 사실이다. 아무리 독창적인 인간일지라도 시대의 아들인 이상 그 시대에 공통되는 발상이나 말을 공유하는 것은 당연하다. 하지만 예수의 경우 앞 장에서 이야기했듯이 자각적으로는 당시의 유대교 이데올로기에 대해 역설적으로 대립했다. 따라서 유대교 율법학자의 발언과 같은 발언을 했다 하더라도 그것은 역설적 또는 냉소적 언급인 경우가 많다. 초기 그리스도교도가 그것을 역설로서가 아니라 부동의 '진리'로 들었을 때, 클라우스너가 지적하듯 유대교의 종교 윤리와 거의 다름없었고, 게다가 그것만을 정치 사회 생활에서 떼어내 추상화한 가르침이 되어 버렸던 것이다. 그러나 예수 자신도 아마도 자각하지 못할 때에는 당시의 유대교도의 상식적 발언을 되풀이해서 이야기하고 있는 데에 지나지 않는 부분이 상당히 있었을 것이다. 그런 것은 그러나 예수도 시대의 아들이었다는 지극히 당연한 사실을 의미하고 있는 데에 지나지 않는다.

'공중의 새, 들꽃'에 대한 예수의 발언은 그 중간에 위치한다. 확실히 '무엇을 먹고, 무엇을 입을 것인지에 대해, 내일의 생활을 걱정하지 마라. 공중의 새는 아무런 농업 노동도 하지 않는데도 무사히 먹을 것을 얻고 있고, 들꽃은 실을 잣고 짜는 노동에 종사하지 않는데도 아름답게 치장하고 있다. 그러니 창조자이신 하느님에게 안심하고 생활을 맡기고 내일의 일은 걱정하지 마라'라는 정도의 내용을 발언한 것이라면 율법학자의 어색한 문체보다 예수 쪽이 훨씬 더 매끄럽다는 점은 제쳐 놓고, 기본적인 내용은 같다고 해도 좋다. 하지만 문체의 차이는 미묘한 의미의 차이와 연결되어 미묘한 의미의 차이가 실은 중요한 문제이기도 한데, 이 경우에도 어색한 종교 윤리 어투로 같은 것을 이야기하더라도 '창조주'와 같은 교리적 개념이 격식에 따라 무겁게 주장되는 데에 비해, 시詩적으로 매끄럽게 이야기하면 동일한 것이 자연의 온화함을 저절로 드러내는 말이 되기도 한다. 고대 유대교 랍비들의 말은 유대교 신자나 우리처럼 특수한 '학자'들밖에 알 수 없지만, 예수의 말은 그리스도교도 이외에도 잘 알려져 있는 이유의 하나가 거기에 있을 것이다. 그래서 나는 그 문체 차이에서 생기는 의미의 차이를 무시할 생각은 없으며, 예수가 자연의 온화함에 몸을 맡기는 경향이 있는 사람이었다는 것도 무시할 생각이 없다. 다만 그런 것은 나중에 다시 이야기하기로 하고, 여기에서는 유대교 율법학자의 발언과 기본적인 의미 내용이 일치하고 있다는 점과 더불어 예수가 또 한마디 덧붙인 말에 주목하고자 한다. 그 한마디에서 예수의 독자적인 시대 비판을 읽어낼 수 있다.

그러나 솔로몬조차 그가 누린 온갖 영화를 다 동원하더라도 이 꽃 한 송이만큼 차려 입을 수 없지 않았느냐.

솔로몬은 영화榮華의 대명사다. 예수보다 약 1천 년 전에 통일 이스라엘 왕국이 최대의 번영을 구가하던 시대의 왕이다.

하지만 예수가 살던 시절에 천 년 전의 유적이 남아 있었을 리가 없고, 옛날이야기가 된 전언 외에는 이 '영화'의 구체적인 모습을 예수가 알고 있었을 리도 없다. 예수가 이 말을 했을 때, 그가 눈앞에서 실제로 보고 있었던 것은 헤로데의 신전이었으며, 그 수십 년간 마구 늘어난 로마풍의 거대 건축이었다. 솔로몬 신전을 그것보다 더 호화롭게 다시 지은 헤로데 신전이, 그것도 자신들 시대의 새로운 변화로 많은 사람들의 화젯거리가 되고 있던 헤로데 신전이, 머릿속에 있었기에 '솔로몬의 영화'라는 말을 예수는 이처럼 내뱉듯이 입에 올렸을 것이다. 그리고 또 갈릴래아 호반에까지 그 영화를 재건하려 했던 티베리아스 도시 건설을 종종 목도하고 있었기에 '솔로몬의 영화'를 들꽃의 치장과 비교할 생각이 들었을 것이다. 갈릴래아는 예루살렘에 비해 자연환경이 훨씬 온화했고 녹색이 많았다.

신전에 대한 예수의 이런 냉담한 마음은 머지않아 더 철저하고 직접적인 신전 비판으로 펼쳐지게 된다. 그것은 이미 단지 '신전'이라는 건물에 대해서만이 아니라 '신전'을 떠받치는 유대교의 전 종교적 지배 체제를 향해 간다.

예수가 호화로운 지배자들의 생활에 대한 냉소적인 반감을 그때그때의 말 속에 표출한 것은 세례자 요한에 대해 짧게 말한 다음과 같은 구절로도 알 수 있다. 황야에서 요한이 벌였던 활동을 회상하면서 예수는 말했다.

무엇을 보려고 너희들은 광야에까지 나갔더냐. 바람에 흔들리는 갈대냐. 도대체 무엇을 보러 나갔더냐. 화려하게 차려입

은 사람이냐. 화려하게 차려입은 사람은 왕궁 안에 있다. 그렇
다면 무엇을 보러 나갔더냐. 예언자를 보려 했느냐. 그렇다, 예
언자보다 더 훌륭한 사람이었다, 라고 나는 말하겠다.

(마태오 11장 7-9절)

예수가 '솔로몬의 영화'를 부정적으로 이야기했을 때 티베
리아스와 다른 도시들의 모습을 염두에 두고 한 것이라면, 우
리는 예수의 활동 족적이 이들 도시를 이상하게 피해 다녔던
것도 쉽게 이해할 수 있을 것이다. 이는 예수 활동의 지리적 특
색으로서 충분히 주목할 필요가 있는 사실이다. 즉 예수가 활
동한 것은 팔레스티나 북부, 즉 갈릴래아 지방인데, 그 갈릴래
아 지방의 이름 있는 도시에서는 아무런 활동도 하지 않았다.
그뿐 아니라 이들 도시의 이름은 애초에 복음서에는 언급도
되지 않았다. 갈릴래아의 새 수도 티베리아스가 그렇고, 그때
까지의 수도였던 세포리스가 그렇다. 티베리아스보다 좀 더 북
쪽에 있는 막달라도 막달라 출신의 마리아라는 여성이 예수의
제자들 중에 있었다는 것 이외에는 아무 언급도 없다. 예수 활
동의 거점이었던 카파르나움에서 별로 멀리 떨어져 있지도 않
아 막달라에서의 활동 기록 중에 뭔가 전해지는 게 있을 법도
한데 전혀 언급이 없다. 이 지방의 남부에 있는 또 하나의 도시
스키토폴리스(이 헬레니즘적 도시는 요르단 서안임에도 불구하
고 행정구역상으로는 헤로데 안티파스의 영토에는 들어 있지 않
고 데카폴리스 지방에 속해 있었다)도 언급되지 않는다. 1세기
의 갈릴래아 지방 인문 지리를 배우려면 이들 도시의 이름부
터 아는 것이 보통일 것이다. 그러나 신약성서를 꽤 자주 읽는

사람도 세포리스나 스키토폴리스라는 도시 이름을 모르는 경우가 많다.

이 사실은 무엇을 보여주는가. 여기서 바로 예수를 시골 촌뜨기로 상정해서는 안 된다. 그는 산간벽지에 틀어박혀 있던 사람이 아니다. 갈릴래아에서는 비교적 산지에 속하는 나사렛 마을 출신인 것은 확실하나, 그가 나사렛 마을을 언제 떠났는지는 명확하지 않다. 어쨌든 그의 활동 중심지는 갈릴래아 호반의 비교적 교통이 빈번한 곳이었고, 나사렛 언저리에서는 활동하지 않았다. 나사렛에 대해서는 그 마을 사람들은 예수를 받아들이지 않았다는 이야기밖에 전해지지 않고 있다. 예수는 또 한편으로 세례자 요한처럼 곧잘 사람이 사는 곳을 피해 '광야'에서 금욕적인 생활을 한 것도 아니다. 오히려 그는 이들 도시와 쉽게 접촉할 수 있는 인근의 작은 읍에 살면서 생활하고 활동했다.

카파르나움은 그런 읍이었다. 막달라, 티베리아스까지는 걸어서 서너 시간이면 갈 수 있었을 것이고, 배로 호수를 건너가면 더 간단하게 갈 수 있었을 것이다. 따라서 또 경제적 사회적으로도 이들 도시와의 직접적인 접촉 속에서 살아간 것이 카파르나움 주민들이었을 것이다.(내친김에 덧붙이면, 복음서 속에는 카파르나움이 가장 빈번하게 나오므로, 이것이 갈릴래아 '최대'의 도시라고 믿고 있는 '성서학자'도 있으나, 물론 그렇지는 않다) 예수의 직업이 목수였다는 것을 보더라도 이들 도시와 생활상으로 엮여 있었다는 것을 상상할 수 있다. 예수가 어떻게 생활비를 벌었는지는 자료의 결핍 때문에 확실한 것은 별로 알려진 게 없다. 하지만 원래 예수가 목수였다는 것도(마르코

6장 3절) 사본에 따라서는 '목수의 아들'이었다고 한 것도 있어서, 예수 자신은 목수가 아니었다고 판단하는 학자가 없을 리 없지만, 대다수의 중요한 사본은 예수 자신이 목수였다고 기록하고 있으며, 또 설령 '목수의 자식'이라 하더라도 당시의 상식으로 보자면, 어지간히 예외적인 경우가 아닌 한 아버지의 직업을 이어받았으므로 이 점에 대해서는 의문을 제기할 여지가 없다. 그러나 그 이상의 것은 자료를 통해 직접 알 수는 없다. 그리고 또 이제까지의 신학자들은 그런 질문을 하지도 않았다. 하지만 무엇을 해서 먹고 살았느냐는 것은 그 사람의 사상의 질을 알기 위해 중요한 문제다. 그것은 결코 '개인적'인 문제가 아니기 때문에, 그 사람의 활동이 어떤 사회관계를 전제로 한 것인지를 보여주는 사항이다. 나는 생활비를 버는 방법이 그 사람의 사상을 백 퍼센트 규정하는 것이라는 식으로 이야기하고 있는 것은 전혀 아니다. 생활의 장과의 갈등 방식이 문제인 것이다. 대결적으로 갈등하는 사람도 있고, 아무런 갈등을 자각하지 못하는 사람도 있다. 따라서 같은 생활의 장에 있더라도 그 사상의 질은 달라진다.

예수는 목수였다. 하지만 목수라고 해도 큰 토목공사에 종사한 것은 아니다. 토목공사는 석공의 일거리다. 큰 건조물은 석조이고, 주거지는 돌과 점토로 만든다. 목수의 직업에 대해 후세의 교부教父가 한 말을 근거로 상상하면, 예수는 가구를 만들거나 농구, 어구를 만들었을 것이다. 어업이 활발했던 호수 북쪽 도시 카파르나움에 정주하고 있었다는 것을 보더라도 배 만드는 목수일도 했을지 모른다. 여기에서 우리는 예수의 활동 폭을 상상할 수 있다. 많은 가정에, 비교적 부유한 가정에도,

아주 빈곤한 가정에도 일 때문에 출입했을 것이고, 농민, 어민과 생활상으로 일상적으로 접촉했을 것이다. 그가 물고기나 호수에서 배 타는 일에 대해 상당히 자세한 지식을 갖고 있었던 것도 후세에 전설화된 이야기를 통해 알 수 있고('폭풍을 잠재우는 이야기' 마르코 4장 35절 이하, '호수 위를 걷는 이야기' 마르코 6장 46절 이하, '기적처럼 많은 물고기' 루카 5장 1절 이하 등), 농업에 대한 지식도 풍부했다. 그가 많이 이야기한 비유 중에는 농민의 생활에서 소재를 얻은 것이 많다. 예수의 이런 생활로 보건대, 한 곳에 고착하지 않고 비교적 자유롭게 돌아다닐 수 있었다는 것도 이해할 수 있다. '종교가'로서 신자들의 도움을 받아 생활을 하고 있었으므로 상당히 광범위한 지역을 돌아다닐 수 있었을 것이라는 식으로 상상할 필요는 전혀 없다.

대저 예수가 늘 십여 명의 '제자'들을 데리고 매일 '하느님의 말씀 선교'를 하며 다녔다는 식의 이미지는 후세의 그리스도교 수도사나 선교사의 모습을 투영한 것에 지나지 않는다. 이처럼 일의 형편상 상당히 광범위하게 돌아다니는 사람은 일하는 짬짬이 여러 사람들과 이야기할 기회도 있을 것이고, 여가를 통해 여러 가지 활동을 할 수도 있었을 것이다. 따라서 생활상으로는 —사상 내용으로 봐도 그렇지만— 예수는 종교가가 아니었다.

갈릴래아 지방의 주요 산업은 농업이고, 거기에 갈릴래아 호수에서의 어업은 어느 정도 보탬이 되었다. 따라서 예수는 당시 갈릴래아 지방에서 살아가던 서민의 삶을 두루 알고 있던 위치에서 살고 있었고, 또 한편으로 그 서민의 생활을 정치적 경제적으로 지배했고 또 외래문화와 전통주의적 문화가 세력을 다투면서 공존하는 장이었던 도시에서 살거나 활동하지는 않았는데, 그렇다고 황야에 은둔하지도 않은 채 그런 도시의 지배층 모습을 종종 목격하는 비교적 가까운 거리에서 살았다. 예수의 사상은 그 위치에서 이해할 수 있다. 그가 '들꽃, 공중의 새'와 비교하고 '솔로몬의 영화'를 냉소적인 눈으로 비판할 때 복음서 속의 그런 단 한마디라도, 앞에서 장황하게 이야기해 온 그의 생활의 구체적인 장에서 한 발언이라고 이해할 수밖에 없는 것이다.

그런데 '솔로몬의 영화'에 대한 예수의 이런 감정은 당시의 사회적 지배 체제 전반에 대해 어떤 비판으로 전개되어 갈까.

3. 종교사적 배경?

종래의 그리스도교 신학자들이 내놓은 예수의 역사적 배경 연구는 거의 백과사전적인 지식의 나열로 시종하는 바람에 그 '배경'과 예수의 활동 사이의 치밀한 뒤얽힘을(뒤얽힘이라기보다 실은 예수의 활동 자체가 그 시대 역사의 한 장면이지만) 그려내는 데 성공하지 못했다. 성공하지 못했다기보다 그런 문제의식조차 없는 경우가 많다. 그러나 그것은 애초에 역사라는 것을 이해하는 눈이 결여되어 있기 때문이다. 그 결과 역사를 지극히 상부 구조적인 부분으로밖에 볼 수 없고, 예수의 활동을 역사의 깊은 곳에서 포착할 수 없는 것이다.

지금까지의 '예수 시대사'의 연구는 크게 이야기해서 두 개로 나눌 수 있다. 하나는 역사적 배경이라면서 실제로는 거의 종교사적인 배경, 그것도 종교적 이념들의 역사만 생각한 것이다. 이것은 극히 최근까지의 '신약 시대사' 교과서가 보여주고 있는 경향이다. '신약 시대사' 학자라면 신약 시대 전후의 '종교'로 파악할 수 있는 한도 내에서의 유대교 및 헬레니즘 종교들의 전문가밖에 없으며, 역사를 전체로 파악하는 작업은 우선 하고 있지 않다. 역사가 종교사로 왜소화되어 버리는 것은 결국 이런 저자들의 —또 대부분의 신학자, 그리스도교 신자들의— 문제의식이 협소하게 '종교'에 한정되어 버리기 때문이다. 예수를 종교가로만 보기 때문에 예수의 역사적 배경으로 종교적 배경밖에 떠올릴 수 없다. 따라서 예수 당시의 유대교 등의 종말론이나, 하느님 이해나, 메시아론이나, 구제사救濟 史론 등 그런 것만을 '역사'로 논하고 있는 것이다. 그러나 이런 것들은 역사의 극히 상부 구조인 종교 중에서도 특히 이념적인 상층 부분에 지나지 않는다.

그렇다고는 하나 다소 착실한 학자들은 좀 더 넓게 보지만, 그런 경우에도 예수의 시대 배경이라는 것을 위의 종교사와 나란히 상부 구조로서의 정치사(정치권력의 역사)로만 본다. 역사를 이런 정치사로서밖에 보지 않기 때문에 역사가 예수 활동의 '배경'에 지나지 않게 되는 것이다. 확실히 정치권력의 역사는 예수가 살아간 시대의 일면이기에 하나의 '배경'으로 알아두어야 하겠지만, 정치권력의 역사는 어디까지나 사회 상층구조의 극히 일부분이고 예수는 직접 정치권력의 장에는 출입하지 않았기 때문에, 그것이 예수 활동의 본질적인 부분과 직접 밀접하게 관련되어 있지 않은 것도 당연한 것이다. 그 결과 예수를 묘사할 경우 이런 의미에서의 '시대사'만을 고려하려 한 사람들의 경우에는 결국 그 시대사와 예수의 활동, 생애를 밀접한 관계 속에서 파악하는 데 성공하지 못한다.

그 전형이 야기 세이이치八木誠一가 묘사한 『예수』다. 이 책은 구미의 신학서들을 그러모아 인용해서 엮어 놓고는 마치 자기 생각인 것처럼 한 책은 아니라는 의미에서는 지금까지 일본인이 쓴 '예수' 중에서 가장 뛰어난 것 중의 하나라고 할 수 있겠지만, 이런 점에 대해서는 전혀 평가할 수 없다. '예수'를 그리려 한 다른 신학자의 저작과는 달리 특별히 한 장을 설정해서 꽤 길게 '예수 시대사'를 서술하고 있는데, 그 장과 예수의 사상을 논한 장이 마치 나무木에 대竹를 잇대어 놓은 것처럼 서로 무관하게 늘어서 있을 뿐이다. 그리고 예수의 사상을 논하는 점에서는 그 나름으로 깊이 소재와 씨름하려 했던 이 저자가 시대사에 대한 이 장에서는 서구의 교과서를 요약하는 것 이상은 하지 않는다. 따라서 그 시대사의 서술은 서구 신학자의 결점을 그대로 이어받아, 종교사 및 상부 구조로서의 정치사에서 한 발짝도 벗어나지 않는다. 그리고 이처럼 역사적 장과 예수의 활동을 나무에 대를 잇대어 놓은 것처럼 늘어놓을 수밖에 없었기 때문에 예수의 삶을 그린다고 해 봤자 무리여서, 기껏해야 예수의 사상을 사상 자체로 떼어내 논할 수밖에 없게 된다. 그리고 예수의 사상을 사상 자체로 떼어내서 다룰 때에는 거기에서 결국 예수도 소거되어 추상화된 사상밖에 남지 않는다. 흔히 듣는 이야기지만, '예수'상像은 그것을 묘사하는 저자에 따라 십인십색으로 변화한다. 그것은 어떤 의미에서는 당연한 것이고, 반드시 나쁜 것은 아니지만, 그 하나의 원인은 이처럼 신학자들이 '예수'를 단순히 사상으로서만 논하기 때문이다. 추상화된 '예수'의 사상이란 결국 각 저자들이 좋아하는 이데올로기에 '예수'의 이름을 덮어 씌워 각색한 것에 지나지 않는다. 그리고 그 점에 관한 한 예수상이 십인십색으로 변화하는 것은 결코 칭찬할 만한 것이 못 된다.

그래도 야기 세이이치의 경우는 '예수' 서술 중에 굳이 한 장을 설정해서 시대사를 논하려 한 만큼 나아간 것이고, 서구의 고전적인 '예수' 서술에서는 그런 것조차 하지 않는다. 가장 전형적인 서구형의 '예수' 서술인 불트만의 경우, 예수의 배경으로 종말론적인 메시아 운동을 몇 개 드는 데에 머물렀다. 이것은 두 가지 점에서 잘못되어 있다. 그 결과 1세기 팔레스티나 역사 현상 속에서 결코 종말론적 메시아 운동으로 규정해서는 안 될 사건들까지도 모두 메시아 운동의 범주에 넣어 열거해 버렸다. 또 그렇게 되면 예수의 활동도 처음부터 유대교의 종말론적 메시아 운동의 한 아류로 볼 수밖에 없게 된다.

그런 점에서는 디벨리우스Martin Franz Dibelius(1883~1947)의 『예수』쪽이 좀 더 폭넓게 논하고 있다. 그렇지만 그의 경우는 시대사적 배경에 대한 질문을, 예수는 유대인인가 아닌가, 라는 것에 너무 집중한다. 물론 출생부터 이야기하자면 예수는 광의의 유대인이었던 것은 분명하지만, 디벨리우스가 묻고 있는 것은 예수가 어느 정도까지 유대인으로 살았는가라는 의미다. 그것을 '민족, 나라, 혈통'이라는 장에서 논하고 있다. 이것은 유럽의 그리스도교도들에게는 절실한 질문이기도 할 것이다. 그들의 구원자가 유대인이라는 것은 그들에게 하나의 모순이기 때문이다. 따라서 예수가 어디까지 유대인이며, 어디까지 유대인이 아닌가라는 것은 그들에게는 마음에 걸리는 질문일 것이다. 그렇지만 예수의 시대 상황과의 관계를 이런 질문에 집약해 버리면 문제의 본질에서 벗어나게 된다. 이런 의문을 가진 이상 '유대인'이라는 민족의 대극對極에 이번에는 초민족적, 초역사적인 극極을 설정할 수밖에 없다. 그렇게 되면, 곧 처음부터 '예수' 속에서 초민족적, 초역사적 요소를 읽어내기 위해 열심히 노력하게 된다. 그러나 예수는 원래 유대인이라기보다는 갈릴래아인이었다. 그 백 년 정도 전에 예루살렘의 권력에 의해 다시 유대화된 갈릴래아 지방의 주민이었다. 그런 점에서 이미 예수는 어디까지 유대인이었나라는 질문 자체가 역사적 현실에서 벗어나 있다. 하지만 더 근본적으로 인간의 질을 인종, 민족, 하물며 국가적 귀속에 따라서만 판단하려는 것은 결정적으로 잘못되어 있다. 살아 있는 인간은 단지 인종, 국적으로서만 존재하고 있는 게 아니다.

아라이 사사구의 『예수와 그의 시대』는 원칙적으로 위의 문제의식만으로 본다면 지금까지 이야기해 온 '예수'보다 상당히 뛰어나다. 그렇지만 실제 내용은 막스 베버의 이론 흉내를 다시 값싸게 가져다 쓰고 있을 뿐이다. 역사의 장을 묘사하는 데 그 역사의 장 자체와 맞서는 것이 아니라 그것과는 전혀 관계가 없는 근대의 한 '이론가'의 '이론'을 앵무새처럼 또 흉내내면 된다고 생각하는 자세 자체가 영 역사와는 인연이 멀다.

4. 예수와 열심당

예수를 그가 살았던 역사 상황 속에서 포착하기 위한 노력을 하고 있는 것은 도이 마사오키土井正興다. 그의 『예수 그리스도』는 그 자세 면에서는 평가할 수 있다. 역시 신학자보다 역사가 쪽이 역사를 파악하는 눈이 있기 때문일까.(하지만 그는 일반적으로 역사학적인 눈은 갖고 있지만 중요한 복음서 연구에 대해서는 완전히 무지하다. 예수를 그리는 데 복음서 연구 자체의 수준을 모른다면 이야기가 되지 않는다.) 다만 그의 경우도 이런 식의 정치의식으로 예수를 그리려고 하는 사람의 공통적인 폐해에 빠져 있다. 즉 신학자가 그리는 '예수'를 정치적으로 뒤집어서 하는 것만으로 일을 끝내려고 한다.

단적으로 말해서, 종래의 신학자들 중 다수는 복음서의 수많은 기사에서 열심당熱心黨과의 관련성을 읽어내려 해 왔다. 열심당이라는 것은 기원후 66년부터 70년의 제1차 유대 전쟁, 곧 유대가 로마에 대해 독립을 노리고 싸운 독립전쟁에서 그 중심 세력을 이루었던 부분이다. 말하자면 민족해방 전사다. 이 전쟁은 로마의 제국 지배 역사에서도 드물게 보는 큰 사건이었다. 로마 정규군이 패배를 당했던 것이다. 분명 이 전쟁 마지막 해인 70년에는 로마가 생각할 수 있는 최대의 전력을 투입한 결과 유대의 완패로 끝나, 예루살렘은 완전히 파괴된다. 그리고 독립 운동은 2세기 초에 다시 타오를 때까지 뿌리가 뽑혔다. 하지만 전쟁 초기에 유대 쪽은 한 번 로마 정규군에 대해 승리를 거두었다. 즉 66년에 시리아에 주재하던 한 군단(제12레기온)이 예루살렘을 공격하려 했다가 오히려 큰 타격을 입고 퇴각했다. 그 제국의 확장기에 로마 정규군이 지배하던 민족에게 그 정도의 패배를 당한 것은 게르마니아에서의 토이토부르크 전투(기원후 9년)를 빼고는 이 경우뿐이라고 해도 좋다. 로마에게 그 패전의 충격은 컸을 것이다. 그 뒤에 유대를 상대로 한 전쟁의 지휘관이었던 패장 케스티우스 갈루스는 경질되고 베스파시아누스로 교체된다. 베스파시아누스는 제5, 제7레기온, 그리고 아들 티투스가 알렉산드리아에서 이끌고 온 제15레기온의 힘으로 팔레스티나를 다시 정복한다. 베스파시아누스의 이 승리가 로마 쪽에게 얼마나 중요한 것이었는지는 68년에 네로가 사망한 뒤 베스파시아누스가 제6대 로마 황제가 된(69년) 사실로도 알 수 있다.

그 정도로 크게 독립전쟁의 중심 부분을 담당한 것이 열심당이다. 그들은 유대교의 하느님 신앙에 대해, 즉 다시 말해서 유대교 전래의 율법에 대해 '열심'이었기 때문에 그렇게 불렸다. 이것은 그들이 스스로 붙인 이름일 것이다. '율법'에 대해 열심이라는 것은 그만한 강도로 민족주의적이라는 것을 의미한다. 그들의 민족적인 하느님 신앙을 액면 그대로 관철하려 한다면 외국 지배에 대해 무기를 들고 싸우게 된다. 이 열심당의 본질이 무엇이었는가 하는 것은 조금 뒤에 논하겠지만, 여기에서는 우선 민족주의적인 래디컬리스트라고 불러 두자.

그런데 현대의 신학자들은 즐겨 복음서의 많은 기사들을 이 열심당과 관련시킨다. 예수는 열심당에 반대했다는 것이다. 하지만 복음서를 주의 깊게 읽은 적이 있는 사람이라면 알고 있는 사실이지만, 복음서 속에 열심당에 대해 언급되어 있는 것은 딱 한 대목, 예수의 제자 중에 '열심당의 시몬'이라는 인물이 있었다는 언급뿐이다.(마르코 3장 18절 병행) 그리고 후술하겠지만, 이것은 당연한 것이다. 열심당의 선구적인 활동가는 이미 기원후 6년부터 나타나지만, 열심당 자체는 예수가 살고 있던 당시에는 아직 존재하지 않았다. 또는 만일 존재하고 있었다고 가정하더라도 사람들 사이에서 문제가 될 정도의 활동은 하고 있지 않았다. 예수의 죽음에서 유대 전쟁의 발발까지는 약 35년의 시차가 있다. 고대사를 생각할 때 우리는 무심결에 긴 척도로 생각하기 쉽지만(정확하게 알려져 있지 않은 사건이나 저작 시기를 추정할 때, 자칫하다가는 백 년, 2백 년의 오차를 아무렇지도 않게 여긴다), 35년이면 길다. 일본의 1935년에 1970년대의 신좌익의 존재를 예측한 이는 없다. 마르코가 복음서를 쓰고 있던 50년대(또는 60년대)가 되어서야 열심당의 활동이 뚜렷해진다. 일찍이 예수의 제자였던 시몬이라는 인물이 나중에 열심당에 가담했기 때문에, 또는 열심당적인 경향을 갖게 되었기 때문에, 또 한 사람의 시몬, 즉 베드로라는 별명으로 불린 시몬과 구별하기 위해 열심당의 시몬이라 불리게 되었을 것이다.

만일 이 인물이 예수 생전부터 열심당에 가담하고 있었다고 가정하더라도, 그럴 경우에 열심당은 그 무렵부터 이미 존재하고 있었던 게 되지만, 이것이 복음서 속에서 언급되어 있는 유일한 것이라는 점에는 변함이 없다. 그리고 열심당이라는 것에 대해 언급한 최고最古의 서책이 마르코 복음서다. 그리스도교 이외에, 이전의 문헌들에서도 마르코 이전에 열심당이라는 것에 대해 언급하고 있는 것은 없다. 또 마르코 이후의 유대교 문헌에서도 그 이전 시기에 관해서 '열심'이라는 말을 정치당파의 의미로 사용한 예는 나오지 않는다. 요세푸스가 묘사한 역사에서는 열심당이라는 당파명은 66년의 봉기 때부터 사용되고 있을 뿐이다. 또 마르코의 이 부분의 경우도(또 다른 문헌에서도) 일본어역에서는 '당黨'을 붙여서 번역하고 있지만, 원어는 단지 '열심인'이라는 형용사다. 그가 유대교의 전통에 열심이었다라고 한 것인지, 그렇지 않으면 정치당파로서의 열심 '당'의 일원이었다는 것인지 구별하기 어렵다. 요컨대 겨우 하나의 이 언급 이외에 예수가 살았던 당시에 열심당이 존재했다는 기록은 없으며, 이 언급 자체도 그것을 보증하지는 않는다. 따라서 예수가 활동하면서 열심당의 존재를 염두에 두고, 열심당에 대해 동정적으로, 또는 비판적으로 활동했다고 가정하는 것은 무리한 이야기인 것이다.

그럼에도 불구하고 왜 신학자들은 복음서의 많은 기사들을 열심당과 연결 짓고 싶어 할까. 이유는 간단하다. 현대의 보수적인 신학자들은 혁명, 무장봉기, 아니 무장봉기는커녕 제국주의에 대한 어떤 적극적인 저항, 비판에 대해서도 그것을 '폭력적'이며 현세적인 것으로 보고 제거하고 싶어 하기 때문이다. 예수님은 열심당에 반대하셨다. 따라서 그리스도교는 이 세상의 변혁 따위에는 관여하지 않는다…… 거기에서 어떤 옛날이야기가 만들어질까. 예컨대 이스카리옷 유다는 열심당원이었다는 식으로 단정해 버렸다.(근거 없는 '학설'이 이토록 많은 지지를 받은 경우도 드물다) 유다는 예수한테서 혁명의 지도자, 와야 할 왕을 꿈꾸며 그를 따랐으나, 예수는 결코 반로마 저항전선을 결성하려고 한 게 아니라 전 세계 사람들의 영혼을 구원하려고 했다. 유다는 그런 예수에게 실망해 그를 배신했다는 것이다. 거기에서 시작해서 제베대오의 아들 야고보와 요한도 열심당원이었다거나, 베드로까지 열심당원으로 간주해 버리고, 이 제자들은 따라서 예수를 제대로 이해하지 못했고 종종 질책만 당했으나, 그들의 경우 예수의 죽음과 '부활'을 체험하고 열심당적인 현세의 혁명 이념으로부터 영원한 '진정한' 구원으로 개종한 것이라는 상상, 결국은 이른바 '5천 명이 함께 먹기'(마르코 6장 30절 이하), 즉 광야에서 예수의 이야기를 들으려고 모여든 5천 명의 청중에게 예수가 다섯 개의 빵으로 배부르게 먹이셨다는 기적 이야기까지도 무장봉기를 바라고 모인 군중을 예수가 피안적인 '구원'으로 이끌려고 했다는 식으로 이야기하면서, 이해받지 못했기 때문에 그 뒤 예수는 민중과 접촉하지 않았다는 따위의 이야기로 만들어냈으며(전혀 아무 근거도 없다), 베드로가 예수에게 '사탄아, 물러가라'라는 질책을 당한 것(마르코 8장 33절)도 마찬가지이며, 최후의 예루살렘 입성 장면에서(마르코 11장 1절 이하) 나귀를 타고 예루살렘에 들어가는 예수를 군중이 맞이하며 환호성을 올린 것도 이번에야말로 예수가 반로마 전쟁을 벌일 '메시아'로 일어설 것이라고 기대했기 때문이고, 같은 군중이(실은 복음서 어디에도 '같은'이라고 쓰지는 않았으나) 불과 일주일도 지나지 않은 기간에 변심해서(이 일주일이라는 것도 신학자들 제멋대로의 계산이지만) 예수를 십자가에 못 박아라, 못 박아라, 하고 외치게 된 것도 이 기대가 배신당했기 때문이라는 '해석'에 이르기까지, 모두 그리스도교를 '종교적으로 높은 곳'에 떼어 놓고 싶어 하는 이런 신학자들의 현대풍의 호교론적 의식이 만들어낸 아무런 근거도 없는 상상이다.

이런 상상들은 두 가지 점에서 근본적으로 잘못되어 있다. 하나는 복음서에 나오는 이들 이야기는 열심당과 전혀 관계가 없다. 예컨대 5천 명이 함께 식사한 이야기는 민간설화적인 기적 이야기로, 거기에 교회 의식에서 사용되는 표현이 혼입된 것이기 때문에 이것을 역사적 사실로 간주하는 것은 우스운 이야기지만, 만일 복음서 기술을 그대로 믿는다 하더라도 이 군중은 '양치기 없는 양'처럼 얌전하게 예수의 말에 귀를 기울였다는 것이 기록되어 있을 뿐으로, 로마에 대한 무장봉기를 연상시키는 것은 아무것도 없다. 게다가 5천 명이라는 숫자도, 다섯 개의 빵으로 어떻게 그 많은 사람들을 배부르게 할 수 있었는지를 강조하는 기적 이야기적인 숫자인데, 이로부터 예수에 관한 기적 이야기를 즐겨 이야기하고 싶어 했던 사람들의 심정은 미루어 짐작할 수 있겠으나, 민중의 무장봉기를 상상할 수는 없다. 그럼에도 불구하고 이 이야기에 관해 거듭 이런 식의 '정치적' 해석이 나오는 것은, 이 이야기에 요한 복음서가 덧붙인 주석에 그 근거를 두고 있다. 요한 복음서 저자는 이 이야기를 마르코와 마찬가지로 이야기한 뒤 한마디 해설을 덧붙였다. '예수는 사람들이 자신을 붙잡아서 왕으로 모시려는 것을 알아채고 다시 홀로 산으로 피신했다.'(요한 6장 15절) 그러나 요한 복음서는 이미 이야기했듯이 1세기 말에 가까운 시기에 한 그리스도교도의 신학적 사변의 소산으로, 특히 이 한 구절 등이 이 저자가 생각하고 있던 그리스도의 구원은 이 세상에 대해서 베풀어지는 것이 아니라 인간을 이 세상으로부터 구원해 내려는, 즉 피안적인 구원이라는 것을 잘 보여주고 있다. 따라서 이 구절을 토대로 해서 예수에 관한 사실을 판단해서는 안 된다.

예루살렘 입성 장면의 경우, 이것을 앞서 이야기했듯이 '정치적'으로 해석하는 것은 어이없다. 이 이야기는 예수 사후에 예수를 종말론적인 메시아 왕으로 떠받드는 신앙이 생겨났고,

종말론적인 메시아 왕은 다윗의 후예여야 했으므로 예수는 다윗의 아들이라는 주장이 생겨났으며(마태오 복음서의 탄생 이야기가 이 이념에 상당히 지배당하고 있다는 건 이미 이야기했다), 그 뒤 이 이념에 따라 만들어진 이야기다. 여기에서 예루살렘으로 나귀를 타고 들어가는 예수에 대해 민중이 환호하며 불렀던 노래로 기록되어 있는 구절,

> 호산나(우리를 구원해 주소서)
> 주의 이름으로 오시는 이여, 찬미받으소서
> 우리 아버지 다윗의 와야 할 나라여, 찬미받으소서
> 지극히 높은 곳에서도, 호산나
>
> (마르코 11장 9-10절)

는 유대인이 초막절 때에 불렀던 노래(구약의 시편 118장 25절 이하)에 민족주의적(다윗 왕)이고 또한 피안적 종말론적인(지극히 높은 곳으로 우리를 구원하소서) 이념을 혼입시킨 것에 지나지 않는다. 여기에서 사회 혁명의 이념을 읽어낼 수는 없다. 매우 초기의(예루살렘의?) 그리스도교가 이 노래를 당시의 유대교에서 계승해서 그것을 '새끼 나귀를 타고 오는 평화의 왕'이라는 상징적인 이념과 결합시켜 만들어낸 것이 이 이야기다. 따라서 이 이야기는 초기 그리스도교단의 이념이 만들어낸 것이기 때문에 여기에서 예수 사건을 직접 상상할 수는 없다.

열두 제자 ─ '열두' 제자라는 것이 애초에 허구지만 ─ 중의 다수가 열심당원이었다는 상상은 더욱 말도 안 되는 이야기다. 열심당원인 시몬의 경우(앞서 이야기한 대로)를 빼고 이스

카리옷 유다, 제베대오의 아들 야고보와 요한, 베드로 등이 열심당원이었다는 등의 이야기는 아무런 근거도 없이 한없이 뒤죽박죽이 된 상상이다. 모르면 '학자'의 현학적인 주장에 현혹당하기 때문에 하나만 실례를 제시하자면, 이스카리옷이라는 말은 그리스어 시카리오이에서 온 것이라는 상상이다. 시카리오이는 50년대에 예루살렘에 나타난 테러리스트 집단으로, 대사제 암살 등을 실행했다. 이스카리옷의 유다는 시카리오이의 한 사람인 유다라는 뜻이라고 상상하고, 거기에서 유다는 열심당의 일원이었다고 결론짓는다. 하지만 50년대가 되어서야 비로소 나타난 시카리오이와 30년 전후의 예수의 제자를 연결하는 것은 무리이며, 또 시카리오이와 열심당의 관계도 확실하지 않다.(역사가 요세푸스는 어느 곳에서 시카리오이를 로마의 고관에 매수당한 암살자 집단이라고 간주한다) 그러나 특히 이스카리옷과 시카리오이(단수는 시카리오스)를 동일한 단어로 보는 것은 음운상으로 우선 완전히 무리다. 어두의 '이'음을 설명할 수 없고, 시카리오이의 한 사람이라면 시카리오스라고 쓰면 된다.(이 말은 히브리어에서도 시카리로 음사되고, 이스카리옷이라고 쓰지는 않는다) 이스카리옷이 무엇을 의미하는지는 확정되어 있지 않으나, 가장 온당한 설에 따르면, 카리옷(내지 카리오트, 지명)의 사람(이스 = 히브리어의 '이슈' = 사람)이라는 뜻이다.(다만 카리옷이라는 지명은 그 밖에는 알려진 게 없기는 하다) 유다 이외의 제자를 열심당과 엮는 등 이것보다 더 뒤죽박죽인 논거밖에 없어, 황당무계하다고 할 수밖에 없다.

마지막으로 베드로가 '사탄이여, 물러가라'라고 질책당했다는 이야기인데, 이것도 열심당과는 전혀 관계가 없다. 예수에 대해서 사람들이 입에 올리는 소문, 즉 예수는 예언자라거나, 종말의 때에 하느님이 현현하기 직전에 선구자로서 재림하게 되어 있는 엘리야라거나, 헤로데 안티파스에 의해 목이 잘린 세례자 요한이 되살아났다거나 하는 소문을 소개한 뒤 복음서 기자 마르코는 베드로 일파의 의견으로서 예수가 그리스도라는 견해를 기록하고 있다. 그리스도라는 말은 주지하다시피 '기름을 붓는다'는 동사의 수동형에서 만들어진 명사로 '기름이 부어진 사람'이라는 뜻이며, 히브리어 '메시아'의 직역이다. 그리고 구약성서나 후기 유대교 문서들에서는 '기름이 부어진 사람'은 하느님에 의해 특별히 선택된 자(성스러움의 표시로 머리에 향유를 붓는다)라는 일반적인 의미에서, 또는 좀 더 한정해서 신적인 지배권의 위탁을 받은 자라는 의미에서 '왕'에 대해 특별히 사용되었다. 이스라엘이 국가적 통일과 독립을 상실한 뒤에는 메시아는 민족적이고 종교적인 구원자로서 점점 이상적인 상이 되고 초월적인 구원자로서 대망待望의 대상이 되었다. 그리스도교의 그리스도상은 거기에서 민족적 요소를 제거하고 순수하게 종교적인 구원자의 이념으로 꾸며지게 되었다. 하지만 예루살렘에서 최초로 그리스도교를 만든 베드로 일파의 경우에는 아직 민족적 요소를 없애지는 못했을 것이다. 그러나 민족적인 구원의 대망이라고 해도 현실적으로 정치적인 독립을 지향하는 것에서부터(그런 경우에는 어떤 형태로든 반로마 저항 운동을 하게 된다) 종교적인 종말 대망으로 그것을 소외시켜 버리는 것에 이르기까지, 상당히 폭이 넓었다.

마르코의 서술로 이야기를 되돌리면, 마르코는 여기에서 그가 묘사하는 예수에게 거부적인 반응을 보이게 해 놓았다. 베드로가 '당신이야말로 그리스도입니다'라고 하자 예수는 그런 식으로 말하지 말라며 침묵을 명한다.(마르코 8장 30절) 즉 종교적 메시아론 주장 중에서 통상적인 예언자인가, 특별한 종말론적 예언자인가, 엘리야인가 그렇지 않으면 요한의 환생인가, 라는 규정과 비교하고 그런 규정들을 배제하면서 그리스도라는 개념을 택하는 방식으로 예수에 대해 이야기해서는 안 된다는 것이다. 이것은 아마도 실제의 대화가 아니라 예수 사후의 예루살렘 교회를 중심으로 한 메시아 주장과, 거기에 대해 비판적인 저자 마르코 자신의 생각을 역사적인 장면으로 꾸며낸 교묘한 창작일 것이다. 그런 의미에서 이 대화 장면은 역사적 사실이 아닐 것으로 생각되지만, 그럼에도 예수의 역사적 실태에 다가가려 한 뛰어난 창작이라고 할 수 있다. 마르코는 예수의 역사적 현실이 지니고 있던 넓은 폭을 종교적인 메시아 주장으로 해소시키고 싶지 않았던 것이다. 이 대화에 이어서 마르코가 묘사하는 예수는 자신의 죽음을, 그것도 유대교 지배 당국의 손에 학살당하는 죽음을 예고한다. 거기에 대해 베드로가 그런 일이 있어서는 안 된다고 반대하지만, 그 베드로를 향해 예수는 사탄아 물러가라고 질책한다.(마르코 8장 33절) 대화에서 이 부분은 전승사적으로는 복잡하다. 즉 실제의 사실에 대한 어떤 기억이 여기에 반영되어 있는 것은 부정할 수 없고, 그런 소재를 이용하면서 마르코가 베드로에 대한 자신의 비판적인 의식 위에서 이 대화 전체를 창작하고 있기 때문이다. 따라서 어쨌든 이 대화를 바로 사실史實로 봐서는 안 되지만, 저자 마르코의 견해로 보더라도, 여기에서는 이른바 '열심당'적인 정치적 메시아상을 배척하고 '하느님의 아들'

의 십자가상의 '수난'에 의한 종교적 구원이 주장되고 있다는 식으로 해석해서도 안 된다. 오히려 여기에서 배척당하고 있는 것은 종교적 메시아 주장으로 예수의 존재 의의를 가두어 넣고 논하는 것이며, 주장하고자 하는 것은 예루살렘의 종교적 지배 세력에 저항하다 살해당한 비판자의 모습이다. 마르코는 여기에서 예루살렘의, 또한 팔레스티나의 유대인 사회 전체의 종교적인 상부 구조를 지닌 사회 지배 체제에 날카롭게 저항하다 살해당한 예수와, 그 예수의 '제자'들이면서 예루살렘 지배 체제 속으로 용케 자신들의 종교 집단을 미끌어져 들어가게 해서 살아가던 베드로 일파를 대조시켜 묘사하고 있다.

이상으로 개개의 소재들에 대하여 논해 온 것으로 알 수 있듯이, 예수의 활동을 열심당의 사상과 활동에 대한 비판적인 대결로 해석하는 것은 아무런 근거도 없다. 이런 해석은 예수를 열심당의 정반대 편으로 간주함으로써 정치적 사회적인 변혁과 민족해방을 지향하는 것은 인간에게 본질적인 문제가 아니기 때문에 예수는 더 본질적, '근원적'인 종교적 구원을 가져다주려고 한 것이라고 이야기하려 한다. 그러나 만일 실제로 그랬다면, 복음서 안에서 가장 적극적이고 직접적으로 열심당에 대해 언급하고, 열심당의 사상, 활동 내용이 문제로 다뤄져 있어야 한다. 하지만 복음서 속에는 열심당에 대해서 아무런 언급도 없으며, 반면에 바리사이파를 중심으로 한 율법학자, 그리고 예루살렘의 종교적 지배 당국(산헤드린)과 사제 계급이 몇 번이나 직접 예수가 대결한 상대로 언급되어 있다. 물론 그중에서 몇 번인가는 예수 사후의 그리스도교회가 바리사이파적 유대교에 대해 대립한 것의 반영이겠지만, 이 풍부한 소재의 대부분은 역시 예수 자신에게로 돌아갈 수밖에 없다. 예수가 대결한 상대는 그들인 것이다. 그것을 문제 삼지 않고 전혀 관계없는 열심당과의 대비를 통해 예수를 논하는 것은 잘못이다.

그런데 현대의 신학자들의 이런 주장은 또 한 가지 점에서도 근본적으로 잘못되어 있다. 즉 예수의 인식 방법으로서도 잘못되어 있지만, 열심당의 인식 방법으로서도 대체로 잘못되어 있다. 열심당을 사회주의 혁명을 지향하는 집단인 것처럼 착각하고 있는 것이다. 그것도 사회주의 혁명에 대해 선명한 이해가 있어서 그런 것도 아니다. 막연한 '현세적 정치적'이라는 형용사밖에 갖고 있지 않다. 그리고 또 열심당에 대한 역사 자료를 원전을 찾아 읽은 적도 없으며, 단지 자신들의 반사회주의적인 애매한 의식을 열심당에서 읽어 들이고 있는 데에 지나지 않는다. 하지만 열심당이 오늘날 생각되고 있는 의미에서의 혁명 집단이 아니었다는 것은 분명히 지적해 둘 필요가 있다. 대체로 그런 집단의 존재를 1세기에 기대하는 것은 무리지만, 그런 일반적인 이유만이 아니라 구체적으로 열심당에 관한 소재를 아무리 찾아봐도 사회적인 혁명 집단, 하층민이 사회 구조의 변혁을 추구하며 들고 일어선 집단이라는 상은 나오지 않는다. 실은 신정정치를 이념으로 내건 극단적인 민족주의 집단인 것이다.

이상으로 알 수 있듯이, 신학자들이 열심당과 대비시켜 묘사한 예수상은 역사의 예수를 묘사하려 하기보다도 오히려 종교적 정신에서만 탈세속적인, 바꿔 말하면 그것은 곧 현실적으로는 간편하게 체제 내에 안주하는 자신들의 현대의 종교적 이데올로기를 투영하고 있는 데에 지나지 않는 것이다. 예 컨대 야기 세이이치의 경우 '예수는 유대가 로마로부터 독립 하기만 하면 모든 문제들이 해결될 것이라고는 생각하지 않았 다'고 보고, '현존하는 질서를 변혁하기만 하면 사회의 행복이 찾아올 것이다'라는 사고방식을 예수는 비판했던 것이라고 한 다. 따라서 예수는 친로마다 반로마다, 사회질서의 편이다 아 니다 등의 문제는 초월했다는 것이다. 농담도 쉬엄쉬엄하는 게 좋다. 당시 어디에 '로마로부터 독립하기만 하면 모든 문제들 이 해결된다'는 몰상식한 생각을 한 인간이 있었을까. 열심당 도 그렇게 추상적으로 태평스러운 생각은 하지 않았다. 누구도 생각하지 않았던 것에 대해 어떻게 예수가 반대할 마음을 먹 을 수 있었겠는가. 도대체 어디에서 예수가 그런 기묘한 말을 했는가. 지어낸 말도 적당히 하는 게 좋다. 게다가 이러한 야기 의 억지주장은 논리적이지도 않다. 그것으로 모든 문제가 마술 처럼 해결되는 게 아니라면, 로마제국의 지배로부터 독립하는 것은 무의미하다는 식의, 세상에 그런 어처구니없는 논리가 어 디에 있는가. 설사 다른 많은 문제들이 해결되지 않더라도 상 당한 문제들은 로마제국의 지배를 뒤엎으면 해결할 수 있었 을 것이다. 아니 설사 중요한 문제는 해결할 수 없더라도, 하다 못해 그 굴종에서만큼은 벗어나고 싶어 하는 것이 인지상정일 것이다. 강 건너 불구경하듯이 장황하게 지껄이는 신학자들과 실제로 역사 사회 속에서 뭔가를 하려는 이의 차이는, 신학자 들은 이것으로 모든 게 해결되는 게 아니라면 아무것도 할 필 요가 없다고 큰소리치며 태연할 수 있는데 비해, 현실적으로 로마 지배하의 굴종에 허덕이는 자들은 그것을 뒤집어엎음으로써 다른 것들까지 다 잘될 리는 없다 하더라도, 하다못해 굴종에서는 벗어나기를 바란다는 점에 있다. 그렇지만 그 로마로부터의 독립조차 결국 불가능했다.

괜찮으시다면 야기 씨, 짐바브웨(이 원고를 쓰고 있던 시점에는 아직 식민 지배를 받고 있었고 '로디지아'로 불렸는데, 남아프리카공화국 이상으로 잔인한 아파르트헤이트가 지배하고 있었다)에 가서, 여러분이 백인 지배에서 해방된다고 해서 그것으로 모든 문제가 해결될 리는 없으니, 백인 지배로부터 해방되기 위해 피 흘리며 싸우는 짓은 그만두세요, 라고 설교하고 오는 게 어떨까요. 그런 장소에 직접 가서 보면 이런 식의 논리가 얼마나 조리 없고 몰상식한 것인지 알 수 있을 것이다.

확실히 예수의 경우 로마 지배에 대해 열심당처럼 직접 무력투쟁을 부르짖지는 않았다. 거기에 대해서는 아무 말도 하지 않았다. 그러나 아무 말도 하지 않았다는 것은 열심당의 활동이 예수의 사후 4반세기 가량 지나고 나서야 비로소 모습을 드러냈으므로, 아무 말도 하지 않았으니까 열심당을 비판한 셈이 된다고 하는 것도 논리적으로 완전히 엉망진창이다. 예수는 그 나름으로 로마 지배가 안겨 준 굴종에 대해 저주를 퍼붓는다. 그 저주도 많지는 않고 입이 무겁다. 그것이 어떤 것이었는지는 다시 논하겠다. 어쨌거나 무겁게 입을 다물고 있던 아프리카인들은 백인 지배로부터 독립하는 것 따위는 아무래도 좋다, 중요한 문제는 아니다, 라고 생각했다는 건 결단코 사실이 아니다. 그럴 가능성이 너무 작았기 때문에 입을 열 기력도 없었다는 것은 결코 굴종을 유유낙낙 용인하고 있었다는 걸 의미하지는 않는다. 어쨌든 예수는 정치도 경제도 법도 넘어선 초월의 저편에서, 이것만 있으면 '모든 문제가 해결된다'는 종교적 정신의 묘약을 제약회사의 광고처럼 지껄이고 있었던 것은 아니다.

그러나 야기 세이이치의 경우, 일본에 국한하지 않고 세계의 신학자들이 묘사하는 '예수' 중에서도 가장 뛰어난 부류에 속한다는 점은 분명히 해 둬야겠다. 그것조차 이러하니, 그 뒤는 미루어 짐작할 수 있을 것이다. 하지만 우리가 주의해야 할 것은, 이런 신학자들이 묘사하는 예수상에 성급하게 반론하려고 하다가 그들의 주장을 그대로 뒤집어서 예수는 열심당과 마찬가지로 반로마의 저항전사였다고 주장하는 함정에 빠지는 것이다. 이렇게 주장하면 그들의 두 가지 오류에 이쪽도 빠지게 된다. 즉 예수의 활동이 열심당과 아무런 관계도 없었음에도 불구하고 그 관계를 가공으로 상상하고, 그 가공의 상상을 예수 이해의 중심점에 놓는 것이다. 둘째로, 열심당을 묘사하는 데 현대의 민족해방전선의 상을 그대로 투영하는 것이다. 정치적인 의식을 예수에게 투입하려 하지만 어정쩡하게 역사의 소재와 맞서려 하지 않고 지극히 관념적 도식적으로 인식한 혁명사관에만 기대어 예수를 혁명가 또는 그것에 가까운 사람으로 내세우려 하면 이 함정에 빠진다.

도이 마사오키의 예가 그렇다. 그의 경우 현대의 발달된 복음서 연구를 거의 전혀 고려하려 하지 않고, 기묘하게도 구미의 신약 연구자들 중에서도 이데올로기적으로 가장 우편향으로 어떻게 해 볼 수도 없는 오스카르 쿨만Oscar Cullmann에게만 의존해, 쿨만이 복음서의 열심당과는 무관한 기사를 억지로 열심당과 연결시키려 한 황당무계한 학설을 그대로 계승한다. 쿨만의 의도는 예수가 이들 기사 어디에서나 열심당에 반대했고, 정치적 해방을 부르짖는 것은 잘못이라 주장했다고 한 점에 있다. 도이 마사오키는 그것을 단순히 뒤집어서, 예수는 열심당에 가깝고, 열심당과 함께 활동했다고 했을 뿐이다. 게다가 그의 경우, 베트남 민족해방전선의 활동이 세계의 주목을 끌고 있던 시기에 이 책을 썼는데, 그 현대사의 상황을 그대로 제약 없이 1세기에 투영하고 있는 데다 그 현대사 상황을 파악하는 의식 자체도 지극히 단순하고 소박하며 도식적이어서 세계적 제국의 지배에 대해 민족 독립의 깃발을 내걸고 일어선 세력을 그대로 사회적인 혁명 세력으로 간주해 버린다. 그 결과 1세기 팔레스티나에서의 유대 민족주의, 반로마제국 운동, 하층민의 사회적 해방을 향한 요구라는 여러 요소들을 전부 동일한 것으로 간주해 버린다. 그러나 1세기 팔레스티나에서의 반로마 정치운동이 바로 그대로 하층민의 사회적 해방을 위한 운동이었다고 할 수는 없다. 사회가 혼란스러울 때 억압받는 민중은 세상이 새로 바뀌어서 자신들이 해방될 수 있기를 반드시 기대한다. 따라서 억압받는 민중은 새로 등장할 정치 세력에게 공감한다. 공감할 뿐만 아니라 함께 들고 일어서기도 한다. 하지만 그것은 새로 등장하는 정치 세력 자체가 민중 자신의 혁명적인 운동이라는 걸 의미하지는 않는다. 많은 경우 새로 등장하는 정치 세력은 낡은 정치 세력에 대항하기 위해 억압받는 민중의 폭발력을 흡수하려 한다. 그러나 일단 자신들이 어느 정도 힘을 갖게 되면 그들도 민중을 억압하는 권력이 된다. 그런 의미에서 열심당의 독립 운동에 하층민 출신자들이 가담한 사실을 찾아내기란 분명 쉬운 일이다. 하지만 그것은 열심당의 운동이 그 본질에서 하층민의 해방을 주안으로 하는 것이었다는 걸 의미하지는 않는다. 반로마 저항 운동이라고만 하면 귀족적인 민족주의자도, 종교적인 사회 지배 구조를 뿌리 깊게 보존하려는 전통주의자도, 또는 깃발을 앞세우고 독재 권력을 확보하려는 야심만만한 민족주의자도 충분히 과감하게 들고 일어설 수는 있다.

도이 마사오키의 경우 이처럼 기본적인 관점에 이미 무리가 있고, 게다가 복음서의 치밀한 연구는 완전히 무시하고 있는 데다가(치밀하기는커녕 기초적인 상식조차 제대로 모른다), 역사적인 지식에 부주의한 잘못이 너무 많아서 도무지 역사적인 예수 연구라고 하기 어렵다. 서푼짜리 소설가의 예수전과 오십보백보다. 로마사 '전문가'이고 그리스도교에 대해서는 아마추어니 봐 달라고 변명하고 있으나, 그런 변명을 할 양이면 처음부터 예수 기술 등에는 손을 대지 않는 것이 좋다. 하지만 예컨대 가마쿠라 시대의 일본사 전문가라면, 자신은 불교에 대해서는 아마추어라고 변명하면서 가마쿠라 불교에 대해 초보적인 잘못들만 늘어놓은 책을 태연히 쓰는 것은 용납될 수 없다. 가마쿠라 시대의 역사 전문가라면 당연히 가마쿠라 불교에 대해서도 깊이 전문적으로 알고 있어야 한다. 초기 그리스도교에 대해서도 같은 이야기를 할 수 있다. 고대 로마사 '전문가'라 자칭하는 이가 초기 그리스도교에 대해 나는 아마추어니까라는 식의 변명이나 하고 있다면 도저히 '전문가'라고 할 수는 없다. 그런데 도이 씨는 자신의 전문인 협의의 로마사에 대해서도 이 책에서는 부주의한 잘못을 여럿 써 놓았기 때문에 이야기가 안 되지만.

다만 도이 마사오키의 경우 비슷한 종류의 그런 책들에 비해 일단 뛰어난 점은 그것들이 단순히 예수를 열심당적 '혁명가'로서 신학자의 반정치적 이데올로기를 뒤집어 놓기만 한 것에 비해 그의 경우는 '열심당적 하층민'의 반로마 저항 운동과 사회적 종교적으로 '차별받는 민중'의 움직임을 나누어서 생각하고, 그 두 흐름의 합류점으로서 예수를 파악하며, 이 두 흐름의 모순을 통일할 수 없었던 데에서 예수의 비극을 찾을 수 있다고 하는 점이다. 물론 열심당을 '하층민'의 '혁명 집단'으로 보고 있는 점에 무리가 있으나, 또 한편으로는 정치적인 독립 운동에 가담하지 않는, 도저히 거기까지 갈 힘은 없는, 사회적 종교적으로 차별받은 민중의 존재를 의식하고 예수의 활동을 그 '민중'과의 관계에서 파악하려 한 점에서 단순한 정치주의적인 예수 파악보다는 일단 뛰어나다. 그러나 이 이분법 자체, 역사의 사실을 진지하게 알고 이해하는 노력에서 나온 것이 아니라 저자가 지니고 있는 당시의 일본공산당적 정치 도식을 투영하고 있을 뿐이어서, 그 점에서는 칭찬할 수가 없다.(한편 명목상 '하층민'을 대표해야 할 '혁명 집단'이 있고, 다른 한편에는 그것이 작업을 걸 상대로서 '차별받는 민중'이 있다고 한다. 그리고 후자는 무자각적이며, '혁명 집단'은 그 무자각적인 대중을 자각시키려고 노력하지만 좀체 그런 이야기를 이해해 주지 않는다……라는 이야기는 그만두세요) '민중'의 건에 대해서는 항목을 바꿔서 다시 논하기로 하고, 여기에서는 좀 더 열심당에 대해 이야기를 해 보자.

5. 제국의 세금과 신전세(카이사르의 것과 하느님의 것)

어느 때 한 명의 바리사이파 남자가 —예수 당시의 바리사이파는 크게 두 개의 파벌로 나뉘어져 있었다. 랍비 힐렐 일파와 랍비 샴마이 일파다. 힐렐파는 이른바 자유주의이고, 샴마이파는 전통주의였다. 이 경우 정치적인 의미의 좌익, 우익이라는 개념을 적용하는 것은 전혀 옳지 않다. 샴마이파는 전통주의적으로 강고하게 유대주의를 주장했으므로 반이방인적 경향이 강했고, 그런 의미에서 정치적으로도 반로마였다. 반로마니까 '좌파'라는 식으로 이야기해선 안 된다— 따라서 이것은 아마도 샴마이계 바리사이파 남자였을 것이다. 어쨌거나 어느 때 한 명 또는 여러 명의 바리사이파 사람이 예수에게 와서 물었다.(마르코의 기술에서, 여기에 헤로데파라는 자가 함께 등장하는 것은 아마도 마르코의 편집상의 추가일까)

'로마 황제에게 세금을 내는 것을, 당신은 옳다고 생각하는가?'(마르코 12장 14절 참조)

그 질문은 기원후 6년에 로마의 지배자가 유대인에게 직접 세금(인두세)을 부과하게 된 뒤 유대인들 사이에서 종종 거론되었던 질문이다. 아니, 단지 머릿속에서만 논하고 있던 것이 아니다. 과감한 반로마 운동이 이 문제를 계기로 벌어지기 시작한다. 로마가 유대인을 직접 지배한 것은 이때가 처음이다. 그때까지는 헤로데 왕가를 통해 간접적으로 지배하고 있었다. 그러나 헤로데의 죽음(기원전 4년) 이후, 아마도 로마는 직접 지배로 바꿀 기회를 늘 노리고 있었을 것이다. 유대(남 팔레스티나)와 사마리아(중부)의 영주가 된 헤로데의 아들 아르켈라오스는 사소한 계기로 겨우 10년 만에 실각하게 되어 갈리아―오늘날의 프랑스―의 리옹 가까이에 있는 비엔으로 추방되고 만다. 이것이 기원후 6년의 일이고, 이때부터 로마는 유대, 사마리아를 직접 지배하게 된다.

직접 지배의 기초는 어떻게 주민을 누락시키지 않고 국가적으로 등록하게 해 빠짐없이 모두 세금(인두세)을 짜낼 것인가, 라는 데에 있다. 따라서 로마제국은 기원후 6년에 먼저 이런 종류의 조사에 능한 퀴리니우스라는 인물을 총독으로 보내 주민등록 대장을 만드는 일부터 시작했다. 이에 대해 민중 사이에서 강력한 반대 운동이 생겨난 것은 당연했다. 이것을 지도한 사람이 갈릴래아의 유다로 불리는 남자로, 나중의 열심당은 이 유다의 흐름을 이어받은 것으로 알려져 있다. 유다는 '로마인에게 세금 내는 것을 감수하고, 하느님 외에 죽을 운명의 인간을 지배자로 인정하는 것은 수치'라고 주장하고 사독이라는 바리사이파 인물과 함께 반로마 저항 운동을 촉구했다.(요세푸스 『유대 전기戰記』 2장 117절 이하 외) 이것으로 알 수 있듯이 로마의 세금 징수에 반대하는 근거로는 유대 민족의 신정정치 이념이 제시되고 있다. 이처럼 세금을 징수하는 것은 당연히 좁은 의미에서의 경제 현상만으로 이야기가 끝나는 게 아니라, 그러기 위해서는 빈틈없이 주민등록을 해야 하고 생활을 감시당해야 하니 주민들에게는 전인간적인 지배의 강화였다. 헤로데가의 시대와 로마의 직접 지배 중에 세금 부담이 어느 쪽이 얼마나 더 많았을지, 나는 아직 알 수가 없다. 틀림없이 세 부담이 강화되었기 때문에 생활이 어려워지고, 그래서 저항의 기운이 생겨났다는 식의 단순한 사정은 아니었을 것이다. 다만 분명한 것은 헤로데 시대에 비해 훨씬 조직적으로 세금이 징수되었기 때문에 생활감각으로서는 도망갈 데가 없고 숨쉬기 어려운 것으로 느껴졌을 것이다. 숨쉬기 어려워지는 것은 생활 전체에 대한 지배 강화를 느낄 때 찾아온다. 빵 하나 만들 때도 야만스럽고 덩치만 무지하게 큰 '이방인' 지배자인 로마인을, 게다가 먼 바다 저편의 지배자가 아니라 직접 때때로 거리에서도 보이는, 잘 모르겠지만 천박한 말을 시끄럽게 싸질러대며 자신들에게 해를 가하는 로마인의 얼굴을, 떠올리지 않을 수 없었을 것이다. 따라서 갈릴래아의 유다가 그것을 '노예' 상태로 형용하면서 인간 전체에 대한 지배 문제로 받아들였던 것은 옳았다.

그것은 상당한 영향력을 지닌 운동이었겠지만 아마도 유다 자신이 권력의 마수에 걸려 살해당함으로써 진압되었을 것이다.(사도행전 5장 37절) 이럴 때 언제라도 나와 어릿광대 역할을 하는 것은 피지배자 중의 상층 계급이다. 이 경우라면 유대 민족 전체가 피지배자의 위치에 있었으나 그중의 귀족적 상층 계급은 지배자의 앞잡이가 되었다. 대사제 요아자르라는 인물이 반항은 소용없고 로마 지배는 하느님에 의해 이스라엘에 내려진 벌이니 감수하라고 설교하며 민중에게 세금을 내라고 권했다. 대사제는 예루살렘의 종교 귀족 중에서도 최고의 권력 자였다. 그리고 원칙적으로 종교가인 대사제가 항상 가장 노골적으로 정치적으로 처신하고, 종교가가 아닌 갈릴래아의 유다 같은 인물이 오히려 종교적인 운동을 철저하게 전개한다. 그것이 철저하게 전개될 때는 '종교'라는 관념 공간에 머물지 않고 역사적 현실 전체에 파고들게 된다. 하느님 외에는 지배자로서는 인정하지 않겠다는 것을 진심으로 주장하고 행동한다면 어떤 정치권력도 용납하지 않고, 민중 위에서 특정 계급이 지배하는 것을 용납하지 않는 철저한 운동이 될 수 있다. 종교가 그런 원칙을 실제로 래디컬하게 수행하려 할 경우 '종교'의 틀을 근원적으로 돌파한다.

따라서 갈릴래아의 유다의 운동은 일단 진압되더라도 계속 오랫동안 지하수가 되어 생명력을 유지하다가 이윽고 반세기 뒤에 제1차 유대 전쟁과 같은 커다란 힘으로 연결된다.

그런데 또한 역사의 흐름은 더욱 비정하다. 하나의 변동기에 부정적 계기를 강하게 떠밀고 가는 운동의 출발점으로서 이런 종교적 래디컬리즘은 '종교'를 돌파하는 근원적인 의미를 가질 수 있다. 하지만 그것을 담당하는 자 자신이 종교를 돌파하는 의식에 도달하지 못하면 지속하고 있는 도중에 다시 종교적 관념 공간으로 포박당하게 되는데, 그때는 근원적으로 부정하는 힘도 잃고 체제 내에서 살아남는 종교가 된다. 로마와 같은 강대한 지배력에 대해서는 부정하는 힘이 될 수 있지만, 유대인 사회의 내부에서는 스스로가 타자를 지배하는 힘이 되어 간다. 갈릴래아의 유다의 반로마 저항 운동은 거기까지였고, 그것은 또한 1세기 전체를 통한 유대인의 과감한 독립 운동에 일반적으로 적합한 것이었다. 하느님 외에는 누구도 지배자로 인정하지 않는다는 주장을 단순하고도 강력하게 추진하는 것은 맨주먹으로 강대한 지배자에 맞설 때에는 역사의 근원을 찌르는 진리일 수 있다. 하지만 자신들이 어느 정도 권력을 쥐었을 때에는 그것으로 끝나지 않는다. 자신들의 힘을 민중으로 향하고, 이것이 하느님의 지배다, 라며 압박하게 된다.

따라서 갈릴래아 유다의 운동은 그 체질상 유대 민족주의,

극단적으로 민족주의적인 권력 지향으로 포박당해 갈 운명이었다. 다만 1세기의 역사에 그것 이상을 요구하는 것은 무리일지도 모르겠지만.

그런 의미에서 우리는 갈릴래아의 유다, 나아가 나중의 열심당과 바리사이파 전통주의자의 연결을 고려해 둘 필요가 있다. 유다의 맹우盟友 사독은 바리사이파였다. 바리사이파란 무엇인가, 라는 설명은 여기에서는 하지 않겠다. 대개 '바리사이'라는 말이 무엇을 의미하는지도 ―유력한 가설은 있지만―엄밀한 부분은 알 수 없고, 이 파가 발생한 역사도 밝혀져 있지 않다. 일종의 재가在家 종교운동으로 성장했고, 동시에 율법학자들의 큰 파벌이기도 했다는 정도로 생각해 두면 틀림이 없다. 확실한 것은 기원전 100년 무렵에는 이미 국가권력도 좌우하는 큰 정치 세력이 되어 있었다는 점이다. 사두가이파가 귀족적 최상층을 차지하고 국제정치에 편승해 있었던 것에 비해 바리사이파 쪽은 말하자면 중간 계급적이고,(이 경우 중간 계급이라는 말은 상당히 막연한 의미다. 권력의 최상층은 아니지만 사회적으로는 어느 정도 상층부였다) 율법을 시대에 맞게 새롭게 해석하는 데 열심이었는데, 그 열성부터 민족주의적인 성향을 많이 띠고 있었다. 같은 민족주의라도 종교적 문화적으로만 민족주의적이고자 하는 자들과 정치 사회적으로 민족주의자이고자 하는 자들이 뒤섞여 있었지만.

오늘날 바리사이파에 대해 상식적으로 그려지고 있는 상은 힐렐파의 그것이다. 그 이유는 힐렐파는 정치적으로는 친로마였고, 따라서 기원후 70년의 예루살렘 멸망 뒤에 살아남았다. 그 이후의 유대교는 이 계통의 바리사이파 일색으로 완전히 채워진다. 따라서 남겨진 자료도 거의 이 파의 관점에서 묘사된 것이다. 그 결과 바리사이파와 열심당의 연결은 별로 주목받지 못하지만, 자유주의 힐렐파와는 달리(이 경우의 '자유'란 단지 율법 해석을 할 때 다소 폭넓게 생각한다는 정도의 의미에 지나지 않는다), 전통주의를 택한 샴마이파는 극단적인 민족주의를 내세웠고, 그런 점에서 갈릴래아의 유다에서 시작되는 반로마 정치운동과 연결되어 있었다기보다 그 담당 주체가 그들이었다고 봐도 좋다. 열심당은 바리사이파 중의 정치적 급진파라는 식으로 이야기하는 학자가 비교적 많은 것에 대해서도 수긍이 간다.

실제 사례를 하나만 들자면, 18의 하라코트(가르침) 사건이라는 것이 있다. 이것은 민족주의적인 이방인 배제를 생활 윤리에 반영시킨 것으로, 12가지 음식물(이방인의 빵, 치즈, 포도주, 식초, 기름 등)과 기타 6개 항목(이방인의 말 등)을 금지한 것이다. 이것을 바리사이파의 공식 견해로 정할 때 아마도 샴마이파는 다수결로는 이길 자신이 없었는지 힐렐파에 대해 무장투쟁을 벌여 강제로 결정해 버렸다. '그들(샴마이파) 6명이 뛰어올라가 다른 사람들(힐렐파)을 향해 칼과 창을 겨눴다'(예루살렘 탈무드 〈안식일〉 3C 34절 이하)고 전해지는 사건이다. 빵, 치즈, 포도주, 식초, 기름 등은 당시의 기본 식료였으므로 이방인들이 만든 이들 음식물을 금지한다는 것은 실질적으로는 농산물의 수입을 거의 전면적으로 금지한다는 이야기다. 이것은 외국인과의 경제적인 교섭을 대폭 제한하는 셈이 된다. 더구나 외국인의 말을 금지한 것은 당시의 국제적인 통상 언어가 그리스어였으므로 경제적 사회적 활동을 점점 큰 폭으로 제한해 갔다는 이야기다. 물론 이런 금지가 실제로 엄격하게 지켜졌을 리도 없지만 상당한 사회적 압력이 되었을 것이며, 그리고 그 정신에서 반로마 저항 운동이 생겨났다. 그러나 그것은 극단적인 민족주의 운동이다. 갈릴래아 유다의 운동 그리고 그 뒤의 열심당 운동은 이런 샴마이파의 바리사이주의와 보조를 맞춰 간다.

결국 당시의 유대인 사회의 상황에서는 '하느님만이 유일한 지배자다'라고 했던 운동은 그것만을 주장하고 있는 한 이런 종류의 극단적인 민족주의에 포박당해 간다. '하느님'이 유대인의 하느님인 한 당연하다. 하지만 그것을 뒤집어서 하느님은 세계의 하느님이니까, 라고 하는 것만으로는 로마제국에 대한 저항도 나오지 않는다. 보편주의적 하느님 신앙을 지닌 그리스도교도인 바울로에게 말하게 한다면, 로마의 국가 권력도 하느님이 만들어주신 선善이라는 것이 된다. 어찌되었든 유대 민족주의의 반로마 저항 운동의 막다른 골목은 바로 이 점에 있었다. 그것은 결국 자신이 권력을 잡으면 하느님의 힘을 대행하는 왕으로 군림하거나(일찍이 기원전 2세기에 독립을 한 마카베오 형제의 경우가 그 전형적인 예다. 그들도 이방인 지배에 대해 하느님 이외의 지배자를 인정하지 않았기에 들고 일어섰다. 그리고 독립 운동이 성공하자 자신들이 왕으로서 민중을 지배했다. 그 아류가 헤로데 왕가가 아니었던가. 또 제1차 유대 전쟁 초기인 66년에 로마군에 승리했을 무렵의 열심당의 영웅 메나헴도 어느 정도 권력을 쥐자 신전에서 왕의 옷을 입었다), 또는 군주제는 하느님 이외에 지배자를 세우는 것이니까 옳지 않다는 더욱 철저한 신정정치 이데올로기 위에 서게 되면, 왕궁 대신에 신전을 들고 나올 뿐인, 사제 집단을 중심으로 하는 종교 귀족이 지배하는 신정정치로 떨어질 수밖에 없다. 이 사제 귀족에 의한 신정정치 형태는 고대 오리엔트에서 왕의 지배 이전부터 존재했거나 왕의 지배와 나란히 길항하는 힘으로 널리 찾아볼 수 있는 형태다.

갈릴래아의 유다로부터 예수까지 4반세기의 간격이 있다. 그 사이에 운동은 이런 방향으로 풍화될 수밖에 없었을 것이다. 그 기간에도 계속 로마제국에 세금을 내는 것이 옳은가 그른가라는 질문은 계속 제기되었다. 하지만 그 질문은 이미 전 인간적인 지배를 거부하려는 저항의 의미보다도 민족주의적 '신앙'을 긍정하는지 부정하는지 가려내기 위한 장치가 되어 버렸을 것이다. 전통주의적인 바리사이파 중 한 사람이 그 질문을 예수에게 했을 때 그것은 이미 착취당하는 민중의 저항의 부르짖음이라기보다 종교적 지도층의 교리문답이었다.

이 질문에 대한 예수의 위치를 좀 더 엄밀하게 알아둘 필요가 있다. 위의 인구조사, 로마의 직접적인 인두세 징수는 유대, 사마리아 지방의 사건이었다. 따라서 갈릴래아 주민인 예수에게는 그게 직접적인 사건이 아니었다. 갈릴래아인 예수는 아직 로마제국에 대해 직접 세금을 낼 필요는 없었다. 따라서 이 질문은 예수 개인의 생활이라는 관점에서 본다면 소원疎遠한 문제였다. 갈릴래아의 유다도 갈릴래아인이었으나 굳이 '갈릴래아'를 붙인 것은 예루살렘에 살면서 활동하고 있던 갈릴래아인이었기 때문일 것이다. 갈릴래아에서 살면서 활동하고 있던 사람을 주변의 같은 갈릴래아인들이 '갈릴래아'라는 별명을 붙여 부르지는 않았을 것이다. 그리고 중앙의 문제에 정색을 하고 말참견을 하는 것은 오히려 지방 출신자들에게서 흔히 볼 수 있는 모습이다. 따라서 갈릴래아의 유다의 의식을 갈릴래아에 살고 있던 갈릴래아인 일반의 의식을 대표하는 것으로 봐서는 안 된다.

그러면 갈릴래아 주민은 누구의 지배를 받고 있었는가. 장기간 예루살렘의 중앙권력이었고, 그 뒤 예수가 살았던 무렵에는 예루살렘에서 온 헤로데가의 영주 안티파스였다. 그러나 갈릴래아를 지배했던 것은 헤로데가만이 아니었다. 사회적으로는 늘 예루살렘의 지배가 이어지고 있었다. 사적 경제적인 지배로서는 예루살렘 귀족들의 갈릴래아 대토지 소유가 중요하지만, 거기에 대해서는 후술하겠다. 공적으로는 예루살렘 신전과 유대교 율법 체계가 지배력을 형성했다. 갈릴래아인은 예루살렘 신전과 거기에 둥지를 튼 귀족들에게 경제적으로 착취당했다. 인두세로 불리지는 않았으나 사실상 인두세와 같은 취지 아래 존재하고 있었던 것이 신전세다. 성년이 된 모든 유대인들은 유대 지방만이 아니라 갈릴래아에서도, 아니 팔레스티나 이외의 온 세계에 흩어져 살고 있던 유대인이 매년 정해진 액수의 신전세를 내야 했다. 그만큼 대량의 금전이 로마제국 안에서 예루살렘을 향해 이동할 수 있었던 것은 로마제국이 이를 용인했기 때문에, 일종의 비호를 받았기 때문에 가능했다. 어떤 의미에서는 우습게도 민족주의적인 반로마 운동의 거점이었던 신전이 로마제국의 비호 아래 긁어모을 수 있었던 신전세에 의해 유지되었던 것이다. 예루살렘의 종교 귀족들은 그것으로 사복을 채우고 권력을 불렸다. 이 신전세에서 실질적이고 상징적으로 드러나는 바와 같이 종교적 권력의 사회 지배는 민중에 대한 거대한 압력이었다. 나아가 신전세보다 훨씬 대량으로 신전이 빨아올리고 있었던 것은 신전에 대한 헌납물이었다. 모든 수확물의 10분의 1은 헌납되었으며, 기타 여러 기회에 여러 가지 명목으로 유대인들은 온갖 것들을 신전에 헌납해야 했다. 이들 헌납물은 만일 글자 그대로 시행되었다면 신전세 등과 비교가 되지 않을 정도로 대량의 수입을 신전에 가져다주었을 것이다. 하지만 신전세와는 달리 10분의 1의 헌납과 기타 여러 종류의 헌납물들은 구약성서 법률에 적혀 있는 대로 엄밀하게 징수되지는 않았을 것이고, 공문空文화되었던 부분도 많았겠지만, 그럼에도 막대한 수익을 신전에 안겨 주었다. 그리고 그 경우에는 주로 팔레스티나 거주 유대인들로부터 징수되었다.

이처럼 민중에 대한 거대한 경제적 착취 기구로서 신전이 존재하고 있는데, 그것을 문제 삼지 않고 왜 로마제국의 세금만 문제 삼는 것인가. 예수는 로마제국에 직접 세금을 내지는 않는 위치에 있었으나 예루살렘 신전에는 여러 형태로 착취를 당하고 있었다.

그런 상황에서 전통주의적인 바리사이파의 한 사람으로부터 로마제국에 세금을 내야 하나 내지 말아야 하나라는 질문을 받고, 예수는 이자가 지금 무슨 얘길 하고 있는 거야, 하고 생각했을 것이다. 거기에서 하나의 강렬한 야유를 퍼붓는다.

'당신네들이 세금을 내는 데 쓰는 화폐를 갖고 와 보시오.'

그러자 누군가가 로마의 데나리 화폐를 꺼냈다. 제2대 황제 티베리우스 상이 조각되어 있는 것이었다. 그리고 당시의 사람이라면 다 알고 있었겠지만, 그것은 이방인의 '우상'이 새겨져 있었기 때문에 신전에 내는 '헌금'용으로는 쓸 수 없었다. 그 때문에 신전 경내에서 환전해서 예전의 화폐로 바꿔야 한다.

'아니, 이것은 로마 황제의 것이 아닌가. 황제의 것이라면 황제에게 돌려주면 될 것이오. 하느님의 것은 하느님에게 돌려주게 되어 있으니까.'(마르코 12장 13~17절 참조)

이 통쾌한 이야기를 그리스도교도는 2천 년에 걸쳐 정치와 종교의 분리를 의미하는 것으로 해석해 왔다. 정치는 정치가에게 맡기고 선량한 신도들은 신앙에 힘써 주세요, 라고. 말 같잖은 소리 하지 마라. 전혀 그런 게 아니다. '하느님의 것'이라는 말은 결코 여기에서는 경건한 하느님 신앙을 의미하는 것이 아니다. 이것은 세금 문답이다. 구체적인 사물을 가리킨다. '카이사르의 것'이 제국의 세금이라면 '하느님의 것'은 신전세를 비롯해서 신전에 흡수되는 모든 것을 의미한다. 예수는 로마 지배를 비판하면서 자신들의 종교적 사회적 지배 세력을 온존시키고 있는 예루살렘의 종교 귀족이나 민족주의자인 율법학자들에게 참을 수가 없었던 것이다. 그는 결코 반로마 저항가 운동이 '현세적인' 운동이라는 이유로 그것을 비판하고, 사람들의 눈을 영원한 피안으로 향하게 하려고 했던 것이 아니다. 그게 아니라 민족주의자가 말하는 '하느님의 지배'가 왕의 권력이나 종교 귀족의 압력이 되어 민중을 지배하고 있는 현실에 비판의 칼을 겨누었던 것이다.

종교적 사회적 지배에 짓눌려 온 사람의 저주가 여기에서 발설되고 있다. 그리고 예수의 이러한 야유, 역설은 역설로 그칠 수 없었다. 한번 불이 붙은 도화선은 끌 수 없다. 그는 유대인 사회의 지배 체제 전체를 적으로 돌리게 된다.

제3장

예수의 비판 –
로마제국과 정치 지배자

1. 예수의 상대

예수는 누구를, 또 무엇을 비판했는가.

직접적으로 세계적인 제국 지배자 로마를 상대로 싸웠던 것도 아니도, 또 거꾸로 로마 지배에 대해 저항 운동을 전개한 열심당과 직접적으로 대립한 것도 아니다. 앞 장의 결론을 되풀이하자면, 정치주의적인 또는 종교적인 열광을 그대로 정치에 연결하려는 운동은 1세기에는 스스로 권력자로 군림하려고 하는 것일 수밖에 없었다. 이국인인 제국 지배자도, 유대인의 민족주의적 권력 지향자도 모두 생활하고 있는 민중에게는 자신들의 외부로부터 자신들을 억압해 오는 힘이었다. 오히려 문제는 세계사적으로 유명한 '평화'의 시대, 이른바 '로마의 평화 Pax Romana'의 시대를 맞아 ─과거 세계사에서 '평화'란 권력 지배 구조가 강한 저항 없이 무사히 유지되고 있던 시대를 가리킨다─ 정치적 군사적으로는 로마제국의 우산 아래에 있으면서 사회적으로는 더 민중생활에 가까운 곳에서 민중 생활의 한 장면 한 장면을 숨이 막힐 것처럼 사회적으로 지배하고 있던 힘에 있었다. 곧 유대교다.

유대교는 종교가 아니다. 좀 더 엄밀히 말하면, 단지 종교인 것만은 아니다. 오히려 종교적 요소는 그 이데올로기적 외피에 지나지 않는다. 고대 유대교는 사회 지배 체제였다. 그것은 한편으로는 종교적 권위라는 외피를 쓰고 민중의 모든 생활 내용을 일일이 규정한 이데올로기적인 힘이었는데, 동시에 그 이데올로기적 힘을 떠받치는 사회적 내실이 존재했다. 유대교의 주요 담당자인 종교적 상층 계급은 동시에 경제적 사회적으로도 명백하게 지배 계급이었다.

따라서 1세기의 팔레스티나에서 유대교에 대해 저항하고 그것을 비판하는 것은 —만일 그 비판이 근원적인 것이라면— 결코 단순히 '진정한' 종교 신앙을 확립하려는 것도 종교적 윤리의 혁신을 꾀하는 것도 아니다. 하물며 인간 삶의 '근원' 같은 것에 대한 종교적 형이상학을 지향하는 것일 수도 없다. 종교적 외피의 비판은 그것이 근원적일 경우 외피를 돌파해서 사회 지배의 구조에 육박한다. 물론 예수가 그 정도까지, 오늘날 우리가 보고 있듯이, 사회지배 구조와 이데올로기적 외피의 관계를 파악하고 있었다고 상상할 수는 없다. 하지만 사람은 자신이 이론적으로 분석할 수 없는 것도 실천적으로는 할 수 있다. 예수의 유대교 비판은 근원적으로 이뤄졌기 때문에 사회지배 구조의 아픈 곳까지 찔렀던 것이다. 그래서 그는 죽임을 당했다.

2. 재난으로서의 로마 지배

중심 문제에 들어가기 전에 조금 더 예수가 로마 지배에 대해 취한 태도를 살펴보자. 앞서 지적했듯이 예수가 중심적 과제로 삼아 맞섰던 것은 유대교 비판이었기 때문에 로마제국 지배에 대해서는 아주 조금밖에 발언하지 않았다. 그것도 다른 것과 관련지어 언급하는 정도였다.

그것은 고대, 중세의, 아니 근대에서도 압도적으로 많이 볼 수 있는, 민중이 권력자를 바라보는 방식과 공통된다. 권력은 고대의 민중에게 마치 자연 재해와 같이 피하기 어렵게 시시 때때로 덮쳐오는 것이었다.

로마의 총독 필라투스가 축제 때 예루살렘에 순례를 온 갈릴래아 사람을 몇 명 죽인 적이 있다. 무슨 일 때문에 그렇게 되었는지는 기록되어 있지 않다. 아니, 대체로 민중에게는 무엇 때문에 자신들이 죽어야 하는지 모를 때, 전혀 이유도 뭐도 없이 죽임을 당하는 경우가 있다. 그리고 필라투스는 예루살렘 신전 제단에서 희생제물로 죽임을 당하는 짐승의 피가 흐르는 곳에 이들 갈릴래아인들의 피를 섞었다고 한다. 유대인이 하느님에게 바치는 짐승의 피에 필라투스가 유대인을 죽여 그 피를 섞는다. 외국인 지배자가 단지 포학을 즐기는 취미에서 통치 지역 사람들에게 이런 짓궂은 짓을 한다.

이 이야기는 가끔 그것과 관련해서 예수가 한 말로 복음서에 전해지고 있는 것인데(루카 13장 1절 이하) 필라투스의 '악업'을 즐겨 이야기하는 유대인 역사가 요세푸스는 이 이야기를 전혀 언급하지 않았다. 갈릴래아 민중이 몇 사람 살해당했다고 해서 '유대'의 역사에 남는 것은 아니다. 현대에도 팔레스티나 사람들이 아무리 죽고 억압받아도 별로 기사거리가 되지 않지만 '이스라엘'인들이 올림픽에서 인질이 되자 온 세계가 큰 소란을 일으켰던 것과 같다.

이 이야기를 예수에게 전한 사람들은 단순한 인과응보설의 신봉자였던 것 같다. 또 실제로 자연의 재해를 인과응보적으로 보는 도덕적 교설을 좋아하는 사람들은 언제 어디에나 있지만 당시의 유대에서도 그런 발상은 상식적인 것의 하나로 널리 퍼져 있었다. 권력자의 횡포나 전쟁 피해가 자연의 재해와 마찬가지라고 생각한 당시의 민중들 속에는 교활한 얼굴을 하고 나쁜 죄를 범한 자들이 그 보복으로 살해당한 것이라고 이야기하는 설교가가 있었다. 그리고 그런 설교가들이 권력의 꽁무니에 매달려 착실하게 살아가는 이들을 착취하는 작업에 도움을 준다.

'필라투스가 갈릴래아에서 순례를 간 이를 몇 사람인가 죽였다는 이야기를 알고 있습니까. 그들은 틀림없이 무슨 나쁜 짓을 했으니까 그 보복으로 살해당한 것이겠지요, 아하하.'

예수는 화를 낸다.

'너희들은 그 갈릴래아인들이 다른 갈릴래아인들보다 죄가 많아서 그렇다는 식으로 생각하고 있느냐. 죄가 많다면 너희들도 마찬가지가 아니냐. 그 사건만이 아니다. 실로암 연못(예루살렘 교외에 있다)에 있던 망루가 무너졌을 때 깔려 죽은 18명의 사건 때도 그랬다. 너희들은 저 18명이 예루살렘에 사는 다른 누구보다도 죄가 많은 자라고 떠들었다. 그렇지 않다.'

유감스럽게도 이 이야기도 루카에만 전해지고 있다. 그리고 루카라는 저자는 모조리 '죄인의 회개'를 권하는 설교로 만든

다. 이 이야기도 그는 '회개'의 설교의 예로 기록하고, 그런 의도에 따라 '만일 회개하지 않으면 누구나 마찬가지로 멸망당하게 될 것이다'라고 결론을 덧붙인다. 따라서 위에 인용한 예수의 말도 어구 하나하나가 예수의 발언대로라고 할 수 없으며, 루카가 설교조로 이용할 수 있는 부분만을 전했기 때문에 아마도 예수의 그때 발언을 매우 어정쩡하게 전하고 있을 뿐이겠지만, 그럼에도 대강의 내용은 알 수 있다.

하나는, 예수 자신이 자연의 재해와 권력자의 폭력적 행위를 동렬에 놓고 있다는 점이다. 망루가 무너져 밑에 깔리는 사고와 총독의 기학嗜虐적 취향으로 죽임을 당했다는 사건을 동렬에 놓는 것이다. 하지만 그 망루가 무너진 사건은 실은 자연의 재해는 아닌데도, 그 사건도 여기에서 언급되고 있을 뿐 다른 기록은 없기 때문에 어떤 사건인지 알 수 없지만, 원칙적으로 이런 사고로 죽는 것은 상류 지배계급 사람들이 아니라 현장 노동자들이다. 고대의 대규모 토목공사는 늘 많은 사람들이 목숨을 잃는 희생 속에 건축되었다. 예수는 이런 곳에서 죽을 수밖에 없는 사람들과 가까운 곳에서 살고 있었다. 따라서 왜 이 사람들이 죽어야 했는지를 제대로 해명할 수는 없었겠지만 그 사람들이 악인이어서 죽었다는 따위의 이야기를 들으면 단호하게 분개했던 것이다.

3. 오른쪽 뺨을 맞으면

로마의 지배가 초래한 '재해'에 대한 분노는 다른 말에서는 더욱 신랄하고 또 발산할 데 없이 응축된 분노가 되었다.

오른쪽 뺨을 맞거든 왼쪽 뺨도 돌려 때리게 하는 게 좋다는 유명한 말이 있다.(마태오 5장 39절) 원래 한쪽 뺨을 맞으면 다른 쪽도 돌려 대 주어라(루카 6장 29절)는 말이었는데 랍비적인 언어 사용의 세밀함을 좋아하는 마태오가 '오른쪽' '왼쪽'이라고 엄밀하게 다시 규정했다. 이런 사소한 언어 사용은 별도로 하더라도 이 말 또한 그리스도교적 사랑의 정신의 표현으로만 해석되어 왔다. 이에 대해서는 상세한 주해를 조만간 쓰기로 하고 여기에서는 결론만 이야기하겠지만, 이것은 실은 그러한 얌전을 빼는 사랑의 윤리 같은 건 아니다. 요시모토 다카아키吉本隆明가 이 말을 평하며 '만일 여기에서 관용을 읽어내려 한다면 원시 그리스도교에 대해 아무것도 이해하지 못한 것과 같다. 이것은 관용이 아니라 심보가 뒤틀린 인종忍從의 표정이다'라고 했는데, 참으로 옳은 지적이라고 하지 않을 수 없다. 문제는 왜 그리스도교도들이 이것을 단지 관용의 정신으로만 읽는데(하지만 그들 자신은 그저 관용의 정신이라고는 하지 않고, 하느님의 나라에 뿌리를 둔 새로운 인간 존재의 가능성이라거나 기타 비슷한 설명을 하지만, 실질적인 내용으로 주장되고 있는 것은, 요컨대 그저 관용의 정신에 지나지 않는다), 그리스도교에는 문외한인 요시모토와 같은 인물이 오히려 이런 것을 읽어낼 수 있었던 것인가 하는 생각이 들지만, 이유는 아마도 간단할 것이다. 즉 그리스도교도는 이 말을 이해할 때 이것이 얼마나 뛰어난 그리스도교 정신의 발로인가라는 것을 주장하는 데에만 골몰하기 때문에 이야기가 추상적으로 되고 '(뺨을) 맞는다'는 것을 기껏해야 인간관계에서 어느 정도 양보하는 것이라는 비유적인 의미로만 받아들이는 데 비해, 요시모토는 아

마도 실제로 인간이 두들겨 맞는 경우를 머릿속에서 그리면서
이 말을 이해하려고 했기 때문일 것이다. 그런 당연한 독해 방
법이 이 말에 나타난 마음의 그늘을, 음습함을 읽어낸다.

　다만 이것은 현대의 그리스도교도만이 관용의 정신으로 이
해하고 있는 것은 아니다. 이미 고대 그리스도교도들이 이 말
을 '적(원수)을 사랑하라'는 말과 엮어서 해석했다. 각각의 말
이 다른 문제 상황에서 다른 방향으로 발설되었으나, 그것이
이처럼 엮여져 양자에게 공통되는 요소만 추상화되면 극히 일
반적인 사랑의 윤리의 설교가 되어 버린다. 그렇게 되면 어느
쪽 말도 그 생생한 의미를 잃게 된다. 하지만 원시 그리스도교
도들은 아직 이 말에 자신들의 추상적인 해석을 추가하지는
않았다. 다만 두 개의 말을 나란히 놓고 상호 해석하려 했을 뿐
이다. 따라서 이 말들은 아직 그 본래의 집요하게 달라붙는 느
낌을 간직하고 있다. 그럼에도 원시 그리스도교도들 다수가 한
쪽 뺨을 맞거든 다른 쪽 뺨도 돌려대 주어라, 라는 말을 관용의
정신이라는 의미로 받아들였던 것은 확실하다고 본다. 그런 점
에서 요시모토 다카아키가 이것을 관용의 의미로 받아들인다
면 원시 그리스도교에 대해 아무것도 이해하지 못한 것이라고
한 것은 원시 그리스도교에 대해 완전히 무지하다는 증거다.
예수와 원시 그리스도교 사이에 있는 커다란 거리조차 알아채
지 못한 것이다. 다만 요시모토가 복음서의 이 말의 핵심을 꿰
뚫고 있는 이유는, 만일 인간이 이런 것을 스스로 관용의 발로
라고 생각해서 실천했다 하더라도 실제로는 심보가 뒤틀린 인
종의 표정이 되어 버린다는 점에 있다.

　사람이 하고 있는 것을, 그 사람 자신이 무슨 생각으로 하

고 있을까, 라는 그 사람의 의식을 통해 판단할 수는 없기 때문에 그것이 실제로 어떤 행위가 되어 있는지를 끝까지 지켜봐야 한다. 그러나 현대의 대다수 그리스도교도들이 이것을 추상적인 관용의 정신으로, 따라서 자신은 결코 글자 그대로 실천할 생각도 없는 도덕의 달콤한 말로 만들고 있는 것과는 달리 —현대에도 다소의 예외적인 그리스도교도들은 있겠지만— 고대에는 이것을 진심으로 실천하려 했던 그리스도교도들이 있었을 것이다. 다만 고대에도 그 정도의 인물은 얼마 안 되었겠지만.

그러나 한쪽 뺨을 맞거든 다른 쪽 뺨도 돌려대 준다는 동일한 행위도 그 사람이 서 있는 위치에 따라 의미는 달라진다. 원래 맞는 위치에 있지 않는 사람이, 즉 지배계급에 속한 사람이 어쩌다 얼떨결에 얻어맞았는데, 그것을 웃어넘기는 것은 기껏해야 자신의 도덕적 우위를 표현하려는 행위에 지나지 않는다. 내가 지고 있는 것 같아도 사실은 도덕적으로 저열한 너의 행위를 참아주고 있는 거야, 라는 깔보는 태도야말로 좋지 못한 심보가 배어 나온다. 그것과는 달리 어차피 맞기만 하는 사람이 이런 태도를 취한다면, 거기에는 더 복잡한 게 있다. 고대사회에서 육체적으로 실제로 종종 두들겨 맞았던 사람은 노예였고, 하층 계급이었다. 그들에게는 말없이 두들겨 맞는 것은 훌륭한 도덕도 무엇도 아니었다. 그러는 것이 안전하니까 그랬을 뿐이다. 얌전하게 한 번 더 맞는 것이 반항하다가 호되게 당하거나 죽임을 당하는 것보다는 나았던 것이다.

한쪽 뺨을 맞거든 다른 쪽 뺨도 돌려대 주세요, 라는 것을 설교로 이야기할 수 있는 자에게는 비일상적인, 드물게 보는 고

귀한 윤리를 이야기할 수 있었다는 자랑이 거기에 있다. 그러나 싫어도 이런 이야기를 할 수밖에 없는 자에게는 굴종당하는 일상생활의 분노와 신음이 있다. 굴종당하는 민중의 신음을 가시가 있는 야유로 감싸 표백表白해서 이야기한 예수의 말은 어느새 고귀한 윤리성의 상징이 되어 버렸다. 그리고 그때 그리스도교는 지배 계급의 이데올로기가 되었다. 발설되는 것은 같은 말이다. 하지만 그 말이 발설되는 위치와 방향에 따라 의미는 반대가 된다.

예수는 말했다. '권력자들이 와서 때리면 다른 쪽 뺨도 대 줘라. 어쩔 수 없잖아. 빚 받으러 와서 입고 있는 겉옷까지 벗겨 가면 속옷까지 줘 버려. 갖고 싶으면 갖고 가라고 해.'

설교자는 말했다. '당신들 노예는 말이오, 다른 사람한테 맞더라도 화내지 말고, 원수도 사랑하며 일해야 해요. 겉옷을 갖고 싶다는 사람이 있으면 속옷도 벗어서 주세요.'

예수의 이 말이 착취당하고 억압받는 자들의 분노를 표현하고 있는 것, 그리고 그 분노를 폭발시키지 못하고 굴절된 굴종의 심리에 빠져드는 자들의 신음으로 표현하고 있는 것은 이 말과 함께 전해지는 또 하나의 말을 통해서도 이해할 수 있다. '강요 때문에 짐을 억지로 10리를 지고 가게 되었다면, 10리를 더 가줘'라는 구절이다. 이 구절과 나란히 놓일 때 '때리는 자' '겉옷을 벗기는 자'가 결코 추상적인 상대가 아니라 민중을 억압하는 권력자의 앞잡이를 의미한다는 걸 알 수 있을 것이다. 통상 '10리를 가라'고 번역되는 단어는 특수한 술어術語여서(페르시아어에서 유래해 고대 오리엔트, 지중해 세계 전체의 섬들에서 쓴 언어로 퍼져 나간 군대 용어), 지배자의 군대(또는 관헌)가 주민들을 그곳에서 일시적으로 강제 징용하는 경우에 사용된다. 밭 같은 데서 일하고 있는 농부를 지나가던 군대가 그곳에서 붙잡아 짐을 지고 가게 한다. 주로 짐 운반이 목적이 었으나 다른 용도로도 사용되었다. 이런 강제 징용이 얼마나 많이 자행되었는지는 유대교 율법학자가 율법의 예외 규정을 만들 수밖에 없었던 사실로도 알 수 있다. 이웃한테서 농사일 등을 위해 당나귀를 빌렸을 경우, 원래 상태대로 되돌려 주어 야 한다. 즉 다치거나 죽거나 했다면 새 당나귀로 변상을 해야 한다는 법률이 있다. 그렇지만 만일 당나귀를 다른 사람한테 서 빌려 농사일을 하고 있던 중에 로마 병사가 와서 당나귀를 강제 징용했다면, 당나귀는 일단 무사히 돌아오지는 못할 것 이다. 로마 지배하의 유대인 율법학자들은 그 정도는 알고 있 었다. 따라서 예외 규정을 만들어, 이런 경우에는 주인에게 변 상하지 않아도 된다고 이야기한다.(바바 메치아Bava Metzia 6장 3절)

여기에서도 예수는 지배자들의 군대를 지나가다 순식간에 해를 입히는 악당이나 자연재해처럼 보고, 오로지 수동적으로 난을 피하는 것밖에 몰랐던 고대의 민중 수준에서 벗어나지 않았다. 가끔 혼자 길을 걷고 있을 때 몇 사람의 억센 로마병들 에 에워싸여 강제 징용당하는 일은 흔히 있었다. 어이, 이거 짊 어지고 가, 라는 식으로 당한다면 아무 말 못하고 짊어지고 갈 수밖에 없다. 그래서 10리를 가라는 말을 들으면 또 호되게 걸 어 차일까봐 다음 10리는 명령하기도 전에 얌전하게 걸어가 주는 것이고 그 편이 무사할 수 있는 길일 것이다. 너희들은 그 런 곳에서 살 수밖에 없어. 다만 이야기는 로마병에 한정되지 않는다. 민족주의적 반항을 혁명과 동일시하는 현대의 사이비 좌익적 해석자들, 또는 거꾸로 예수는 민족주의를 물리치기 위해 제국 지배에 대해서는 순종했다는 식으로 설교하고 싶어 하는 체제 내 종교가들도 사태를 곧바로 로마제국 대 유대 민족의 문제로 돌리고 싶어 하지만, 강제 징용하는 건 로마 병사들만이 아니고 헤로데의 군대도, 또 예전의 '유대인 왕조'였던 마카베오 왕조의 군대도 마찬가지였다. 아니, 강제 징용이라는 군사적 정치적 술어는 사용되지 않았으나 유대인의 종교적 지배 계급에 대해서도 마찬가지로 적용할 수 있다. 예수는 언젠가 유대인 종교가에게 말했다.(마태오 23장 4절)

'너희들은 무거운 짐을 타인들에게 짊어지우고는 자신들은 손가락 하나 대려 하지 않는다.'

이 말은 보통 비유적인 의미로 해석된다. 실제로 이것은 유대교 종교 지배자들의 행태 전체를 야유한 것으로, 구체적으로 짐을 짊어지는 행위만을 논한 것은 아니다. 그럼에도 일반 서민을 강제 징용해서 짐을 지게 하는 것은 로마 병사들에 국한되지 않았으며, 예루살렘의 종교 귀족들도 마찬가지였다.

예수의 이런 발언에는 로마제국 지배에 대한 강한 저항의 자세가 보이지 않는다. 그래서 예수는 혁명적인 용자勇者는 아니었다는 식으로 힐난해도 어쩔 수 없다. 1세기 팔레스티나의 변방 시골생활을 하던 상황에서 갑자기 세계 혁명의 가능성이 생겨나는 것으로 상상하는 쪽이 대체로 망상일 것이다. 한편 거꾸로 예수는 이처럼 국가 권력에 순종했기 때문에 우리도 또한 순종합시다, 라는 식의 설교를 하는 것도 잘못이다. 학대받는 자들의 신음소리를 설교로 써먹는 것은 엉뚱함을 한참 넘어선 짓으로, 대단히 괘씸한 일이다. 하물며 예수의 '하느님의 나라'에서는 로마제국의 지배니 거기로부터의 해방이니 하는 것은 아무래도 좋은 것이고, 그런 것을 정색을 하고 주장하는 자들에게 찬물을 끼얹는 것이기 때문에 예수는 이런 말을 내뱉은 것이다, 예수의 '하느님의 나라'는 그런 수준의 것과는 다른, 더 '근원적'인 것이라는 식으로 이야기하는 철학자인 체하는 종교 이론을 주장하는 것은(야기 세이이치) 흰 것을 검은 것이라고 이야기하는 것보다 더 나쁘다. 예수는 여기에서 '하느님의 나라'라는 이야기를 한 적이 없고, 하물며 '근원'이라느니 하는 이야기는 전혀 입에 올린 적이 없다.

이 말에 대해 뭔가 논평하고 싶은 게 있다면, 지주가 폭력집단을 끌고 와 소작인들이 입고 있던 겉옷까지 벗겨 가는 장면, 무기를 쥔 지배자의 용병들이 가진 걸 모조리 착취당하고 병치레를 하는 작은 남자를 두들겨 패고 있는 장면을 상상하고 나서 논평하는 게 좋다. 아니, 많은 사람들은 굳이 그런 것을 상상할 필요도 없다. 자신들의 체험을 통해 저절로 알 수 있기 때문이다. 지금 세상에서 조금 저항했다고 해서 회사에서 해고당한 자들은 수를 셀 수 없을 정도로 많다. 굳이 그런 것을 상상하지 않으면 이런 말의 의미를 알 수 없는 것은 두들겨 패는 쪽 뒤에 숨어 무사태평하게 살 수 있는 설교자들뿐일 것이다. 필요한 것은 이런 말을 할 수밖에 없었던 자들의 분노를 아는 것이지, 이런 말을 진리로 고정해 버리는 것이 아니다.

4. 국민들의 지배자

로마제국과 관련된 예수의 말이 또 하나 전해져 오고 있다. 여기에서 예수는 앞서 이야기한 두 번의 말에 비해 좀 더 적극적이다.

> 민족들의 지배자로 간주되고 있는 자들이 민족들에 군림하고, 권력자가 민족들 위에서 권력을 휘두르고 있다는 것은 잘 알려져 있을 것이다. 그러나 여러분 사이에서는 그래서는 안 된다. 여러분 중에서 위대한 사람이 되려고 하는 이는 섬기는 사람이 되어야 하고 으뜸이 되려 하는 이는 모든 사람의 종이 되어라.
>
> (마르코 10장 42절 이하)

여기에는 또 교의敎義적인 발언 두 개가 추가되어 있다. 즉 '사람의 아들이 온 것도 섬김을 받기 위해서가 아니라 섬기기 위해서다'라는 구절과 '그것은 많은 사람들을 위해 자신의 생명을 몸값으로 주기 위해서다'라는 구절이다. 후자는 극히 초기의 그리스도 교회의 속죄론적 교의를 보여주는 구절이다. 즉 모든 인간은 죄인이기 때문에 실은 멸망당할 수밖에 없지만 그 인간들을 구원하기 위해 그리스도는 자신에게는 죄가 없지만 자신의 생명을 '몸값'으로 제공함으로써 '많은 사람들'을 속죄시켜 주었다는 바로 그 교의다. 이것은 예수의 죽음을 역사적 사건으로 보지 않고 메시아(그리스도)의 죽음으로 종교적 '의미'의 문제로 삼음으로써 성립된 교의다. 이 교의는 마르코 복음서보다 훨씬 전에, 아마도 가장 초기의 교회가 이미 확립하고 있던 교의일 것이다. 마르코가 여기에서 하고 있는 일은 그것을 재해석하는 것이다. 즉 종교적 구원의 교의를 서술하는 '몸값'에 대한 구절을 '사람의 아들은 섬기기 위해서 왔다'는 구절과 엮어 윤리적 자세 쪽으로 역점을 옮긴다. 구원자 예수가 그토록 몸을 낮췄다면 우리도 다른 사람의 섬김을 받는 신분이 되려고 생각하지 말고, 내가 다른 사람을 섬기며 살아가야 하는 게 아닌가, 하는 것이다. 이처럼 우리 자신의 삶의 방식 쪽에 역점을 옮김으로써 마르코는 암암리에 당시의 교회의 방향을 비판하고 있다. 구원의 종교적 교의 만능의 그리스도 교회에 대해 자신들이 이 세상에서 살아가는 자세를 문제 삼았던 것이다. 그러나 여기에서는 초기 그리스도교 역사 문제에 대해 많은 페이지를 할애할 수 없기에 거기에 대한 논증은 제쳐 놓기로 하자.

'사람의 아들은 섬기기 위해 왔다'는 구절은 판단하기 어렵다. '사람의 아들(또는 나)은 ……하기 위해 왔다'는 예수의 발언은 복음서 안에서 몇 군데 보이는데, 그것은 예수 자신의 실제 발언이 아니라 하느님의 아들 그리스도가 이 세상에 도래한 목적과 의미를 교회의 종교 이론가가 설명하려고 한 교의상의 작문일 가능성이 강하기 때문이다. 그러나 또 예수 자신이 예컨대, 자신의 활동과 존재 의의를 어느 정도 그런 말투로 표현한 것을 나중의 교회가 교의적인 정형구로 다시 정리해 두었다고도 생각할 수 있다. 그런 것은 어느 쪽일지 알 수 없다.(뒤에서 다시 논의) 그러나 예수가 자신의 삶의 방식으로서, 또한 타인들에게 호소하는 것으로서 '섬기는' 자세를 당부하고 있었던 것은 확실할 것이다. '모든 사람의 종이 되어라'고

하는 것도 같은 취지다. '섬긴다'고 번역한 그리스어의 동사는 '종(노예)'이라는 명사의 동사형이고, '종'은 단어의 뜻으로는 '섬기는 자'이며, '섬긴다'는 것은 주인에 대한 종의 행위다.

처음 구절로 돌아가서, '민족들의 지배자로 간주되고 있는 사람들'이라는 표현이 로마제국 지배자를 염두에 둔 표현인 것은 명백할 것이다. 예수가 알고 있던 세계 속에서 그 당시 '민족들을 지배하는' 자는 로마제국 지배자 외에는 존재하지 않았다. '지배자로 간주되고 있는 자들'이라는 완곡한 말투를 쓴 것은, 세상에서는, 그리고 또 그들의 자기 주장에서도 그들이 지배자라고들 하지만 말이지요, 라는 식의 '지배자'라는 개념을 그대로 인정하고 싶지 않은 기분의 표현일 것이다. 요즘 같으면 괄호 속에 넣을까. 예수의 말투가 원래 그랬는지 복음서 기자 마르코의 표현상의 굴절인지는 알 수 없다. 어쨌든 여기에서는 '민족들을 지배하는 지배자'라는 뜻이다. 이것을 구어역 성서처럼 '이방인의 지배자'로 번역하면 뜻이 달라진다. 여하튼 종교의 언어밖에 알려고 하지 않는 교회인들은 신성한 백성=이스라엘→그리스도교도와, 이방인→이교도라는 범주밖에 모르므로, 그리스도교도는 사람들을 섬기는 겸허한 자세를 알고 있지만 믿음이 없는 이방인=이교도들은 다른 사람을 지배하고 싶어 한다는 자화자찬의 설교밖에 생각할 수 없다. 그래서 이런 잘못된 번역을 해버렸는데, 이것은 어학적으로 무리가 있다. '이방인 지역의 지배자'가 아니라 '민족들을 지배하고 있는 지배자'이다. 그리고 앞의 교회적 번역이 무의식중에 전제로 하고 있는 추상적인 인격적 인간관계 등이 여기에서 상정되고 있는 게 아니라는 것은 일목요연할 것이다.

하지만 후술하겠지만, 이런 교회적 추상론으로 묶을 수 있을지 모를 맹아萌芽는 예수 자신 속에도 있었다. 다만 예수는 그것을 스스로 알아채지 못한 채 맹아 단계에서 그것을 제거하려고 하지 않았을 뿐 자신이 그쪽 방향으로 나아가려고 한 것은 아니다.

무엇을 말하려고 한 것인지는 명백하다. 권력자는 되지 마라. 정치 사회에서 인민에게 군림하고 인민을 착취하는 자는 절대로 되지 마라. 어느 쪽이든 되어야 한다면 차라리 종이 되어라. 이것은 항상 지배 피지배 구조로 존재해 온 인류의 역사 사회 속에서 살아가는 자들에게 강렬한 윤리다. 그러나 그것은 추상적으로 동등한 인격 사이의 윤리로서의 윤리가 아니라, 실제 사회관계 속에서 먹고 먹히는 장을 눈여겨 본 윤리다. 그리고 이것이 사회적 윤리로서 작동할 때에는 엄청날 것이다. 인간의 주체적 의지가 주체적 의지로서 힘을 지닐 때는 이런 경우일 것이다. 단호하게 두들겨 맞는 쪽에 서서 가자. 그것을 선善이라고 하자, 라는 것이 아니다. 일상적으로 두들겨 맞는 쪽에 서지 않겠는가, 라는 주장이다. 그것이 이를 갈 수밖에 없는 굴욕의 장소일지라도 단호하게 거기에 몸을 두자는 것이다. 그것은 선이 아니다. 선일 수가 없다. 선이니까 하자고 생각하는 자는 여유가 있다. 경우에 따라서는 하지 않아도 된다. 그에 반해 일상적으로 두들겨 맞는 곳에서 살아가는 자에게는 도망칠 곳이 없다. 만일 도망갈 수 있고 스스로 때리는 쪽으로 넘어갈 정도라면 그냥 거기에 머물러 있자.

여기에는 따라서 역사 사회의 변혁 프로그램은 없다. 있는 것은 언제까지라도 이어지는 원망과 반항이다. 거기에 예수의 장점과 단점이 있다.

장점은, 이것이 분명 로마제국 지배를 상대로 한 말이지만, 강조점은 '로마'에 있지 않다는 것이다. 강조점을 로마에 두면 로마 대신에 스스로 권력을 휘두르는 자가 되려고 하는 게 된다. 로마제국 지배자와 같은 본성으로 로마제국 지배를 무너뜨리면 대신에 나오는 것은 기껏해야 유대 민족이 다른 민족들을 지배하는 것에 지나지 않게 된다. 배우가 바뀔 뿐 근본 구조는 바뀌지 않는다. 또는 제국 지배에 대해 민족의 독립을 추구한다면 유대 민족을 유대인 특권 계급이 지배하는 것이 된다. 여기에서도 지배하는 자와 지배당하는 자의 구별은 바뀌지 않는다. 소수의 사람들이 권력자로서 민족 전체에 군림한다. 그런 거라면 이미 예전에 마카베오 왕조나 헤로데 왕조가 했던 일 아닌가. 그것은 때로는 타민족의 지배보다도 더 가혹하지 않았던가. 거기에 대해 예수는 어떤 형태로든 지배하는 입장의 사람은 되지 말라고 주장하고 있는 것이다.

그러나 또 이처럼 이야기할 때 그것은 언제라도 추상적인 윤리가 되어 버릴 위험성이 있다. 그 결점은 두 가지로 나타난다. 하나는, 이것이 '여러분들 사이'에서의 윤리가 된다는 점에 맹아가 있다. 하지만 예수가 지배자, 권력자와는 달리 '여러분들 사이에서는 그래서는 안 된다'고 했을 때, 이 '여러분들'이 특정한 집단을 가리키는 것은 아닐 것이다. 도대체 이 말을 예수가 누구를 향해 말했는지도 확실하지 않은데, '그래서는 안 된다'는 주장을 때마침 거기에 있던 청자聽者에게 2인칭으로 호소하는 문체로 서술한 것에 지나지 않을 것이다. 그렇다면 이 '여러분들'은 특히 그때의 청자들만을 한정하는 의미는 아니다. 그러나 그렇더라도 '여러분들 사이에서는'이라면 그 나쁜 놈들은 권력을 휘두르며 인민 위에 군림해서 제멋대로 하고 있지만 여러분들만은 서로 섬기는 인간관계를 지켜 주세요, 라고 한 셈이 되고, 따라서 서로 섬기는 인간관계가 타당한 범위가 한정된다. 자신들의 착한 아이들 사이에서는 모두 사이좋게 근원적인 인간관계를 지키고 있어요, 라는 게 된다. 그러나 이런 주장이 날카로울 수 있는 것은 전全 사회적인 규모로 세상을 보고 인민 위에 군림하는 자가 존재하는 것에 대한 원망을 담아 이야기할 때뿐이다. 거기에서 눈을 돌려 자신들 사이에서만은 아름답게 살아갑시다, 라고 할 때에는 그것은 추상적인 윤리가 된다. 게다가 이것이 특정한 종교 집단의 내부 윤리가 될 때 눈은 이 세상 현실로부터 멀리 떨어진 허공을 바라보며 현실의 지배 피지배 구조를 언급하지 않는다. 예수가 그 정도의 좁은 의미로 이 말을 했을 리가 없다는 것은 다른 발언이나 행동을 보더라도 명백하지만, 그럼에도 '여러분들 사이에서는'이라고 했을 때에는 그 방향으로 향한 싹을 이미 품고 있었다.

마르코 복음서 저자는 이 말을 예수가 제자들의 권력 지향을 훈계했다는 의미의 전후 관계 속에 놓고 있다. 즉 제자들이 (하느님의 나라가 도래했을 때, 또는 종말의 재판 때) 전 세계 인민에게 군림하는 지위에 오르게 해 달라고 한 것에 대해, 거기에 대답하여 예수가 이 말을 한 것으로 되어 있다. 마르코가 이런 문장 구성을 한 것은 당시 그의 그리스도 교단의 높으신 양반들이 권력 의지에 불타고 있던 모습을 예수의 말을 빌려 비판하고 싶었기 때문일 것이다. 그것은 이 기사보다 한 장章 정도 앞에서도 매우 비슷한 장면을 마르코가 구성하고 있는 것으로도 알 수 있다. 제자들이 자신들 중에서 누가 제일 높은 사람인지 서로 다투었다는 이야기를 예수가 듣고 책망하면서 '여러분 중에서 첫째가 되고자 한다면 오히려 꼴찌, 모두를 섬기는 자가 되어야 한다'고 말했다는 것이다.(마르코 9장 35절) 전해진 전승 소재를 활용해 이 두 장면을 구성한 것은 마르코였으나, 제자들은 예수 생전부터 이미 이런 식의 권력 지향을 갖고 있었을 것이고, 따라서 예수의 이 말은 이것과 완전히 같지는 않지만 비슷한 장면에서 발설된 것으로 생각해도 틀리지 않을 것이다. 그렇다면 이것이 일정한 폐쇄 집단 내부에서만 통용되는 윤리를 지향한 것은 아니었다는 것이 분명하다. 하지만 이런 종류의 발언이 빠져드는 관념론적인 함정을 알아둘 필요는 있을 것이다.

이 발언은 현실의 지배 피지배 관계를, 으스대는 로마인이나 헤로데의 앞잡이들의 모습을 분노와 함께 머리에 떠올리면서 이야기한 것이다. 그런 일이 있어서는 안 된다. 이 '그런 일이 있어서는 안 된다'가 실천적인 목표가 된다. 우리는 그렇게는 살지 않는다는 것이다. 하지만 우리가 그런 삶의 방식을 지향했다고 해서, 그것으로 금방 세상에서 지배자가 사라질 리가 없다. 지배하는 자들이 없는 세계, 모든 사람들이 서로 섬기는 세계는 여기에서는 이상에 그친다. 사실 그리스도교가 예수를 교조로 삼은 이후의 역사에서 이것은 늘 실현될 수 없는 이상이었다. 실현될 수 없는 이상은 점차 이 세계의 현실로부터 멀어져 종교적 이념에 흡수되어 간다. 다가올 하느님의 나라의 인간관계에서는 그렇게 될 것이라는 식으로 이야기는 종교적 피안으로 옮겨 간다. 그 다음에는 영원히 속세를 떠난 저세상 이야기는 매력이 없으니까 저세상을 이 세상으로 끌어당긴다. 저세상과 이 세상의 이원론적 분열이 이 세상 속에서의 이원론적 분열로 바뀐다. 현실은 추하지만 신앙자 상호간의 인간 관계에서는…… 구원받은 자의 삶은…… 이렇게 해서 교회의 질서와 국가의 질서가 공존하면서 지배하게 된다. 마지막으로, 이래서는 안 된다며 이 이원론적 분열을 재통일하라고 주장하게 된다. 하지만 그 재통일은 관념 속에서나 이뤄질 수 있다. 현실을 다시 만들 수는 없다. 다만 세상의 모든 사람들은 평등하다는 원칙이 관념 속에서 성립되고, 관념 속에서 성립되면 그것으로 사실이 되었다고 믿는다. 자유로운 민주주의 국가에서는 모두가 종으로서 서로 섬기는 것입니다.

고대부터 중세를 거쳐 근대에 이르는 그리스도교적 이데올로기의 변천을 짧게 더듬어 보면 그런 것이 된다. 종교적 이데올로기는 그때그때 표층의 사회 정세를 거품처럼 5년이나 10년의 척도로 반영하며 생겨났다가 사라졌다가 하는 것이 아니다. 분명히 그런 부분도 있지만 이처럼 2천 년에 걸친 척도로 사회의 기초적 구조 위를 움직이는 것도 있다. '여러분들 사이에서는'이라는 한정적인 구절을 입에 올렸을 때 예수에게는 이 그리스도교 이데올로기 2천 년의 역사에 대한 책임이 생겼다. 두려운 일이다. 그러나 거기까지 예수를 책망하는 것도 가혹한 일일 것이다. 단 한 사람인 예수를 2천 년 동안이나 극복할 수 없었던 인류의 역사 쪽이 훨씬 더 죄가 무겁다.

5. 노예에 관하여

또 하나의 결점은 예수가 여기서 '노예(종)'라는 개념을 사용하고 있는 것이다. 그것에 대해서는 다소의 주석이 필요하다. 그리스어로 노예라고 하면 이른바 '자유인'에 대한 대립어다. 아니 자유인이 노예의 대립어라고 하는 편이 좋을지도 모르겠다. 고대 그리스인이 오리엔트의 인간들에 대해 자신들의 최고 긍지로 이야기한 '자유'는 노예를 멸시하는 것에서 오는 반사적 개념이므로 빌어먹을 말이라고 생각하지만, 여기에서는 히브리인의 개념을 주목해 보자. 즉 히브리어 구약성서의 전통 세계에서는 '하인'이라는 단어는 협의의 노예를 의미하는 경우는 극히 적고 대개는 군주에 대한 신하 일반을, 또는 집 주인에 대한 일꾼, 하인의 의미로 사용된다. 신약성서의 그리스어에서는 이것에 '노예'라는 말을 대응시키지만, 그 배경을 생각하면 반드시 '노예'로 번역해야 하는 것은 아니며, '하인'이라고 번역하는 쪽이 좋은 경우가 많다. 적어도 예수의 경우 내 관찰이 잘못된 게 아니라면 '노예'라는 단어를 협의의 '노예'라는 의미로 사용한 예는 없다. 따라서 앞서 인용한 글도 '모든 사람의 하인이 되어라'라고 번역하는 편이 좋을지도 모르겠다. 이것은 결코 예수가 노예제에 대해 제대로 맞서 싸우지 않았다는 이야기가 아니다. 당시의 팔레스티나는 전체적으로 대도시 이외에는, 특히 고대 세계에서는 드물게도 별로 노예가 없었다는 사실에서 비롯된 것이다.

이것은 물론 노예가 전혀 없었다는 이야기는 아니다. 후세의 유대교 랍비 문헌에는 상당한 분량의 노예에 대한 법률적 규정이 나온다. 따라서 유대인 또한 노예를 소유한 것은 확실하다. 그리고 그럴 경우 고대 세계 일반과 마찬가지로 노예는 독립된 인격으로 간주되지 못하고 매매 대상이 되는 소유물로 간주되었다. 그 매매 가격이 1데나리에서 4데나리였다고 하니 놀랄 만하다. 날품팔이 노동자의 하루 품삯이 1데나리였던 것에 비하면 노예가 얼마나 헐값이었는지 알 수 있을 것이다. 그양자의 기록 사이에 시간적 간격과 화폐 가치 변동이 있었다 하더라도, 그리고 이것은 상당히 과장된 숫자이고 실제로는 훨씬 더 고가에 매매되었겠지만, 그럼에도 1데나리에서 4데나리로 인간이 매매되었다는 숫자는 섬뜩하다. 기타 노예의 사회적 지위는 유대인 사회에서도 고대 사회 일반의 사례와 다름없다. 하지만 유대인이 유대인 노예를 소유하는 경우에는 다소 관대했다. 노예라고 해도 유대인이면 유대교도이므로 유대교의 율법이 적용되지 않는 예외로 할 수는 없었다. 그런 의미에서는 고대 유대의 법률(구약의 율법에서 랍비적 규정까지)은 민족 구성원 사이에서는 평등한 법적 인격 관계를 전제로 하고, 또 그법률 규정은 종교적 권위를 수반한 것이었으므로 상당히 엄격하게 실천되었다고 봐야 하기 때문에 고대의 다른 사회에 비해서 사회적 차별의 간격을 비교적 작게 유지하는 역할을 했다고 할 수 있다. 7년에 한 번씩 돌아오는 요벨yovel, 禧年의 해에는 유대의 노예는 해방되어 자유롭게 될 수 있었다. 이 요벨의 해 규정이 유대에서 노예제가 크게 발달하지 못했던 주요 이유의 하나였을 것이다. 빌린 돈이 쌓여 자신의 몸을 노예로 팔 수밖에 없게 되더라도 최대한 7년째에는 해방되었으며, 요벨의 해 1, 2년 전이면 노예를 사는 쪽도 굳이 사 봤자 1, 2년 뒤에는 자유롭게 해 줘야 했기 때문에 보류했을 것이다. 적어도 원칙적으로는 그랬다. 다만 이것은 유대인이 유대인의 노예가 되었을 경우의 이야기이고, 이방인이 유대인의 노예가 되면, 그런 예는 적었다고는 하나 그만큼 점점 더 거친 대우를 받게 된다. 종교적 차별(이방인)에 사회 계급에 따른 기본적인 차별(노예)이 증폭되어 힘들어지게 되는 것이다. 소와 같은 것이라거나 개보다 더 더럽다는 등의 이야기가 나오게 된다. 앞에서 '때리는' 관계에 대해 논했으므로 여기서는 하나만 예를 들어 보겠다.

주인이 노예에게 길에서 기다리라고 말했다. 그러나 어디에서 기다려야 하는지는 이야기하지 않았다. 그래서 노예는 왕궁 쪽에서 기다리라는 것인지, 그렇지 않으면 목욕탕 쪽인지, 아니면 돌담 쪽인지 헷갈리기 시작했다. 그래서 나갔더니 주인과 맞닥뜨렸다. 주인은 노예를 냅다 두들겨 패고는 말했다. 대관代官 저택 문쪽으로 너를 보냈다.
(탈출기 랍바 15: 78b-구약의 제 문서들에 대해 쓴 랍비들의 주해서. 미드라쉬로 불린다. 미드라쉬에는 여러 가지가 있는데, 그중에서도 가장 중요한 것이 랍바Rabbah로 불리는 것으로, 창세기 랍바, 탈출기 랍바 등등 각 문서들에 대해 존재한다)

고대 사회에서 '두들겨 맞는다'는 것은 예컨대 이런 식이었다고 생각하면 된다.

하지만 이들 랍비 문헌에 보이는 노예에 대한 규정은 상당히 후대의 것이고, 팔레스티나 외에 그리스나 다른 지역에 산재해 있던 유대인의 생활 상태도 반영하고 있기 때문에 이것을 그대로 예수 시대의 팔레스티나에 적용시켜서는 안 된다. 예수 시대의 팔레스티나에서는 이들 랍비 문헌에서 보이는 것보다도, 그리고 고대 세계 일반에 비해서도 노예가 매우 적었다. 예수 이야기 속에서 하층 계급으로 등장하는 것은 오히려 가난한 사람, 소작인, 날품팔이 노동자, 남자 하인, 매춘부 등이다. 이들은 각기 정도에 따라 더럽혀진 자로 간주되었다. 이런 가운데 예수가 '노예'라고 할 때는 협의의 노예가 아니라 일꾼, 종복 일반의 의미다. 구약성서에서도 예컨대 사울 왕궁에서는 왕을 섬기는 자는 모두 이 말로 불렸다. 나중에 사울 뒤를 이은 왕이 된 다윗도 또한 사울의 종이었다. 따라서 '노예'라고 번역하기보다는 '종'으로 번역하는 것이 좋을 것이다.

예수가 한 이 말과, 확실히 노예제 사회였던 헬레니즘 대도시 중의 지배 계급의 일원으로 살아가던 바울로가 글자 그대로의 의미에서 '노예'에 대해서 한 말을 혼동해서 동등하게 취급해서는 안 된다. 예수는 '지배자가 되지 마라. 오히려 모든 사람의 종이 되어라'고 했다. 거기에 대해 바울로는 '믿음을 가지면 구원을 받을 것이니, 이 세상의 질서 속에서는 노예라 할지라도 노예 그대로 있는 것이 좋다'(코린토 신자들에게 보낸 첫째 서간 7장 21-24절 참조)고 말했다. 어느 쪽이든 결론만을 추상화하면 '노예가 되어라'가 된다. 따라서 어느 쪽이든 본질적으로 똑같다고 엉터리로 해석을 하면 ―그리스도교 2천 년은 이런 엉터리의 연속이었다― 지배받고 두들겨 맞는 계급이 어떤 분노를 품고 권력자를 보고 있는지도, 지배하는 계급의 종교가 얼마나 제멋대로의 구원을 이야기하고 있는지도 알 수 없게 된다. 그런 종교가의 설교에 걸리면 어떤 말도 정신 자세로서의 겸허함이라는 정도의 의미로 두루뭉술해진다. 그러나 어느 쪽이든 모두 구체적인 의미다. 바울로는 1데나리에서 4데나리에 매매되고 있던 노예를, 자신은 노예가 아닌 입장에서 노예는 얌전하게 노예로 남아 있으라고 했던 것이고, 예수는 타인에게 혹사당하고 착취당하는 자의 위치에서 권력자 따위는 되지 말라고 했던 것이다.

6. 사회관계와 신 관념

하지만 그렇다고 해서 예수가 '섬기는 자' '종'이라는 말로 발언한 것을 그대로 긍정해서는 안 된다. 앞에서 결점이 두 가지 있다고 지적했지만, 그 두 번째는 바로 예수가 '섬기는 자'의 이념을 하느님과의 관계에 적용하고 있는 데서 드러난다. 이런 비유를 예수는 한 적이 있다.

경작을 하거나 가축을 기르는 노예를 갖고 있다고 해서, 그 노예가 밭에서 돌아왔을 때 자, 어서 이쪽으로 와서 식탁에 앉으세요, 라고 말할 사람이 있겠느냐. 그게 아니라 저녁 준비를 해라, 그리고 띠를 졸라매고(띠를 졸라맨다는 것은 요즘 식으로 이야기하면 넥타이를 매고), 내가 식사를 하는 동안에는 빈틈없이 시중을 들어라, 그 뒤에 자신의 식사를 하는 게 좋다고 말할 것이다. 그래서 명대로 했다고 해서 주인이 노예에게 굳이 감사하겠느냐. 이처럼 너희들도 또한(하느님의 노예니까 하느님에 의해) 명령받은 것을 모두 다 했다고 하더라도, 우리는 쓸모없는 종입니다, 해야 할 일을 했을 뿐입니다, 라고 하는 게 좋다.

(루카 17장 7-10절)

이런 경우 '노예'라는 말은 오히려 '남자 하인' '하인'의 의미로 사용되고 있다고 할 수 있을 것이다. 이 또한 루카 복음서에만 전해지고 있기 때문에, 엄밀하게 어디까지가 예수의 발언이고 어디까지가 후세의 그리스도교적 설교인지 판단하기 어렵지만, 이 경우는 매우 루카적인 또는 교회적인 어투가 보이지 않기 때문에 대체로 이런 이야기를 예수가 했다고 간주해도 괜찮을 것이다. 그리고 이처럼 하느님을 하인이 절대로 복종해야 할 주인으로 비유하는 것은 구약성서의 종교 이래 전통이고, 특별히 예수만의 독자적이라고 할 만한 것은 아무것도 없다. 예컨대 이교의 신을 예배한 이스라엘 사람을 비판하면서 '그들은 필리스티아인의 신들을 섬겼다. 주(이스라엘의 하느님)를 버리고 이를 섬기지 않았다'(판관기 10장 6절)는 표현을 쓰고 있다. 시편에는 같은 표현이 흔히 쓰인다. '두려워하며 주를 섬겨라'(2장 11절) 등.

이 루카 17장의 비유에는 절대신의 이념이 매우 철저하게 표현되어 있다는 식으로 예찬해서는 안 된다. 이것은 오히려 종교적인 표상(신)이 그 시대의 사회관계를 투영한 이데올로기의 전형적인 실례實例다. 항상 이처럼 단순하게 설명이 되는 것은 아니지만, 이 경우는 주인과 종복이라는 고대 팔레스티나에서의 하나의 기본적인 사회관계를 그대로 신과 인간의 관계에 투영한 것이다.

하지만 예수가 그 개인의 사상적 행위로서 그 시대의 사회관계를 신의 이념에 투영했다는 것이 아니라 수백 년, 나아가 천년에 걸친 긴 이데올로기적 전통인 것이다. 하느님을 '주主'라고 부르는 것이 그렇고, 그리고 그 변형으로 그리스도교에서는 그리스도를 '주'라고 부르지만, 이는 주인과 종복, 군주와 가신이라는 사회관계의 투영이다. 유럽어에서는 이런 사용법이 불가능해서(그것이 번역어로서도 올바른 것이지만), 헤어Herr나 세뇨르seigneur나 로드Lord라고 하지만 그것도 인간의 주인과 하느님을 '주'로 부르는 경우를 단어로서는 구별할 수 없기 때문에, 원래의 뜻이 노골적으로 느껴진다. 그래서 유럽의 일부 그리스도교 좌익 등은 하느님은 봉건적인 관계로서의 '주인님'이 아니기 때문에, 진정한 미래다, 라는 식으로 지금처럼 바꿔 말하려 노력하고 있다.

그러나 신의 개념을 지금처럼 바꿔 봐야 부질없는 일이다. 위험한 것은 존재하는 사회관계가 그대로 또는 몇 번의 굴절을 거쳐 신 이념에 투입되는 것이 아니다. 그 정도의 것이라면 한가한 사람에게 시키면 된다. 위험한 것은 그처럼 투입되어서 만들어진 신 이념이 오랜 이데올로기적 전통 속에서 고착되어 거꾸로 그 신 이념 쪽에서 인간관계를 규정하는 것이다. 이데올로기의 생명력은 길다. 현실의 사회관계에서는 이미 군주와 가신, 주인과 하인이라는 관계는 거의 없어졌으며, 따라서 또한 주인이나 하인이라는 단어 자체가 거의 쓰이지 않게 된 현대에도 여전히 '주인이신 하느님'이라는 표현은 변함없이 생명을 이어가고 있다.

예수의 경우는 한편으로는 '주이신 하느님'의 절대적 권위

앞에서 모든 인간은 하인에 지나지 않으며, '해야 할 일을 했을 뿐입니다'라고 할 수밖에 없는 존재라는 신 관념이 있다. 여기에서 절대적 복종의 윤리가 주장된다. 그리고 이처럼 현실 사회의 지배 질서도 온존되기 때문에, 이런 신 관념은 보수주의 윤리를 뒷받침할 위험성이 있다. 그렇지만 다른 한편으로는 절대적인 군주인 하느님 앞에서는 모든 인간이 평등하다는 주장도 생겨난다. 인간은 서로 같은 하인에 지나지 않으므로 동지 간에 서로 지배하거나 지배당하는 관계를 만들어서는 안 된다는 것이다. 군주의 이념이 하느님까지로 격상되어 절대적으로 고정될 때 인간은 모두 평등한 위치에 놓인다. 인간은 모두 평등하므로 지배하거나 지배당하는 관계를 만들어서는 안 된다는 것은 뛰어난 감각이다. 그리하여 그리스도교는 항상 사람들에게 절대 복종의 윤리를 설파하면서 지배의 질서 속에 끼워 넣으려는 보수성과, 만인평등의 이상에 불타는 진보성을, 같은 절대신의 이념을 통해 손에 넣었다. 이후 그리스도교는 그 둘을 마음대로 넣고 빼면서 긴 역사를 살아나가게 된다. 그것은 그렇다 치고, 예수 자신으로 돌아가면, 그는 이 인간 평등의 이념을 형식적인 이념에 멈춰 세우지 않고 거기에 예민한 생활 감각을 주입해 갔다. 따라서 한편으로는 신 관념에 군주 하인의 관계를 투영하는 전통적인 이데올로기 틀 속에 머물면서도, 다른 한편으로는 그 틀 속에 있으면서도 날카롭게 현실을 지적할 수 있었다.

다음의 비유 이야기는 좀 더 확실하다.

하느님의 나라는 어느 왕이 하인들과 결산을 하려고 한 이야기와 비슷하다. 결산을 시작했더니 1만 달란트(국가 수입의 총액을 훨씬 넘는 천문학적인 숫자)나 되는 돈을 빌린 자가 끌려나왔다고 하자. 이 하인은 그것을 갚을 수가 없었다. 그래서 왕은 처자와 재산 일체, 그리고 그 자신까지도 (노예로) 팔아서 갚도록 하라고 명했다고 한다. 그 남자가 넙죽 엎드려 왕에게 간원했다.

'부탁드립니다. 잠시만 못 본 체해 주십시오. 그러면 반드시 모두 갚아드리겠습니다.'

왕은 그를 가엾게 여겨 남자를 석방해 주고, 그 채무를 탕감해 주었다고 한다.

하인은 그 덕에 나갈 수 있게 되었으므로 바로 문을 나선 뒤 동료 하인 한 사람을 만났다. 그는 그 남자한테 백 달란트(몇 개월치의 가계총액으로 봐도 좋다) 정도를 빌려 주었기 때문에 붙잡아 멱살을 잡으며 말했다.

'너에게 빌려 준 돈을 갚아라.'

그래서 이 동료 하인은 넙죽 엎드려 간청했다.

'조금만 참아주시오. 그러면 반드시 갚아드릴 테니.'

하지만 그는 들어주지 않고 이 동료 하인을 감옥에 넣고는 다 갚을 때까지 풀어주려 하지 않았다는 이야기다. 다른 동료들이 이것을 보고 매우 분개해서 왕에게 자초지종을 모두 자세히 보고했다. 그래서 왕은 그 하인을 불러들여 말했다.

'악당 녀석. 네가 그토록 간청해서 그 많은 빚을 탕감해 주지 않았느냐. 그렇다면 내가 너를 불쌍히 여긴 것과 같이 너도 네 동료를 불쌍히 여겼어야 하지 않느냐.'

왕은 이렇게 말하며 분노한 나머지 그 하인을 형벌 집행리에게 넘겨, 빚을 다 갚을 때까지 가둬 두라고 했다는 것이다.

(마태오 18장 23-34절)

이 비유는 마태오 복음서만 전하고 있다. 따라서 그 말투에
는 상당 정도 마태오 신학적인 처리가 가미되어 있겠지만, 그
것을 엄밀하게 식별할 수는 없다. 예컨대 아마도 이 비유를 '하
느님의 나라'와 연결한 최초의 구절은 마태오가 덧붙였을 것
이다. 또 분명한 것은 마태오가 이것을 최후의 심판과 관련지
어 이해하고 있는 점이다. 그는 그 뒤에 다음과 같은 한 구절을
덧붙였다. '하늘에 계신 우리 아버지도 너희들 각자가 자신의
형제를 진심으로 용서하지 않으면, 그와 마찬가지로 하실 것이
다.' 이 부분은 예수의 것이 아니다. 그리고 마태오가 여기에서
'용서'에 대한 일반적인 교훈을 끌어내려 하고 있는 것은, 이
이야기 앞에 베드로와 예수 사이에 오간 다음과 같은 문답을
붙여 놓고 있는 것으로도 알 수 있다.

베드로가 나아가 예수에게 말했다.
'주여, 내 형제가 나에게 죄를 저질렀다면 몇 번 용서해야
합니까. 일곱 번까지면 되겠습니까?'
'일곱 번까지라니, 그런 말은 하지 마라. 일곱 번을 칠십 배
할 때까지라도 용서하는 게 좋다.'

(마태오 18장 21-22절)

이 문답은 이 문답대로 실제로 오간 대화가 독립적으로 전
승된 것을 마태오가 앞의 비유 도입부분으로 이용한 것일까.

일곱 번을 칠십 배 할 때까지라도, 즉 아무리 많이 하더라도 한 없이 상대가 자신에게 저지르는 잘못을 용서해야 한다는 주장은 예수의 윤리 전체를 관통하고 있는 저 독특한 극한의 정서와 공통된다. 하지만 이 경우에도 어떤 구체적인 상황을 염두에 두고 이 말을 했는지가 중요한데, 유감스럽게도 그것은 알 수가 없다.

어쨌거나 마태오는 이 긴 비유를 '용서'라는 일반적인 윤리의 주제로 환원시켰다. 그리고 그것은 현대의 관념론적 신학자들도 하고 있는 것이다. 야기 세이이치는 '형제와의 관계에 대한 근원적인 규정'을 인정하는 것이 '용서'라는 것이다, 라는 영문 모를 철학적 설교를 여기에서 끌어냈고, 불트만은 하느님의 은혜로 용서받은 자는 하느님에게 복종하는 자가 된다는 신학적 설교를 끌어낸다. 이 비유의 주제를 '사람을 용서하는 것'으로 보는 것은 물론 틀린 것은 아니다. 하지만 같은 주제를 이야기했다 하더라도 추상적 일반론으로 해소하는 것과 구체적인 소재를 염두에 두고 발언하는 것은 완전히 그 취지가 달라진다. 여기에서는 대체로 모든 인간을 '형제'로 보고 '형제관계'인 인간관계의 '근원적 규정' 등을 이야기하려고 하는 것이 아니다. 이미 자세하게 이야기했듯이, 인간을 모두 왕이고 군주인 하느님에 대한 하인으로 보고 있는 것이다. 예수가 이런 비유에서 주관적으로 무엇을 이야기하고 싶었든지 간에 그 발상의 '근원'에는 역사적 사회관계를 하느님에게 투영하고, 거기에서 또 한 번 돌아와서, 투영된 종교에서 다시 뒤집어 투영해서 인간을 본다고 하는 이데올로기적 발상에서 완전히 벗어나지는 못하고 있다는 것을 여기에서 읽어내지 못한 채 설교를 만들어낸다 해도 아무런 의미가 없다.

　그러나 또 예수의 재미있는 점은 이런 고대인적인 제약 속에서 이야기를 하는 중에도 '모두 같은 형제'라는 식의 미사여구에 실어 이야기를 끝내지 않는다는 점에 있다. 국가 수입을 훨씬 상회하는 큰돈을 움직일 수 있는 '하인'을 악역으로 세우고, 그런 '하인'이 그것에 비해서는 지극히 하찮은 2, 3개월분의 가계비도 염출하지 못해 옥신각신하는 다른 '하인'을 구박한다는 데에 이 이야기의 안목이 있다. 당시 유대, 이두매아 두지방의 영주였던 아르켈라오스가 그 영토에서 징수한 모든 수입이 연간 6백 달란트였다고 하니, 1만 달란트라는 수치가 얼마나 엄청난 것이었는지 알 수 있을 것이다. 이 이야기를 예수한테서 들은 자들은 이 수치를 듣고 '형제의 근원적 관계' 따위가 아니라 그런 거금을 마음대로 움직일 수 있는, 서민 처지에서 보면 구름 위의 존재 같은 세계제국의 권력자의 모습이 머리에 아른거렸을 것이다. 그런 엄청난 금액을 세계적인 규모로 움직이고 있는 작자라 할지라도 '주군'이신 하느님 앞에서는 하인에 지나지 않는 것 아니냐. 아니, 그 돈도 그런 작자들 자신의 것이 아니다. 말하자면 하느님한테서 빌린 것과 같은 것 아니냐. 그런 주제에 우리 서민들이 고생해서 번 사소한 수입까지도 저들은 거두어 가 버린다. 내지 않으면 목이 졸린 채 감방에 처박힐 게 뻔하다, 제밀할.

　따라서 예수의 이야기를 듣는 민중은 이 이야기 속에서 자신들의 일상 경험과는 반대로 1만 달란트나 되는 돈을 좌우하는 자가 감방에 갇히는 결과로 끝나는 걸 듣고 환호하며 박수를 쳤을 게 분명하다. 이런 데에 예수가 민중적인 인기를 얻었던 비밀이 있다. 당시의 세계에서는 실제로는 만에 하나라도 일어날 가능성이 없는 이야기다. 1만 달란트나 움직일 수 있는 초대형급 위인도 하느님 앞에 나가면 허둥대며 제발, 살려주세요 따위를 읊조린다. 그놈이 우리 목을 죈 죄로 결국 하느님에게 붙잡혀 감옥에 처박혔다네. 꼴좋다…… 현실에서는 있을 수 없는 일을, 설사 지어낸 이야기라 하더라도 하느님이 실현해준다. 가슴이 후련해지는 이런 이야기를 들은 사람은 많았을 것이다. 물론 이 정도의 지어낸 이야기에 귀를 기울여 현실에서는 풀 길 없는 부아를 풀 수는 없다. 그렇지만 예수가 지어낸 이야기에 박수를 치는 민중의 모습에는 건강한 분노와 웃음이 넘친다. 그리고 예수는 여기에서 적어도 하나는 분명히 의식하고 있다. 아무리 1만 달란트나 되는 돈을 움직이는 제국의 지배자라 하더라도 그 돈은 그들 자신의 소유물이 아니다, 빌린 것에 지나지 않는다는 것이다. 물론 공산주의 같은 건 모르는 예수는, 그것이 만국의 노동자와 농민들의 땀의 결정체라고는 하지 않았다. 하느님으로부터 빌린 돈이라는 식으로밖에 생각할 수 없었다. 그러나 적어도 그들 제국의 지배자에 속하는 것이 당연한 돈이 아니라는 것만큼은 예민하게 의식하고 있었다.

이와 관련해 비유를 하나만 더 인용해 보자.

주인이 바깥나들이를 할 때 하인 한 사람을 일꾼 전체의 우두머리로 정하고, 모두에게 시간마다 정해진 식사를 할 수 있게 하라고 맡겼다면, 그럴 경우 어떤 하인이 충실하고 현명한 자라고 할 수 있겠느냐? 주인이 돌아왔을 때 시킨 대로 하고 있는 것을 보여줄 수 있는 하인은 행복하다. 아멘, 너희들에게

말한다. 이런 자야말로 주인이 전 재산을 관리하게 할 만할 것
이다. 거꾸로 만일 그 하인이 마음속으로 주인이 늦게 돌아올
것이라고 생각해 남녀 하인들을 때리고 자신은 먹고 마시고
취해 있었다면, 주인이 불시에 돌아와서 그 하인을 갈기갈기
찢어 놓을 것이다.

(마태오 24장 45절 이하 = 루카 12장 42절 이하, Q자료)

루카는 이 이야기를 교회 내의 관리자, '지도자'에 대한 교
훈으로 해석해 버렸다. 이 비유 앞에 또 하나의 비유를 써 놓았
는데, 그 두 개의 이야기 사이에 베드로에게 질문을 하게 한다.
'주여, 이 비유는 저희만을 위해 하신 것입니까, 그렇지 않으면
모든 사람들을 위해서 하신 것입니까.'(루카 12장 41절) 이것은
물론 편집상의 가필이다. 루카는 예수의 말을 상당히 기계적으
로 정리해서 적대자에 대한 것, 일반인들 즉 적도 이쪽 편도 아
닌 사람들, 또는 교회 용어로 이야기하면 '미未신자'에 대한 것,
그리고 제자들 또는 신자들에 대한 것 등 세 가지로 나누는 경
향이 있다. 이 경우는 베드로의 이 질문에 응해서 예수가 신자
들 특히 그 지도자들에게 다음과 같은 이야기를 했다는 체재體
裁를 만들었다. 교회의 관리자는 그리스도가 교회의 관리를 맡
긴 하인과 같은 존재이므로 그리스도 재림 때까지 시킨 대로
관리를 잘 해 주세요, 라는 설교다. 따라서 이야기의 마지막 부
분에서 '주인이 돌아와서 그 하인을 갈기갈기 찢어 놓을 것이
다'라는 구절에 '그리고 불신자와 동등한 처벌을 받을 것이다'
라고 덧붙였다.(46절) 일본성서협회의 구어역 성서에서는 이
구절을 '불충실한 자들과 같은 처벌을 받을 것이다'라고 부정

확하게 번역했는데, 그렇게 하면 의미를 잃는다. 일반적으로 그냥 '불충실'한 자라는 게 아니라 그리스도교 신자가 아닌 자와 같은 운명이 기다리고 있다는 것이다. 루카의 이 대사의 배후에 있는 사상은 단순히 그리스도교 신자는 최후의 심판 때에 구원을 받지만 신자가 아닌 자는 갈기갈기 찢어져 지옥에 떨어지리라는 것이다. 어떤 기성 종교에도 보이는 종교적 독선, 당파의식이 표명되어 있는 데 지나지 않는다. 그리고 모처럼 주이신 그리스도로부터 교회 관리 명을 받은 자가 제멋대로 나쁜 짓을 하다가 '먹고 마시고 취했다'면, 불신자와 마찬가지로 지옥에 떨어질 것이라고 설교하고 있다. 루카는 1세기 말의 그리스도 교회 내에서, 즉 이미 어느 정도의 세력으로 성장한 교회 내에서 쓰고 있으므로, 모든 것을 교회 내의 문제로만 생각했다.

하지만 이런 경향은 이미 루카 이전부터 존재했다. 마태오는 그것을 '그리고 위선자와 동등한 처벌을 받게 될 것'이라고 했다. '위선자'는 마태오가 좋아하는 표현이다. 아마도 자료가 오래된 단계에서 이미 '그리고 ……와 동등한 처벌을 받게 될 것이다'라는 말투가 만들어졌음이 분명하다. 그리고 '생각지도 못한 때'라는 구절을 강조해 '예측하지도 못한 날, 생각지도 못한 때'로 하는 것도 자료가 오랜 단계에서 이미 들어가 있던 말투로 생각된다. 이것은 이른바 종말의 지연 의식의 반영일까. 초기 그리스도교도 중에는 금방이라도 그리스도가 재림하고 종말이 올 것이라고 생각했던 이들도 상당히 있었던 것 같다. 하지만 아무리 기다려도 종말은 결코 오지 않았다. 그렇게 되면서 초기 무렵의 긴장감은 희박해졌다. 그런 시기에 주 그리스도의 재림이 늦어진다고 해서 긴장을 풀어서는 안 된다는 취지의 설교가 거듭되었던 것으로 생각된다. 설사 늦어진다 하더라도 '예측도 하지 못한 날, 생각지도 않은 때'에 그리스도는 재림할 것이니 정신 차리고 있으라는 것이다.

이처럼 예수의 비유는 그때마다 교회 속에서 설교로 이용되면서 전해져 온 것으로 생각된다. 복음서에 비유 전승이 매우 많이 전해지고 있는 이유 가운데 하나는 그 때문일 것이다. 물론 예수 자신이 질적으로나 양적으로나 뛰어난 비유의 작가였다는 사정은 있다. 즉흥적으로 연달아 비유 이야기를 했을 것이다. 하지만 비유라는 것은 추상적인 것이어서 여러 가지로 다른 상황에 맞추어서 그때마다 다른 것을 의미할 수 있다. 예수가 이들 비유로 엄밀하게 무엇을 말하려고 했는지는, 유감스럽게도 어떤 상대를 향해 어떤 상황에서 그 이야기를 했는지를 모르고서는 파악할 수 없다. 하지만 초기 그리스도교도들은 예수의 비유를 자신들의 교회적 설교에 어떻게 적용할 것인지에만 부심하고 있었으므로, 예수가 어떤 상대에게 무엇을 말하려고 했는지 그 상황에 대해서는 관심을 보이지 않았다. 즉 비유를 예수의 상황에서 분리시켜 추상적으로 전승했던 것이다. 실제로 또한 비유라는 양식은 일단 그것 자체로 이야기로서 완결되어 있어서 상황을 빼고 추상화해서 전승하기가 매우 쉬운 양식이다. 그 결과 복음서에 전해지고 있는 전승 중에서도 비유는 양적으로도 많고, 또 거의 확실하게 예수에게로 거슬러 올라갈 수 있는 소재이지만, 예수가 하나하나의 비유에서 무엇을 이야기하려고 했는지는 좀처럼 파악하기 어려운 것이다. 우리는 예수가 처해 있던 상황 전체와 다른 말이나 행동에서 보이는 예수의 사상 방향을 살피면서 비유 하나하나의 의미의 뉘앙스를 상정해 가는 것 외에 달리 도리가 없다.

그러나 이 비유의 경우에는 예수의 의도가 비교적 확실하다. 이미 다른 것에서도 확인해 온 것과 기본적으로 같은 취지의 이야기를 하고 있기 때문이다. 이 비유가 본래 교회의 관리자를 향한 것이 아니라는 점은 일목요연할 것이다. 원래 예수에게 종교 단체를 만들려는 의도가 없었던 것은 명백하며, 따라서 또한 아직 존재하지도 않는 교회를 위한 교회 내 윤리를 주요 관심사로 했을 가능성은 전혀 없다는 근본적인 점은 제쳐 놓더라도, 동료를 때리거나 먹고 마시고 취하는 것은 교회 관리자들의 실태 묘사치고는 너무 과장되어 있다. 이 하인은 '주인' 즉 하느님에 대한 하인이지만 다른 사람들과 동격이 아니다. 하느님의 재산, 즉 일국 또는 세계 전체를 관리, 지배한다. 다른 사람들은 이 사람에게는 '하인'이다. 이런 것에도 지금까지 봐 온 것과 같은 고대인 특유의 시각이 표현되어 있다. 이 세상의 지배 질서는 하느님이 그렇게 정한 것이고, 지배자는 하느님이 정한 관리자다. 그리하여 지배 질서는 하느님의 이름으로 정당화된다. 이 또한 단순히 사회 체제의 질서를 종교 사상에 투영하고 있는 데 지나지 않는다. 종교 사상은 체제의 거울이라는 것의 전형적이고 간명한 실례實例다.

고대인 예수는 이 틀 바깥으로 나가지 않는다. 하지만 그 틀 안쪽에서는 최대한 통렬하게 할 말을 한다. 실은 우리도 하느님 앞에서는 같은 하인일 것이다. 당신만이 특별히 하느님과 관계가 있을 리 없다. 거들먹거리지 마라. 그런데도 우리 일반 하인들이 고생해서 일하고 있는 사이에 제멋대로 먹고 마시고 취한다. 게다가 하느님이 주신 권력을 휘둘러 우리 일반 하인들을 때리고 걷어찬다. 두고 봐, 당신이 생각지도 못한 때에 하느님이 오셔서 당신 일하는 꼴을 조사하실 테니까. 그렇게 되면 하느님은 무서워. 갈기갈기 찢으실 거야, 당신을, 반드시.

당시의 팔레스티나 서민들은 실제로 수도 없이 구타당하고 걷어차이고 호되게 당했을 것이다. 그들에게 이 세상의 정치적 사회적 권력자들은 왠지 잘 모르겠지만 좋은 옷을 입고 배불리 먹고 자신들을 닦달하는 존재로 생각할 수밖에 없었을 것이다. 그런 사회 전체를 제대로 분석해서 파악할 수는 없지만, 마음에 들지 않아, 하느님이 이대로 내버려둘 리가 없어, 라는 의식은 가질 수 있었을 것이다. 다만 그런 것은 보통 큰 소리로 이야기하지는 않는다. 그런데 예수는 늘 교묘한 비유로 사람들 마음 한구석에 있는 감춰진 의식을 드러낸다.

결론을 요약하자. 예수의 정치 사회에 대한 자세를, 로마제국 지배에 대해 직접적으로 찬성했는가 반대했는가라는 관점에서 비평하는 것은 잘못이다. 오히려 무력한 서민 예수가 지배자 일반에 대해서 어떤 원망의 소리를 내고 있었는지를 들어야 할 것이다. 한편 예수는 또 고대 유대인들이 늘 그랬듯이 주인과 노예의 사회관계를 신의 이념에 투영시켰을 뿐만 아니라 그것을 다른 사람들보다 아주 강조했다. 절대적 권위인 주이신 하느님에 대한 절대적 복종을 설파한다. 그런 점에서는 이것은 위험한 이데올로기인데, 인간의 사회관계를 하느님에 투영한 것이 이번에는 하느님의 권위를 동반하고 인간에게 돌아올 때 종교적 이념으로서의 복종이 사회관계에서의 복종의 질서를 절대화하고 고정화하는 힘이 되어 작동한다. 예수는 이 위험한 싹을 잘라 버리지는 않았다. 그러나 그는 하느님 앞에 모든 인간은 하인이라는 이념을 일반적으로 주장한 것이 아니라, 같은 하인인 주제에 다른 인간들에 대해 지배자가 되어 권력을 휘두르는 자들에 대한 분노를 늘 동시에 이야기했다.

제4장

예수의 비판 –
유대교 지배 체제를 향해

1. 예언자의 무덤을 짓는 자

앞 장의 서두에서 언급한 것으로 돌아가 보자. 즉 앞 장에서는 좁은 의미에서의 정치권력에 관한 예수의 자세에 대해 언급했는데, 그것은 결코 예수의 활동에서 중심이 아니었다. 또 당시의 팔레스티나 사회의 지배 구조에서도 로마 권력은 직접적으로 얼굴을 들이밀지 않은 경우가 많다. 유대교에 의한 지배 체제야말로 당시의 팔레스티나 사회 지배의 기초적인 틀을 구축했다. 예수의 활동은 역시 유대교 비판을 본질로 삼고 있었다.

화를 입을 것이다, 너희 율법학자들이여, 너희는 옛 예언자의 무덤을 짓고 있으나 그것은 너희 조상들이 죽인 예언자들이 아니냐. 조상들이 죽인 예언자들 무덤을 너희가 짓고 있는 사실 자체를 통해 바로 너희가 조상의 예언자들 살해에 동의 하고 있는 것이다.

(루카 11장 47-48절 = 마태오 23장 29-31절 Q자료)

요시모토 다카아키가 자신의 '관계의 절대성'이라는 개념을 이끌어낸 실마리로 삼았던 유명한 구절이다. 이에 대해서는 따로 다른 곳에서 상세히 논하기로 하고 여기에서는 언급하지 않겠다. 한마디만 설명해 두자면, 요시모토가 비판하고 있는 것은 이 말을 둘러싼 마태오 복음서 저자의 사상이다. 즉 마태오의 저자는 이에 이어서 다음과 같이 덧붙인다.

뱀 같은 자들아, 독사의 족속들아. 너희가 어떻게 지옥의 심판을 피할 수 있으랴. 너희에게 내가 예언자, 현자, 율법학자들을 보내겠다. 하지만 너희는 그들을 죽이거나 십자가에 매달고, 너희의 회당에서 채찍질하며 이 동네 저 동네로 박해하러 다닐 것이다. 그 결과 의인 아벨의 피에서 너희 신전 성소와 제단 사이에서 죽인 베레크야의 아들 즈카르야의 피에 이르기까지 땅에서 흘린 모든 의로운 피가 너희 위에 뿌려질 것이다. 아멘, 너희에게 말한다. 이 모든 의로운 피의 응보가 지금 세대에 내리 덮일 것이다.

(마태오 23장 33-36절)

현재의 바리사이파계의 유대교 지도자들은 자신들이 마치 구약 시대의 예언자의 정의를 계승하는 듯한 얼굴을 하고 예언자의 무덤을 지으며, 안식일마다 예언자가 쓴 글을 낭독하고 그 정신을 설교하고 있지만, 그럼에도 우리 그리스도교도의

'예언자, 현자, 율법학자'를 박해하고 죽이고 있지 않느냐. 위선자인 현재의 유대교 주류에게는 반드시 최후의 심판 때 이 모든 피의 응보가 들이닥칠 것이 틀림없다는 것이 마태오의 주장이다. '너희는 그들을 죽이고 십자가에 매달았고'라는 것은 너무 과장된 말투로, 유대교도의 그리스도교도 박해는 실제로는 그 정도는 아니었다. 십자가에 매달린 자는 예수를 그 속에 넣으면 이야기가 달라지지만, 한 사람도 없었고(로마제국이 직접 시행한 경우는 또 다른 문제다), 살해당한 예도 사도행전 6-7장에 나오는 스테파노, 12장 서두에 나오는 제베대오의 아들 야고보(헤로데의 손자 헤로데 아그리파 1세의 손에 죽임을 당했다. 아그리파 1세는 정평 있는 친바리사이파였다) 외에는 확실한 예가 알려져 있지 않다. 마태오보다 좀 뒤에 이그나티우스, 폴뤼카르포스 외에 유대교도가 소란죄로 로마 관헌에 붙잡혀 사형당한 예는 늘어났지만.

또 하느님이 예언자를 보내지만 이스라엘 백성은 조금도 회개하지 않고 오히려 예언자를 죽였다는 도식은 실은 이스라엘 지식인이 늘 입에 올렸던 상투적인 문구다. 이것은 구약성서 중에 커다란 위치를 차지하는 신명기 申命記적 역사관의 발상 가운데 하나로, 이후 수백 년간 상투문구로 이스라엘 지식인들이 계속 이야기한 것이었다.(예컨대 느헤미야기 9장 26절) 그런 발상을 Q자료를 만든 초기 그리스도교도가 이어받아 그리스도교화해서 이용하고 있는 것에 지나지 않는다. 그리스도교 예언자들인 자신들이야말로 진정한 예언자인데, 당신네 유대인들은 그것을 받아들이려고도 하지 않았다는 것을 신명기적 역사관의 상투문구를 빌려 표현하고 있는 것이다. 현실적으로 얼마나 살해당하고 박해당했는지는 이 말을 한 그리스도교도에게는 고려 밖의 일이었다. 자신들이야말로 하느님이 보낸 올바른 예언자이기 때문에, 따라서 박해당하거나 죽음을 당한 옛날부터 이어져 온 예언자 동아리라는 이야기를 하고 있는 데에 지나지 않는다. '베레크야의 아들 즈카르야'는 기원후 67년(또는 68년)에 죽임을 당한 유대교 체제파의 인물이다. 따라서 이 말은 적어도 마태오에 나오는 이런 형태로는, 예수 사후 40년 이상 지났을 무렵의 교회 의식을 보여주고 있다. 마태오는 그 의식을 계승하고 있는 것이다. 여기에서는 요시모토 다카아키가 적절히 간파했듯이 당파성에 기초한 진리의 주장이 문제가 된다. 그 당파성 의식이 초기 그리스도교도로부터 1세기 말의 마태오에게 어떻게 계승되고 발전해 갔는지를 추구하는 것은 원시 그리스도교사의 하나의 중요한 과제이지만, 여기에서는 거기까지 들어갈 수 없다. 이야기를 예수에게로 되돌리자.

33절 이하를 별개로 하고 처음에 인용한 부분만을 보면, 현재의 율법학자들이 실은 예언자 살해에 가담하고 있었다는 주장은 앞에서 이야기한 당파성 논리와는 상당히 다른 논리로 설파되고 있다는 걸 알 수 있다. 즉 당파성 논리에 따르면 그들은 구약 시대에 예언자의 무덤을 짓지만 현재 그리스도교도를 박해하고 있으므로 예언자 살해자들과 한패라는 이야기가 된다. 이에 비해 예수의 논리에 따르면 그들은 예언자의 무덤을 짓는데, 바로 그 사실 자체로 예언자 살해에 가담하고 있다는 것이다. 여기에서는 이미 지적한 예수의 역설적 말투가 선명하게 드러난다. 어떻게 예언자의 무덤을 짓는 바로 그 사실 자체로 예언자 살해에 가담하는 것이 될까. 이것은 예수 자신이 그의 사후에 당하게 되는 운명을 더듬어 보면 분명해질 것이다.

그리스도교는 십자가를 예쁘게 장식하고, 제단 위에 화려하게 금박한 '성서'를 올려놓음으로써 바로 예수를 살해한 세력에 가담하고 있는 것이다. 그것은 이 책의 초반에 적었다. 아니, 예수에 대한 이런 인식을 애초에 나는 예수 자신의 이 말에서 얻었던 것이다. 예수처럼 불온한 사나이의 영향력이 지속된다면, 그리고 그런 불온한 남자가 점점 더 늘어난다면, 큰일이난다. 지배 권력이 만들어내고 떠받치고 있는 사회 질서를 유지해 가기 위해서는 예수와 같은 사나이의 생각은 폭력적으로 말살하기보다 ― 예수의 육체적 생명을 폭력적으로 말살하는 것은 권력자에게는 쉬운 일이지만, 그 생각을 말살하려 하면 그것의 수십 배, 수백 배, 또는 비교할 수조차 없을 정도의 거대한 폭력이 필요하다. 그럴 정도라면 차라리 그런 생각을 쏙 빼내서 제단에 모시는 편이 쉽겠다. 예수와 같은 사나이의 생각이 아니라 하느님의 아들 예수 그리스도의 일로 삼아 화려하게 꾸미면 정신을 쏙 빼놓을 수 있다. 그런 점에서 예수의 생각은 보존되기보다는 말살당한 쪽이 더 좋았다고 할 수 있다. 그리스도교 2천 년의 역사를, 여러 문제점은 있었지만 예수의 생각을 어떻게든 전해 주었다는 것으로 평가하려는 자들이 있다. 평가라고 하기보다 면죄免罪라고 하는 편이 좋을지 모르겠지만. 당신처럼 예수의 원상原象을 그려내서 그것과 비교하면서 그리스도교 비판을 할 수 있는 것도 그리스도교가 예수의 생각을 전해 준 덕이 아닙니까, 라고 내게 설교하는 사람들이 흔히 있다. 그렇지 않다. 그리스도교가 예수의 생각을 장대한 역사적 규모로 떠받들었기 때문에 우리와 같은 자들이, 아

니 예수의 역사적 실태는 그런 게 아니었어, 라며 고생해서 밝
힐 필요가 생겨난 것이다. 억압하는 권력이 있는 한 예수와 같
은 사나이는 어느 세상에서도 반드시 태어난다. 당연하다. 예
수의 생각 따위 지워져 버려도 좋다. 만일 예수와 같은 사나이
가 이미 태어날 필요도 없는 좋은 세상이 되면 그것으로 좋은
것이다. 그렇게 되면 예수에 대해 이야기할 필요도 없어진다.
'죽은 사람을 장사지내는 것은 죽은 사람에게 맡겨라'(마태오
8장 22절)라고 예수는 말했다. 구약의 예언자들이 마음에 걸린
다면 당신들 자신도 예언자처럼 살아가면 된다. 예언자의 무덤
을 꾸밀 아무런 이유도 없다. 그렇게 해서 과거의 예언자를 절
대적 권위로 추켜세우는 건, 실은 당신들 자신에게 그 절대적
권위의 후광을 덮어씌우고 싶은 것이겠지. 그만하시지. 예전에
예언자를 박해한 게 당신네 같은 무리였다고.

2. 예수와 구약 율법

예수는 여기에서 예언자를 증거로 삼는다. 그러나 별달리
예언자적 정신을 의식적으로 계승하려 하는 것은 아니다. 즉
먼저 예언자의 정신이라는 것을 전해진 전승 중에서 추상화하
고, 이어서 그 '정신'을 기준으로 해서 유대교의 현상을 판정,
비판하는 일을 하는 게 아니다. 먼저 눈에 띄는 뚜렷한 사실은,
예수가 당시의 유대 지식인치고는 실로 드물게밖에는 구약성
서를 인용하지 않았다는 것이다. 주의 깊게 조사해 보면 알겠
지만, 복음서 중의 구약성서 인용은 그 대부분이 복음서 기자
가 덧붙였거나 그 이전의 교회적 전승 단계에서 덧붙인 것이

다. 하지만 예수가 구약성서를 몰랐던 것은 아니다. 예수가 랍비라는 존칭으로 불린 것은(마르코 10장 51절, 11장 21절, 14장 45절. 또 그리스어로 '선생님'으로 기록되어 있는 것은 히브리어 '랍비'의 번역어다) ―이 존칭은 나중에는 확실히 협의의 율법학자들에게만 한정해서 쓰이게 되지만― 그가 상당히 율법을 잘 알고 있었음을 보여주며, 또 예수에게 민사재판의 재판인이 되어 달라고 부탁한 사람이 있었다는 사실(루카 12장 13절)을 보더라도 예수는 구약 율법 전체를 잘 알고 있었다고 볼 수 있다. 도시마다 재판소 조직이 있고, 그 재판관은 율법을 잘 아는 사람이라면 원칙적으로 누구라도 될 수 있었으나 실제로는 귀족적인 지배 계급이 재판 기구를 장악하고 있었던 것으로 생각된다. 이 경우는 예수를 그런 공식 재판인의 한 사람으로 추천하는 사람이 있었다는 것이 아니라 예수가 율법을 잘 알고 있었으니까 재산 분배 조정인이 되어 달라고 했다는 것이겠지만, 예수는 그것을 단호하게 거절한다.

'도대체 누가 나를 당신들의 재판관이나 유산 분배인으로 정했는가.'

율법학자의 주요 업무가 율법의 수득修得, 세칙의 결정, 그것을 토대로 한 공식, 비공식의 재판, 그리고 후배, 일반 민중에 대한 율법 교육이었던 것으로 볼 때, 예수의 이런 답변은 구약성서에 대한 상당한 정도의 지식을 갖고 있었음에도 율법학자로 처신할 의지가 전혀 없었다는 것을 보여준다. 후술하겠지만, 바로 이런 작업을 통해서 율법학자들은 민중에 대한 유대교 지배의 사회적 압력을 완수하는 기능을 수행했다.

그 일반 민중에 대한 율법의 교육, 보급이라는 목적을 위해 존재한 것이 유대교 회당(시나고그)이다. 여기에서는 안식일마다 모여 하느님에게 기도도 했으나, 그 집회의 주요 목적은 율법의 교육, 보급에 있었다. 회당의 발달과 함께 유대교는 신전제의 종교에서 율법학자에 의한 민중의 법률적, 종교 이데올로기적 관리 지배 종교로 옮겨 갔다. 기원후 70년에 예루살렘 신전이 로마군에 의해 완전히 붕괴된 것은, 그런 점에서는 오히려 이후의 유대교에 그다지 큰 타격이었다고 할 수는 없다. 그 무렵까지 유대교는 이미 율법학자에 의한 회당 중심의 종교적 사회 지배 체계로서 충분히 정비되어 있었다. 예수의 유대교 비판이 다른 누구보다도 율법학자에 대해서 가장 날카롭고 강렬한 것도 그 때문이다. 민중 일반을 지배 관리하는 수단으로서는 재판권을 수반하는 법률과 교육이 최대의 무기다. 그것은 실생활을 규정하면서 동시에 관념의 세계에서도 사람들을 압박한다. 사람들은 오히려 스스로 나아가 그런 생활에 순응해 가도록 길들여진다. 유대교 율법학자들은 법과 교육 양쪽을 손에 쥐고 있었으므로 유대인 전체에 대한 사회적인 지배 질서를 유지해 가는 최대의 세력일 수 있었다. 율법학자들을 그냥 종교가로만 보고 예수의 유대교 비판을 종교 관련 일로만 봐서는 의미가 없다는 것은 자명한 일일 것이다.

그런데, 안식일의 회당 집회 얘기인데, 그 집회에서는 율법과 예언자들의 말 중에서 각각 그날의 텍스트를 선택해 낭독한다. 그리고 당시 민중은 이미 히브리어를 이해할 수 없는 상태였기 때문에 그것을 번역(팔레스티나 등에서는 아람어로, 헬레니즘 도시들에서는 그리스어로)했다. 그리고 그 텍스트를 해설하는 설교들을 했다. 즉 그리스도 교회의 예배에서 주요 부분은 실은 유대교 회당 집회에서 하는 방식을 계승했다. 유대교에서는 그 설교를 통해 율법 교육이 이뤄졌다. 설교는 원칙적으로는 누구라도 할 수 있었다. 그러나 실제로는, 그리고 시간이 지나면 지날수록 율법학자들의 독점물이 되었는데, 예수 당시에 유대 지방은 그렇다 치고, 갈릴래아 시골 마을에서는 그게 아직은 비교적 자유로웠던 것 같다. 예수도 안식일에 회당에서 '가르침'을 베풀었다(마르코 1장 21절)고 전하고 있다. 그러나 또 그런 사실로부터 예수가 상당 정도로 구약의 율법, 예언자들에 대한 교양을 갖고 있었을 것으로 추론할 수 있다. 그리고 이제부터는 상상에 지나지 않지만, 예수가 처음에는 율법을 잘 알고 있는 '우수한' 청년으로 안식일에 회당에서 때때로 이야기했고, 그것이 점점 내용이 재미있어졌기 때문에 사람들에게 등을 떠밀려 자주 이야기를 하게 되었으며, 그 결과 사람들에게 알려지게 되었는데, 점차 독자적인 자신의 말을 자신의 주장에 기반해 이야기하게 되자 회당의 관리자 쪽도 그것을 좋지 않게 생각하게 되고, 예수 쪽에서도 회당에서의 설교라는 틀에서 적극적으로 탈피하게 된 것은 아닐까. 예수 등장의 전사前史로서, 거의 이 정도만큼은 상상할 수 있다. 다만 상상이라 했지만 마르코 복음서 저자가 이미 그런 줄거리로 복음서를 썼다.(1장 21-28절은 그런 의미에서는 마르코 복음서 중에서 서곡에 속한다) 그리고 예수는 실제로 그 주요 활동 기간에 발언한 곳은 이미 회당이 아니라 이곳저곳의 집들 실내나 옥외였으며, 우연히 만난 장소에서 벌어진 논쟁이었다. 그러나 그런 장소에서의 예수의 이야기는 인기가 있어서 사람들이 스스로 모여든 것은, 예수가 회당 안에서 이미 율법 해석의 틀을 한 발자국 넘어선 이야기를 하면서 사람들에게 상당히 알려지게 되었기 때문일 것이다. 어쨌든 예수는 회당을 자신의 활동 무대로 삼지 않게 되었다. 그리고 그것을 통해서도 예수가 율법학자가 될 마음이 있었다면 될 수 있는 가능성이 있었지만 오히려 비판적으로 그 길을 포기했다는 것을 알 수 있다.

따라서 예수의 발언 중에서 구약성서에 대해 언급한 것은 주로 상황에 어울리는 상용구로 이용하고 있는 경우('나무가 크게 자랐다'고 하기 위해서 한 표현에 '큰 가지를 내서 그 그늘에는 공중의 새가 깃들 정도였다.'[마르코 4장 32절]와 같은 부류. 이것은 구약의 어떤 구절을 인용한 것이라기보다 구약성서의 여기저기에 나오는 말투—다니엘 4장 12절, 에제키엘 17장 23절, 31장 6절, 시편 104장 12절—를 이용한, 말하자면 문학적인 표현), 구약의 말을 구약의 다른 말로 비판하는 경우(마르코 10장 1절 이하, 12장 35절 이하 등), 나아가 구약 자체를 역설적으로 비판하는 경우(제1장 참조)로 한정된다.

이상의 고찰을 통해 알 수 있듯이 예수는 결코 구약성서 또는 예언자의 정신을 기준으로 삼아 그것으로 현재를 비판한 것이 아니다. 그가 지향한 것은 종교 부흥도 원점에의 회귀도 아니다. 예수가 율법학자들이 예언자의 무덤을 짓고 있다고 말하며 비판할 때 그것은 그들이 예언자의 정신을 왜곡하고 있다고 해서 비판하는 것이 아니라 —실제로 왜곡하고 있었겠지만— 그들이 실제로는 허망虛妄으로 가득 차 있으면서, 자신들의 행위를 예언자에게 돌려서 절대적 권위의 후광을 빌려서 권위를 부여하려고 하는 것을 비판하고 있는 것이다. 그런 형식적 권위로 추앙받는다면 예언자들의 활동의 의미는 죽어 버린다. 바로 그렇기 때문에 그들은 예언자 살해에 가담하고 있다는 말을 듣는다.

3. 율법학자 비판

'율법학자들은 무거운 짐을 이래저래 묶어 남의 어깨에 짊어지게 하지만 자신들은 손가락 하나 까딱하려 하지 않는다.'(마태오 23장 4절 = 루카 11장 46절, Q자료)

이것은 우선 비유적인 표현이다. '무거운 짐'이라는 말로 그들의 옥상옥屋上屋으로 쌓여가는 율법 해석과 그것을 엄격하게 사람들에게 적용하려는 권위주의적인 압력을 비유하고 있는 것이리라. 그리고 마태오는 여기에서 그들의 '위선'을 보려 한다. 이들 일련의 예수의 율법학자 비판을 '위선'이라는 각도에서 정리한 것은 마태오다.(병행하는 루카의 기술에서, Q자료 단계에서는 아직 이들 율법학자 비판 전승을 '위선'이라는 개념으로 묶는 작업은 하지 않았다는 것을 알 수 있다)

'그들은 말은 하지만 실천하지 않는 자들이다'라는 구절은 마태오가 붙인 것이다. 당파적 진리 주장에서 나온 다른 당파 비판으로는 '위선'이라는 딱지를 붙이는 것이 제일 하기 쉽다. 저자들은 입으로는 좋은 이야기를 하지만 결코 실천하지 않아. 이런 경우에 우리는 너무 마태오의 말을 믿어서는 안 된다. 오히려 고대 유대 율법학자들, 특히 그 대부분을 차지하고 나중에는 율법학자 전체를 장악하게 되는 바리사이파 율법학자들은 그들의 주장과 행동 사이에 거리가 없다는 의미에서는 아마도 역사상 대표적인 예들 중의 하나일 것이다. 그런 점에서

그리스도교는 바리사이파의 명예를 회복해 주고, '위선자'라는
식의 딱지를 붙인 것을 사죄할 의무 정도는 있을 것이다.

바리사이파는 원래 재가在家(사제에 대한)의 경건주의자 운
동이다. 그리고 종교적 경건심의 부흥, 윤리적 엄격주의 등을
지향한 점에서는 예컨대 퓨리터니즘(청교도주의)과 비교할 수
있다. 적어도 평균적인 퓨리턴을 1세기 성서의 세계로 데리고
간다면 그들과 가장 가까운 것은 바리사이파일 것이다. 유대에
서의 상업의 발전과 바리사이파의 성립에는 퓨리터니즘과 근
대 자본주의의 관계와 닮은 것이 있다고 생각할 수 있지만, 나
는 아직 차분하게 그 자취를 더듬어 확인할 시간이 없다. 그것
은 어쨌든 간에 바리사이파는 당연하게도 구약 율법의 준수를
주장했기 때문에 율법의 학습에도 열심이었으며, 독자적인 사
회적 신분으로 성립되고 있던 율법학자층의 급속한 성장, 발전
을 떠받치게 되었다. 그들의 자기주장으로 보면, 그리고 그 자
기주장의 범위 내에서 하고 있었던 것을 보면, 그들은 입 밖에
낸 말은 실천하는 자들이었다.

이러한 그것 자체로서는 올바른 역사 인식에서, 그리고
1960년대의 '부유해진 서구' 이데올로기가 된 '화해'의 정신
에, 나치스의 유대인 학살에 대한 죄책감이 수반되어, 현재 서
구의 신학자들은 유대교 비판을 가능한 한 피하게 되었다. 물
론 현대의 유대교도를 그리스도교도가 차별하는 것은 옳지 않
다. 하지만 지금은 그 반동으로서 현재의 구미인(특히 미국인)
은 끊임없이 이스라엘 제국주의 편을 들면서 아랍 차별을 증
폭해 가고 있다. 그렇게 되면 유대인을 예전에 차별했던 자신
들의 자세를 근본적으로 바꾼 것이 아니라 차별을 유대인에서

아랍인으로 옮겼을 뿐이다. 생각해 보면 유대교는 그리스도교의 자매가 아닌가. 실은 같은 신을 예배하고 같은 종교적 문화적 전통 속에서 살아가고 있는 것이 아닌가. 그와 달리 아랍인은 뿌리부터 이교도요 야만인이다…… 유대인 차별은 극복되지 않고 전이되었다. 그것은 어찌되었든, 지금의 구미 그리스도교 신학자들은 마태오 23장의 유대교 율법학자 비판은 1세기의 유대교에 대한 비판으로서는 옳지 않다고 생각하게 되었다. 구미 신학자들의 성서 해석이 어떻게 그때그때의 이데올로기를 반영하는지를 보여주는 좋은 예다. 그리고 그들은 이것은 옳지 않기 때문에 예수의 말이 아니다, 라고 결론짓는다. 향후 마태오 23장은 예수의 말이 아니라 마태오 신학의 편견에 지나지 않는다고 보는 그리스도교 신학자들의 수는 미국이나 독일을 중심으로 점점 늘어날 것으로 생각된다.

확실히, 만일 이것을 '유대인'에 대한 비판으로 받아들인다면 물론 옳지 않다. 그러나 이것이 유대인을 민족 전체로 통째로 비판하는 말이 아니라는 것은 일목요연할 것이다. 이것은 어디까지나 바리사이파 율법학자들 비판이다. 마태오 23장을 토대로 유대인은 모두 위선자라고 믿는 전통적인 그리스도교도, 또는 그것을 비판하며 유대인은 우리와 같은 인간이지 위선자가 아니므로 마태오의 이 말은 잘못되어 있다고 반성한 현대 구미의 화해의 신학자들도 공통적으로 잘못되어 있다. 즉 마태오 23장은 바리사이파 율법학자에 대한 비판인데 어느쪽이나 모두 이것을 유대인 전체 비판으로 잘못 생각하고 있는 것이다. 그리고 이 잘못 생각하는 자세에 바로 문제의 근원이 있다. 그들은, 유대인은 전체적으로 선한가 악한가, 라는 식으로밖에 묻지 못한다. 이래서는 악하다고 하면 유대인을 모두 해치워 버려, 라는 쪽으로 가게 되고, 선하다고 하면 유대교 유대인 국가의 현상에 대한 비판조차 허용하지 않게 된다. 따라서 지금 유대인들이 아랍인들 머리 위에 비오듯 폭탄을 퍼부어도 아무렇지도 않게 생각하는 무리들이 아랍인이 유대인을 한 사람이라도 죽이면 시끌벅적하게 대소동을 일으킨다. 내부 비판은 용납되지 않는다는 자세가 여기에서는 보인다. 일본이라는 나라를 철저히 비판하는 것은 결코 일본인이 하는 일은 좋은 것에서부터 나쁜 것까지 모조리 나쁘다고 하는 이야기가 아니다. 하지만 그것을 혼동하는 무리는 '일본'을 긍정하기 위해서는 일본 비판 따위는 용납할 수 없다고 생각하고 만다. 이정도에서 멈추자. 예수는 유대교의 종교적 사회적 지배 체제와 그 대변자인 바리사이파 율법학자들을, 그 체제 속에서 헐떡이며 힘겹게 살아가는 자로서 철저히 비판하려 했던 것이다.

확실히 마태오 23장에는 예수 자신의 바리사이파 율법학자 비판과, 그것을 상당히 도식적으로 정리한 마태오의 바리사이파 율법학자 비판이 혼재되어 있다. 그리고 마태오의 율법학자 비판은 자신이 율법학자적 정신의 전통에 편승하면서 그것을 그리스도교화하겠다는 입장을 취하고 있는 만큼 원조 다툼의 색깔을 띠며, 따라서 다른 목적으로 일부러 하는 비판으로서의 경향도 강하다. 그리고 우리가 명확하게 이 부분은 예수의 말이고 저쪽은 마태오의 가필이라고 분리할 수 있는 것이 아니다. 그럼에도 최소한 Q자료까지 거슬러 올라가는 부분과 거기에 대한 마태오의 가필은 어느 정도까지 구별할 수 있다.

'예언자의 무덤을 짓는다' 등의 말을 둘러싼 예수와 마태오의 차이는 또한 객관주의 역사 연구의 방법적 한계도 가르쳐 준다. 이런 역사 연구 방법의 한 가지 결함은 과거 사람들의 자기 이해(자신이 무엇이라고 생각하고 있는가, 라는 이념)를 객관적으로 확인하는 지점까지는 잘 가지만, 그것을 그대로 그 사람들의 역사적 실체로 간주해 버리는 점에 있다.

바리사이파 율법학자들의 자기 이해라는 관점에서 보면, 자신들은 물론 위선자가 아니라 오히려 경건한 실천파로, 자신들이 해서는 안 될 것으로 선언한 것에 대해서는 엄격하게 하지 않도록 노력했다. 그렇다면 마태오처럼 그들은 말은 잘 하지만 실행하지 않는 위선자(23장 2절 이하)라는 비판을 퍼부어도, 당시의 성실한 유대교도의 눈으로 보면, 그것은 다른 목적으로 일부러 하는 매도罵倒로 들릴지언정 그것 이상의 의미는 갖지 않았을 것이다.

그것과 달리 예언자의 무덤을 짓는 행위 자체를 통해 그들은 예언자 살해에 가담하고 있지 않느냐, 라는 예수의 비판은 적어도 율법학자들의 자기 이해를 꿰뚫고 있다. 그들의 자기 이해라는 관점에서 보면, 그들은 예언자의 전통을 이어받은 자들이다. 실제로 그렇게 하려고 그들은 실로 열심히 노력하고 있었다. 그러니까 안 돼, 라고 예수는 말한다. 과거의 예언자를 절대적인 권위로 떠받들면서 그 무덤을 꾸민다. 그렇게 함으로써 지금 살아가고 있는 사람들에게 오히려 쓸데없이 무거운 짐을 잔뜩 지우고 있는 것 아니냐.

'무거운 짐을 다른 사람에게 지게 한다'는 것은 우선 비유적인 표현이라고 이야기했다. 그러나 비유는 비유에 지나지 않는다고 해서는 안 된다. 비유는 그것을 통해 저쪽 세계의 '진실'

을 가리키는 것이기 때문에, 그 진기한 종교적 '진실'만 붙잡을 수 있다면 비유의 말 그 자체는 이미 어떻게 되든 상관없다는 식으로 이야기해서는 안 된다. 비유를 이야기할 때 사람은 자신이 알고 있는 세계의 현실에서 그 예를 찾아낸다. 어떤 비유의 말을 생각해낼까, 라는 것은 바로 그 사람이 평소에 어떤 것을 생각하고 어떤 현실을 살아가고 있는가, 라는 것의 표현이다. 일상생활에서 실제로 타인에게 무거운 짐을 지게 하고 자신은 손가락 하나 까딱하지 않는 자의 모습에서 분노를 느끼는 자만이 그런 비유를 이야기할 수 있다.

율법학자는 사실 일상생활에서 무거운 노동을 하지 않는, 아니 거의 먹기 위해 일할 필요가 없는 무리였다. 그들에게는 재판관의 역할을 수행함으로써 보수를 받는 것은 금지되어 있었다. 보수를 받음으로써 재판의 공평성이 지장을 받게 된다는 게 이유였다. 재판 제도로서는 그렇게 하는 것이 확실히 훌륭할지 모르겠다. 국민의 생활을 지켜야 할 법률과 재판 제도가 오늘날의 세계 자본주의국가들에서는 돈 있는 자들의 생활밖에 지키지 않는다는 말을 듣는 것은 변호사 대금과 법정 유지비에 엄청난 돈이 들기 때문이다. 그렇지만 또 유대교 율법학자들의 경우 그 주요 업무의 하나인 재판 업무에서 수입을 얻을 수 없다면 율법학자가 될 수 있는 것은 먹기 위해 악착스레 일하지 않아도 되는 자들뿐이다. 재산이 있는 유한계급만이 법률 전문가가 될 수 있다. 현대 사회처럼 법률가가 되면 먹을 수 있고 많은 수입이 굴러들어오므로, 법률가가 되기 위한 수업 기간에도 여러 가지로 국가적으로 보호를 받고 있는 경우에조차 법률가가 될 수 있는 것은 비교적 부유한 층의 출신자들이 많다. 더구나 고대 팔레스티나에서 수입이 없는 것을 원칙으로 하고 있었다면(물론 현실이 원칙대로만 돌아가는 것은 아니고 이면에서 온갖 뇌물을 받고 그 덕에 살찐 자들도 상당히 존재했겠지만, 그것은 또 다른 문제다), 상당 정도의 재산을 가진 자들만 법률가가 될 수 있었다고 할 수 있을 것이다. 따라서 개개의 재판에서는 원칙적으로 공평할지라도 그들에 의해 유지되는 법률 전체가 계급적인 것이 될 수밖에 없었던 것은 당연하다고 할 것이다.

고대 유대사에서의 율법학자층의 성립을 상업 발전이 가져다준 경제적 잉여가 만들어낸 것으로 보는 시각은 여기에서도 타당하다. 아라이 사사구의 『예수와 그의 시대』는 다소 안이하게 독일어 교과서를 베껴쓰면서, 율법학자는 도시의 소시민 계급을 배경으로 해서 성립된 것으로 '그들 자신이 많은 경우 그 일상생활에서는 피혁공, 천막 제조인, 목수 등의 수공手工에 종사하고 있었다'고 썼다. 아라이가 '소시민 계급'이라고 한 경우 매우 애매해서 대체 '소시민'이라는 것이 하나의 경제적 계급으로 당시의 팔레스티나에 존재할 수 있었는지조차 생각하지 않았는데, 만일 위에서 말한 직업들과 같은 것이라면 '소시민 계급'이라고 대충 알 수 있을 것 같은 말을 쓰지 말고 수공업자 또는 장인층이라고 했으면 좋았을 것이다.(같은 책 뒤에서 아라이는 좀 더 엄밀하게 생각한다) 그러나 율법학자들 대다수가 수공업자였다는 것은 매우 의심스럽다. 일부 그런 율법학자도 존재했던 것을 두고 느닷없이 대다수가 그랬다고 결론지을 수는 없다. 이것은 바울로가 천막 만드는 일을 했다고 해서, 초기 그리스어권 그리스도교는 '편력 수공업자'들이 맡고 있었다는 식으로 결론짓는 것이 심한 논리적 비약인 것처럼 무리한 결론이다. 대체로 막스 베버의 '사회학'은 이런 논리적 비약이 너무 많은데(『자본주의 정신과 프로테스탄트의 윤리』의 추론 방식도 그렇다), 바울로 한 사람을 모든 그리스도교도로 확대하는 것이 터무니없는 데다가 바울로가 자신을 편력 수공업자로 불렀을 리가 없다. 가끔 입에 풀칠하기도 힘들어 여행지에서 잠시 돈벌이를 할 때 천막 만드는 재주가 있었다는 것과 사회적 신분으로서 수공업자였다는 것은 다른 이야기다. 후자라면 먹기 위해 일상적으로 천막을 만들었겠지만, 바울로의 경우는 청년기에 아마도 부모의 돈으로 예루살렘에 율법학자 수업을 받으러 유학을 갈 수 있을 정도로 유복했고, 그리스도교 세계 전도사가 되고 나서도 천막 만들기로 돈을 번 것은 오히려 예외적인 일이었다.

구미의 신학자들 일부가 율법학자들을 즐겨 소시민 계급으로 규정하고 싶어 하는 사상적 배경을 아마도 아라이는 알아채지 못한 것 같다. 그들은 예수에게 계급적 관점을 갖게 하는 것을 극도로 혐오한다. 따라서 예수가 부유한 계급을 비판하고 빈민의 입장에 서 있었다는 것을 어떻게든 부정하려고 한다. 그것을 위해 매우 유리한 사실은 율법학자들이 소시민 그리고 때로는 빈민 출신이라는 점이다. 그렇다면 예수는 소시민이나 빈민의 삶도 준엄하게 비판했다는 이야기가 되고, 결국 어떤 계급에 대해서도 예수는 똑같이 비판한 것이므로 결코 계급적 관점에 서 있지 않았다는 결론이 된다. 예수는 모든 인간을 죄인으로 봤으며, 따라서 또한 모든 사람들에게 구원을 가져다주었다는 것이다.

물론 계급의식을 기계적으로 예수에게 갖게 해서 예수를 계급투쟁의 주역이나 이론가로 세우자, 라는 것은 심각한 시대착오다. 계급의식이 근대에 이르러 어떻게 성립되었는지를 더듬어 가보면, 그것을 느닷없이 고대 팔레스티나의 시골 목수에게 집어넣는 터무니없는 짓을 하지는 않을 것이다. 하지만 또 확실한 계급의식을 갖고 있지 않았다고 하더라도, 그리고 또 고대 사회에서는 계급 분화가 반드시 확연하게 존재하고 있었던 것은 아니었다 하더라도, 한편으로 계급적 이해관계의 현실이 사람들의 의식에 전혀 반영되어 있지 않았다고 확신하는 것도 마찬가지로 터무니없는 일일 것이다. 어쨌든 구미의 성서학자들이 율법학자들을 소시민층 출신으로 보고 싶어 하거나, 빈민 출신자도 많았다고 이야기하고 싶어 하는 것은 위와 같은 생각 때문이다. 구미(에 한정되는 건 아니지만) 학자들의 일견 '객관적'인 연구의 배후에는 늘 이런 종류의 사념이 소용돌이치고 있다.

확실히 율법학자들은 기술을 가져야 한다는 주장도 랍비의 말 속에는 보인다. 즉 달리 수입을 얻는 길을 확보해 두지 않으면 율법 자체를 생계 수단으로 삼으려 하면서 율법에 대한 공정성을 잃는다는 것이다. 예수보다 1세기 정도 뒤의 랍비로, 통상 가말리엘 3세로 불리는 인물이 '율법을 배우는 것과 기술을 갖는 것 모두 사람을 죄로부터 멀어지게 한다. 기술을 갖지 않고 율법을 배우면 결국 망가져서 탐욕에 빠진다'(아보트Avot 2장 2절)고 말했다. 그러나 또한 이런 훈계를 굳이 하는 랍비가 있었다는 사실은 기술을 갖지 않은 랍비가 부쩍 늘고 있었다는 것을 보여주는 증거일 것이다. 그리고 또 원래 먹기 위해 어차피 노동을 해야만 하는 자와 '죄에서 멀어지기' 위해서 하지 않아도 되는 직업노동에 손을 대는 자 사이에는 거리가 있다. 그리고 또 한편으로는 율법학자들이기 때문에 '가능한 한 직업에 관여하는 것을 줄이고, 가능한 한 율법에 많이 힘쓰라'는 주장도 하고 있다.(랍비 메이르의 말, 아보트 4장 10절) 이쪽이 랍비들의 평균적 견해다. 특히 초기의 율법학자들은 그러했다. 예수보다 좀 이른 시기의 랍비 힐렐의 말에는 일종의 실감이 담겨 있다. '장사에 너무 몰두하는 자는 현명해질 수 없다.'(아보트 2장 6절) 실감이 있다고 한 것은 이 힐렐이라는 남자는 젊은 시절에 돈이 없어서 율법학자의 학교에 들어가기 위한 수업료를 낼 수 없었기에 어쩔 수 없이 노동자로 일하면서 그 돈을 모아 마침내 학교에 들어갈 수 있었다는, 고생 끝에 큰 인물이 된 입신출세의 표본과 같은 남자였기 때문이다.(바빌로니아 탈무드, 요마 35b) 이 힐렐의 예가 종종 율법학자들은 결코 부유한 지배 계급이 아니었다는 주장의 증거로 인용된다. 그러나 홀로 고생해서 출세한 자가 있었다고 해서 그것으로 율법학자 전체의 사회적 위치를 정할 수 있는 것은 아니다. 고생 끝에 출세한 유형은 예외라서 더욱 칭찬을 받는다. 그리고 바로 이런 이야기에서 볼 수 있듯이 율법학자들은 타인에게 율법을 가르치는 것으로 많은 수입을 얻었던 것이다. 어느 정도 지배적인 힘을 가질 수 있게 된 율법학자들은 율법학자 양성을 위한 일종의 학교에서 얻는 것이 늘어나면서 편히 생계를 꾸릴 수 있었던 것으로 볼 수 있다. 상황이 이쯤 되면 아들을 훌륭한 율법학자로 키우려는, 또는 하다못해 율법적 교양을 익혀 사회에서 존경받는 사람으로 만들려는 귀족이나 부자들이 듬뿍 돈을 갖다 바치게 되는 것이다. 그들 사회에서는 율법을 알고 있다는 것, 하물며 랍비로 불리는 신분이 되는 것은 큰 사회적 영향력과 권력을 가질 수 있게 해 주었다. 그렇게 해서 얻은 시간을 들여, 그들은 먹기 위해 일하지 않으면 안 되는 자들은 다 욀 수 없는 율법 세칙을 구석구석 살피고 그것을 토대로 자신들의 마을에서 살아가는 사람들의 생활을 요란하게 감시한다. 사람들은 그리하여 그들에게 일상생활의 구석구석까지 지배당하게 된다.

확실히 율법학자들 중 일부가 '소시민층' 출신이라는 것은 어느 정도까지는 그렇다고 할 수 있다. 그러나 고대에, 특히 팔레스티나 등에서는 '소시민'이라는 개념을 엄밀하게 규정하는 건 불가능하다. 나아가 어떤 계급 출신인가 하는 것과, 현재 그들이 어떤 관점을 대표하고 있는가 하는 것은 같은 질문이 아니다. '소시민'이라는 애매한 말을 피해 좀 더 엄밀히 이야기하자면, 일반적으로 바리사이파 율법학자들은 도시 부르주아, 특히 예수 당시에는 예루살렘의 도시 부르주아의 의식을 표현했다. 여기에서 도시 부르주아는 지방에서(예를 들면 갈릴래아) 대농지를 소유하고 자신은 도시에 사는 귀족부터 비교적 소규모 상업을 하던 자까지 포함한 도시의 유산 계급이라는 정도의 의미다. L. 핀켈스틴Louis Finkelstein의 바리사이파에 대한 재미있는 연구가 제공하는 예를 하나 소개해 보자. 핀켈스틴의 연구는 너무 도식적인데, 바리사이파 중에서도 샴마이파는 지방에서 대토지 소유에 기초를 둔 큰 부자들인 귀족을 기반으로 하고 있었던 것에 비해, 힐렐파는 장인을 중심으로 한 도시의 하층민에 기반을 두고 있었다고 확실히 구분하고 거의 항상 이 관점에서 설명하려 한다. 이것은 하지만 핀켈스틴만큼 도식적으로 구분하지만 않는다면 거의 정확한 관점일 수 있다. 적어도 도이 마사오키처럼 힐렐파를 바리사이 우파, 샴마이파를 바리사이 좌파 등으로 부르는 것보다는 역사적으로 훨씬 더 엄밀하다. 도이는 협의의 정치, 그것도 로마 지배냐 민족 독립이냐라는 요소밖에 생각하지 않기 때문에 이래저래 로마 지배에 반대하는 자들을 모두 '좌파'로 부른다. 그러나 대토지 소유자인 귀족들은 로마제국에 의해 자신들의 권익이 침범당하는 것에 반대하기 때문에 정치적으로는 반로마가 된다. 따라서 샴마이파는 예루살렘의 보수적인 귀족층에 기반을 두고 있으면서 동시에 반로마적 자세를 보였다. 핀켈스틴은 도이와 달리 바라사이파의 경제 기반을 잘 보고 있다. 다만 힐렐파가 도시 하층민 의식을 대표한다고 보는 것은 옳지 않다. 앞서 언급한 18의 하라코트(가르침)를 둘러싼 다툼에서는 힐렐파는 명료하게 국제적 규모로 상업을 하던 자의 입장을 변호한다. 오히려 샴마이파는 어느 쪽인가 하면 대토지 소유 농업 부르주아, 힐렐파는 상업 부르주아의 이해를 대표했다고 하는 편이 정확할 것이다.

그런데 핀켈스틴이 든 예를 보면(탈무드, 샤바트 17a), 갈릴래아산 올리브에 대해 '더러움'의 규정을 샴마이파는 관대하게 해석한다고 이야기한다. '더러움'의 규정은 지극히 복잡하기 때문에 여기에서는 상당히 난폭하게 요약해서 소개할 수밖에 없지만, 일반적으로 과일은 수분이 묻으면 더럽혀진 것이 된다. 따라서 갈릴래아 농민은 예루살렘에 보내는 올리브에 수분이 묻지 않도록 신경을 써야 한다. 하지만 다른 수분은 어찌

되었든 올리브 열매 자체가 찌부러져 나오는 수분을 피하기는 어렵다. 갈릴래아의 농장 경영에 기반을 둔 예루살렘 귀족들은 그렇게까지 엄밀하게 따지면 사정이 곤란해진다. 그래서 그들의 이해를 대표하는 샴마이파는 올리브에 대해서는 올리브가 찌부러져 즙이 묻어도 더럽혀지지 않은 것으로 간주하게 했다. 그런데 유대 지방은 올리브는 잘 안 되지만 포도는 잘 된다. 포도주를 취급하는 상인에게 이것은 같은 문제다. 샴마이파는 거기에는 별로 이해관계가 없으므로 용납하지 않는다. 그러나 샴마이파가 올리브를 특례로 취급하는 것에 대해 불만을 표시한 힐렐파는 포도에 대해 특례를 설정한다. 포도를 실을 때 찌부러진 포도의 즙이 묻어도 그것은 더럽혀진 것으로 취급하지 않는다는 것이다.

그런데 일반적으로 율법학자들이 앞서 이야기한 그런 자들이었다고 한다면, 예수가 그자들이 무거운 짐을 타인에게 짊어지게 했다고 한 것은 그들의 일상생활의 실제 모습을 지적하고 있는 것이겠지만, 동시에 그들의 율법 이해와 율법적 실천의 기본적 질을 문제 삼고 있는 것이다. 그들은 '더러움'에 손을 대야 하는 곳에서 노동할 필요가 없었다. 따라서 종교적 더러움에 대해 엄격한 율법을 주장하면서 누구보다도 그것을 잘 실천하는 자들이 될 수 있었다. 그들은 안식일에 몰래 부업을 하는 짓 따위를 할 필요가 없었다. 따라서 누구보다 안식일 규정을 잘 지킬 수 있었다. 하루 종일 밖에서 일해 피곤해진 인간이 기도 시간 따위를 엄밀하게 지킬 수 있었을까. 그들은 그 밖의 다른 시간에는 아무것도 하는 게 없었으므로 기도 시간만큼은 생기가 넘쳤던 것이다. 아니 바로 그들은 말한 것만큼은 정확하게 실천했다. 그래서 곤란한 것이다. 그들은 그런 사상과 실천을 통해 점점 더 무거운 짐을 사람들의 어깨에 지운다.

그리하여 예수의 유대교 비판은 사회 지배 이데올로기적 기구로서의 유대교를 충분히 그 실질에 파고들어 비판하고 있다. 그가 유대교라는 '종교'를 비판하고 그 대신에 더 '본질적'인 종교를 지향하려 했다는 등의 이야기를 결코 해서는 안 된다. 제1장 유대교의 하느님 이해, 제2장 종말론과 메시아론, 제3장 종교공동체론과 윤리 등으로 항목을 나눠 정리해서 유대교의 종교 이념을 비판한 것이 아니다. 예수를 교의적으로 처리하고 싶어 했던 복음서 기자 마태오나 루카조차 이런 종교학과의 교과서 같은 목차를 만들지는 않았다.

4. '더러움'과 '깨끗함' – 바라사이파의 생활 지배

예수의 제자들에는 농촌이나 어촌 출신자들이 많았던 것으로 생각된다. 또는 작은 마을의 수공업자나 소상인들도 있었을 것이다. 어디까지를 예수의 '제자'로 봐야 하는지는 문제지만, '제자'를 특정한 소집단으로 국한하는 것은 나중의 교회의 경향으로, 예수가 살았던 당시는 예수를 따라다니거나 예수의 말을 즐겨 듣고 그것을 다른 사람들에게 이야기하며 돌아다니는 무리는 모두 예수의 제자로 간주되었을 것이다. 아니 '제자'라는 개념, 즉 랍비적인 사제 관계를 연상시키는 개념이 어느 정도로 사용되고 있었는지도 모른다. '제자'라는 개념에 대해 확실한 것은 예수의 사후에 교회를 만든 이들이 예수의 '제자'라 자칭했으리라는 것이다. 하지만 예수 생전에도 예수를 비판한

쪽에서는 예수 주변에 이처럼 모여든 자들 중에서도 비교적 열성적인 무리를 '제자'로 간주했을 것이다.

정의의 문제는 차치하고, 예수의 제자들에는 농촌이나 어촌 사람들이 많았던 것으로 생각된다. 따라서 그들에게는 말쑥한 도시 부르주아의 종교 윤리는 친숙하지 않았다.

바깥에서 돌아와 그대로 손도 씻지 않고 식사를 하는 것은 그들에게는 예사였다. 그러나 이것이 바리사이파에게는 마음에 들지 않는다. 바깥에서 돌아오면 더럽혀져 있으므로 손을 씻지 않고 식사를 하는 것은 가당찮은 일이었다. 가끔 예루살렘에서 율법학자가 온 적이 있었다. —그 무렵은 아직 갈릴래아 지방에 정주하고 있던 율법학자가 매우 적었다. 1세기 말 무렵에는 몇 명의 율법학자들이 갈릴래아 지방에도 정주하고 있었다는 사실이 확인되고 있으므로, 1세기 전반前半에도 어느 정도는 있었겠지만 어쨌든 극히 적었던 것은 확실하다. 오히려 예루살렘을 근거지로 하는 율법학자들이 '교화'를 위해 갈릴래아 지방을 찾아오는 경우가 많았을 것이다— 바리사이파는 재가 종교 운동이기 때문에 원칙적으로는 누구라도 될 수 있어서 그 당시에 이미 갈릴래아 지방에도 바리사이파는 많이 있었던 것으로 생각된다. 이에 비해 율법학자는 전문적 수련이 많이 필요한 측면이 있어서 갈릴래아 지방에는 별로 없었던 것일까. 율법학자가 종종 갈릴래아 지방에 순회하러 옴으로써 그 지역 바리사이파 사람들은 이론적 지도를 받았고, 또 갈릴래아 지방의 유대교를 전체적으로 바리사이파 쪽으로 강화해 갔을 것이다. 원래 바리사이파 운동 자체가 예루살렘의 도시 유산 계급을 중심으로 성립되고 발전한 것이라면, 갈릴래아 지방의 바리사이주의의 보급은 도시 유산 계급의 종교 사회 윤리를 전국적으로 확장해 가는 운동이었다고 할 수 있다. 더구나 예루살렘에서 '내려온' 율법학자가 그 운동의 중핵을 이루고 있었다면 그런 도시 지향의 경향은 강했을 것으로 생각된다.

예루살렘에서 율법학자가 내려왔을 때 지역의 바리사이파도 힘을 얻어, 이때라는 듯이 예수에게 불만을 토로했다. 당신은 몹시 소란스러운 이야기를 이래저래 한 모양인데, 당신 제자들은 되어 먹지 않았잖아요. 밖에서 돌아와 손도 씻지 않고 식사를 하고……

이때 이 문답이 실제로 현장에서 율법학자나 지역 바리사이파와 마주하고 논의를 시작한 것인지, 그렇지 않으면 보통 바리사이파 사람들은 예수 주변에 모이는 사람들의 언동을 몹시 불쾌하게 여기고 있었기 때문에 율법학자가 내려온 기회에 예수에게 불만을 이야기하러 온 것인지, 또 그게 아니면 그들 사이에서 예수의 동료들에 대해 이런 비판이 이루어진 것을 누군가가 듣고 와서 예수에게 보고한 것인지 등을 아무리 파고 들어 봐야 소용이 없다. 그리고 이런 종류의 요소들이 확인되지 않으면 이를 사실史實로 인정하기 어렵다고 생각하는 구미 학자들의 궤변과 상종할 일도 없다. 사실은 율법학자를 중심으로 한 바리사이파는 예수의 동료들의 이런 일상생활 모습을 비난했고, 그 비난은 직접 또는 간접으로 예수의 귀에 들어갔을 것이며, 예수의 활동에 대해 커다란 압박으로도 작용했을 것이다. 아니, 특히 예수와 그 동료들에 대해서만이 아니라 갈릴래아의 주민 전체에 대해 율법학자를 중심으로 한 바리사이파는 항상 이런 종류의 종교 사회 윤리를 요란하게 강요했을 것이다.

마르코 복음서의 저자는 이것을 이렇게 설명한다.

바리사이파를 비롯해서 유대의 사람들은 모두 대야 물로 손을 씻지 않으면 먹지 않는다…… 또 시장에서 돌아왔을 때에는 몸을 씻고 나서야 먹었다. 그 외에 많은 것을 전승으로 이어받아 지키고 있다. 잔이나 사발그릇이나 주발을 씻는 것 등이다.

(마르코 7장 3-4절)

여기에서 '유대의 사람들'이라는 것은 협의의 유대인이다. 즉 갈릴래아, 사마리아는 거기에 들어 있지 않으며, 남부 팔레스티나의 예루살렘을 중심으로 한 지방 사람들을 가리킨다. 갈릴래아 사람 입장에서 보면 자신들을 경제적 사회적 종교적으로 지배하는 세력의 사람들이다.

이것은 오늘날 구미 연구자들 사이에서 악명이 높은 구절이다. 즉 실제로 당시의 유대인은 그런 일을 하고 있지 않았기 때문에, 이런 잘못된 설명문을 쓰는 것을 보면 마르코는 당시의 팔레스티나의 사회 사정을 전혀 모르고 있었을 것이라는 이야기다. 먹기 전에 반드시 손을 씻는다는 것은 모든 유대인에게 부과된 규칙이 아니라 사제들에게만 부과된 규칙이다. 이 경우 문제가 되는 것은 물론 위생상의 배려는 아니기에 제의적인 의미에서의 '청결'이다. 사제가 사제를 위해 헌납된 것을 먹을 때에는 이것은 신성한 것이므로 먼저 손을 씻어 더러움을 제거해야 한다. 그것을 마르코는 모든 유대인의 관습이라고 해석했다는 이야기다.

이 점은 당시의 유대교 실태를 알기 위한 연구 방법의 기본과 관련된 것이기 때문에(거기에다 마르코 씨의 명예와도 관련이 있으므로), 좀 더 논의해 보자. 근대의 연구자들은 사실이 어떠했는지를 알기 위해 유대교의 종교적 법률을 극명하게 조사했다. 그러나 그런 기묘한 연구 방법은 없다. 달리 실마리가 없을 때는 어쩔 수 없지만 일반적으로 이야기해서 사람들의 생활 실태가 법률에 쓰여 있는 그대로였다는 것은 세계 역사의 어디를 가 보더라도 있을 수 없다. 하지만 고대사 연구자들은 종종 이런 터무니없는 짓을 저지른다. 평소에 관념이 그대로 실재實在라고 생각하고 있는 사상적인 안이함이 이럴 때 마각을 드러내는 것이다. 대개의 경우 좋은 일이건 나쁜 일이건 사람들은 법률의 규정이 요구하는 것보다 더 벌벌 떨며 신중하게 행동한다. 몹시 번거로운 법률의 변통 따위 도저히 모르겠기에 어떻게 해도 걸리지 않도록 대폭 자기 규제를 하는 것이다.

바리사이파의 운동은 재가在家 운동이라고 앞서 이야기했다. 그러나 이것은 사제와는 다른 속인들에 어울리는 종교 운동을 만들어 내려는 것은 아니었으며, 오히려 사제들조차 이미 '더러움'과 '청결'의 구별을 엄밀하게 지키지 않게 된 당시의 사회에서 사제에게는 더욱 엄밀하게 성직으로서의 규정을 지키도록 요구하고, 또 자신들은 사제가 아니지만 옛날 법률에서는 사제에게만 적용되던 규정을 '성스럽게' 살아가기 위해 자신들에게도 적용한 것이다. 그것은 재가의 운동이지만 속인과 같은 삶을 추구하는 운동이 아니라 오히려 성직자의 삶을 속인들에게까지 확장하려는 운동이었다.

예컨대 2세기 초의 랍비 아키바는 제2차 유대 독립전쟁에 가담해 결국 최후에는 옥중에서 순교했는데, 그 옥중에서 마실 물로 제공된 약간의 물을 손을 씻는 데 사용했다.(에루브Eruv 21b) 마실 물이 없어지더라도 식사 전에는 손을 씻어야 한다는 동료들의 의견을 무시하지 않는 것이 좋다는 것이다. 옥중에 있는 것과 같은 극한 상황에서조차 바리사이파 율법학자들은 먹기 전에 손을 씻는 것을 준수했던 것이다. 율법학자들은 사제가 아니다. 신전 제의에 관한 질서라는 관점에서 이야기하자면, 성직자가 아니라 속인이다. 게다가 이토록 철저하게 먹기 전에 손을 씻었다. 바리사이파 율법학자들이 사제적인 삶을 자신들의 일상생활에서 어떻게 실현하려 했는지를 잘 보여주는 예가 여기에 있다.

그렇다 해도 율법학자들은 전통의 종교적 법률 규정 연구의 전문가들이기 때문에 이토록 엄밀하게 할 수 있었을 것이다. 또는 일반의 바리사이파 중에서도 열성적인 사람들은 이런 율법학자들의 방식을 가능한 한 흉내 내려고 했으며, 사람들에게도 그렇게 이야기했을 것이다. 하지만 법률 연구 전문가가 아닌 사람들에게 어느 때에 어떻게 하면 '더러움'이고, 어떻게 하면 '깨끗함'일 수 있는지는 너무 복잡해서 도저히 알 수 없었을 것이다. 하물며 바리사이파 사람들은 그래도 자신들의 주의 주장이니까 열심히 학습했을지도 모르겠지만, 그 바리사이파에게 볼기를 맞는 일반 민중으로서는 도저히 하나하나 다 기억할 수 있는 것은 아니었을 것이므로, 거꾸로 불평을 듣지 않기 위해서는 무엇이라도 해 두자는 심정이기도 했을 것이다. 또는 오히려 자신들은 더럽혀진 '땅의 백성'이라는 말을 들으며 바보 취급을 당하더라도 도저히 그렇게까지는 할 수 없으니 이제 어떻게 돼도 상관없다며 태도를 바꾸는 사람도 많았을 것이다. 저 바리사이파 무리는 이것이 예루살렘을 중심으로 한 유대 지방의 진보적이고 올바르며 참으로 경건한 방식이라며, 제멋대로 그리고 몹시 귀찮게도 무엇이든 깨끗이 씻어내고 싶어 했을 것이다.

지방에 살면서 중앙에서 일어난 운동을 실천하려는 사람들 중에는 종종 중앙에 있는 사람들보다 더 엄격하게 실천하려는 일종의 이상주의를 지닌 이들을 볼 수 있다. 또는 중앙에서 포교를 위해 파견한 자들은 실제로 중앙에서 이뤄지고 있는 것보다 훨씬 더 이상화해서 엄격한 가르침을 퍼뜨리려고 한다.('이상理想'이라기보다는 좀 잔소리 같은 교조教條라고 하는 게 더 잘 통할까) 중앙의 활동가 중에서도 특히 열성적이고 말이 많은 자들이 지방 포교 활동에 잘 나선다는 사정도 있을 것이다. '뒤떨어진' 지방을 '개화'하기 위해 필요 이상으로 잔소리가 심한 자들은 그 지방 거주자 중에도, 중앙에서 포교차 온 자들 중에도 흔히 있다.(그리하여 가령 파시즘은 지방에서 더 지독하게 뿌리를 내린다)

미슈나 중에 이런 이야기가 적혀 있다. 할라프타라는 랍비가 기원후 2세기 초 무렵 갈릴래아에 있었는데, 그의 지도 아래 비를 내리게 해달라는 기원으로 단식 예배를 했다. 그런데 그때 정해진 기도 뒤에 참가자가 '아멘'을 외지 않고 대신에 사제에게 나팔을 불게 했다. 그리고 기도가 이어졌고 그 뒤에도 사제가 나팔을 불었다. 그러나 이런 방식은 실은 예루살렘 신전 성소의 동문에서만 이뤄지는 특수한 단식 예배 방식이었다고 한다.(타아니트Ta'anit 2장 5절) 즉 갈릴래아의 율법학자들은 예루살렘 신전에서만 행해지던 특수한 종교 의례를 일반적인 방식이라고 잘못 생각해서 그 흉내를 내 버린 것이다. 또는 선의로 해석하면, 그런 줄 알고는 있었지만 그런 중앙의 특별한 제의를 오히려 모든 곳에서 보편화해 가려고 한 것인지도 모르겠다.

또는 같은 랍비 할라프타에 대한 이야기인데, 그는 가말리엘 2세가 갈릴래아 지방에 순회를 왔을 때 만나러 갔다. 가말리엘 2세는 당시의 율법학자들 중에서 가장 지도적인 위치에 있던 인물 가운데 한 사람이었다. 그런데 할라프타가 만나러 갔을 때 이따금 그는 성서의 일부인 욥기를 아람어 번역으로 읽었다. 그것을 본 할라프타는 옛날의 예를 들면서 가말리엘을 비판하고, 성서는 성스러운 전통의 언어 히브리어로 읽어야 한다고 주장하며 그 아람어역 욥기를 땅에 묻게 했다고 한다.(샤바트Shabbat 115a) 히브리어가 아무리 이스라엘의 전통 언어라고 해도 당시의 유대인들은 더는 일상적으로 히브리어를 쓰지 않고 아람어로 말을 했다. 따라서 회당 예배 등에서 성서를 낭독할 때도 아람어로 읽는 것이 사실상 용인되어 있던 시대였다. 이런 경우 할라프타는 잘못 생각한 것이 아니라 보수적으로 매우 극단적인 종교 실천을 주장한 것이다.

'더러움' 문제로 돌아가자. 이것은 절망적으로 복잡하다. 예컨대 '땅의 백성Am ha'aretz'에 대해. '땅의 백성'이란 바리사이파에게 그들의 '동료'로 간주되지 않는 자, 즉 율법을 엄격하게 지키려고 하지 않아 '더럽혀져' 있을 가능성이 있다고 간주되는 자를 일컫는 말이다. 따라서 이것은 순수하게 종교적인 용어이기 때문에 별로 사정을 잘 알지 못하는 평론가들이 흔히 하듯이 이것을 사회 계층을 나타내는 용어인 것처럼 사용하는 것은 정확하지 않다. 물론 실제로는 엄밀하게 유대교 율법을 지키며 생활할 수 있는 것은 대체로 중류 이상의 사람들일 것이므로 빈민 계급 대부분이 '땅의 백성'으로 불렸으리라는 것은 상상하기 어렵지 않으나 부자들일지라도 일정 정도 바리사이파의 기준에 맞지 않는 방식으로 살아가면 '땅의 백성'으로 불렸다. 그리고 이 용어는 바리사이파가 타인들을 차별해서 부르는 용어였기 때문에, 팔레스티나의 일반 민중이 자신들을 '땅의 백성'이라고 부르는 경우는 없었다.

바리사이파 입장에서 보자면, '땅의 백성'은 반드시 늘 '더럽혀져' 있지는 않아도 '더럽혀져' 있을 가능성은 항상 있었다. 따라서 이따금 자신들이 외출할 때 '땅의 백성'인 자가 와 있어서 그를 방에 남겨두고 가야 할 경우 이렇게 된다. '만일 자신이 방을 나갈 때 그 땅의 백성인 자가 깨어 있었는데, 돌아 왔을 때도 깨어 있거나 아니면 계속 자고 있거나, 또는 나갈 때는 일어나 있었으나 돌아와 보니 자고 있었다, 이런 경우는 방이 더럽혀지지 않았지만, 자신이 나갈 때는 자고 있었으나 돌아와 보니 일어나 있었던 경우 방은 더럽혀져 있다.'(토호로트Tohorot 7장 2절) 일어나 있으면 이것과 저것은 접촉해서는 안 돼, 하고 주의를 줄 수 있으나 자고 있다면 주의를 줄 수 없고, 게다가 방을 비운 사이에 깨어나 마음대로 이곳저곳 손을 대면 방 안이 더럽혀질 가능성이 있다는 것이다. 다만 이처럼

'더러움'에 대한 규정을 요란하게 확장한 것은 랍비 메이르다. 메이르라는 율법학자는 제2차 유대 독립전쟁(135년) 뒤 갈릴래아 지방에 거점을 두고 갈릴래아 지방의 교화敎化에 나섰던 자로, 매우 요란하게 확장 해석을 한 것으로 잘 알려져 있었다. 다른 랍비들은 이럴 경우 방 전체가 아니라 그 사람이 손을 뻗쳐 닿을 수 있는 범위만 더럽혀졌다고 생각했다. 하지만 이 경우의 '더러움'이란 어디까지나 사제적인 규정으로, 즉 수확물 전체의 10분의 1은 깨끗하게 떼어내 사제에게 헌납해야 하는데 그 헌납물을 더럽혀서는 안 된다는 것이어서, 그것 이외의 점에서는 '더러움'과 '깨끗함'의 구별을 고집하는 일은 별로 없었다. 그래도 '땅의 백성'이라 불리는 자들 입장에서는, 그 방에 헌납물이 이따금 놓여 있는지 어떤지 모르고, 지금 놓여 있지 않더라도 자신이 돌아온 뒤에 놓아둘 작정인지도 모른다, 요컨대 뭔지 잘 모르겠지만 졸다가 깨어나 보니 네가 깨어 있었으므로 '더럽혀'졌을 것이다, 라는 식으로 해서 야단을 맞고 쫓겨나는 것은 참을 수가 없다. 저 사람들은 아마도 잘 모르겠지만 이것저것 할 것 없이 '더럽혀'졌다느니 어쩌느니 하며 곧바로 치워 버리고 싶다는 생각밖에 없을 것이다.

그 밖에도 많다. 장인匠人을 방에 남겨두고 가면 그 방 또는 장인의 손이 닿는 범위가 더럽혀진다. ─이런 규정에 대해서는 예수도 목수 장인이었다는 사실을 상기해야 할 것이다. 하지만 이것도 2세기의 랍비 메이르의 의견에 대한 논의이기 때문에 예수 당시에 이렇게까지 '장인'을 단순히 '땅의 백성'과 동일시하는 견해가 강했는지는 알 수 없다. ─ 세리에 대해서도 마찬가지다. 세리가 방에 들어가면 그 방은 더럽혀진 것으로 간주된다. 그러나 만약 그들이 방에 들어가긴 했으나 아무것도 손대지 않았다고 이야기한다면 그것은 믿어도 된다고 한다. 걸작인 것은 도둑에 대해서인데, 그 도둑이 발로 밟은 곳은 더럽혀진다는 규정이 있다. 그리고 도둑이 들어간 곳에 있는 음식, 액체, 뚜껑이 열린 토기도 더럽혀지지만 침대나 의자, 뚜껑이 꽉 닫힌 토기 등은 더럽혀지지 않는다. 하지만 도둑 중에 이방인이나 여자가 있다면 모조리 더럽혀진 것으로 간주된다.(이상 토호로트 7장 6절) 도망간 도둑 중에 여자가 있었는지 여부를 어떻게 확인할 수 있을까. 확인할 수 없다면 전부 더럽혀진 것으로 생각할 수밖에 없는 게 아닐까. 법의 규정이라는 것은 가능성까지 배제하려고 마음먹으면 어디까지라도 무제한으로 확대될 위험을 안고 있다.

이런 종교적인 규정에서 벗어나는 여자에 대한 멸시는 기가 막힐 정도로 끔찍하다. 앞서 이야기한 랍비 아키바의 의견인데, 만일 한 여자가 가난한 사람에게 빵을 주고 싶어서 왔고, 그때 그 가난한 사람이 때마침 사제에게 헌납할 빵 근처에 있었다면 여자가 가까이 다가갔기 때문에 그 헌납된 빵은 이미 더럽혀진 것으로 간주된다. 또 헌납할 빵을 굽는 냄비 밑에 있는 화덕의 재를 여자가 그러모으고 있는데 다른 여자가 왔다면 그 빵은 이미 더럽혀진 것으로 간주된다. 여자는 게걸스럽고 호기심이 많으므로 냄비 뚜껑을 열어 들여다봤을지도 모른다는 것이 그 이유다.(토호로트 7장 9절) 그렇다면 애초에 헌납할 빵을 굽는 일을 여자에게 시키지 않으면 될 일인데, 그것은 용인해 놓고 거기에 다른 여자가 다가가면, 여자이기 때문에 더러움을 흩뿌렸을 게 틀림없다는 참으로 편리한 이유 붙이기인데, 아주 작은 더러움의 가능성까지 배제하려 마음먹는다면 얼마든지 법은 확대해석될 수 있다는 것을 보여주는 전형적인 예다. 그리고 이런 식의 법의 무제한 확장의 대상이 되는 것은 어느 세상에서나 그 사회에서 비교적 약자들이다.

이런 것들은 결코 인간 생활 일반에 대해 '더럽혀져' 있다고 단정하는 것이 아니라 사제에게 헌납할 것들에 대해서만 문제 삼는 규정이기 때문에, 결코 사람들을 억압하는 것이 아니라는 식으로 말해 봤자, 만일 법률대로 한다면 연중 대량의 헌납물을 공출해야 하는 사람들의 생활에서는 평소 가능한 한 '더러움'을 피해 놓지 않으면 헌납물을 마련하는 것조차 불가능하기 때문에, 실제로는 이것은 생활에 대한 엄청난 억압이었을 게 틀림없다.

이렇게 본다면, 바리사이파에 속하지 않는 갈릴래아인들 입장에서는, 저 사람들은 거 참, 식사 전에는 반드시 손을 씻고 타인에 대해서도 그것을 요구하며, 말한 대로 하지 않는 자에게는 저주를 퍼붓고, 그뿐 아니라 이런저런 그릇들을 씻거나할 때도 복잡한 규칙을 만들어 이러쿵저러쿵 주장을 해대다니, 정말 대단한 사람들이다, 라는 말을 해 주고 싶다 해도 무리가아니다. 당시의 법으로는 식전에 손을 씻는 것이 의무였던 것은 사제들뿐이기 때문에 마르코 복음서의 이 서술은 팔레스티나의 관습을 모르는 타관 사람의 상상일 것이라고 단정해서는안 된다. 오히려 마르코는 그런 갈릴래아 사람들 마음을 잘 표현했다고 할 수 있다.

그리고 이처럼 식전에 손을 씻어야 할지 말아야 할지에 대해 논쟁한 것은 당시의 팔레스티나에서는 상당히 유복한 계층이었을 것으로 생각된다. 식전에 손을 씻는 것에 대한 율법학자들의 논의 중에서 가장 오래된 자료의 하나는 미슈나의 베라코트 8장 2절 이하인데, 여기에서 샴마이파와 힐렐파간의 논점으로, 잔에 포도주를 따르는 것은 손을 씻고 난 뒤에 하는가 그 전에 하는가, 또 씻은 손을 닦은 수건은 테이블 위에 놓아야 하는가 방석 위에 놓아야 하는가, 그리고 식후에도 손을 씻는데 그것은 방을 청소한 뒤인가 손을 씻고 나서 방을 청소하는가 등의 논의를 하고 있다. 이런 논의를 통해 짐작할 수 있는 정경은 적어도 식사에는 포도주가 제공되고, 지금 말투로 하자면 냅킨도 준비되었으며, 방석이라기보다는 식탁 의자의 쿠션도 갖춰져 있는 모습이다. 이것은 당시의 팔레스티나에서는 상당히 유복한 생활을 전제로 하고 있다. 이는 율법학자들의 법 해석이 중류 중에서도 상당히 유복한, 아마도 도시의 가정생활을 표준으로 해서 생각할 수 있는 것이어서 그것을 갈릴래아의 시골 농민이나 어민에게까지 적용하려 한 것은 역시 상당한 저항이 있었다고 봐야 할 것이다.

그런데 바리사이파 율법학자들에게 이처럼 불평을 쏟아 놓은 예수는 평소와는 달리 여기에서는 분명한 답을 내어 놓지 않는다. '너희는 하느님의 계명을 버리고 인간의 전통에 매달리고 있다'(마르코 7장 8절)고 한 것이다. 여기에서는 엄밀하게 예수 발언의 말투를 확정할 수는 없으나 거의 이런 취지의 말을 한 것은 사실일 것이라고 생각된다. 이렇게 말함으로써 예수는 보기 좋게 상대의 논점을 피하고 있다. 무엇이 '더러움'이고 무엇이 '더러움'이 아닌가 라는 식으로 논의를 시작했다면 바리사이파의 논의 방식에 말려들었을 것이다. '더러움'의 규정을 다른 사람들보다 느슨하게 해석하든 엄밀하게 해석하든 결국은 어디까지가 '더러움'이 되는지를 논의하는 것이 되어, 결국 별로 생산적이지 못하게 사람들의 생활을 옥죄는 논의에 휘말리게 된다. 이처럼 상대의 질문 수준에 맞추려 하지 않고 전혀 다른 수준으로 뛰어나가 상대의 질문을 따돌려 버리는 예수의 문답 방식은 이미 '역설'에 대해 설명할 때 자세히 언급했다. 여기에서도 예수는 '더러움'에 대해 이러쿵저러쿵 이야기하며 논의하는 당신들의 방식은 '인간의 전승'에 매달리는 '위선자'의 행위이며 진짜 문제는 그런 데에 있지 않다며 빠져나간다. 하지만 이는 빠져나간 것에 지나지 않는다. 그리고 유대교의 전통 속에서는 '하느님의 계명'이란 요컨대 구약의 율법인데, 그렇다면 '하느님의 계명'을 존중하기 위해서는 그것을 어떻게 생활 속에서 살릴 것인가, 하는 바리사이파의 문제의식으로 되돌아갈 수밖에 없다. 즉 예수의 이 답변은 그것만을 따져 보면 추상적이고 중요한 것은 이야기하지 않았다. 이것은 그러나 율법을 만지작거리며 압박해 오는 자들에 대한 직감적인 반발이다. 당신네는 본질적으로는 아무래도 좋은 일로 요란을 떨고 있다. 이젠 그만둬.

예수의 율법 비판이 때로는 율법 자체를 근본에서부터 뒤집어엎는 관점에까지 도달하는 것은 사실이다. 하지만 그렇다고 해서 예수가 언제나 일관되게 매우 철저한 율법 비판을 계속했을 것으로 상상하는 것은 무리가 아닐까. 예수도 시대의 아들인 것이다. 늘 철저한 율법 비판을 하려고 하면 법이 사회의 지배 구조 속에서 어떻게 기능하는가 하는 것을 충분히 파악하지 않고는 할 수 없는 논의다. 고대인인 예수에게 법과 사회의 관계에 대해 그 정도까지 철저한 분석을 기대하는 것은 무리일 것이다. 따라서 예수의 반발은 직감적 반발이다. 하지만 직감적 반발은 만사의 기초에 있는 큰 힘이다. 이건 이상하다, 그렇게 이야기하는 건 이제 그만둬, 라는 감각을 솔직하게 표현하는 데서부터 모든 것이 시작된다.

이와 같은 문답을 할 때 이야기했는지 잘 모르겠지만, 또 한 가지 재미있는 예수의 말이 전해져 온다. '사람 밖에서 사람 속으로 들어와 사람을 더럽히는 것은 없다. 사람 속에서 나오는 것이 사람을 더럽힌다.'(마르코 7장 15절. 또 사이에 끼어 있는 7장 9-13절의 코르반에 대한 말은, 그것은 그것대로 예수의 문제의식을 표현하고 있는 것이겠지만, 아마도 이 '더러움'에 대한 논쟁과는 다른 장면에서 한 이야기를 마르코가 여기에 연결시킨 것으로 생각된다) 이것은 고대의 사람으로서는 과감한 발언이다. 여기에서 말하는 '더러움'이라는 개념은 우선 종교적인 개념으로, 위생상의 개념은 아니다. 따라서 사람 밖에서 들어오는 물질이 종교적인 의미에서 사람을 '더럽게' 만들지는 않는다는 주장은 일견 당연한 것처럼 생각된다. 특히 근대의 합리주의적 정신을 익힌 종교가들에게 이런 말은 속 시원할 것이다. 종교는 외면적인 물질과 관련된 것이 아니라 정신과 관련된 것이다. 아니, '근대의'라고 하지 않더라도 마르코 자신이 예수의 이 말을 매우 정신주의적으로 해석했다. '사람 안에서 나오는 것'을 '마음속에서 나오는 것'으로 바꾸고, 그것을 다시 어느 정도 헬레니즘적인 통속 윤리의 덕목으로 바꿔 놓았다. 하지만 고대의 '더러움'에 대한 규정은 이 정도의 정신주의적 합리주의로는 미동도 하지 않았을 것이다. 고대에는 종교와 위생은 따로 떼어 놓기 어려울 정도로 결합되어 있었다. 전염병 기타 온갖 질병의 원인을 알 수 없었던 만큼 그것들을 매개할 가능성이 있을 것으로 여겨지는 것, 어쩐지 감각적으로 더럽혀져 있는 듯한 것은 종교적 금기로 취급되었다. 구약 율법의 '더러움'에 관한 규정에서 나병과 관련된 규정이 매우 많은 것도 수긍이 간다.(레위기 13-14장) 그런 의미에서 아무리 정신주의적으로 외면적 물질은 종교 사항과는 관계없다고 설교해 봤자 자신의 몸에 재앙을 가져다줄지도 모르는 '더러움'의 금기를 고대인이 내버릴 수 있다고 생각하는 것은 옳지 않을 것이다. 그리고 이것은 병에 걸리기 쉽고 뭔지 까닭을 알 수 없는 재난을 당하기 쉬웠던 하층 민중에게 특히 그랬을 것이라고 할 수 있다. 그런 의미에서 예수의 이 발언이 만일 '더러움'의 규정과 관련해서 한 것이라면 아주 과감한 것이었겠지만, 민중은 그 정도로까지 동의할 수는 없다고 생각했을 것이다.

하지만 또 고대에는 종교와 위생의 경계선이 없었기 때문에 '더러움'의 문제는 위생상 필요한 수준에 머무르지 않고 종교적으로 무한히 확장되어 실생활에서는 전혀 의미가 없는 영역으로까지 확대되는, '더러움'을 기피하는 여러 체계들이 만들어진다. 그렇게 되면 종교는 반드시 사회 지배 체제와 겹쳐진다. '더러움'을 기피한다는 것을 좀 더 이야기하면, 사회에서 지배당하는 위치에 있는 자들, 어떤 의미에서 입장이 약한 자들은 생활 속에서 '더러움'과 접촉하지 않을 수 없기 때문에 '더럽혀진' 자로 배제된다. 예수의 말이 그런 사태를 특히 겨냥한 것이었다면 듣는 사람들은 가슴이 후련해졌을 것이다. 예수는 마르코와는 달리 '사람 안에서 나오는 것'이라는 구절에서 반드시 협의의 정신주의적으로 '마음속에서 나오는 것'만을 생각하고 있었다고는 할 수 없다. 만일 그것이 사람 세상의 악은 사람이 만들어내는 것이지 밖에서 오는 것은 아니라는 정도의 의미로 한 말이라면 매우 철저한 사상으로, 근대의 유물론까지 한 걸음만 더 내디디면 되는 지점까지 가 있었다고 해야 한다. '유물론'이라는 이름을 붙이는 바람에 오해를 받았지만, 근대 유물론의 출발점은 인간의 근본은 인간이다, 라는 점에 있었다.

5. '안식일' 비판

철저히 한다면, 인간이야말로 인간의 근원이라는 데에까지 갔을지 모를 이런 자세는 사실 다른 장면에서 이 구절보다 훨씬 더 철저하게 표현되어 있다. 안식일 문제가 그렇다.

어느 안식일에 예수가 회당에 갔다.(마르코 3장 1-5절) 이 경우도 실제로 이 일이 회당 안에서 일어난 것인지, 이야기의 효과를 배가하기 위해 전승의 화자가 무대를 회당으로 설정한 것인지, 어느 쪽이라고 이야기할 수가 없다. 그러나 예수도 한 사람의 유대인으로서 안식일에는 회당의 예배에 참가했을 것이다. 그러나 그뿐만 아니라 그의 독자적인 활동을 전개하기 시작한 뒤에도 회당을 무대로 해서 여러 가지 일을 한 것으로 생각되기 때문에, 이 이야기가 실제로 회당 안에서 발설된 것이라고 해도 이상할 것은 없다.

어쨌든 거기에 손이 오그라든 사람이 있었다. 소아마비와 같은 질병의 결과인지 어떤 부상의 후유증인지 신경통인지, 어쩄거나 손을 쓸 수 없게 된 사람이 있었다. 마르코가 쓰는 품으로 보아 상상을 하자면, 바리사이파 사람들이 일부러 이 남자를 회당에 데리고 왔는지도 모르겠다. 이미 안식일 규정을 무시한다는 소문이 떠돌고 있던 예수가 어떻게 처신할지 시험해 보기 위해. 아니면 오히려 예수가 환자를 치유하는 기적 능력을 지녔다는 소문이 상당히 퍼지기 시작했을 무렵, 못쓰게 된 손을 아무리 해도 고치지 못해 괴로워하던 남자가 안식일에 회당에 가면 예수를 만날 수 있을 것으로 보고 스스로 갔을지도 모른다. 어쨌거나 이것은 만성병이기 때문에 하루라도 빨리 서둘러 치유해야만 하는 것은 아니다. 만일 안식일의 율법을 준수하기 위해서라면 치유 행위라는 '노동'을 무리하게 그날 하지 않고 내일로 미뤄도 되는 일이었다.

바리사이파도 막무가내로 우기는 벽창호가 아니다. 무슨 일에서든 율법의 문자 측면에서의 해석을 우선하는 어리석은 자는 별로 없었을 것이다. 그들이 율법 해석을 비틀고 비틀어 가며 애쓰고 있었던 것은 오히려 실생활상의 필요에 어떻게 율법의 규정을 합치시킬 것인가 하는 점이었다. 따라서 필요할 경우에는 원칙적으로 안식일의 치유 행위는 당연히 용인되고 있었다. 안식일이라 하더라도 출산하는 여자를 내버려둘 수는 없다. 배에 있는 아기에게 오늘은 안식일이니 나오지 말고 내일까지 기다려 주세요, 라고 설교하는 얼빠진 바리사이파는 없었을 것이다. 출산하는 여자를 돕는 것은 당연하며, 산파가 근처에 없을 경우 안식일에 걸어도 될 거리를 지나 멀리까지 산파를 부르러 가는 것도 허용되고 있었다.(샤바트Shabbat 18장 3절) 일반적인 병에 걸려 목이 아프다고 호소하면 약을 입에 넣어 주는 것은 안식일에도 당연히 허용되고 있었다.(요마Yoma 8장 6절) 인간의 생명은 안식일 규정을 넘어설 수 있다는 것은 많은 랍비들이 입에 올리던 근본 원칙이었다.

그렇다면 같은 안식일의 치유에 관한 전승에서(Q자료), 예수가 바리사이파를 향해 '안식일에 자신의 양이 구덩이에 빠진다면 너희는 구해주지 않겠느냐. 그렇다면 하물며 인간을 구하는 것은 당연하지 않겠느냐'라고 주장한 것은 결코 독특한 견해가 아니며, 바리사이파의 논리의 연장선상에 있었다.(루카 14장 1-6절. 또 마태오 12장 9-14절은 Q자료의 이 전승과 마르코 3장 1-5절을 합쳐서 하나의 이야기로 다시 만든 것이다. 하지만 예수 발언의 말투는 마태오 쪽이 이런 랍비적 문답의 세부를 정확하게 기술하는 능력을 갖고 있었으므로 루카의 말투보다 실제의 발언에 더 가까운 것으로 생각된다. 그리고 루카 13장 10절 이하의 유사 전승도 참조) 이 정도의 발언이라면 오히려 바리사이파는 예수의 율법 해석의 재치에 감탄했을지언정 분개할 리가 없었을 것이다. 이런 이야기의 결말 부분은 전승 과정에서 그리스도교도의 유대교도에 대한 반감으로 이래저래 변조되어 그다지 사실이라고 생각할 수는 없지만, 루카는 이 이야기를 '그들(바리사이파 사람과 율법학자)은 이에 대해 반박할 말도 없었다'고 맺고 있다.

실제로 마르코가 전하는 '손이 오그라든' 사람 이야기도 바리사이파 사람들이 반드시 예수와 언쟁을 하고자 해서가 아니라, 예수가 이 '손이 오그라든' 남자를 안식일에 치유하는 것 자체는 괜찮지만 그가 과연 그 행위를 정당화할 좋은 율법 해석의 논거를 내어 놓을 수 있을 것인지 물었을 뿐인지도 모른다. 그리고 또 예수도 그 활동 초기에는 상당한 정도로 그들의 논리에 맞춰주고 있었는지도 모른다. 그런 한에서는 예수는 조금 특이하지만 재주 있는 율법학자로 바리사이파에게 환영받고 있었을지도 모른다. 그렇지만 이 논리로 가면, 정확하게 일을 처리하기 위해 그때마다 한없이 번거로운 율법 해석에 맞춰줄 수밖에 없게 된다. 예수의 성정으로 보아 이것은 견디기 어려운 일이었을 것이다. 따라서 이 '손이 오그라든' 사람 건에 대해서는 한 발자국 더 나아가 안식일 규정 그 자체를 싹뚝 잘라내 버린다. '안식일에는 선을 행하는 것이 좋은가 악을 행하는 것이 좋은가. 생명을 구하는 것이 좋은가 죽이는 것이 좋은가.' 이러니저러니 장황하게 늘어놓지 말고 어느 쪽인지 확실히 말해보라구.

이렇게 이야기가 진행되면 율법 해석의 미세하고 정확한 축적 등은 날아가 버린다. 본래 만성의 '손이 오그라든' 사람을 지금 바로 치유하지 않더라도 '생명을 죽이는' 일 따위는 없을 것이므로 예수의 이 발언은 너무 과장되어 있다. 오늘의 치유를 내일로 미뤘다고 해서, 그것으로 '당신은 악을 행했다'는 식으로 비난받는 것은 참을 수 없어. 예수의 이러한 발언은 명백히 흥분해 있다. 더 이상 너희들과는 대화할 수 없다는 느낌이다. 안식일이라고 해도 환자를 치유하는 게 왜 나쁜가. 이러쿵저러쿵 떠들지 마라, 라는 기분이 이런 과장된 말을 통해 분출된 것이리라. 다만 기적적인 치유 행위자가 늘 그렇듯이 자신도 상대하는 환자도 주변 사람들도 어느 정도 흥분 상태에 있지 않으면 그런 일을 하기 어려웠을 것이다. 이런 경우 예수가 실제로 환자를 치유했는지, 결국은 전설적인 지어낸 이야기인지 등을 따져봤자 소용이 없다. 예수 자신이 그런 능력이 있다고 굳게 믿었던 것만은 분명한 것 같다. 이런 종교적인 치유 행위는 일종의 기합氣合 같은 것으로, 환자 쪽에서도 예수를 용케 만나, 어서 좀 고쳐주시오라며 필사적으로 빌고, 주변 사람들의 기대도 높아간다. 그 순간을 포착해서…… 잘 치유했거나, 치유한 본인도 주변 사람들도 그때는 착각했거나. 그런 것이다. 따라서 유장하게, 내일 천천히, 라는 식의 일은 아니었던 것도 확실하다. 다만 예수 자신이 그런 반성을 자각적으로 했을 리는 없다. 바리사이파의 도발에 대응해 이쪽도 그만 이제껏 해온 것 이상으로 도전적으로 나가 버린 것일까. 아니, 무심결에 속내가 드러났다고 해야 할까. 무슨 소리냐, 안식일이라고 해서 좋은 일 하는 데 일일이 쩨쩨하게 트집을 잡지 마라. 그리고 손이 오그라든 남자에게로 고개를 돌려 잘라 말한다.

'손을 펴세요.'

이렇게까지 단호하게 말하면 안식일 규정은 날아가 버린다. 안식일에 쉬는 것은 좋다. 그러나 문제는 우리가 무엇을 하며 살아가느냐는 것이다. 좋은 일을 하는 데 규정이고 나발이고 다 소용없다.

그런데 같은 안식일 문제에 대해 전하는 또 하나의 이야기가 있는데, 대체로 이처럼 허세를 부리는 듯한 장면은 아니다.(마르코 2장 23-28절) 안식일에 보리밭 속을 걸어가고 있었다. 농촌에서 살며 익숙해진 사람들에게 걸어가면서 보리 이삭을 뽑아 비벼서 입에 넣거나 하는 것은 일상다반사다. 이런 곳에도 도시의 종교 윤리로 출발한 바리사이파가 지방의 도시나 마을에 갖고 들어간 알력을 알 수 있다. 예수의 제자들이 보리 이삭을 따서 먹고 있는 것을 알게 된 바리사이파 사람이 예수에게 불평한다. '당신의 제자분들이 안식일인데 수확을 했네요.' 수확은 노동의 전형이다. 노동이 금지되어 있는 안식일에 왜 그런 짓을 하는가.

이에 대해서는 예수가 아니더라도 벌어진 입을 다물 수 없었을 것이다. 그저 보리 이삭을 따서 입에 넣는 것이 수확의 '노동'이 된다는 지경까지 율법 해석이 나아간다면, 이건 이미 그 얼굴을 향해 주먹이라도 날리고 싶은 궤변이다. 그렇지만 또 이 정도의 일로 정색을 하고 말다툼을 벌이는 것도 점잖지 못하다. 이거 참, 깜빡 잊었네요, 라고 하면 된다. 혹은 좀 진지하게, 낫을 들고 있는 것도 아니고, 수확한 것을 자신의 창고로 운반한 것도 아니니, 이 정도라면 '노동'은 아니지 않은가, 라고 율법 해석을 해 놓으면 그것으로 이야기는 끝날 것이다. 이런 정도의 별것 아닌 일로 따지면서 일일이 쓸데없는 에너지를 쓰는 것은 아무래도 한심하다. 하지만 예수라는 사나이는 얌전히 물러서지 않는다. 아니 오히려 서민들이 일상에서 거의 의식하지도 않는, 생각 없이 가벼운 마음으로 한 사소한 몸동작까지 율법 해석이라는 감시의 눈이 이토록 요란하게 잠입하는 것에 대해 참을 수 없었던 것일까.

'안식일이 사람을 위해 있는 것이지, 사람이 안식일을 위해 있는 것이 아니다'라고 선언해 버린다.

하지만 이것도 그 발언만 본다면 바리사이파 율법학자들도 쉽게 입에 올릴 수 있는 말이다. 실제로 좀 나중인 180년 무렵의 인물인 시므온 벤 메나시아라는 랍비의 말에 '너희들을 위해 안식일이 주어진 것이지, 안식일을 위해 너희가 주어진 건 아니다'라는 것이 전해지고 있다.(메킬타Mekhilta 109b) 그러나 랍비들이 이런 이야기를 하는 것은 그 나름으로 중요한 사항에 대해서인데, 여기에서는 이미 이야기했듯이 사람의 생명이 위험에 처해 있는 경우인 것이다. 또는 '너희'가 사람 일반을 의미하는 것이 아니라 이스라엘 민족을 가리키는 것이라면, 안식일 제도는 이방인에 대해서 주어진 것이 아니라 선민選民인 이스라엘 민족을 위해 주어진 것이라는 이야기도 될 것이다. 그런데 예수는 걸어가면서 약간의 보리 이삭을 따서 먹은 것과 같은 일상다반사로 있는 일을 변명하는 데, '안식일이 사람을 위해서 있는 것이다'라고 선언한다. 예수가 사람이라는 것을 생각할 때 어떤 수준에서 생각하고 있었는지 분명히 알 수 있어서 흥미롭다. 뭔가 몹시 고상한, 시공을 초월해 모든 사람들의 밑바탕에 확고하고 압도적으로 존재하고 있을 '진정한' 인간적인 본질과 같은, 말로만 크게 허풍을 떠는 것 같은 쪽으로 생각을 굴리지 않는다. 일상다반사로 있는 비근한 현실에서 생활하고 있는 모습 외에 '사람'이라는 말에서 달리 떠올린 게 없었다. 카디쉬의 기도를 한껏 축약시키고 그다음에 '매일 먹을 빵을 주세요'라고 덧붙인, 그것과 같은 호흡이 여기에는 살아 있다.

그 뒤에 이어서 '따라서 또한 사람의 아들도 안식일의 주인이다'(마르코 2장 28절)라고 덧붙인 것이 예수 자신인지 아닌지는 알 수 없다. 만일 예수가 그렇게 말했다면 안식일이 사람을 위해서 있는 것이라면 사람의 아들인 나도 안식일의 주인으로 처신해도 되지 않겠느냐, 라는 의미가 될까. 또는 '사람의 아들'이라는 개념은 보통 사람의 아들을 의미할 뿐만 아니라,

초기 그리스도교 내부에서는 이 세상에 종말을 가져와 전 세계를 심판할 주인공을 일컫는 개념이었으므로, '사람의 아들'인 예수는 이미 그 생전에도 그만한 권위를 갖고 있었다고 주장하기 위해 초기의 교단이 이 이야기의 결론으로 덧붙였을지도 모른다.

어쨌든 이 이야기를 전하는 데 초기 그리스도교 사람들은 일종의 곤혹스러움을 느꼈을 게 분명하다. '안식일이 사람을 위해 있는 것이지, 사람이 안식일을 위해 있는 것은 아니다'라는 단호한 말로 변호하기에는 그때의 제자들의 행위는 너무 초라하다. 이미 마르코 복음서에 이 이야기가 정착하기 전부터 교단은 어떻게든 이것을 변호하려고 생각하고 구약성서의 다윗의 예(사무엘 상 21장 1-6절)를 여기에 삽입했다. 다윗도 사울 왕에게 쫓겨 도망갔을 때 사제에게 부탁해 사제 외에는 먹는 것이 허락되지 않는 하느님에게 바친 빵을 얻어먹었다. 긴급한 경우에 굶고 있을 때는 그것도 허용되는 것이 아니냐는 이야기다. 하지만 이처럼 변호함으로써 오히려 이야기는 혼란스러워졌다. 그때 예수의 제자들은 긴급한 경우였던 것도 아니고, 특히 굶고 있지도 않았다. 잠시 안식일에 거기까지 나갔던 참에 가벼운 마음으로 보리 이삭을 따서 입에 넣었을 뿐이다. 이 삽입 부분은 이야기의 전후 관계에서 완전히 붕 떠 있다.

마태오나 루카는 이미 '안식일은 사람을 위해 있다'는 단호한 말에 멈칫했을 것이다. 그래서 두 사람 모두 이 말을 지워 버리고, '사람의 아들은 안식일의 주인이다'라는 덧붙이는 말만 남겼다.(마태오 12장 8절, 루카 6장 5절) 이것은 사람의 이야기가 아니다. 주이신 그리스도는 하느님의 아들이니 예외다,

라는 이야기다.

6. 신전 귀족의 권력

유대교 규정 중에서도 안식일의 규정은 가장 중요한 것 중의 하나였다. 따라서 예수의 비판적인 언동이 여기에까지 미치면 이미 충분히 요주의 인물이었을 것이다. 그런데 여기에서 멈췄다면 혹시 죽임을 당하지 않았을지도 모른다. 예루살렘 신전 그 자체에까지 비판의 칼날이 향했을 때 이 사나이가 죽임을 당하는 것은 피할 수 없게 되었다고 할 수 있다. 이론상의 유대교 비판이라면 아직 적당히 받아넘길 수 있었다. 그러나 유대교의 현실의 거점에까지 손길이 닿으면 더는 좌시할 수 없게 된다. 신전은 결코 그냥 예배만 보는 장소가 아니다. 거기에는 종교 권력의 중추가 있었다. 신전에 자리를 차지하고 있는 산헤드린(시의회)은 제의祭儀로서의 종교의 최고 권위였을 뿐만 아니라 유대·사마리아 지방의 정치적 사회적인 지배의 정점이기도 했다. 로마제국은 내정 문제는 지역 권력자에게 넘겨 지배하게 했으므로 유대·사마리아 지방에서는 산헤드린이 지역 유일의 권력자로서 힘을 행사했다. 갈릴래아 지방은 정치적으로는 헤로데 안티파스가 영주였기 때문에 산헤드린의 권력은 별로 미치지 못했던 것으로 생각되기도 하지만, 종교적인 문제에 대해서는 영주는 발언권이 없었고, 종교가 사회 지배의 형식이었다고 본다면 산헤드린의 지배력은 갈릴래아에도 상당히 미치고 있었을 것이다. 그리고 그들의 권력은 결코 단지 정신적인 권위나 전통의 힘에만 기대고 있는 것이 아니었다. 압도적인 경제력이 신전 귀족을 실질적인 귀족으로 떠받쳐 주고 있었다. 해마다 걷는 신전세만으로도 막대한 액수였다. 신전세는 팔레스티나에 있는 유대인만이 아니라 전 세계에 산재해 있는 경건한 유대인들로부터 걷혀서 예루살렘으로 송금되었다. 그리고 신전세보다 더 거대한 수입이었을 것으로 생각되는 것이 수확물의 10분의 1 헌납이다. 이것은 실제로 어느 정도까지 실행되었는지는 알 수 없으나, 상당히 깎아서 생각하더라도 엄청난 수입을 신전 귀족들에게 보장한 것은 확실해 보인다. 게다가 여러 기회에 여러 방식으로 신전에 보낸 특별한 헌납물들이 있다. 신전에서 희생용으로 바친 짐승의 고기는 그 뒤에서 식용 고기로 판매되었다. 그 모든 것들이 신전을 관리하는 최고 권력인 대사제 가문을 중심으로 한 비교적 소수 신전 귀족들의 호주머니 속으로 직접 또는 간접으로 들어갔다. 또 그들은 팔레스티나의 이곳저곳에 대토지를 소유하고 농업을 경영했다. 신전에서 얻은 수입이 자본으로 축적되어 지방의 대토지 농업에 투하되었으며, 그것이 수출용 농산물의 대량생산으로 이어졌고, 다시 그들의 호주머니로 되돌아왔다. 물론 그들은 부재지주들이었다.

예루살렘의 산헤드린을 형성한 것은 대사제 가계에 속하는 몇 명(보통 '제사장'으로 번역되는 사람들이 이에 해당한다), 장로라 불린 귀족들, 그리고 일정수의 율법학자들이었다. 이 가운데 첫 번째, 두 번째 사람들이 귀족 계급을 형성한다. 율법학자들은 어느 쪽이냐 하면, 중산 계급이나 신흥 부자들을 대표했을 것으로 보이지만 귀족 출신의 율법학자도 있었을 것이고, 시의회 의원으로 출세함으로써 재산을 일군 율법학자들도 많앗을 것이다.

이만한 경제력의 소유자들이라면 신전 귀족들이 팔레스티나 전체에 어느 정도의 사회적 경제적 지배력을 갖고 있었을지 상상하기 어렵지 않다. 비교적 서민에 가까운 위치에서 생활하고 있던 많은 바리사이파 사람들에게는 유대인의 생활과 사상을 뒤덮고 있는 모든 것이 자신들의 종교 활동에 중요했기 때문에, 거기에 구멍을 뚫으려 하는 예수의 행동과는 실로 많은 면에서 충돌했다. 거기에 대해 거대한 경제적 힘을 지닌 귀족들은 많은 경우 대범했다. 그들의 경제력을 떠받치는 사회 기반 자체에 손을 대지 않는 한 약간의 사회적 반항은 통 크게 봐줄 수 있었다. 또 예루살렘의 꼭대기를 차지하고 있던 그들이 갈릴래아의 촌구석에서 다소 비뚤어지고 과격한 이야기를 입 밖에 내는 사나이 따위는 일일이 신경 쓸 필요도 없었을 것이다.

예수가 그들의 기분을 상하게 하고, 결국 직접 그들의 손에 걸려 살해된 것은 그들의 존재 기반인 신전 자체에 공격을 가한 것이 하나의 계기가 되었을 것으로 보인다.

제자들과 함께 예루살렘에 갔을 때의 일이다. 마르코가 썼듯이, 이것은 예루살렘에서 체포당하고 죽임을 당하기 직전의, 말하자면 팽팽한 긴장 속에서 뱃속의 것을 토하듯 말했을까, 아니면 더 이전에 가끔 예루살렘에 갔을 때의 여느 때처럼 빈정거리며 나직이 말했을까. 아마도 사람이 좋고 세상의 진부한 상식만을 기가 막히게 입에 담는 제자 한 사람이 신전의 엄청 웅장하고 화려한 모습을 보고,

'선생님, 정말 대단한 돌, 대단한 건물이지요?'

라고 말했다.(마르코 13장 1절) 예수는 곧바로 대답한다.

'이 건물이 거대해서 감격하고 있느냐. 이 신전은 다 파괴되어 마지막 하나의 돌까지도 다른 돌 위에 놓이지 못할 것이다.'

헤로데가 짓게 한 이 신전에 대해서는 이미 언급했지만, 이전의 신전의 배나 되는 크기로, 이를 건설하기 위해 돌을 운반하는 데 1천 대의 마차가 동원되고 솜씨 좋은 장인만 1만 명을 모았다고 하니(요세푸스 『유대 고대지』 15장 390절) 당시로서는 엄청난 건물이었음이 분명해, 소박한 사람들은 그저 감탄할 수밖에 없었을 것이다. 특히 예수 세대의 사람들은 태어났을 무렵에 이미 신전은 완성되어 있었으므로 공사가 엄청났다는 것도 몰랐을 것이고 그저 단순히 경이의 건물로 여기며 바라봤을 것이다. 그리고 그냥 뛰어난 거대 건축물이었다고만 할 수는 없다. 이스라엘 종교의 신성한 절대적 전통을 구현한 신전이었다.

그런데 예수는 이에 대해 아주 매정했다.

설마 아무리 그래도 그렇지 당시 유대인의 한 사람인 예수가 신전이 무너져 완전히 없어져 버리기를 바라고 있었다고는 도저히 생각할 수 없다고 믿어 의심치 않는 구미 신학자들의 대부분은 이 말을 예수가 실제로 한 것으로 보지 않는다. 예수 사후 40년이 지난 기원후 70년에 유대 전쟁의 결과 실제로 예루살렘 도시 전체와 함께 신전도 마지막 하나의 돌까지 다른 돌 위에 놓이지 못할 정도로 완전히 파괴되었다는 사실을 알고 있는 후대의 그리스도교도들이 이것을 예수의 예언으로 기록했다는 것이다. 하지만 마르코 복음서는 70년 이전에 쓰였으므로 이것은 맞지 않다. 게다가 신전에 대해 부정적인 생각을 품고 있었다면 그 정도의 이야기는 누구라도 쉽게 입에 올릴 수 있었을 것이다. 그러나 또 구미의 학자들은 경건한 하느님 신앙을 갖고 있던 예수가 이처럼 불경한 이야기를 할 리가 없다는 생각을 갖고 있다. 그러나 설령 예수에게 경건한 하느님 신앙이 있었다 하더라도 그것과 신전을 찬미하는 것은 별개의 일이다. 하물며 신전을 기조로 한 종교 지배 체제를 용인할 것인지 말 것인지의 문제가 되면 더욱더 다른 문제가 된다. 그리고 예수가 하느님 신앙을 갖고 있었던 것은 확실하다 하더라도, 오늘날의 그리스도교도들이 생각하는 것과 같은 '경건한' 하느님 신앙이었는지도 문제가 된다. 이미 이야기했듯이 '솔로몬의 영화'를 빙자해서 은근히 헤로데 신전에 대한 감정을 토로했던 예수다. 이 따위 신전, 흔적도 없이 사라질 거야, 라고 호언장담했다고 해도 전혀 이상할 것 없다.

이미 초기의 그리스도교도들도 예수의 이 말에는 난처했던 듯하다. 그래서 '나는 사람의 손으로 만들어진 이 신전을 무너뜨리고 대신에 손으로 만든 것이 아닌 다른 신전을 사흘 안에 지을 것이다'(마르코 14장 58절)라는 식으로 바꿔 버렸다. 요한 복음서의 저자는 이것을 실제의 신전을 이야기한 것이 아니라 자신의 몸을 두고 한 말로, 예수는 죽더라도 사흘 뒤에 부활하리라는 것을 이 말로 예언한 것이라 해석하고 있다.(요한 2장 19절 이하) 또는 '사람 손으로 만든 것이 아닌 다른 신전'이란 그리스도교 교회를 말하는 것으로, 유대교에 대해 새로운 그리스도교 교회가 생긴다는 의미로 해석한 이도 초기 그리스도교도 중에는 있었을지 모르겠다. 그러나 마르코 수난 이야기의 작가는 이 말을 이처럼 환골탈태시켜서는 안 된다는 것은 알고 있었던 듯하다. 예수가 신전의 건물이 붕괴한다고 말했다는 이야기는 당시에 아마도 상당히 널리 퍼져 있었기 때문에, 이 것은 신전 붕괴를 말한 것이 아니다, 라는 식으로 태연하게 둘러댈 수는 없었을 것이다. 그래서 마르코 수난 이야기의 작가는 다른 구실을 생각해 냈다. 이것은 예수를 깎아내리기 위해 적대자들이 예수가 이런 이야기를 했다는 말을 퍼뜨렸다는 것이다. 위증에 지나지 않는다는 것이다.

하지만 다른 한편으로는 예수의 이런 말투를 자기 나름으로 흉내 내 자신의 주장으로 거듭 이야기하던 자들도 초기 그리스도교도들 중에는 존재했다. 예컨대 사도행전이 전하는 스테파노(스테파노스)라는 남자가 그렇다. 이 남자는 예수와 달리 그리스어를 하는 유대인이며, 따라서 어느 헬레니즘 대도시 출신자로 상당한 유대교 지식인이었던 것으로 생각되는데, 신전 비판이라는 이 한 가지 점에서는 예수와 일치했다. 생전의 예수를 만난 적도 없던 이 남자가 예루살렘에서 초기 그리스도 교단에 들어간 것은 그러한 부분에 대한 의기意氣를 느꼈기 때문일지도 모른다. '저 나사렛 예수는 신전을 파괴하고 모세가 우리에게 전한 관습을 바꿀 것이다'라고 떠들며 돌아다녔던 것 같다.(사도행전 6장 14절) 하지만 이것도 사도행전 저자에 따르면, 스테파노가 체포되어 두들겨 맞고 살해당하기 전에 스테파노의 죄를 고자질한 유대인들이 '위증'을 한 결과라는 것이기에, 표현이 어디까지 정확한 것인지는 알 수 없지만, 예수의 사후에도 상당 기간 예수를 신봉하는 이들은 예루살렘 신전의 붕괴를 기대하고 있다는 소문이 돌고 있었던 것은 사실일 것이며, 그중에서도 명백히 그와 비슷한 주장을 하는 자들에게 탄압이 가해진 것은 사실이다. 예수는 그런 말을 하지 않았다고 주장하며 신전 숭배를 지지한 초기 예루살렘 그리스도교도들의 대다수는 무사히 살아남았지만, 어떤 의미에서 예수의 극단적인 신전 비판을 이어받은 스테파노는 예수와 마찬가지로 죽임을 당했고, 그런 세력은 예루살렘에서 추방당했다.

신전의 여러 면들 중에서도 특히 그 경제 활동에 대해 예수는 유쾌하지 못한 감정을 갖고 있었던 듯하다. '성전 정화'라 불리는 사건이 있다. 어느 날 예수는 신전 경내에 들어가 거기에서 장사를 하고 있던 자들을 쫓아내기 시작해 환전상의 탁자와 비둘기를 파는 자들의 의자를 둘러엎었다.(마르코 11장 15절 이하)

신전이 이런 곳이었다면, 거기에서 상행위가 꽤 활발하게 벌어졌을 것이다. '이방인의 뜰'이라고 불린 경내, 즉 거기까지는 이방인들도 들어갈 수 있었는데, 그곳은 말하자면 그리스풍의 아고라처럼 가게들이 늘어서 있었다. 어쨌거나 신전에 헌납할 온갖 종류의 물건을 참배자들이 하나하나 짊어지고 온 것은 아니다. 경내에는 소나 양을 비롯해 포도주나 기름, 소금 등에 이르는 다양한 것들을 팔고 있었다. 참배자들은 그것을 사서 신전에 헌납하면 된다. 이런 큰 장사를 하는 자들은 가게를 갖고 있었으나 비교적 작은 장사를 하는 자들은 각기 매대를 앞에 놓고 팔 물건을 늘어놓지 않았을까. 비둘기는 비교적 가난한 이들이 율법에 정해져 있는 대로 큰 헌납물을 바칠 수 없는 경우 그것으로 대신 낼 수 있도록 허용되어 있었으므로 신전에는 비둘기상이 많았을 것이다. 특히 각종 더러움을 씻어냈을 때 정화의 표시로 바치는 공물에는 비둘기를 대용물로 삼는 것이 허용되어 있었다. 나병이 나았을 때, 산후의 여성이 '피의 더러움'이 끝난 것으로 간주되는 일수를 지난 뒤 등이다.(레위기 14장 22절, 12장 8절 외) 전설에 따르면 예수의 모친도 예수를 낳은 뒤 '더러움'의 기간이 끝난 뒤에 '정화'를 위해 신전에 가서 비둘기를 바쳤다.(루카 2장 24절) 환전상도 신전에는 없어서는 안 될 존재였다. 특히 신전에 신전세 등으로 바치는 현금은 시켈이라 불리는 옛날 페니키아 지방의 화폐로 해야 했는데, 그리스나 로마의 화폐는 황제 등의 초상이 새겨져 있었으므로 '우상'을 기피하는 신전에서는 받지 않았다. 따라서 사람들은 신전까지 와서 시켈 화폐로 환전했을 것이다.

신전 자체에 대량의 헌납물이 흘러 들어가는 경제 기구를 유지하기 위해서도 이들 상인들이 필요했을 것이고, 더욱 직접적으로는 신전 귀족들이 장소 대여비 등의 명목으로 그들이 번 돈을 가로채기도 했을 것이므로, 경내의 상행위는 어떤 의미에서 신전의 본질을 가장 잘 상징하고 있었다. 그리고 그 정도는 특별히 경제적인 관점에서 사회를 분석하는 시선에 어느 정도 익숙해져 있는 현대인이 아니더라도, 당시의 팔레스티나인들 중에도 어느 정도 신전의 실정을 알고 있는 사람이라면 쉽게 알 수 있는 것이었다. 예수가 한번은 이런 신전의 장사에 타격을 주려고 마음먹고 있었다고 해도 전혀 이상할 게 없다.

하지만 실제 사건이 어떻게 발생했는지는 이야기가 전설화해서 전해지고 있는 이상 정확하게 파악할 수 없다. 만일 당시에 마르코가 묘사하고 있듯이, 아무 준비도 없이 신전에 들어가자마자 갑자기 상인들을 쫓아내고 비둘기 장수나 환전상의 매대를 뒤엎기 시작했다면, 이런 장소에는 특유의 일종의 어깨들이 상당수 있었을 것이고 신전 경찰도 존재했을 것이므로, 그만한 행패를 부린 뒤 '너희는 하느님의 집을 강도의 소굴로 만들어 버렸다'는 식으로 태연자약하게 큰소리치고도 무사히 물러날 수는 없었을 것이다. 즉각 붙잡혀 두들겨 맞거나 신전 당국에서 로마의 지배 당국으로 신병이 넘겨졌거나 했을 것이다. 무엇보다도, 아무리 근골이 늠름한 갈릴래아 사나이 예수였다 할지라도 혼자 그만한 상인들을 상대로 다툴 수 있었을 리가 없다. '사고파는 자들을 쫓아내기'는커녕 자신이 간단하게 끌려갔을 것이다. 제자들과 사전에 상당히 계책을 짜서 상당 정도의 사람들이 몰려가 실행했다면 당연히 군대도 출동했을 것이니, 이 또한 당연히 무사히 물러날 수는 없었을 것이다. 또 실제로 제자들이 사건에 가담한 흔적이 전혀 없다.

그렇다면 최근의 좌익 여러분들이 가끔 하듯이, 곁에서 보고 있는 자들에게는 무슨 일이 일어났는지 알 수 없을 정도의 극히 사소한 상징적 행동을 했지만 나중에 우리가 신전 상업에 근본적인 타격을 주었다고 선전했거나, 아니면 오히려 가끔 예수가 환전상이나 비둘기 장수에게 평소에 못마땅하던 기분을 딱 한마디 말로 내뱉어 다툼이 벌어졌고 매대를 뒤엎게 되었는데, 그때는 부리나케 도망쳤고 나중에 제자들에게 이야기한 것이 점점 전설화한 것이거나, 아니면 그냥 저 신전 상업은 당치 않아, 저 따위는 뒤엎어버려, 라고 평소에 말한 것이 예수 사후에 실제로 실행한 이야기로 만들어졌거나.

그때 예수의 기분으로 보아, 신전에 대한 기본적인 거부감을 표현한 것인지, 그렇지 않으면 오히려 신전 예배에 대한 열정적 경건성 때문에 신성한 장소를 속된 장사로 더럽히게 놔

뒤서는 안 된다는 생각이었는지, 알 수가 없다. 후자의 경우라면 예수 활동의 비교적 초기에 일어난 일이 될까. 마르코는 이 사건을 예수 활동의 마지막 시기에 배치했는데, 마르코는 예루살렘에서 이뤄진 예수 활동을 전부 모아 마지막에 두는 편집을 하고 있지만, 그것이 반드시 이 사건이 예수가 체포당하기 며칠 전에 일어났다는 걸 의미하지는 않는다. 요한 복음서는 거꾸로 이 사건을 예수 활동의 극히 초기에 배치했다.(요한 2장 13-17절) 때때로 기묘하게 미세한 점에서는 역사의 사실에 대한 정확한 지식을 피력하는 요한인지라 이 경우에도 만일 요한이 사건의 시기에 대해서는 올바른 지식을 제공하고 있는지도 모른다. 어찌되었든 마르코가 전하는 전승은 이 이야기의 결론으로, 예수는 '(신전은) 민족 전체의 기도의 집으로 불려야 한다'는 구약의 이사야서의 말을 인용했다고 했다. 그렇다면 예수는 종교적으로 대단히 경건한 마음에서 신전을 고요하고 편안한 기운으로 차 있는 기도의 장소로 만들기 위해 요란하게 비속한 상인들을 경내에서 쫓아내려고 했다는 게 될 것이다. 이런 종류의 경건주의는 예수에게 국한된 것은 아니기 때문에, 당시의 유대교 내부의 경건주의적인 운동은 많든 적든 이런 경향을 보여주고 있다. 바리사이파도 그 근본을 따져 보면 이런 경건주의에서 생겨난 운동이다. 마르코가 전하는 전승에는 예수가 환전상의 탁자와 비둘기를 파는 사람의 의자를 뒤엎었을 뿐만 아니라 '경내를 통해 기물을 옮기는 것도 허락하지 않았다'고 덧붙여져 있다. 무슨 이유에선지 다른 복음서는 이 구절을 삭제했으나, 이 구절도 또한 같은 경건주의 자세를 보여주고 있다. 요세푸스도 신전에 대해, '무슨 기물이든 신전에 가지고 들어가는 것은 허용되지 않는다'(『아피온 반박』 2장 106절)고 기술했다. 기물은커녕, 바리사이파 랍비의 견해로는 신전 경내를 가로질러 가기 위해 통과하는 것조차 허용되지 않았다고 되어 있다.(베라코트 9장 5절) 이런 바리사이파의 의견에 대해 예수의 태도에 무언가 특색이 있다고 하면, 그것을 단지 의견으로 주장할 뿐만 아니라 어떻게든 실행에 옮겼다는 점뿐일 것이다.

하지만 이런 경건주의는 별로 예수의 평소 행동에 어울리지 않는다. 안식일이나 더러움 문제에 대해 예수가 어떤 태도를 취했는지를 생각하면, 바로 그 예수가 신전에 대해서는 이처럼 평범하게 자못 진지한 태도를 취했다고 생각하긴 어렵다. 게다가 세례자 요한과는 달리 '즐겨 먹고 마신다'는 평을 들은 예수다.(마태오 11장 19절) 즐겨 사람 집에 초대받은 손님이 되었다. 축제 때의 요란법석도 싫어하지 않았을 것이다. 그리고 특히 신전이 모조리 파괴되어 버리기를 기대했던 이 사나이가 신전 제의의 경건주의적인 부흥을 바랐다면, 모순이다. 따라서 이것은 예수 활동의 극히 초기의, 아직 순진했을 때 전통의 경건주의에 열심히 빠져들어 가려던 청년의 심정을 토로한 것이었을까. 하지만 그 열심에서 한 걸음 더 나아가면 신전 제의를 떠받치는 체제 자체에 대해 대단히 각성된, 따라서 매우 냉소적이고, 또 근본을 찌르는 비판과 함께 거부를 표시하는 지점까지 나아갔다고 해도 이상할 게 없다.

또는 오히려 이 이야기의 결론에 이사야서의 인용을 덧붙인 것은 이야기를 전승한 초기 그리스도교도였을지도 모른다. 예수의 상당히 파괴적인 언동을 다시 한 번 전통적인 경건주의

242

방향으로 되돌려 수정하는 경향이 강했던 초기 그리스도교도들이다. 그렇다면 예수 자신은 이사야서의 인용에서 볼 수 있는 경건주의 입장이 아니라 오히려 더 근본적으로 신전 자체에 대한 거부감을 표현했던 것일까. 사실 신전 상인들은 결코 단순히 문전성시를 이룬 부류의 장사꾼들이 아니라 신전 제의에 필요한 것을 제공하는 역할을 수행하고 있었으며, 특히 환전상이나 비둘기 장수 등은 없어서는 안 될 존재였기 때문에, 거기에 대해 공격을 가했다는 것은 신전 제의 자체를 이미 근본적으로 거부하는 자세가 있었다고 봐야 한다. 이사야서의 인용에 이어 마르코 복음서에 기록되어 있는 말은 그것을 뒷받침한다.

'너희는 그것을 강도의 소굴로 만들어 버렸다.'

이것이 만일 신전 상인들만을 상대로 해서 한 말이었다면 다소 과장되고 지나치다. 확실히 신전 상인들도 어느 정도 그 악스럽게 돈벌이를 하고 있었을지 모른다. 아무것도 모르는 시골 순례자가 신전에 오자 봉으로 삼아, 신전에서는 이렇게 하는 거야, 저렇게 하는 거야, 라고 초를 들어가며 물건을 사게 만들어 폭리를 취했다는 식의 정경은 당연히 상상할 수 있는 것이다. 하지만 그만한 일로 강도의 소굴이 되어 버렸다고 단정하는 것은 역시 과장이 지나치다. 신전의 경영 전체, 즉 신전 제의 위에 서서 모든 유대인들로부터 헌납물이라 칭하며 대량의 금전이나 수확물을 빨아올리던 종교 귀족들의 지배 기구 전체를 염두에 둘 때 비로소 이 표현의 강렬함을 이해할 수 있다. 하지만 이것도 구약성서의 대사를 흉내 낸 것이다. '이 집(=신전)이 너희의 눈에는 강도의 소굴로 보이느냐. 나의(=하느님) 눈에는 그렇게 보인다.'(에레미야 7장 11절) 따라서 이것은 이사야서의 인용에 이어 또 한 사람의 예언자의 말에 대해 언급한 것일 뿐인, 마찬가지의 경건한 신앙심의 발로라고 볼 수도 있다. 그러나 굳이 이 말을 흉내 내서 당시의 신전에 대해 던진 것이라고 한다면, 역시 신전 제의 그 자체에 대한 강한 거부감을 나타낸 것이라고 할 수 있을 것이다.

　복음서 기자 마르코는 사실 이 말을 단지 신전 상인들을 향해서만 한 것으로 보지 않고, 오히려 신전에 기반을 둔 종교 지배 당국에 대한 공격으로 봤다. 따라서 이 말에 바로 이어서 산헤드린 당국(제사장, 율법학자)은 이것을 듣고 예수를 죽이려 모의했다고 기술했다.(마르코 11장 18절) 마르코의 기술이 반드시 사실의 한 장면 한 장면을 정확하게 그리고 있다고 할 수는 없으나, 대략적으로 말하자면, 이런 예수의 태도는 예수가 의식했든 않았든 당시의 팔레스티나 신전을 정점으로 하는 종교적 사회 지배 자체에 대한 부정이었으며, 따라서 또한 그 사건이 직접적인 계기가 되었는지, 아니면 먼 복선遠因의 하나였는지 따지는 건 제쳐 놓고라도, 신전 당국이 예수를 붙잡아서 죽이려 모의한 것도 당연하다고 할 수 있다.

제5장

예수의 비판 –
사회적 경제적 구조에 대하여

1. 날품팔이 노동자의 임금 또는 사회적 평등

예수가 항거한 것이 반드시 종교적 정치지배 구조에 대해서 만이었던 것은 아니다. 경제적인 억압에 대해서도 날카로운 항의의 목소리를 높였다. 그렇다기보다, 이것은 왠지 이상해, 라는 후각과 같은 것이라고 하는 편이 좋을지도 모르겠다. 경제적인 문제 및 거기에 동반되는 사회구조에 대해서는 그 전체적인 연결을 어지간히 명석하게 파악하고 있지 않으면 모든 것에 걸쳐 일관되고 철저한 비판을 하기란 불가능하다. 이미 몇 번이나 이야기했듯이 1세기의 갈릴래아 지방 목수였던 예수에게 그와 같이 로마제국 전체 규모에 걸친 경제 사회 구조의 파악을 기대하는 것은 무리이며, 따라서 또한 한편에서는 날카로운 항의의 목소리를 내면서도 다른 한편에서는 경제적인 억압 구조를 알아채지 못한 채 그대로 용인해 버린다. 하지만 논리가 일관되지 못하다고 해서 그런 점에서 보여준 예수의 날카로움을 간과하는 것은 옳지 않다. 예수가 바리사이파를 중심으로 한 종교적 차별 구조만을 공격했다고 생각하면, 일상적인 경제생활 문제에 대해 그가 가지고 있던 날카로운 감각을 볼 수 없게 된다. 예수가 정치적, 종교적, 사회적 권력자에게 항거한 것은 단지 권력자에 대한 반발이었던 것만은 아니다. 직접적으로 권력자가 얼굴을 내밀지 않는 곳에서도 사람들의 일상생활에서 더 강한 자가 더 약한 자를 먹이로 삼는 상황은 늘 존재한다. 일상의 생활 상황에 파고드는 날카로움을 갖지 못한 자가 천하국가의 정세를 논해 본들 강단의 강의로 끝날 뿐이다.

포도 수확을 위해 고용된 날품팔이 노동자 이야기가 있다.

어떤 지주가 아침 이른 시각에 나가서 자신의 포도밭에서 일할 노동자를 채용했다. 노동자와 하루에 1데나리우스를 주기로 약속하고 포도밭으로 보냈다. 그런데 오전 9시쯤에 또 광장에 나가 일자리를 얻지 못한 자들이 있는 것을 보고 지주는 말했다.

'당신들도 우리 포도밭에 와 주시오. 적당한 임금을 줄 테니.'

그렇게 해서 그들은 포도밭에 갔다. 지주는 또 정오와 오후 3시 무렵에도 나가서 똑같이 했다. 마지막에 또 오후 5시쯤에도 나가 보니 아직도 몇 명이 서 있는 걸 보고 말을 걸어 봤다.

'당신들은 왜 하루 종일 여기에서 일도 하지 않고 서 있는 거요.'

'아무도 우리를 고용해 주는 이가 없었기 때문입니다.'

'그러면 당신들도 우리 포도밭에 와 주시오.'

저녁이 되자 포도밭 주인은 집사에게 명했다.

'노동자들을 불러와 임금을 주시오. 먼저 마지막에 온 사람들부터 시작해서 순서대로 맨 처음에 온 자들까지.'

그리하여 먼저 오후 5시에 채용된 자들이 와서 각각 1데나리우스씩 받았다. 처음에 온 자들은 자신들은 더 많이 받을 수 있을 것으로 생각했으나, 받아 보니 생각과는 달리 자신들도 똑같이 1데나리우스씩이었다. 그러자 지주에게 불평을 했다.

'마지막에 온 사람들은 아주 잠시 일을 했을 뿐이지 않습니까. 당신은 저들이나 우리나 똑같이 주시려는군요. 우리는 이 더위에 하루 종일 고생하며 일했어요.'

이에 대해 지주는 그중의 한 사람에게 대답했다.

'이봐요, 당신이 불평할 이유가 없지 않소. 당신은 1데나리우스를 받고 일하기로 약속하지 않았소. 자신의 몫을 받고 점잖게 돌아가세요. 나는 마지막에 온 사람에게도 당신과 똑같은 임금을 주고 싶어요. 그런데 내가 내 지갑에서 내가 주고 싶은 만큼 주는 것이 당치 않다는 거요? 내가 관대해졌다고 해서 당신이 시샘할 일이 아니잖소.'

(마태오 20장 1-15절)

이것은 비유 이야기일까. 물론 지어낸 이야기인 것은 틀림없다. 그런데 무엇을 비유하기 위해 예수는 이런 이야기를 한 걸까. 날품팔이 노동자 문제 따위 예수에게는 아무래도 상관없는 것이고, 그저 비유에 사용했을 뿐인 걸까. 그렇게 보기에는 표현이 너무나 현실적이다. 이 이야기는 이것 자체만으로도 충분히 의미가 통한다. 서툰 해설이 필요 없다. 아침 일찍 고용되어 하루 종일 일한 노동자도, 저녁 무렵까지 일거리를 얻지 못해 내내 서성이던 자도 동등하게 하루분의 임금을 받는 건 좋은 일이다. 아니, 그렇게 하는 것이 옳다. 그 이외의 결론을 이 이야기에서 끌어낼 수 있을까. 한마디로 줄이자면, 능력에 따라 일하고, 필요에 따라 소비한다는 것이다. 만일 운도 능력 중의 하나라면 그렇다는 것인데. 때마침 그날 일자리를 찾을 수 있었던 자는 충분히 일하는 것이 좋다. 하지만 하필 그날은 일자리를 찾지 못한 자라 하더라도, 오늘은 주린 배를 끌어안고 아무것도 먹지 못해도 좋아, 라고 하지는 않겠지. 좋아서 놀고 있었던 게 아니다. 일하고 싶어도 일자리가 없었다. 모두가 함께 먹고 즐길 수 있다면 그보다 더 좋은 게 없다. 아니, 할 수만 있다면 그렇게 하는 것이 좋다, 라고 이야기하는 게 아니다. 그렇게 되는 것이 당연하다. 굳이 이야기하자면, 그것이 사회적 평등이라는 것이다. 그것을 사회적 평등이라는 하나의 개념에 집어넣어 버리면 맛도 멋도 없어져 버릴지 모른다. 그러나 본래 사회적 평등이라는 것은 이처럼 지극히 구체적인, 일상생활의, 살아가는 현실 속에서 실현해야 하는 것이리라. 예수 자신은 사회적 평등이라는 개념은 갖고 있지 않았다. 개념이라기보다 그런 단어를 몰랐다. 그러나 그가 노동자의 경제생활 실태에 관해 당연히 이래야 한다고 생각하고 묘사한 장면은 자연히 오늘날 우리가 이상으로 이야기하는 사회적 평등에 합치한다. 사회주의의 이상을 많이 이야기하고 평등의 관념을 종종 입 밖에 내는 현대에도 현실 생활의 구체적인 장면에서 이처럼 멋들어지게 평등 자체를 관철하려는 의견을 토로하는 사람은 많지 않다. 그것을 1세기의 갈릴래아 촌구석에서 살아가던 예수가 이처럼 말끔하고 명징하게, 아무 어려운 억지소리도 없이, 너무나 당연하지 않은가, 라는 말투로 단언할 수 있었다는 것은 역시 대단하다고 생각할 수밖에 없다. 이 짧은 이야기 하나를 인류에게 남겼다는 것만으로도 예수라는 사나이는 세계사적으로 거대한 존재였다. 하지만 예수가 그렇게 이야기하지 않았다고 하더라도, 그것은 누구나 자연스럽게 그렇게 생각해도 좋을 당연한 것이지만.

그렇다 하더라도 얼마나 많은 그리스도교도들이 이 이야기를 액면 그대로 받아들이려 하지 않았던가. 모처럼 노동자들의 임금 문제를 명석하게 논하는 이 구절에서 노동자의 임금 문제를 읽으려 하지 않고 그것 이외의 '의미'만 찾으려 하고 있다. 이미 마태오 복음서의 저자가 그랬다. 그는 이 이야기에서 '천국은 이런 것이다'라는 도입구를 붙였다. 그것으로 모든 게 날아가 버린다. 확실히 이런 상태를 현실 세계의 것이라고 생각하는 것은 당시의 사람들에게는 도저히 불가능했을 게 틀림없다. 따라서 지금 세상에서는 그런 식으로 잘 풀려 가지 않겠지만 '천국'에서는 반드시 그렇게 된다, 면서 희망을 저세상에 의탁했다고 해도 어쩔 수 없는 일이라고 할 수는 있다. 실제로 예수 자신도 어쩌면 '하느님의 나라란 이런 것이다'라며 이야기하기 시작했을지도 모른다.(마태오는 '하느님의 나라'라는 표현을 '천국'으로 바꿔 이야기하는 경향이 있다) 하지만 후술하듯이, 예수는 '하느님의 나라'를 자신들의 현실의 가능성이라고 생각하고 있었으므로 여기에 '하느님의 나라는 이런 것이다'라는 도입구가 붙어 있건 없건 본질적인 차이는 없다. 설령 현재의 현실 세계가 그렇지 않더라도 실은 이렇게 되어야 한다고 외치고 있는 것이다. 하지만 마태오는 그렇게 이해하지 않았다. 실은 이렇게 되어야 한다는 가장 중요한 점을 그는 공유하지 못했다. 따라서 마지막에 마태오는 '이처럼 꼴찌가 첫째가 되고, 첫째가 꼴찌가 될 것이다'라고 가필했다. 천국의 질서를 우리는 알 수 없다, 차원을 뛰어넘은 불가사의한 것이다. 따라서 지금 이 세상에서 남보다 먼저 하느님에게 받아들여질 수 있는 생활을 하겠다는 사람도 그것만으로 안심해서는 안 된다. 하물며 이 세상에서 좋은 지위에 앉아 있는 것 등은 아무런 보증도 되지 않는다. 천국에는 천국의 질서가 있다. 따라서 우쭐대지 말고 날마다 하느님의 뜻에 따라 살아가도록 부지런히 힘써 주세요……(마태오 7장 21절)

이렇게 가필함으로써 가까스로 마태오는 이 이야기를 폐기하지 않고 살려 놓을 수 있었다. 예수와 마태오 사이에는 넘기 어려운 도랑이 있었다. 그것은 도랑이라고 할 수 없을 정도의 한 가닥 선인데, 기이하게도 넘으려 하지 않는 자에게는 그럴 생각조차 할 수 없는 심연이다. 즉 한편에는 이처럼 노동자가 일자리를 얻지 못해도 같은 임금을 받는 것이 당연하다고 생각하는 인간이 있다. 또 한편에는 그것이 당연하다는 생각을 도저히 할 수 없을 뿐만 아니라 당연하다고 생각하는 인간이 있는 게 당연하다는 것조차 모르는 인간이 있다. 왜 그 도랑을 건널 수 없는지 나로서는 이해할 수 없지만, 그것이 당연하다고 생각하는 자는 그렇게밖에 말할 수 없는 것을 말하고 있는데, 그렇지 않은 자는 그것은 기묘한 이야기여서 노동자의 임금 자체가 아니라 그것을 통해 뭔가 다른 '의미'를 비유적으로 이야기하고 싶었을 것이라며, 관계없는 곳에서 '의미'를 찾으려 한다. 마태오는 이렇게 생각했다. '천국'의 질서는 이 세상과 다른 것이다. 그리고 이 긴 이야기를 그 한마디로 해소하고는 노동자의 임금 문제는 잊어버렸다.

현대의 해석자들도 도긴개긴이다. 불트만은 설사 인간으로서는 이해할 수 없을지라도 하느님의 의지에는 절대 복종해야 한다는 '윤리'로 이 이야기를 해소한다. 불트만에게는 확실히 이것은 이해할 수 없는 이야기였을 것이다. 그러나 그것을 이해할 수 있는 이도 있다. 아니, 이해할 뿐만 아니라 그렇게 되는 게 당연하다고 생각하는 사람이 대세를 이루고 있다. 그런 사람들에게는 이것은 억지로 '절대복종'해야 하는 것이기는커녕 그렇게 되면 크게 기뻐할 일이다. 야기 세이이치는 깜짝 놀랐다. 그는 이 비유를 전부 인용한 뒤 '하느님의 지배에 따를지 말지가 문제이지, 이룩한 업적이 많고 적음이 문제가 아니다'라는 결론을 내린다. 왜 여기에서 '하느님의 지배에 따른다'는 이야기를 해야만 하는 것인가. 신학자들의 억지 주장에는 익숙해져 있는 나도 벌어진 입을 다물 수 없었다. '사람을 사람답게 하는 밑바탕은, 어떤 사람이 (크게) 되는 것이 아니라, 오히려 그 사람 자신일 것을 요구한다'고 한다. 날품팔이 노동자가 하루 좋은 일자리를 얻었다고 해서 '크게' 되는 것은 아니며, 일자리를 얻지 못해 밥값을 하지 못했다고 해서 '그 사람 자신이다'라며 기뻐할 까닭도 없다. 그런 것은 어찌 되든 상관없고, 임금 문제는 어떻게 할 것인가.

2. 대토지 소유, 농업 노동자, '실업'

이상의 신학자들에 비하면 1세기 팔레스티나의 역사적 상황에 대한 풍부한 지식을 구사하면서 그 속에서 예수를 이해하려고 노력하고 있는 석학 요아힘 예레미아스는 이 비유에 대해서도 역시 봐야 할 것을 보고 있다. '이 비유는 실업의 망령이 앞길을 가로막고 있던 시대의 생활 속에서 끄집어낸 것'이라는 지적이다. 하지만 이는 그렇다고도 할 수 있고 그렇지 않다고도 할 수 있다. 실업이라는 개념이 현대와는 매우 다른 시대의 이야기다. 현대인은 사람이 일정한 직업을 갖는 것이 당연하다고 생각하고, 일정한 일자리가 없는 사람을 실업자로 간주한다. 그러나 고대 지중해 세계, 대토지 소유가 관례였던 세계에서는 농업 노동자의 다수는 날품팔이 노동자였다. 이 이야기에서 볼 수 있는 것처럼 지주가 현지에 상주하는 집사를 두고, 집사는 평상시의 일은 소수의 당시 고용자(아마도 노예)를 활용해서 해내고, 농번기에만 다수의 날품팔이 노동자를 고용해 일을 했을 것이다. 이 경우는 만들어낸 이야기이므로 수확 때에 지주가 자신이 직접 나가지만, 대개 지주는 도시에 머물러 있고 집사가 보내 주는 수익금만 받았다. 가족 단위 정도의 소농 경영자들도 농번기에는 몇 명의 날품팔이 노동자들을 고용했겠지만, 그보다는 오히려 자신이 소유한 자그마한 땅으로는 먹고 살 수 없어서 종종 날품팔이 노동자로 일하면서 자신의 땅은 처자에게 경작하게 하고 자신도 때때로 거기에서 일하는 정도의 소농 쪽이 더 많았을 것으로 생각된다. 또 지주가 직접 농업 경영을 하는 대농 경영이 아니라 소작인에게 토지를 경작하게 하는 경우도 있었다. 이런 다양한 농업 경영 형태가 각각 어느 정도의 비율로 존재했는지 추정하기는 어렵다. 소농 경영과 직접적인 대농 경영 사이의 차이는 그렇게 명백하지는 않았던 듯하며(마르코 12장 1절 이하 참조), 소작인과 날품팔이 노동자 사이의 구별도 유동적이었을 것이다. 또한자영 소농민이라고 해도 한 마을 전체 또는 한 지역 전체가 한사람의 권력자(예컨대 헤로데 왕가의 일원, 또는 그 가신 중의 유력자)의 소유로 되어 있었기 때문에, 그럴 경우의 권력자와 소농민의 관계는 세금을 거두는 관계인지 소작료를 거두는 관계인지 대단히 애매하다. 따라서 1세기 팔레스티나의 농업 생산의 주체가 자영 소농민이었는지, 대토지 소유자의 밭을 빌려경작하는 소작인들 중심이었는지 논의해 봤자 별로 의미는 없을 것이다. 어쨌든 여러 형태의 대토지 소유에 기초한 대농 경영이 당시의 팔레스티나에, 특히 갈릴래아 지방에 널리 존재하고 있었던 것은 의심의 여지가 없다.

날품팔이 노동자는 농번기, 특히 수확기에만 노동자로 고용된 것이 아니다. 그 시기에만 고용 관계가 존재했다면 그 이외의 시기에 그들은 굶어 죽어야 한다. 그 외에도 소치기 등 가축의 사육에 관한 일, 과일의 수확기에 망보기, 가시나무 베기 등이 임시 고용 농업 노동자들의 일로 알려져 있다. 그런 일 중에는 상당히 장기간에 걸친 것도 있었을 것이고, 계절적인 것도있었을 것이다. 농업 노동자들이 농업에만 종사했다고 할 수는없기 때문에 갈릴래아 호수의 어업이나, 도시 노동(건설 노동이나 소공업), 운반업 등에도 고용되었다. 농한기, 농번기에 따라 노동자들은 농촌에서 도시로, 도시에서 농촌으로 이동을 되풀이했다. 예수의 제자가 되었다는 야고보와 요한의 아버지 제베대오의 집에 고용되어 있던 '삯꾼'은 종신고용은 아니므로, 날품팔이 또는 계절 고용 노동자였던 것으로 생각된다.(마르코 1장 20절) 또 유명한 방탕아의 비유(루카 15장 11절 이하)는 자신의 소유지에 상주하고 있던 대농 경영자 이야기인데(하지만 루카는 팔레스티나의 사정을 잘 몰랐으므로, 여기에서는 소아시아나 그리스의 농업 사정을 상당히 감안했을 가능성이 있다), 여기에 나오는 '많은 일꾼들'(17절)도 같은 신분이었다. 그리고 방탕아는 그 대지주인 부친 곁을 떠나 방랑하지만, 결국 돈이 떨어지자 '돼지치기'가 된다.(15절) 이것도 날품팔이 노동이다. 즉 날품팔이 노동자가 반드시 하루하루 일자리를 바꾸는 것이 아니라 경우에 따라서는 상당히 장기간 일정한 노동에 종사하지만 자신이 생산 수단을 갖고 있지 않고, 자신의 노동력 외에 팔 것도 없이 하루하루 노동에 따라 임금을 받았던 자들이다. 만일 그들을 '실업자'로 부른다면 예레미아스처럼 이 이야기는 실업의 망령이 앞길을 막고 있던 시대의 생활 속에서 끄집어낸 것이라고 할 수 있을 것이다. 그러나 그들을 '실업자'로 부르는 것은 현대적인 고용 관계의 관념에 너무 빠져 있는 것이다. 이것은 협의의 '실업' 문제라기보다 날품팔이 노동자의 노동 조건 일반의 문제일 것이다. 당시 농업 사회의 기본적인 노동력은 날품팔이 노동자였기 때문에 이것을 '실업자'로 불러서는 안 된다.

예레미아스를 약간 손질해서 고쳐 만든 아라이 사사구는 이 이야기를 실마리로 '유대의 고대사 중에서 실업자가 가장 많이 나온 시대의 하나가 다름 아닌 예수의 시대였다'(『예수와 그의 시대』)고 호언장담한다. 자신이 직접 소재素材의 산에 도전해 보지도, 또한 자신의 눈으로 그 시대 상황을 어떻게든 파악하려 노력해 보지도 않고 참고서의 단편적인 고쳐 쓰기로 시종하니까 이런 주제넘은 짓을 하는 것이다. 하지만 아라이 사사구에 국한되지 않고, 진보파인 체하려는 학자들은 자신들이 다루고 있는 시대의 '민중'이 얼마나 착취당하고 있는지를 강조하기 위해 그 시대의 권력자는 다른 시대의 권력자보다 훨씬 더 악랄하고, 그 시대의 인민은 이전보다 훨씬 더 착취당해 더는 참을 수 없는 한계까지 와 있었다는 것을 강조하고 싶어한다. 따라서 이런 '학자'들이 묘사하는 역사상은 어느 시대나 다른 어느 시대보다 실업이 많고, 세금은 높았다는 식이 되어 버린다. 이런 '학자'들이 잘못하고 있는 것은, 첫째로 자신이 연구하고 있는 시대의 것밖에 모르므로 그 시대가 가장 인민이 억압당했던 시대라고 확신하기 때문에, 둘째로 더 근본적으로 인민이 억압받고 있었다는 것을 증명하기 위해서 다른 시대보다도 특히 그 시대에 억압이 더 심한 경우가 아닌 한 억압이 아니라고 믿어 버리는 것이다. 하지만 다른 시대보다 다소 심하든, 다소 덜하든 억압이나 착취는 어차피 억압이나 착취일 뿐이다. 그것을 그렇게 인식할 수 없기 때문에 어느 시대나 '가장' 실업이 많고 세금도 가장 높다는 식으로 되어 버린다. 이런 말을 하기 전에 아라이 사사구는 마카베오 형제가 독립 운동을 한 기원전 2세기 중반과, 헤로데 왕가가 권력을 쥐기 전의 기원전 1세기 중반, 그리고 헤로데의 전성시대와, 예수 당시(기원후 20년대부터 30년대 초에 걸쳐), 전쟁 직후인 70년대 중에서 언제가 실업이 특히 많았는지, 정말로 그렇게 구별해서 조사할 수 있는지 잘 생각해 본 뒤에 말해야 한다. 참고서 고쳐 쓰기 업자는 자신이 직접 그런 지식을 조사할 필요가 있다는 것조차 생각해내지 못한다.

예레미아스가 이 시대는 실업이 많았다고 단정하는 실마리는 하나밖에 없다. 기원후 62, 63년 무렵은 헤로데 대왕의 증손인 아그리파 2세가 팔레스티나 북방(오늘날의 시리아, 레바논의 일부)의 영주이면서 예루살렘 신전의 관리권을 갖고 있었고, 대사제의 임명권도 갖고 있었다. 로마인인 유대 총독(몇 년마다 교대했다. 그 시점에서는 알비누스)보다는 아그리파 쪽이 당연히 유대인의 상황을 잘 알고 있었으므로 팔레스티나 통치에 관해서도 아그리파는 로마인 총독에게 협력했다. 그 1대 전인 60년 무렵에 총독이었던 페스투스는 바울로의 재판을 다룰 것인지 망설이다 아그리파에게 상담을 한다.(사도행전 25-26장) 62, 63년 무렵에 마침내 예루살렘 신전의 신축공사가 완성되었다. 그것은 대공사여서 1만 8천명이나 되는 노동자들이 공사에 동원되었다고 한다. 그래서 그만한 수의 사람들이 공사 완성과 함께 실업자가 되므로, 그것을 우려한 예루살렘 시 당국이 실업 대책 사업으로 신전 외벽의 동문 부분의 개수 공사를 제안했다. 신전은 바위산 위에 있고 동쪽의 외벽은 골짜기에서 솟아 있었기 때문에 그것은 큰 공사가 되어 충분히 실업 대책 사업이 될 수 있었으나, 아그리파는 너무 큰 공사가 될까 걱정해 그것을 허가하지 않고 다만 예루살렘 시내를 흰 포석으로 포장하는 공사만 허가했다고 한다.(요세푸스『유대 고대지』20장 219-222절) 이 이야기에서 예레미아스는 일반적으로 당시는 실업자가 많았다고 결론짓고, 그 예레미아스가 쓴 겨우 한 줄의 글을 아라이 사사구는 예수 당시는 실업자가 가장 많았던 시대 중의 하나였다고 고쳐 쓰기를 한 것이다.(예수가 죽은 것이 기원후 30년 무렵. 그런데 기원후 62, 63년 이야기를 가지고 와서 '예수 당시'라고 하니, 그것만으로도 이미 어처구니가 없어 말도 안 나온다) 서양의 유명한 책에서 극히 일부를 가져다가 적당히 잘못 안 상태로 고쳐 써서 넣으면 일본어로 학술서 한 권 쓸 수 있다는 시대는 이제 끝내는 게 좋다.

요세푸스의 이야기로 돌아가서, 이것은 판단하기가 의외로 어려운 기술이다. 신전 공사는 헤로데 대왕 당시 기원전 20년(또는 19년)부터 시작되었으므로 80년 이상 걸린 셈이다. 그러나 헤로데 대왕 당시에 이미 공사를 시작한 지 8년인가 9년 정도 되어 일단 완성을 했다. 그때의 일꾼은 모두 1만 명이었다고 한다.(요세푸스『유대 고대지』15장 380~423절) 그렇다면 그 뒤 70년 가까운 기간을 두고 아그리파 2세 때 개수, 증축이 이뤄졌다는 것일까. 아니면 그 70년 가까운 기간에 단속적으로 개수, 증축이 계속되었고 그 기간에 1만 명 이상의 노동자들이 상주하고 있었다는 것일까. 그러나 많든 적든 단속적으로 공사가 계속되었다고 하더라도 1만 명 이상의 노동자들이 상주하고 있었다고는 좀처럼 생각하기 어렵다. 그들은 종신고용 노동자들이 아니라 일이 있는 날에 하루분의 임금을 받았을 뿐이므로 처음 8년간 집중적으로 공사가 이뤄진 시기에도 직종별로 일이 없는 경우가 있었을 것이고, 그만한 수의 노동자들이 예루살렘에 집결해 있었다면 농업 노동이 유지될 수 없었을 터이므로, 농번기에는 신전 공사가 중지되었다고도 생각된다.

애초에 헤로데가 예루살렘 신전 신축이라는 대규모 공사에 손을 댄 것도, 한편으로는 물론 자신의 권력과 영광의 과시를 위해서였겠지만, 또 한편으로는 경제적으로 보면 잉여 농업 노동력의 조정을 위해서이기도 했다. 즉 헤로데가 그 통치 권력을 거의 굳히고 얼마 지나지 않아 팔레스티나에 대기근과 거기에 따른 전염병의 대유행이 덮쳤다. 그것은 그때까지 헤로데가 힘들게 극복해 온 정치적 또는 군사적인 위기와는 다른 종류의 최대 위기였음에 틀림없다. 팔레스티나만이 아니라 주변 지역들도 같은 대기근에 휩쓸렸으므로 그 위기를 타개하는 것은 대단히 힘든 일이었을 것이다. 거기에 헤로데의 정치 수완이 유감없이 발휘된다. 기근이 덮치지 않았던 이집트와 교섭을 벌여 돈을 아끼지 않고 식량을 수입해 그것을 잘 분배함으로써 많은 사람들을 궁핍 상태에서 구했다. 그리하여 기근의 1년을 넘긴 뒤 풍작이 찾아온다. 하지만 기근과 전염병으로 인구가 줄어든 농촌에서는 농업 노동력이 부족했다. 그래서 헤로데는 자신의 재정으로 양성해 두었던 사람들을 이때다 하고 임시 농업 노동력으로 농촌에 투입한다. 5만 명이나 되었다고 한다. 그리하여 농업 생산력을 적절히 회복시켜 위기를 극복한다. 기원전 25-24년의 일이다.(요세푸스, 같은 책 15장 299-316절) 헤로데의 인기가 민중 사이에서 높아진 사건이었다. 그러나 그 농업 위기에서 회복하는 과정을 통해 작고 힘없는 농민들은 다수가 사멸하거나 몰락했을 것이고, 그것을 기화로 당연히 대농 경영이 순탄하게 강화되었을 것이라 상상할 수 있다. 5만 명이나 되는 계절노동자들이 임시 농업 노동력으로 일하는 체제를 일단 만들어낸 이상 임시 노동력에 의존하는 대농 경영 형태가 강화되는 것은 당연한 수순이었을 것이다. 당시 팔레스티나 전역의 유대인 인구는 약 50~60만 명이었다고 예레미아스는 상정한다. 고대의 인구를 산정하기는 어렵기 때문에 그것이 만약 백만이나 그 이상이었다고 가정해 보더라도, 그중의 5만 명이 임시 농업 노동력으로 이동했다는 것은 엄청난 숫자다. 요세푸스가 기록한 5만 명이라는 숫자에 어느 정도의 과장이 있었다고 하더라도 그렇다.

그리하여 대기근에서 회복된 지 4년 뒤에 혜로데는 신전 건설을 시작했다. 농촌의 상태도 다소 안정되어 있던 시기여서 다수의 날품팔이 노동자들에게 농번기 이외의 직장을 확보시켜 줄 필요가 있었다.

하지만 대규모 공사는 예루살렘 신전만이 아니라 그 외의 도시, 특히 신흥 도시들에서는 많이 이뤄졌으며, 혜로데 대왕만이 아니라 그 이후에도 각지에서 이뤄졌다. 아그리파 2세 당시의 예루살렘 신전 공사 완공 사례만으로 일거에 실업자들이 늘었다고 간주해서는 안 된다. 게다가 그때의 1만 8천 명이라는 숫자도 과장되어 있다. 당시 예루살렘 시의 상주 인구는 마찬가지로 예레미아스의 계산에 따르면 약 5만 5천 명이었다고 한다. 이것은 상당히 신뢰할 수 있는 계산에 근거한 숫자다. 따라서 1만 8천 명은 그 3분의 1이므로, 아무래도 너무 과장되어 있다. 하지만 단 며칠간 끌려나와 건축 노동에 종사해야 했던 여자와 아이들까지 모두 헤아린 것인지는 모르겠으나 어쨌든 만일에 그런 사례를 가지고 실업 운운 할 수 있다고 가정하더라도, 그것은 기원후 62, 63년 무렵의 특수 상황이라고 할 수밖에 없다. 사실 그것은 당시의 예루살렘 시를 중심으로 한 사회 불안의 한 요소가 되어, 66년에 시작되는 전쟁 전야의 분위기를 만들었겠지만. 그것과 기원후 30년 무렵의 예수의 말을 느닷없이 연결해서는 안 된다.

3. 분수령의 양쪽 – 지주의 자선, 하느님 앞의 평등

　예수의 이야기로 돌아가자. 거기에 있는 것은 특수한 실업이라는 상황이 아니라, 일반적인 날품팔이 노동자들의 생활 상황이다. 다만 실업 운운하는 것을 별도로 하면, 다른 신학자들과는 달리 요하임 예레미아스는 명성에 걸맞게 예수가 말한 이야기를 당시의 팔레스티나 상황 속에서 이해한다는 점에서 발군의 능력을 보여준다. 하지만 아무리 학식이 뛰어나더라도 일거리가 없어 놀고 있다는 것이 요컨대 무엇을 의미하는지를 알지 못한다면 예수의 그 이야기를 실감하며 들을 수 없다. 광장에서 고용되기를 기다리던 노동자들 중에서 어떤 이들은 저녁 무렵인 5시까지 기다리고 있었다. 예레미아스는 이런 사람들을 '이 바쁜 포도 수확기에! 오후 늦게까지 하는 일 없이 광장에서 빈둥거리며 쓸데없는 잡담이나 하고 있었다'고 평한다. 게으른 자들이다, 라고. 그러나 예수의 이야기에는 그렇게 말한 것으로는 되어 있지 않다. '아무도 나를 고용해 주는 사람이 없었'기 때문에 어쩔 수 없이 하루 종일 하릴없이 보냈다고 말하고 있는 것이다. 그런데 예레미아스는 '오리엔트의 인간'이 이런 이야기를 하는 것은 자신들의 흐리터분한 태만을 얼버무리는 변명에 지나지 않는다고 일방적으로 단정한다. 그들은 일도 하지 않고 놀고 있던 나쁜 놈들이라는 것이다.

　예전에 팔레스티나가 영국의 실질적인 식민지였을 때, 청년 시절을 팔레스티나에서 보내 '현지인'에 대해 잘 알고 있었을 터인 예레미아스다. 아프리카에서도 중근동에서도 아시아에서도 식민지 지배자인 백인들은 '현지인'들에 대해서는 자신들이 가장 잘 알고 있다고 믿었다. 그리고 전쟁 전의 일본인 식민주의자들도, 전후에 번성했던 경제인들도 이런 백인들과 같은 감각밖에 갖고 있지 않았다. '현지인'들은 태만하고 일을 하지 않으며 게으르게 놀 뿐이다. '현지인'들을 그런 자들로 알고 있었을 백인들의 자신감은 대단한 것이었다. 자신들은 '오리엔트의 인간'들에 대해서라면 잘 알고 있다. 20세기든 21세기든 그들의 '흐리터분한 태만'은 마찬가지다. '아무도 우리를 고용해 주는 사람이 없었기 때문입니다' 따위로 그들이 말을 하더라도 믿어서는 안 된다. 그들에게는 일할 생각 따위 없어. 하루 종일 빈둥빈둥 놀고 싶은 거야……

　이런 종류의 식민지주의자들의 편견에 대해서는 한마디 해 둬도 괜찮을까. 그 땅의 풍요를 뿌리째 뽑아 수탈해 가는 식민지 지배자들이 돈을 벌게 해 주려고 기꺼이 일할 '현지' 사람들이 있을 리 없다, 라고.

　일자리가 없어 놀고 있는 사람이 어떤 생활 상황에 처하게 될지는 결국 일자리가 없어 놀고 있는 자가 아니면 이해할 수 없는 것일까. 좋아서 놀고 있을 리는 없다. 오늘 임금을 받지 못하면 내일은 배가 고플 것이라는 것은 알고 있고, 그리고 오늘은 운 나쁘게도 일자리를 얻지 못했다. 또 저임금으로 착취당하고 심하게 체력을 혹사하는 육체노동에 종사할 수밖에 없다면(당시의 날품팔이 노동은 보통 12시간 노동, 즉 해가 떠서 질 때까지였다. 이 이야기에서도 지주는 해 뜨기 전에 노동자를 구하러 나간다), 가능한 한 체력 소모를 막기 위해 천천히 일하면서 적당히 쉬는 것이 당연했다. 일찍 죽지 않기 위한 방어본능이라는 것이다. 그것을 태만하고 흐리터분한 '현지인'으로밖에 볼 수 없는 것은, 어차피 자신의 육체를 소모하며 내일의 생활비를 벌기 위해 일해 본 적이 없는 자들의 무지 탓일까. 그것은 정말로 자신이 경험해 보지 않으면 알 수 없는 것일까. 하지만 식민지 지배가 어떤 것인지 알고 있다면 설사 자신이 직접 경험하지 않더라도 상당한 정도까지 이해할 수 있지 않을까.

어쨌든 예레미아스는 예수의 이야기에 전혀 존재하지 않는 의미를 식민지주의자들의 심정을 토대로 읽어낸다. 일자리가 없던 실업자들은 게으른 나쁜 인간이다. 게다가 그 나쁜 인간들에 대해서조차 하느님은 자비롭다. 같은 임금을 주신다는 것이다. '이와 같이 하느님은 자비롭다!' 그렇게 말하고 예수는 이 비유를 바리사이파에 대한 비판으로 삼았다, 라고 예레미아스는 말한다. '경멸당하는 사람이나 배척당하는 사람'조차도 받아들이려 하는 예수의 복음에 바리사이파는 반대했다. 그러자 예수는 하느님은 이처럼 무가치한 사람조차도 자비롭게 맞이해 주신다고 설교했다는 것이다. 하지만 예수가 이 이야기를 바리사이파 비판으로 이야기한 흔적은 전혀 없다. 무엇이든 바리사이파를 나쁘게 이야기하면 마음이 놓이는 그리스도교 신학자들의 결함이 여기에도 나와 있다.

예레미아스를 황급히 읽고 고쳐 쓰기를 한 아라이 사사구는 거기에서 기묘한 결론을 이끌어 낸다. 바리사이파 사람들은 실업자 또는 날품팔이 노동자들을 '땅의 백성' '죄인'으로 간주하고 '인간 취급을 하지 않았다'는 것이다. 날품팔이 노동자들은 날품팔이 노동자이기 때문에 '죄인' 취급을 받았다는 '바리사이파의 사상'에 대한 새로운 설을 세우는데, 아라이는 아무런 근거도 대지 않는다. 예레미아스의 경우 논리는 확실했다. 실업자는 태만하고 나쁜 인간이다, 라는 가치 판단은 예레미아스 자신의 식민지 체험에서 가져온 것이다. 그것과, 바리사이파는 '죄인'을 배제한다(여기에는 원래 실업자는 없었다)는 역사 인식을 합쳐 이른바 삼단논법적으로 연역해서 이 이야기를 바리사이파를 비판하는 취지로 한 것이라고 판단했다. 이 판단은 물론 예레미아스의 독자적인 것이다. 아라이는 이러한 것들을 정리해 간단히 엮은 뒤 서둘러 바리사이파가 실업자들을 죄인으로 간주하고 배제했다는 것이 역사적으로 입증된 사실이라고 믿었다. 타인의 책을 서둘러 읽으면 그렇게 된다. 그리고 거기에서 '차별은 안 됩니다'라는 매번 친숙한 정신적 추상적 설교로 가져간다.

확실히 노동량으로 임금을 차별하는 것도 '차별'인 것은 분명하다. 하지만 여기에는 종교적인 차별이라거나, 그것을 뒷받침하는 율법이라거나, 바리사이파 사상이니 하는 것은 아무런 문제가 되지 않는다. 왜 쓰여 있는 것을 그대로 정직하게 읽지 않는가. 여기에 쓰여 있는 것은 어디까지나 노동자의 임금 문제다. 그리고 저녁 5시 무렵까지 일자리를 얻지 못하고 있다가 겨우 1시간 정도밖에 일하지 않은 자도 똑같은 임금을 받는 것은 좋은 일이다, 라는 감각으로 이 이야기는 진술되어 있다. 그것이 우리 인간들에게 당연히 좋은 일이라는 감각을 공유할 수 없는 신학자들이, 이런 노동자들은 '무가치'하지만 하느님은 은혜를 베풀어 주신다, 라는 쪽으로 이야기를 가져가 버린다. 즉 일이 없어 놀고 있던 노동자는 '무가치'한 존재라는, 싫다는 차별 감정을 외부에서 가지고 들어온 것은 아라이 자신이다. 그리고 자신이 가지고 들어온 '차별'에 대해 하느님은 그런 차별을 극복하게 해 주신다, 라는 설교를 만들어낸 것이다. 서둘러 설교를 하고 싶으면 그런 일이 일어난다.

그게 아니라, 가끔 일이 없어 놀고 있던 노동자들도 용케 일자리를 얻은 노동자들과 마찬가지로 인간으로서 어느 정도 풍족하게 살아갈 수 있는 게 좋지 않은가, 그것이 좋은 사회다, 그런 식으로 되면 좋겠다, 라는 예수의 자연스러운 감각에 솔직하게 감동하고 같은 감각을 공유하면 좋지 않을까.

다만 예수의 말투에도 약점은 있다. 그 당연한 것을 실현하는 것은 지주의 선의를 통해서다, 라고 이야기해 버린 것이다. 그렇게 이야기할 수밖에 없었던 것도 무리는 아니다. 그것은 당연한 일이라고 아무리 생각해 봤자 현실 세상이 그렇게 되어 있지 않은 이상, 예수로서는 그런 일이 일어날 수 있다면, 지주가 그런 일을 깊이 이해하고 선의를 가지고 실행해 주는 것 외에 달리 방도가 없다고 생각해도 어쩔 수 없다. 게다가 그 지주는 현실의 지주가 아니다. 예수의 비유에서는 '주인' 상에 하느님이 겹쳐져 있다는 것은 이미 이야기했다. 절대적으로 자유로운 결정권을 가진 주이신 하느님이 비로소 그런 일을 할 수 있다…… 하지만 그렇게밖에 말할 수 없었기 때문에 후세의 그리스도교도들은 이제까지 봐 왔던 것처럼, 여기에서 노동자들의 임금 문제를 제쳐놓고 하느님의 자애에 대한 설교만 계속 끄집어냈던 것이다. 확실히 그것은 예수 자신의 사상이기도 했을 것이다. '하늘의 아버지는 악한 사람에게도 선한 사람에게도 햇빛을 비추시며, 의로운 사람에게도 의롭지 못한 사람에게도 비를 내려 주신다'(마태오 5장 45절)고 말한 예수다. 그러나 햇빛이나 비는 실제로 선한 사람도 악한 사람도 구별하지 않지만 노동자의 임금은 현실에서는 평등하지 않다. 하느님은 그처럼 자애가 깊은 사람이라고 해도, 한쪽의 예에서는 실제로 그렇구나 하고 생각할 수 있겠지만 다른 쪽 예에서는 그렇게 생각할 수 없다. 실제로 그렇지 않은데 하느님은 실제로 자애가 깊은 분이니 안심하라고 해봤자 통하지 않는다. 예수가 노동자의 임금에 대해 이처럼 말할 수 있었던 것은 그렇게 하지 않으면 안 된다는 당연한 감각을 체득하고 있었기 때문이다. 그러면 왜 하느님은 그렇게 하지 않는 것인가, 라는 식으로 예수는 이야기를 하느님에 대한 논의로 갖고 들어갈 생각은 없었다. 그렇게 되면 하느님에 대한 종교적인 논의는 이뤄질 수 있겠지만 노동자의 임금 문제는 다시 날아가 버린다. 예수는 여기에서, 실은 이렇게 돼야 하는데, 라는 감각을 입에 올렸을 뿐이다. 예수의 이 이야기에서, 실은 이렇게 돼야 하는데, 라는 감각을 읽어내고 그 감각을 가지고 실제로는 그렇게 되어 있지 않은 현실에 맞설 것인가, 그렇지 않으면 하느님은 그처럼 자애가 깊은 분이라는 종교 신앙만을 읽어내고 안심해 버릴 것인가, 그 어느 쪽으로도 기울어질 수 있는 분수령에 이 이야기는 서 있다.

또 한 가지, 그렇게 되어야 한다는 것에 대해, 당사자인 노동자 자신이 자각하지 못하고 있다는 것도 예수는 덧붙인다. 그날의 일 없이 놀고 있던 노동자들도 같은 임금을 받은 것에 대해 반대하는 것은 다름 아닌 같은 동료 노동자들로, 아침부터 하루 종일 일했던 자들이라는 것이다. 이것은 반은 옳고 반은 틀렸다. 현실 인식으로서는 옳다. 동료의 평등을 실현해 가는 것에 반대하면서 자주 발목을 잡는 것은 비교적 유리한 입장에 있는 노동자들이다. 거기에 대해 예수는 자신은 계약한 대로 하루 1데나리우스의 임금을 정당하게 받는 것이니 불평할 일은 없을 것이라고 대답한다. 하지만 당시의 날품팔이 노동자들 임금은 한 장의 셔츠를 사는 데에도 4, 5일분의 임금이 필요했다고 하니 어느 정도인지 알 수 있으리라는 것이다.(다만 당시는 의류 자체가 예컨대 식료품 등에 비해 상대적으로 대단히 비쌌기 때문에 이것을 오늘날의 피복비로 그대로 환산하는 것은 의미는 없다) 노동자들은 빌린 옷을 입었고, 그들의 식사는 손님을 부르기에는 부족했다고 한다. 하지만 그래도 노동자들은 '빈민'보다는 다소 생활에 여유가 있는 것으로 간주되었다. 노동자들의 아내는 모자라는 수입을 떼어내서 '빈민'에게 빵을 주었다는 것이다. 자기 가족 먹이기에도 빠듯한 임금이었지만 거기에서 조금이라도 떼어서 수입이 없는 사람들에게 주는 자선의 정신은 당시 유대인의 종교적 경건함을 보여주는 것으로, 그것은 어차피 종교적인 의식이라는 한계를 지닌 것이었지만, 그들 민족 사이에 서로 돕는 강고한 정신을 배양해 온 것은 분명하다.

노동자와 '빈민'의 관계에 대해 재미있는 이야기가 랍비 전승으로 전해지고 있다. 즉 지주는 '노동자를, 그 자식이 나중에 이삭 줍기를 해도 괜찮다는 조건으로 고용해서는 안 된다.'(미슈나의 페아Peʼah 5장 6절) 동독의 다소 교조주의적인 학자인 크라이시히는 이것을 어떻게 착각한 것인지 '날품팔이 노동자들만이 아니라 그 가족의 노동까지 얼마나 착취당하고 있었나'라는 것을 보여주는 예로서 들고 있으나, 그런 게 아니라 고용된 노동자들 자식은 이삭 줍기를 해서는 안 된다, 라고 이야기하고 있는 것이다. 이삭 줍기는 '빈민'의 권리이며, 폐아의 이 부분은 그 권리를 어떻게 지킬 것인가 하는 규정이 열거되어 있다. 이것은 그중의 하나인 것이다. 즉 노동자로서 수입이 있는 부모의 아이가, 부모가 거기에서 일하고 있다는 연줄을 이용해서 부모가 곡식을 베어들인 뒤 그 뒤를 따라가며 이삭 줍기를 하면, 수입이 없는 '빈민'을 위해 남겨두어야 할 이삭이 없어지므로 그래서는 안 된다는 것이다. 율법학자의 발언에서도 이 정도의 배려는 하고 있기 때문에 유대교에 대해 이런저런 비판은 할 수 있다고 하더라도 고대 유대교는 노동자가 자기보다 더 돈이 없는 자와 연대해 가는 정신을 키워가고 있었던 것이다. 그것이 지하수가 되어 수맥으로 이어지다 근대 공산주의 사상에서 노동자 연대 의식으로 출현하는 관계는 무시할 수 있는 게 아니다. 이처럼 고대 유대교가 배양한 의식을 한 걸음 더 진전시키면 예수처럼, 일이 없어 놀고 있던 노동자들도 같은 임금을 받아도 괜찮다는 생각에 도달하게 된다. 따라서 예수가 이 이야기에서 아침부터 일한 노동자가 그것을 시기해서 불평을 했다고 말했을 때에는, 노동자들이란 그처럼 서로 발목을 잡는 상스럽고 천박한 정신의 소유자인 겁니다, 라는 식의 이야기를 하고 싶었던 것은 아닐 것이다. 오히려 이처럼 이야기하면, 그가 알고 있던 다수의 농업 노동자들은, 맞아, 이럴 때 시기해서 불평을 하는 건 좋지 않아요, 라며 예수에 공감하는 정도의 의식은 갖고 있었을 것이다. 앞의 율법학자의 발언을 보면, 그 정도의 의식은 일반적으로 당시의 유대인들

속에서 배양되고 있었을 것으로 보인다.

하지만 노동자들의 연대라는 것을 확실히 의식한 근대의 공산주의자라면, 여기에서 노동자들이 한목소리로 지주에게 요구해서 모두에게 같은 임금을 지불하도록 했다고 이야기할 것이다. 그런데 예수는 어디까지나 지주의 선의에 의해 성취되고 노동자들 중에는 오히려 그것을 시기하는 자들이 있었다는 식으로 이야기했다. 이 지점에서 고대인인 예수의 한계를 봐야겠지만, 거기까지 주문하는 것은 무리일까. 다만 이 경우의 예수는 노동자 임금의 평등이라는 점에 대해서는 날카로운 감각을 갖고 있으면서도, 한편으로는 이른바 취미 삼아 자선사업을 할 수 있을 정도의 대지주들이 존재했고, 또 한편으로는 그 밑에서 하루 1데나리우스에 12시간 중노동을 해야 했던 노동자들이 있었던 불평등은 전혀 알아차리지 못하고 있었던 것처럼 보인다. 게다가 그 지주는 자신은 노동을 하지 않고 그들의 노동으로 큰 수입을 얻고 있었으므로 이게 바로 노동 착취라는 것이 아닌가. 천하의 예수도 고대인이었기 때문에 그런 계급 관계의 존재에 의심을 품는 일은 하지 않았던 것일까. 대지주가 큰 부자인 것은 당연한 것이라고 보고, 다만 그들에게 선의의 자선만 기대했던 것일까.

여기에서도 예수의 이야기는 분수령에 서 있다. 이 세상의 주종 관계를 하느님에게 투영해서 생기는 결과는 한편으로는 그 계급 관계를 완전히 긍정하는 것이 될지도 모르겠으나, 다른 한편으로는 매우 래디컬한 발상으로 인간관계를 생각해 보는 실마리가 되기도 한다. 이 이야기는 역시 비유다. 즉 지주로 비유되고 있는 것은 절대자인 하느님이기 때문에 그 하느님

앞에서는 모든 인간이 동등한 노동자이고, 같은 임금을 받아야 할 평등한 존재다. 사람에 따라 운, 불운, '능력'의 차이 같은 것이 있다고 하더라도, 어떤 사람은 막대한 재산을 가지고 있고 다른 많은 사람들은 겨우 끼니를 이을 수 있을지 없을지를 걱정해야 할 정도의 임금밖에 받을 수 없다는 것은 옳지 않다. 게다가 그런 큰 부자에게 임금이 낮은 사람이 조금이라도 많은 수입을 얻는 것을 시기해서 불합리하다는 등의 불평을 이야기한다. 그렇지 않다. 모든 인간이 같은 1데나리우스씩의 임금으로 살아가는 것이 옳다. 그것이 하느님 앞에서의 평등이라는 것이다. 이렇게 잘라 말할 수 있다면, 이것은 하느님을 믿는 신앙이 극한까지 나아간 래디컬한 사상이다. 하지만 이것은 지주와 임시 노동자의 사회 관계를 그대로 긍정하는 형태로 발설된 비유이기 때문에 심리적 효과로는 래디컬한 평등 쪽으로 기울기보다 기존의 계급 지배를 그대로 긍정하는 쪽으로 흘러갈지도 모른다. 그리고 예수 자신이 이 분수령에서 때로는 이쪽으로, 때로는 저쪽으로 흘러가려 한다.

4. 농민 봉기 – 은유적 표현의 한계

예수가 경계심 없고 반성 없이 이 분수령의 한쪽에 발을 내디딘 예가 흔히 '나쁜 농부의 비유'라고 불리는 비유 이야기다.

어떤 사람이 포도밭을 만들고 그 주위에 울타리를 두르고는 술 저장고를 파고 망보는 탑을 세운 뒤 농부들에게 빌려준 다음 그곳을 떠났다고 하자. 수확기가 되어 한 사람의 노예를 농부들에게 보내 포도밭의 수확물을 받아오라고 했다. 하지만 농부들은 그 노예를 붙잡아 두들겨 패고는 빈손으로 돌려보냈다. 그래서 지주는 또 다른 노예를 보냈으나 그들은 그 노예도 또 머리를 때리며 능욕했다. 또 한 사람을 더 보내자 이번에는 죽여 버렸다. 그 밖에도 많은 사람들을 보냈으나 어떤 사람은 매를 맞고 어떤 사람은 죽임을 당했다. 지주에게는 또 한 사람이 남아 있었다. 사랑하는 아들이었다.

'그들도 내 아들에게는 예를 차릴 것이다'

라며, 지주는 마지막으로 그 아들을 보냈다. 하지만 그 농부들은 서로 상의하여 말했다. '저자가 뒤를 이을 아들이다. 어때, 저 녀석도 죽여 버려야 하지 않을까. 그러면 재산은 우리들 차지가 돼.'

그리하여 그들은 아들을 붙잡아 죽이고 시신을 포도밭 바깥에 내던져 버렸다, 라는 이야기다.

그런데, 그 포도밭 주인은 어떻게 할까. 자신이 직접 가서 그 농부들을 다 죽이고 포도밭을 다른 사람들에게 줄 것이다.

(마르코 12장 1-9절)

이건 이미 농민 봉기다. 대토지 소유를 전제로 한 대농 경영에서 지주는 농장을 에워싸고(주위를 울타리로 두르고), 자신의 소유권을 힘으로 과시하는 것(망보는 탑을 세운다) 외에는 아무것도 하지 않고 큰 도시에 있는 자신의 저택으로 돌아가 버린다. 거기에서 일 년 내내 노동을 하는 농민들에게 토지는 자신들의 것이 아니며, 자신들의 노동 성과인 수확물도 자신들의 것이 아니다. 수확의 계절이 되면 대지주가 종들을 보내 수확물을 모조리 가져가 버린다. 그 뒤에는 기껏해야 농민들이 겨우 이슬 같은 목숨을 이어갈 수 있을 정도의 것만 남는다. 그럴 경우 좋은 농민들의 동료가 아니다. 종이라고 해도 유능한 자는 대지주의 집사로 재산운영권이 맡겨졌다. 그러나 원래 그것은 누구의 땅이었나. 대지주라고 하나 어느 때 갑자기 어딘가의 먼 도시에서 폭력단과 같은 병사들을 데리고 와서, 이곳은 내 땅이다, 라고 선언하고는 울타리를 둘러쳐 버린다. 무슨 소리를 하는 거야. 여기는 우리들이 옛날부터 경작해 온 땅이다. 이곳을 경작할 권리를 우리에게 준다고? 장난치지 마. 어떻게 당신에게 그런 뻔뻔한 말을 할 권리가 있어. 수확이 끝나면 수확물을 여기에 보내라고? 집사인 노예 양반이여. 겨울의 추울 때 땅을 손질하고 여름 불볕더위 아래서 포도나무를 보살피며 키운 것은 누구라고 생각하나. 당신은 여기에서 무엇을 했어? 아무 일도 하지 않았잖아. 돌아가, 돌아가라고. 당신이 나설 자리가 아니야.

　이렇게 되면 그 뒤는 갈 데까지 간다. 차례차례 파견되어 온 지주 쪽의 종들은 모두 거들먹거리며 권력을 우산 삼아 으스댄다. 당신들 따끔한 맛을 보기 전에 주인님 말씀대로 하는 게 좋을 거야. 어이, 거기 시건방진 놈, 거만하네. 너는 지주님한테서 돈을 얼마나 빌렸다고 생각하나. 땅바닥에 머리 박고 빌어. 이런 말 나오면 이쪽도 입 다물고 있을 리가 없다. 그냥 두들겨 패서 내쫓아 버린다. 그다음에 온 자는, 이제 너희들은 이 농지에서 즉각 추방한다, 바로 떠나, 라는 식으로 말했다. 아래것들을 데리고 와서 우리가 사는 오두막에 불을 질러 태우기 시작했다. 이제 그만해. 충돌의 끝은 서로 죽이기다. 이제 갈 데까지 가 보자. 뭐? 상속받을 아들이 왔다고? 누구 뒤를 잇는다는 거야? 이게 누구의 땅이라고 생각하나? 모든 땅은 하느님의 것이다. 수확물은 노동한 자들의 것이다. 이제 당신 소유라는 말 따위 하지 못하게 하겠어……

그러나 예수는 이처럼 농민 편에 서서 말하고 있는 게 아니다. 포도밭 주인은 이 '나쁜' 농부들을 모두 죽이러 온다는 결론으로 가져가기 위해 이 이야기를 하고 있는 것이다. 지주에게 반항하는 나쁜 농부들은 결국 멸망당할 뿐이다!

확실히 이 비유는 지금의 형태로는 예수가 한 말로 생각되지 않는다. 지주의 외동아들이 '하느님의 아들' 예수 그리스도의 은유가 되어 있다. 이스라엘의 종교 지배층이 '하느님의 아들'인 예수를 죽여 버렸다, 라는 것은 예수 사후의 그리스도 교단이 만들어낸 이념이다. 하지만 거기에 교단의 이념을 집어넣었다고 해서 이야기가 애초에 교단에 의해 창작된 것이라고 단정할 수도 없다. 예수의 말의 전승은 거의 모두 교단에 의해 전승되어 왔기 때문에 당연히 상당히 많은 세세한 부분에 걸쳐 교단 신학에 의한 윤색이 이뤄졌다. 그러나 윤색이 이뤄졌다는 것이 원형이 없었다는 것을 의미하지는 않는다. 또는 이 이야기에 은유적 요소가 많이 보이는 것도 반드시 그것이 예수 자신의 작품이 아니라는 것을 의미하지는 않는다. 복음서에 나오는 비유적인 이야기를 비유Parabel와 은유Allegorie로 엄격하게 구별해, 전자만 예수의 말이고 후자는 모두 교단이 창작한 것으로 보는 방법은 이미 19세기 말에 아돌프 윌리허Adolf Jülicher에 의해 확립되었고 오늘날 학계의 상식이 되어 있다. 대체적인 경향으로서는 그것이 옳다는 것은 틀림없지만, 너무 도식적으로 나누는 것도 옳지는 않을 것이다. 본래 비유와 은유 사이의 구별은 지극히 애매한 것이다. 모든 비유적인 이야기는 많든 적든 은유적 요소를 품지 않을 수 없다. 예컨대 예수의 비유에 나오는 '주인'이 하느님의 은유인 것은 이미 거듭 이야기해 온 대로다. 이 경우도 그렇다. 그리고 포도밭의 재배, 관리를 하느님이 사람들에게 맡겼다는 비유 방식은 구약성서의 예언자 이래 유대인의 사고에서 전통적인 발상이고, 그 발상을 원시 그리스도 교단은 나눠 가졌으나 예수는 몰랐다고는 생각할 수 없다. 이 이야기의 시작 부분은 이사야 5장 2절을 거의 인용에 가까운 형태로 이용하고 있다. 이것은 아마도 복음서 기자 마르코가 그리스어 번역의 이사야서를 이용해서 문장을 정리한 것이겠지만, 예수 자신이 만일 이사야서의 이 부분을 직접 염두에 두고 있지 않았다고 하더라도 구약성서 전래의 테마로서 하느님이 포도밭 관리를 사람들에게 맡겼다는 널리 퍼져 있던 이야기를 이용했을 뿐이라는 말은 할 수 있을 것이다. 또한 이 이야기에서 지주가 보낸 '종'은 예언자의 은유가 되어 있다. 이스라엘 백성은 하느님에 대해 순종하지 않고 하느님이 이스라엘에 보낸 예언자들이 말하는 것은 듣지 않았을 뿐만 아니라 예언자들을 살해하기까지 했다. 따라서 하느님이 이스라엘에 벌을 내리는 것이므로 이스라엘은 회개해야 한다는 것은 유대교의 전통적 예언자관이며, 이미 구약성서의 비교적 후기 문헌에 나오는 견해다.(예컨대 느헤미야서 9장 26절) 이것은 되풀이해서 이야기되어 거의 상투구가 된 견해이며, 예수 또한 한 사람의 유대인으로서 그렇게 생각하고 있었다고 해도 이상할 게 없다. 적어도 이 이야기에서 세 번 종을 보냈고, 세 번째는 끝내 죽임을 당했는데도 지주는 여전히 '그 밖에도 많은 사람을 보내', 폭행당하고, 죽임을 당하도록 내버려두었다는 것은 이야기의 줄거리로서는 너무 장황하다. 실제로 지주라면 세 번째의 종이 죽임을 당했을 때 그 단계에서 이미 그 자신이 폭력을 행사해서 농민들을 진압하려 했을 것이다. 즉 '그 밖에도 많은 사람들'은 이야기의 줄거리를 벗어나 은유로 이끌려 가게 된 동기다. 예언자는 두세 명만이 아니라 많은 수를 하느님이 보냈기 때문에, 그들이 모두 괄시를 받거나 박해당해 왔다는 은유다. 또 '사랑하는' 아들이 나오는 점은 확실히 교단 신학이 덧붙인 것일지도 모른다. '사랑하는 아들'이라는 표현은 외동아들이라는 의미로 사용되는 경우도 많고, 초기 그리스도교는 이것을 예수 그리스도에 적용해서 독특한 신학적 의미를 표현하려고 했다. 따라서 이 점은 교단 신학이 덧붙인 것으로, 예수 자신은 '아들'에 대해서는 언급하지 않고 단지 몇 번이나 종이 파견되었는데 농부들이 이를 쫓아내거나 죽여 버렸기 때문에 하느님은 노해서 그 농부들을 모두 죽일 것이라는 정도의 이야기를 했을지도 모른다.

그렇지만 또 예수 자신이 하느님을 '아버지'로 부르고 있고, 자신은 하느님과 특별한 관계라고 확신하는 사명감에 불타고 있었다면, 만일 그 확신을 표현하기 위해 이 이야기에 '아들'의 상像을 도입했을지도 모른다. 후술하겠지만, 예수는 자신의 죽음을 각오하고 있었던 것으로 생각되기 때문에 이 이야기에서도 자신은 옛 예언자들과 마찬가지로 죽임을 당할 운명이라는 각오를 암시하고 있었는지도 모른다.

마지막으로, 이 이야기의 '나쁜 농부들'은 유대 민족을 가리키는 것으로, '포도밭이 다른 사람에게 주어진다'는 것은 '구원'이 이스라엘을 버리고 이방인에게로 간다는 것이라며 여기에서 이른바 구제사관救濟史觀을 읽어내는 해석도 현대의 학자들 사이에서 유행하고 있으나, 그것은 설득력이 없다. 이 구제사관이라는 것은 초기 그리스도교가 유대교 내에 있던 하나의 분파라는 입장을 떠나 오히려 '이방인'의 종교로 독립해 가는 과정에서 만들어진 것이다. 따라서 만일 여기에서 구제사관을 읽어낼 수 있다면 그것은 이 이야기가 예수가 한 것이 아니라 교단의 창작이라는 것을 보여주는 증표의 하나가 되겠지만, 그런 구제사관을 여기에서 읽어내려 하는 것 자체가 무리다. 마르코, 마태오, 루카 모두 이 이야기를 유대 민족에 대한 비판으로 보고 있지 않으며, 유대교 지배층만을 겨냥한 비판으로 해석한다. 예수 자신도 만일 이것을 은유적으로 말했다면, 그럴 작정이었을 것이다. 유대교 지배층은 하느님으로부터 위탁받은 일을 그들 마음대로 전횡하려 하고 있다.

즉 예수는 여기에서 유대교 지배층이 예전에는 예언자들의 말에 귀를 기울이지 않았듯이 지금은 예수의 말에 귀를 기울이지 않을 뿐만 아니라, 억압하고 죽이려 하고 있다는 긴박한 의식을 드러내고 있다. 그 유대교 지배층은 하느님으로부터 위탁받은 포도밭을 마치 자신들의 것인 양 횡령해 버렸다. 그런 것을 말하려 하는 한 그것은 어디까지나 은유적 비유이지, 현실의 농민 봉기에 대한 견해를 피력한 것은 아니다. 하지만 설사 비유의 소재로 그렇게 활용했겠지만, 갈릴래아 지방의 농경지 중 상당한 부분이 예루살렘과 기타 도시의 귀족이나 큰 부자, 나아가 외국인(주로 그리스어계) 세력자들의 대토지 소유에 짓눌리고, 농업 노동자들의 노동이 착취당하고 있던 현실상황 속에서, 게다가 그 과정의 작은 반항 운동이라면 당시에 실제로 종종 일어났을 것으로 상상할 수 있는 상황 속에서(역사의 기록에는 남아 있지 않으나, 그런 정도의 사건은 고대 기록에는 보통 남아 있지 않다. 소수의 농민들이 죽임을 당해도 '역사'는 묵살한다. 권력자가 살해당한 경우만 '역사'에 남는다), 부재지주인 귀족들이 농민들의 노동 성과를 찬탈하려고 하는 데 반항하며 들고 일어선 것을 나쁜 농부들이라며 결국 하느님에 의해 처벌받아야 할 자들의 비유로 이야기할 수 있었다는 것은, 역시 예수가 그런 토지 소유 관계를 당연한 것으로서, 말하자면 사회생활의 당연한 조건으로 인식하고 있었다는 것을 보여 준다. 이것은 저 분수령에서 한쪽으로 예수가 기울어 버린 하나의 예다.

5. 자본의 증식과 능력 숭배

또 하나의 예를 들어 보자. 유명한 달란트의 비유다.(마태오 25장 14-30절, 루카 19장 11-27절) 이 전승은 원형을 복원하기가 더 어렵다. 마태오의 이야기와 루카의 이야기의 큰 줄거리는 비슷하지만 세부는 하나하나가 다르다. 이런 이야기의 미묘한 의미를 파악하려면 세부가 정확하게 파악되어야 하는데, 너무 엄밀한 논의는 하기 어렵지만 큰 줄거리는 한 사람의 '주인'이 여행을 떠날 때 세 명의 노예 또는 하인에게 돈을 맡기고 갔다. 돌아와 보니 그중 두 사람은 맡겨진 돈을 자본으로 삼아 장사를 해서 돈을 벌었고, 그 번 몫까지 주인에게 바쳤는데,

나머지 한 사람은 잃을 것을 두려워해 감춰 두었을 뿐이다. 그 래서 그 사람은 모처럼 맡겨진 돈을 활용하지 않았다는 이유 로 질책당한다는 이야기다.

이것은 아무래도 초보적인 자본주의 정신 그것이 아닐까. 당시의 지중해 세계를 자본주의 세계라고까지 부를 수는 없겠 지만 자본주의적인 요소는 상당히 자라나 있었다. 자본주의 사 회라 부르기 위해서는 축적된 자본이 사회의 경제 구조와 경 제 활동의 기본적 요인으로 존재해야 하는데, 당시의 지중해 세계에서는 거기까지 간 것은 아니지만 자본의 이식利殖은 당 연한 것으로 이뤄지고 있었다. 대토지 소유로 거둬들이는 수입 을 무역에 쏟아 넣어 회전시킴으로써 눈덩이처럼 불려 나가는 것이 전형적인 방법이었다. 단순한 것은 대토지 소유의 귀족이 자신이 선주船主가 되어 무역에 손을 대는 경우인데, 자신이 하 지 않고 선주에게 자금을 빌려주는 경우가 많았다. 그리고 그 사이에 중간업자로서 대금업자가 생겨난다. 때로는 금융업자 쪽이 막대한 자본을 축적해서 그것을 한편으로는 대농장 경영 자, 또 한편으로는 무역업자를 조종하는 큰 힘을 휘두른다. 그 리고 그 자본주의는 단지 상업에만 관여한 것은 아니다. 농업 생산물 다수는 농업 생산자 자신 또는 지주의 배를 불리기 위 해 생산된 것이 아니라 세계적인 시장에 수출하기 위한 것이 었다. 포도(주)든 올리브(유)든 수출이 목적이었다. 이 두 가지 는 팔레스티나의 농업에서 중요했다. 곡물도 수출용이 많았다. 페니키아의 해안 도시가 헤로데 아그리파 1세(대왕의 손자)의 영토(아마도 갈릴래아 지방)에서 식량을 확보하고 있었다는 것 은(사도행전 12장 20절) 그런 경제 관계의 일단을 보여준다. 여러 기구를 중심으로 한 공업 생산물도 그러한 지중해 세계 전체에 걸친 자본의 움직임에 지배되고 있었다.

그런 가운데 작은 돈을 준비하고 있던 자들에게도 그 나름의 이식 방법은 얼마든지 있었다. 세계적인 규모의 대상업의 하부 기구로서 중소 규모의 여러 이식 방법이 있었던 것은 그런 대상업이 유지되는 기구상의 전제로서 당연히 생각할 수 있다. '은행'이라는 번역어를 적용하는 것은 과장일지 모르겠으나 돈을 맡겨 두면 이자를 붙여서 돌려주는 금융업자들이 존재했다는 것은 이 이야기 자체가 말해 주고 있는 바다.(마태오 25장 27절)

자본주의 정신에 투철한 자는 약간의 돈이라도 놀려 두는 것은 아깝다고 생각해 이식 방법을 찾았다. 그에 비해 수입을 얻으려면 자신이 몸을 움직여 노동하는 것밖에 생각하지 못하는 자는 가끔 호주머니 사정에 여유가 생기더라도 그것을 소중히 간직해 둘 뿐이다. 하지만 이 이야기는 마태오판과 루카판에서 자본의 규모가 다르다. 루카판에서는 세 명의 하인에게 각각 1미나씩 맡겨졌다. 1미나는 100데나리에 해당한다. 앞서 이야기한 날품팔이 노동자 비유에서 하루치 임금이 1데나리우스였다. 하인 한 사람에게 1미나씩 맡긴 '주인'은 다소 작은 부자 정도다. 이에 비해 마태오 쪽은 한 사람은 5달란트(달란트는 영어 '탤런트'의 어원인 그리스어), 한 사람은 2달란트, 또 한 사람은 1달란트를 맡게 되었다고 한다. 달란트라는 금액이 어느 정도인지는 3장에서 이미 이야기했다. 그렇다면 이 경우는 '주인'은 물론이고 한 사람 한 사람의 하인들조차도 대규모 장사에 손을 댈 수 있는 정도다. 여기에서 생각나는 것은 혼자 로마제국 곳곳에 수많은 농지를 소유하고 종종 세계를 여행하며 돌아다니는 대귀족이나 권력자의 모습이며, 그 '노예'도 근대 아메리카 노예의 모습을 떠올리며 유추해서는 안 되는, 대귀족 가정(개인적 경영)의 운영을 맡은 집사다. 실무를 담당하는 유능한 집사는 많은 경우 노예 또는 해방노예였다.

'주인'의 요구는 가혹하다. '주인'은 '파종하지 않았던 곳에서도 베어들이고, 뿌리지 않았던 곳에서도 거두어들이도록' 하는 지독한 인물로 그려진다. 그것을 두려워한 세 번째 하인은 맡겨진 1달란트를 땅에 구덩이를 파서 숨겼다. 그렇게 하면 도난당할 걱정 없이 무사할 것이고, 선불리 이식에 손을 댔다가 실패해서 빈털터리가 될 일도 없다. 하지만 이 하인은 자산을 증식시키지 않았다는 이유로 심하게 질책을 당한다. 마태오판은 특히 그 정도가 심하다. 루카판에서는 '주인'은 처음부터 '이것으로 장사를 하라'고 말하며 자금을 맡기고 갔으니 장사를 하지 않고 자금을 숨겨 두기만 했다가 질책을 당하는 것은 어쩔 수 없지만, 마태오판에서는 그저 '주인'이 집을 비운 사이에 맡겨 두었을 뿐이기 때문에, 그것으로 장사를 하지 않았다고 불평과 질책을 당하는 것은 심한 이야기다. 거기에다 루카판에서는 그 하인은 맡겨진 돈을 돌려주는 것으로 끝나지만, 마태오판에서는 그 하인이 '밖으로 내쫓겨 탄식하며 이를 갈 것'이라는 지경이 된다. 작은 돈이라도 가졌다면 장사를 해서 이식을 할 방도를 강구하지 않으면 안 된다. 그렇게 하지 않는 것은 악이다…… 예수는 그토록 철저한 자본주의 정신의 소유자였을까.

이 이야기도 물론 비유임에는 틀림이 없다. 그리고 예수가 반드시 자본의 증식을 선이라고 말하려 한 것은 아니며, 맡겨진 것을 충분히 활용하고 반영시켜야 한다는 교훈으로 이야기하고 있는 데 지나지 않는다. 그것도 필시 누구에게나 적용되는 교훈인 것도 아니다. 2달란트, 5달란트라는 엄청난 금액을 운용할 수 있는 것은 보통의 사람들이 아니다. 루카판에서도 원래는 이것이 보통 사람들의 일상 윤리로 거론된 것이 아니라는 것은 어느 정도 돈을 벌어 칭찬받은 두 명의 '하인'에 대한 찬사에 잘 드러나 있다. 마태오판에서도 그들은 '작은 일에 충실했기 때문에 이제부터는 많은 것을 관리하게 하겠다'는 말을 듣는다. 2달란트, 5달란트 정도의 금액이 '작은 것'이라면 그것보다 더 많은 것을 지배, 관리하는 자리에 앉히겠다는 것은 일개 도시든 지방이든 전체의 지배자가 되게 해 주겠다는 것일지도 모른다. 루카판에서는 그 부분을 좀 더 확실히 각기 한 일에 맞춰 10개 내지 5개 도시의 지배권을 맡기겠다고 되어 있다. 그렇다면 이 또한 제국의 지배자와 그 밑에서 일하는 고급 관료들과의 관계를 염두에 둔 것이라고 생각하는 것이 좋다. 그렇게 생각해야 비로소 '파종하지 않은 곳에서도 베어들이고, 뿌리지 않은 곳에서도 거두어들인다'는 말도 이해할 수 있다. 제국의 세금은 그렇게 해서 거두어 들였다. 인두세는 말할 것도 없이, 본인이 무엇을 하든 수입이 있든 없든 일정액을 빼앗긴다. 지조세地租稅도 수익의 몇 퍼센트라는 정해진 것도 있지만, 그럴 경우에도 거두는 쪽에서 마음대로 예상 수익을 산정해 세금을 부과하는 것이어서, 바로 씨를 뿌리지 않았던 곳에서도 베어들이게 된다. 또는 수익이 얼마가 되든 상관없이 일정액을 걷어 가는 징수 방식도 있었다. 그럴 경우 흉년

이 들었을 때 같은 경우는 지독한 일이 벌어졌을 것이다. 관세도 마찬가지였다. 공무원들은 자신들이 뿌리지도 않은 곳에서도 거두어들인다.

그렇다면 여기에서 예수가 말하고 있는 것은 역시 앞서 이야기한 것과 같은 지배자 이념, 즉 지배자란 유능한 자가 하느님의 선택을 받아 하느님의 것인 인민과 땅의 관리 지배를 위탁받았다는 생각이다. 따라서 지배자는 그 하느님으로부터 위탁받은 것을 고정해서 틀 속에 집어넣어 두면 되는 것이 아니라 더 번영시키고 발전시킬 의무가 있다는 이야기일 것이다. 자신이 지배하는 도시나 지방을 번영시킬 수 없는 지배자는 이 비유의 세 번째 하인처럼 해고당해요, 라는 것이다. 이렇게 본다면 여기에는 의외로 소박한 고대인의 지배자관이 표현되어 있는 것에 지나지 않는다.

하지만 그것을 이와 같은 자본 증식이라는 비유로 포장해서 표현해 버린 이상 예수도 또한 헬레니즘 시대 이래로 부쩍부쩍, 그리고 로마제국 시대가 되면서 점점 더 강해진 고대 자본주의 정신을 시대의 아들로서 의심 없이 공유하게 되었을 것이라고 할 수 있다. 그리고 그런 비유는 한번 사람들 사이에 퍼져 버리면, 게다가 권위 있는 구세주의 말로서 퍼져 버리면 걷잡을 수 없이 일반화되어 버린다. 그 비유 하나 덕택에 그리스도교 세계는 얼마나 능력 숭배를 북돋아왔던가. 그리스도 교회는 다른 경우와 마찬가지로 그 비유도 정신화, 개인 도덕화해서 설교했다. 그것은 금전 이야기를 하는 것이 아니라 인간 한 사람 한 사람이 갖고 있는 능력이 하느님에 의해 주어진 '탤런트'이며, 능력을 키우고 활용하는 것을 게을리하는 것은 하느님한테서 맡겨진 과제를 수행하지 않은 것이 된다. 그리하여 능력 있는 인간, 능력을 발휘하는 인간이 하느님 앞에서는 옳기 때문에 능력 없는 자들은 안 돼, 라는 능력 숭배가 조성된다. 게다가 본래 공리功利적인 사항이어야 할 것이 공리적인 의미로 이야기되는 것이 아니라 종교적인 가치로서, '하느님'이라는 절대자에 의해 권위가 부여된 상태로 이야기된다. 종교적 권위가 이 세상의 당위에 후광을 비춰 준다.

제2판의 증보

초판에서는 이처럼 상당히 조심스럽게, 예수 자신도 자본주의 정신을 당연한 전제로 삼고 있었다고 해설을 했으나, 그 뒤에 잘 생각해 보니 좀 더 확실하게 예수는 여기에서 자본주의 정신 자체를 통렬하게 비판하고 있다고 이해하는 것이 옳은 듯했다.

즉 이 비유를 잘 읽어 보면, 예수는 어디에서도 이 자본주의 정신을 당연한 것으로 인식하고, 하물며 그것을 중요한 정신으로 사람들에게 권하는 등의 취지를 말한 적이 없었다. 다만 자본주의란 이런 것이다, 라고 사실을 노골적으로 지적하고 있을 뿐이다.

좀 더 신중하게 이야기하자면, 비유의 마지막에 결론으로 덧붙여진 말은 마태오와 루카에서 각기 전혀 달라서, 각각 어떻게든 마태오 사상, 루카 신학을 표현하고 있기 때문에 이것은 마태오와 루카가 각자 이 비유를 다루는 데 어려움을 느껴 비유 자체와는 전혀 관계없는 결론을 덧붙였다고 볼 수밖에 없다. 즉 '이 쓸모없는 하인을 바깥 어둠 속으로 내쫓아라. 거리에서 탄식하며 이를 갈게 될 것이다'(마태오 25장 30절)라는 구절은 마태오가 좋아하는 표현으로, 전부 여섯 번이나 되풀이된다.(이 부분 외에 8장 12절, 13장 42절, 50절, 22장 13절, 24장 51절) 루카에도 같은 표현이 한 번 나오는 것으로 보아(13장 28절) 표현 자체는 다소 오랜 단계의 교회에서 사용되기 시작했겠지만, 이것을 즐겨 쓰면서 자신의 종교 사상의 기초로 삼은 것은 마태오의 독자적인 특색이다. 그리고 22장 13절, 13장의 두 곳에서는 선명하게, 그리고 아마도 8장 12절도 현재의 그리스도 교회의 일원이 되어 있다고 해서 안심해서는 안 된다, 현재의 생활을 착실하게 살아가지 않으면 최후의 심판 때에는 그런 자들도 바깥의 어둠 속으로 내쫓겨 '탄식하며 이를 갈게 될' 것이라는 교훈으로 이야기되고 있다. 그렇다면 24장 51절도 마태오 자신의 생각으로는 그런 의미일 것이다.(24장 44절 참조) 즉 이 구절은 마태오 특유의 이런 종류의 종말 사상을 표현한 것이다. 마태오는 아마도 달란트 비유를 어떻게 다뤄야 할지 고민하다가(여기에서 어떻게든 교회적 설교를 끌어내려고 무리를 해서) 이야기 내용을 무시하고 억지로 이런 결론을 덧붙였을 것이다. 그 결과 1달란트를 마당에 숨겨 두었던 남자가 무엇 때문에 지옥에 떨어져야 하는지, 도통 앞뒤가 맞지 않게 되었다.

한편 루카 쪽은 결론 구절뿐만 아니라 비유 전체에 원래 이 비유와는 전혀 관계가 없는 다른 이야기 요소를 덧붙여 버렸다. 즉 제국의 속국의 왕이 로마의 수도에 가서 자신의 왕위를 인증받는다는 이야기와 묶어 버린 것이다.(루카 19장 12절) 게다가 그 왕국의 귀족층은 이 인물이 왕이 되는 데 반대해, 그들은 그들 나름으로 로마에 사절단을 보내 왕위 취임에 반대한다는 의사 표시를 했다고 한다. 이것은 실제로 헤로데가와 관련해서 있었던 사건이다. 즉 이미 이야기했다시피 헤로데 '대왕' 자신이 왕위에 취임할 때 로마에 가서 안토니우스, 옥타비아누스 두 사람(이른바 삼두정치의 대표자)에게 인증을 받았고, 그 뒤에 옥타비아누스가 악티움 해전에서 안토니우스를 상대로 승리했을 때도 옥타비아누스에게 직접 가서 왕위를 재확인받았다. 또 '대왕'이 죽었을 때도 두 명의 아들 아르켈라오스와 안티파스가 각각 로마에 가서 왕위 계승을 황제에게 탄원했다.(요세푸스 『유대 고대지』 17장 219-220, 224절) 결국 어느 쪽도 왕위는 받지 못하고 그보다 한 단계 아래인 '테트라르케스tetrarches(사분령四分領 통치자)'라는 지위를 받고 팔레스티나를 분할통치하게 됐다. 그때 헤로데가의 친족, 또한 유대의 귀족층이나 로마 체류 유대인들도 아르켈라오스의 왕위 취임에 반대해 로마 황제에게 사절단을 보냈다.(『유대 고대지』 17장 299-301절) 루카는 이런 실화實話를 토대로, 하지만 그것을 비유화해서, 이 이야기의 해석으로 덧붙인 것이다. 어떻게 비유화했느냐 하면, 그리스도가 일단 죽어서 하늘에 올라가고, 어쨌든 종말의 때에 이 세상 전체를 지배하고 심판하는 '왕'이 되어 다시 돌아온다는 식의 드라마로 빠졌다. 따라서 지금 세상에서 그리스도가 '왕'이라는 것을 인정하지 않으려는 나쁜 놈들은 그리스도가 왕이 되어 다시 돌아올 때 모조리 심판을 받아 죽게 될 거야, 라고 결론을 지었던 것이다.(루카 19장 27절)

이처럼 루카는 원래의 달란트(미나) 비유와는 전혀 관계가 없는 이야기를 도입해서 전체를 그것으로 마감하려 했으므로 달란트 비유가 공중에 떠 버렸다. 맡겨진 1달란트(1미나)를 '수건에 싸서' 보관해 두었다(루카 19장 20절)는 하인이 왜 단죄를 받고, 갖고 있던 것마저 빼앗기게 되는지, 루카적 해석으로는 전혀 설명이 되지 않는다.

그런데 달란트 비유로 돌아가서, 복음서 기자의 이런 해석을 벗겨내고 원래의 비유 부분만을 생각하면, '가진 자는 점점 더 갖게 되고, 가지지 못한 자는 갖고 있는 것까지 빼앗길 것이다'(마태오 25장 29절 = 루카 19장 26절)라는 것이 이야기의 결론이다. 하지만 예수가 이런 결론을, 그렇게 되는 것이 옳다는 생각으로 이야기했다는 기록은 어디에서도 찾을 수 없다. 즉 종래의 교회적 설교에 의한 이 이야기의 해석은 이렇게 되는 것이 옳다. 즉 자본의 증식을 이뤄낸 인물을 하느님이 칭찬한다는 것을 자연스레 해석의 전제로 삼고 있지만, 바로 그 전제 자체를 이야기 자체에서는 찾아낼 수 없는 것이다. 예수는 이렇게 되는 게 옳은 것이다, 라고 한 것이 아니라 단지, 이런 것이다, 라고 말했을 뿐이다. 단지, 현실은 이런 것이라고 지적했다고 해서 그것은 좋은 일이군요, 라며 칭찬하는 것이라고 단정할 수는 없다.

그런 눈으로 이 이야기를 다시 한 번 읽어 보자. 이미 이야기했듯이 달란트라는, 서민에게는 천문학적인 숫자의 금액을 좌우한다는 점만으로도, 이것은 서민의 생활 이야기가 아니다. 그리고 자본을 가동해서 돈을 버는 능력 있는 자들에게는 '10개의 도시, 5개의 도시 지배권'을 맡긴다(루카 19장 17, 19절)고 하니까, 이는 로마제국의 일개 지방의 지배권에 필적

한다. 프로콘술(거의 황제 다음가는 지위. 각각 그리스, 마케도니아, 아시아, 시리아 등의 속주 장관이 되었다) 내지는 그것 다음 정도의 지위로 여겨지고 있다. 마태오의 경우에도 5달란트, 2달란트보다도 훨씬 더 많은 것을 맡기겠다고 했으니까 거의 같은 것이다. 그렇다면 그들의 '주인님'이란 바로 로마제국 황제 외에는 생각할 수 없다.

또 이 이야기의 이런 흐름으로 보건대, 이것은 원래는 '미나(금화)의 비유'가 아니라 '달란트의 비유'였을 것이다. 달란트는 너무 금액이 커서 서민의 세계와는 거리가 너무나 멀었기 때문에 이것을 어떻게든 일반 그리스도교 신자들에 대한 교훈적 설교로 풀이하고 싶었던 루카 내지 그에게 이 전승을 전해준 사람들이 조금은 현실에 더 가까운 '미나'로 이야기를 바꿨다고 해야 할까. 그러나 '미나'라고 해도 상당한 고액이다. 1미나 = 100데나리로 치면, 성서학자들이 흔히 잘 하시는 계산처럼 1데나리우스가 노동자의 하루 분의 임금이라 가정해도 현대의 통화로 환산하면 훨씬 큰 고액이다. 게다가 1데나리우스가 노동자의 하루치 임금이라고 간주하는 계산상의 근거는 알다시피 포도밭 노동자의 비유뿐인데, 그 경우에 예수는 당시의 노동자의 실제 임금을 염두에 두고 그 이야기를 했다기보다는 오히려 일종의 옛날이야기 같은 이상을 말한 것이어서, 실제 임금보다 훨씬 많은 액수를 설정해서 이야기했을지도 모른다. 그렇다면 1미나는 노동자 100일 분의 임금이라기보다는 실제로는 훨씬 더 많은 액수가 된다. 하지만 어쨌든 간에 루카 복음서의 '미나(금화)'는 전승자(내지 루카 자신)가 도입한 것일 테니까, 원래의 비유에서는 역시 '달란트'였을 것이다.

그런데, 그렇게 되면 어찌 되었든, 이 비유 이야기의 '하인'들은 예수 주변의 서민들 처지에서는 꿈과 같은 천문학적 숫자의 큰돈을 굴리고 있었던 셈이 된다. 따라서 예수가 이 비유를 말했을 때, 그것을 보통의 서민들에게 적용되는 교훈으로 이야기했을 가능성은 전혀 없다. 애초에 예수가 이런 제국 지배자 정도의 계층에 속하는 자들을 제재題材로 삼아 이야기를 할 때, 그것을 자신들과 같은 서민의 윤리에서 지향해야 할 이상理想으로 이야기했다고는 도저히 생각할 수 없다. 그것은 이 책의 모든 내용을 읽어 본 독자라면 금방 납득할 수 있을 것이다.

그렇다면 이것은 다른 비슷한 이야기와 마찬가지로, 예수가 이런 부류의 권력자나 큰 부자들의 실태에 대해, 그들의 실태는 실은 이런 거요, 라며 빈정거림을 담아, 또는 오히려 강한 비판을 담아 지적한 것이라고 할 수밖에 없다. 고대 자본주의라고는 해도 그것은 대부분의 서민, 예수 주변 사람들로 치면 농민이나 어민, 직공 등에게는 더더욱 도저히 자신들의 일상생활일 수 없었다. 저 높은 곳에 있는 권력 세계의 이야기다. 하지만 또 동시에 그 자본주의적 경제력이 자신들을 강력하게 압박해 오고 있었다. 그런 의미에서는 강도 높은 현실이다.

당시의 사람들에게는 자본주의라는 것의 기본적인 특색, 성격이 매우 뚜렷하게, 생생하게 느껴졌을 것이다. 어쨌든 인류의 역사가 시작된 이래 자본주의적인 경제가 그 정도로 발달한 것은 그 시대가 처음이었다. 우리 눈으로 보면 기껏해야 자본주의라고 불러도 될지 말지 정도의 초보적인 경제였다고 해도 당시 사람들에게는 눈이 휘둥그레질 정도의 엄청난 경제의 지배력이었던 것이다. 인류 역사상 첫 체험이라는 것은 그런 것이다. 우리 현대인들은 이미 오랜 기간에 걸쳐, 몇 세대 정도가 아니라 훨씬 더 이전부터 자본주의 경제가 지배하는 상태에 익숙해 있다. 따라서 어쩐지 당연한 것처럼 여겨 굳이 생각조차 하지 않는 것이 그들에게는 눈이 휘둥그레질 만한 사태였다.

바로 그렇기 때문에 그들에게는 그 근본적인 결점이, 비인간적인 폭력의 특색이 생생하게 보이고 느껴졌을 것이다. 가진 자들은 점점 더 살찌고 못 가진 자들은 점점 착취당해 살아가기도 힘들어지는 상태라는 사실을 말이다. 그 '주인'은 '파종하지 않은 곳에서도 베어들이고, 뿌리지 않은 곳에서도 거두어들인다'고 한다. 그런 터무니없는 일이. 만일 인간이 자신의 손에 넣어도 좋은 것은 자신의 몸으로 땀을 흘려 일해서 얻은 것뿐이라는 생각을 당연하게 여기는 사람들이라면, 자신이 아무것도 하지 않고 자신의 권력을 떠받치는 종복들도 아무것도 하지 않는 많은 곳에서 수익만 찬탈해 가는 그런 자본주의 경제 지배라는 것, 그 토대 위에 서 있는 로마제국의 세계 지배라는 것은 실로 '파종하지 않은 곳에서 베어들이고, 뿌리지 않은 곳에서도 거두어들이는', 더없이 부당한 돈벌이를 하고 있는 무리의 짓이라고 생각했을 것이다.

따라서 이 이야기는 인류 역사상 처음으로 어느 정도 자본주의적인 경제가 발달하기 시작한 시대에 살면서 그 실태에 눈을 돌린 사람들의 정직한 감성이 표현되어 있는, 그런 이야기일 것이다. 이건 가혹하다. 가혹한 시대가 된 것이다! 하지만 누구나 다 그런 것을 그렇게 솔직하게 표현할 수 있었을 리가 없다. 역시 거기에는 예수다. 그 날카로운 감성과 사안의 실태를 깊숙이 꿰뚫어 보는 지성이 이런 이야기를 하게 만들었을 것이다.

아마도 이 이야기의 가장 적확한 해설은 현대 케냐의 작가 응구기 와 시옹오가 쓴 것이 아닐까. 나보다 불과 몇 살 아래인 이 작가는, 그러나 태어났을 때, 그리고 소년 시절에도 아직 대영제국의 식민 지배 아래에 있었다. 그가 학생으로서 처음 소설을 썼을 때도 아직 케냐는 독립하지 못한 상태였다. 그리고 그 소설 이래 조금씩, 식민지 지배, 또한 그 뒤 현재의 신식민 지주의의 지배 상황에 대한 본격적인 비판을 소설로 써 가게 된다. 그가 여러 작품을 쓴 뒤, 가장 본격적으로 현재 세계의 지배 상황, 그 아래에 놓여 있는 아프리카인들의 상황을 묘사한 것은『십자가 위의 악마』다. 1980년에 기쿠유어*로 발표되었으며, 1982년에 저자 스스로 그 영어판을 써서 공표했다.

응구기는 식민 지배 아래서 그리스도교 교육을 받고 자랐다. 그 결과 그리스도교 전반에 대해, 특히 신약성서에 대해서는 대단히 상세한 지식을 갖고 있다. 첫 작품을 썼을 무렵에는, 굳이 이야기하자면 그리스도교 '휴머니즘'이라고나 해야 할 관점에서 소설을 썼지만, 서서히 그리스도교 자체에 대해 비판적으로 대치해 가게 된다. 매우 잘 알고 있기 때문에, 자신이 자라면서 깊이 체득해 온 것을 상대로 대치하고 있는 만큼 그의 그리스도교에 대한 비판적 대치는 설득력이 있다. 한편 세

* Kikuyu 또는 Gikuyu. 케냐에서 사용되는 반투Bantu 언어. – 옮긴이

계의 지배 세력이 단지 군사적 정치적인 지배만이 아니라 오히려 더 근본적으로 발달된 자본주의 경제의 힘으로 자신들을 지배하고 있는 그 적나라한 실태를 이른바 신선한 분노로 접했다는 점에서는 일찍이 예수가 살았던 상황과 닮은 점이 있다. 물론 이미 구식민지 지배 시절부터 세계 자본주의 경제의 지배력이 강하게 덮쳐누르고 있었지만 그 시절에는 아직, 오히려 식민지 지배라는 군사적, 정치적, 인종적인 지배력이 더 직접적이고 눈에 띄는 형태였다. 하지만 구식민지 지배가 끝나고 보니 자신들은 해방되기는커녕 점점 더 강도 높은 착취와 빈곤 속으로 굴러 떨어졌다. 정치적인 형식으로서의 독립은 했으나 오히려 세계의, 구미와 일본의 다국적기업으로 대표되는 거대한 자본주의의 지배력이 중간에 완충재도 두지 않고 너무나 직접적으로, 현격한 차이의 거대한 힘으로 덮쳐왔던 것이다.

응구기는 『십자가 위의 악마』에서 '달란트의 비유' 이야기를 꽤 길게 자신들의 현재 상황에 적합한 방식으로 이야기하고 있다. 거기에 나오는 '주인님'은 세계적인 제국주의 경제의 지배자이며, 달란트를 맡아 그 자본을 활용하면서 돈을 마구 벌어들인 것은 직접 아프리카 및 기타 구식민지 세계에 진출한 다국적기업과 그 밑에 있는 현지 기업가들이다. 세계적인 지배자는 그 충실한 종복들인 어떤 자에게는 50만 실링(케냐 실링)이나 되는 자본을, 또 어떤 자에게는 20만 실링의 자본을 맡겼다. 그리고 그런 자들은 그것을 밑천으로 마구 돈을 벌어 주인님에게 바쳤다. 그에 비해 10만 실링밖에 맡지 못한 자는 문득 의문을 품는다. 이 주인님은 언제나 자신이 갖고 온 얼마간의 자본으로 이 나라를 개발, 발전시켰노라고 자랑하고 있다.

그러나 그렇다면 정말로 그 돈이 부를 만들어냈는지 살펴보자며 그 돈을 빈 깡통 속에 넣어 두었다. 하지만 물론 그 돈이 스스로 이윤을 만들어낼 리가 없다. 감춰둔 돈은 언제까지라도 10만 실링 그대로다. 그래서 그는 주인님에게 말한다. 실제로 부를 만들어내는 것은 노동자들의 노동이다. 그들이 땀 흘리며 일한 덕에 이 세상의 부가 만들어진 것이다. 거기에 대해 당신은 자신이 예전에 전혀 파종한 적도 없는 곳에서 수확을 한다. 자신이 땀 흘려 일한 적도 없는 곳에서 수익을 거두어들인다……

물론 응구기 와 시옹오는 이 비유의 학문적인 해설을 하고 있는 것은 아니다. 단지 거기서 실마리를 얻어 현대 세계의, 자신들의 상황을 비판적으로 그리고 싶었을 뿐이다. 그럼에도 응구기가 살아가고 있는 상황과 예전에 예수가 살았던 상황이 많은 점에서 공통되기 때문에 응구기는 자연히 이 비유의 기본적인 질을 읽어냈던 것이다. 적어도 확실한 것은 '파종하지 않은 곳에서도 베어들이고, 뿌리지 않은 곳에서도 거두어들이는 주인님'이 절대적인 정의의 하느님이고, '달란트'를 맡게 된 쪽은 전 세계의 모든 경건한 크리스천들이라는 식으로 설교하는 성서학자들보다는, 이 주인님의 방식이 비인간적이며 '달란트'를 맡게 된 것은 그 세계 지배의 앞잡이가 되어 움직이는 거대 세력의 무리라고 읽어낸 점에서 응구기가 훨씬 더 이 비유의 핵심을 잘 이해하고 있다는 것이다.

예수는 말했다. '가진 자는 점점 더 많은 것을 갖게 되고 살찐다. 갖지 못한 자는 겨우 갖고 있는 것마저 수탈당해 야윈다. 이런 끔찍한 일이 있나!'

6. 소작인의 빚을 탕감하라

이상은 분수령의 한쪽으로 예수가 기울어 버린 예다. 그렇지만 본래 예수가 분수령 위에 서 있다가 때로는 이쪽으로 때로는 저쪽으로 기운다는 이야기가 아니다. 오히려 세간의 상식은 모두 이쪽에 있다. 대다수의 사람들은 그 시대의 사회 체제에 의해 착취당하는 위치에서 생활하면서도 그 체제의 구조를 그대로 긍정하는 시각을, 왠지 그것이 당연한 것이라고 전제해 버린다. 체제의 이데올로기란 그런 것이다. 그 점에서는 예수 자신도 대중의 일원으로서 출발한다. 반성 없이 발언할 때는 그런 '상식'을 전제한다. 원래는 예수도 분수령의 이쪽에 있었다. 하지만 그 '상식'에 머물러 발언하는 경우에도 예수는 언뜻 야유를 보내는 걸 잊지 않는다. 그래도 이야기의 큰 틀로서는 '상식'에 머물러 있다. 하지만 예수의 예리함은 종종 거기에서 출발해 분수령의 꼭대기까지 오른다. 거기까지 올라 때로는 넘어선다. 넘어섰을 때 역설적 반항아로서의 예수의 모습이 빛난다.

경제적인 문제에 대해서도 이미 길게 이야기한 날품팔이 노동자의 이야기는, 한편으로는 비유의 방식이 분수령의 이쪽으로 물러서려는 힘을 포함하고는 있으나 기본적으로는 이미 크게 저쪽으로 넘어서고 있다. 그리고 그런 관점을 갖게 되면 난해하다느니 의미 불명이라느니 하는 이야기를 듣는 또 하나의 비유가 오히려 거꾸로 지나치게 날카로울 정도의 감성으로 우리에게 다가온다. 이른바 '부정한 집사'의 비유 이야기다.

어느 부자집에 한 집사가 있었다. 그런데 이 집사가 주인의 재산을 낭비하고(마구 뿌리고) 있다는 고발이 있어서 부자는 집사를 불러 말했다.

'자네에 대한 이런 소문이 돌아다니는데 도대체 어찌된 일인가. 재산 관리 장부를 내놓게. 더는 자네에게 재산 관리를 시킬 수가 없네.'

그러자 집사는 생각했다.

'어떻게 해야 하나. 주인이 집사직을 내게서 빼앗을 생각이다. 그러나 지금 밭을 갈자니 힘이 없고, 그렇다고 해서 빌어먹자니 창피한 노릇이다. 옳지, 이렇게 해보자. 그러면 내가 집사직에서 쫓겨났을 때 모두가 각자 자신들의 집에 나를 맞아들일 것이다.'

그래서 주인에게 빚진 사람들을 한 사람씩 불렀고, 우선 맨 먼저 온 자에게 말했다.

'당신은 내 주인한테 얼마나 빚을 졌소?'

'기름 100바트요.'

'그러면 여기에 당신의 증서가 있으니 앉아서 바로 50바트라고 고쳐 쓰세요.'

다음 사람에게 말했다.

'당신은 얼마나 빌렸소?'

'밀 100코르요.'

'그러면 여기에 당신의 증서가 있으니 80코르라고 고쳐 적으시오.'

그런데 주인은 오히려 이 부정한 집사의 현명한 방식을 칭찬했다……

(루카 16장 1-8절. 처음의 '낭비하고'라고 번역한 동사는

전통적으로 그렇게 번역되기 때문에 그렇게 했으나 단어 자체의 의미는 '흩뿌리다'이다. 그리고 이 경우는 '흩뿌리다'로 직역하는 것이 이야기의 줄거리에도 잘 부합한다)

이 이야기에 많은 그리스도교도들이 당혹했다. 이 또한 대토지 소유와 관련된 이야기다. 이 경우는 지주와 소작인의 관계가 화제話題가 되어 있다. 그리고 상례대로 지주는 현장에 거주하지 않는다. 소작인 지배를 집사에게 맡긴다. 그런데 이 집사가 장부를 속여 소작인들에게 빌린 돈을 탕감해 준다. 주인의 재산을 마음대로 처리해 버리는 것이다. 만일 대토지 소유와 그로 인한 소작인 착취를 당연한 것으로 여기고 감각적으로 전제하는 것이라면, 그리고 대다수의 그리스도교도는 자각 없이 실제로 그처럼 전제해 버리는데, 그럴 경우 이 비유를 어떻게 설명하든 석연찮은 점이 남는다. 이 이야기의 마지막 문장의 주어인 '주인'은 이미 이야기 줄거리 속의 '주인'이 아니다. 지주는 집사가 마음대로 주인의 재산을 처리하는 데에 화가 나 있었으므로, 그 집사가 점점 더 형편없이 빚을 탕감해 주는 것을 칭찬할 리가 없다. 마지막 결론을 짓는 문장은 예수 자신이 이 이야기에 어떤 결론을 내렸는지를 이야기하고 있다. 이 글을 처음 쓴 것이 예수 자신이었다면 '주主이신 하느님'은 이 집사의 처리 방식을 칭찬할 것이라는 의미이거나, 또는 오히려 전승을 전한 신자들이 '주 예수'는 이 집사의 처리 방식을 칭찬하며 말한 것이다, 라고 덧붙였을 것이다. 즉 신자들은 예수가 이 비유를 이야기한 것은 확실하지만 자신들의 상식에 반해 이 집사의 처리 방식을 칭찬한 것에 대해서는 아마도 석연치 않다는 생각을 가지면서도 그래도 이 비유를 전승했다는 이야기일까. 이 마지막 결론을 짓는 문장은 집사를 '부정不正한 집사'로 부르고 있으나, 실은 예수 자신이 여기에서 '부정'이라는 형용사를 쓴 것인지 여부는 알 수 없다. 오히려 전승을 전한 사람들의 기분으로는, 왜 그런지 모르겠지만 예수는 이렇게 '부정한' 무리를 칭찬했다고 이야기하고 있는 것이리라. 비유의 본체에는 이 집사를 '부정'하다고 이야기하는 표현은 나오지 않는다. 주인의 재산을 흩뿌린다는 것도 '고발'로 거론되고 있을 뿐이다. 애초에 어떻게 뿌린 것인가. 오히려 집사가 해고를 선고받은 뒤에 했던 일, 즉 소작인들의 빚을 탕감한 것이야말로 주인의 재산을 흩뿌리는 짓이 아닌가. 그는 해고당하기 전부터 같은 짓을 하고 있었을 것이다. 그것을 예수는 칭찬했으므로 '부정'으로 간주했을 리가 없다. 이야기의 이면에 있는 것은 원래 이 집사는 그런 일을 하고 있던 남자다, 즉 주인의 재산을 확보하기 위해 충실히 근무하기보다는 소작인들의 부담을 경감하기 위해 주인의 재산을 마음대로 처리했던 남자다, 라는 것이 아닐까. '흩뿌리다'라는 동사는 이 경우 자신의 방탕을 위해 낭비하는 것이 아니다.

하지만 어떻게 이 남자의 '부정'을 칭찬할 수 있을까. 당혹한 그리스도교도 전승자들은 그 해석을 차례차례 써서 덧붙였다. 하지만 그것을 애초에 허용하기 어려운 부정이라고 생각하는 한 '해석'은 궤변에 빠질 수밖에 없다. '부정'을 좋은 것이라고 뭉뚱그리는 것은 어떻게 이야기하든 궤변에 지나지 않기 때문이다.

먼저 '이 세상의 자식들이 빛의 자식들보다 영리한 것은 자신들 시대의 일에 관해서다'라는 구절이 덧붙여졌다.(루카 16장 8절) 이 세상의 재주가 뛰어난 인간은 확실히 이 세상에서 돈을 잘 벌 수 있다. 그런 일에는 '빛의 자식들'은 당할 수 없다. 그러나 종교적인 미래의 일, 궁극적인 구원에 관해서는 빛의 자식들이 현명하다. 이 남자는 자신이 해고당한 뒤의 일을 이 세상의 재치를 활용해 잘 배려했다. 하지만 빛의 자식들은 와야 할 세상을 위해 준비하며 부지런히 힘쓴다. 원래 '빛의 자식'이라는 표현은 예수의 것이 아니다. 이것은 공관복음서에서는 여기밖에 나오지 않는다. 그것은 제쳐 놓고라도 그 이치는 비유 자체가 품고 있는 자세와는 다른 것이다. 만일 '빛의 자식들'은 이 세상의 일에 대해 현명하게 대처할 필요는 없으나 와야 할 저세상 일에 대해서는 현명하게 준비하라는 이야기를 하고 싶었다면 이런 비유를 이야기할 필요가 전혀 없다. 그렇다면 이 집사는 이 세상에서는 잘 대처했지만 하느님의 심판 앞에서는 단죄당한다는 이야기가 아니면 사리에 맞지 않는다. 그러나 이 남자는 '저세상'의 질서에 의해 단죄당하는 것이 아니라 이 세상의 지주에 의해 단죄당한다. 게다가 이것은 이 세상에서 돈을 버는 지혜로서는 결코 현명한 게 못 된다. 자신의 돈벌이를 위해 현명하게 굴려고 한다면 소작인들을 위하다가 해고당하는 어리석은 짓을 하지 말고, 소작인들로부터 최대한 많이 착취해서 지주에게 수익을 보내 준 뒤 자신의 호주머니에도 상당 부분을 남기도록 하는 편이 훨씬 득이 된다.

따라서 이런 이치로 보면, 비유의 해설이 신통찮다는 것은 누가 봐도 알 것이다. 그래서 다음에는 다른 해석이 붙었다. '부정한 마몬ﷻ을 이용해서라도 자신을 위해 벗을 사귀어라, 그렇게 하면 그 마몬이 없어질 때에는 영원한 집에서 맞이하게 될 것이다.'(루카 16장 9절) 앞 절과 비교하면 이쪽은 어쨌든 비유 내용에 뭔가 대응하려 하고 있는 만큼 더 나은 것일까. 하지만 근본적인 점에서는 초점이 빗나가 있다. 비유 쪽은 어디까지나 소작인들의 빚 이야기다. 그리고 그 집사가 자리에서 쫓겨났다 하더라도 소작인들이 자신들의 집으로 그를 맞이해 줄 것이라고 상상하는 것도 이 세상에서의 생활 이야기다. 거기에 비해 9절에서는 '영원한 집' 즉 피안의 천국에서 맞이해 주기 위한 조건이 문제가 된다. 예수가 어떻게 하면 피안의 하느님의 나라에 들어갈 수 있을까, 따위의 일에는 전혀 신경 쓰지 않았다는 것은 이미 여러 번 이야기했다.(또 6장 9 '하느님의 나라'에 대한 논의 참조) 그것만으로도 이미 이것은 예수답지 않다. 게다가 '부정한 마몬'을 이용해 천국의 입장권을 산다는 식의 발상 자체가 너무나 억지스러운 이론이다. 어떻게든 무리를 해서 이 비유를 피안의 구원을 향한 설교로 '해석'하려 한 태도가 뻔히 들여다보인다. 아마도 '부정한 마몬'이라는 표현이 어쩌면 부정한 방법으로 손에 넣은 재산이라는 의미가 아니라 이 세상의 재산 자체가 '부정'한 것이라는 의미일지도 모른다. 그리고 '그 마몬이 없어질 때'란 즉 이 세상 자체가 그 부富와 함께 소멸하게 될 때라는 의미일 것이다. 그러나 그렇다 하더라도 어떤 부정한 방법으로든 재산을 잔뜩 수중에 넣어, 그것을 주변의 사람들에게 뿌린다면 그 사람은 천국의 입장권을 받을 수 있게 된다, 라는 식의 이야기는 너무 근성이 나쁜 이야기다.

이것은 예수가 종종 어떤 대지주의 집사 집에 식사라도 초

대받았을 때 그 집사가 어떻게 하면 구원을 받을 수 있을까
요, 라는 식의 질문을 하자 이런 이야기를 해 주었다고 해설하
는 사람도 있다.(E. 트로크메) 구원받고 싶으면 먼저 소작인들
의 빚을 탕감해 주세요! 라고 한다면 아무래도 예수다운 발언
이라고 할 수 있을지도 모르겠다. 실제로 예수는 널리 알려진
부자 남자와의 대화에서(마르코 10장 17절 이하, 1장 참조) 어
떻게 하면 '영원한 생명'에 들어갈 수 있겠느냐는 질문을 받
자, 당신의 재산을 팔아서 가난한 사람들에게 베풀고 나를 따
라오시오, 라고 들이댄 적이 있다. 이쪽은 비유가 아니고 실화
다. 그러나 그것과 같은 취지라면 원래 소작인들의 빚이 이자
가 이자를 낳아 눈덩이처럼 불어가는 것 자체가 잘못된 것이
기 때문에 부당한 것은 그 빚의 액수이며, 또는 애초에 소작인
들로부터 최대한도로 짜내는 착취 방식 자체가 부당한 것이기
때문에, 그것을 아주 조금밖에 탕감하지 않았다는 이유로 '부
정한 마몬' 취급을 당하는 게 아니다. 게다가 원래 예수는 그
런 대토지 소유자나 그 집사들과는 전혀 사귄 적이 없다. 예수
가 함께 식사를 하거나 술을 마시거나 한 것은 농민, 어민이나
세리 등으로, 그런 부자 계급과의 사교 등은 어디에도 기록되
어 있지 않다.(유일한 예외는 루카 19장 1-10절의 잘 알려진 세
리 우두머리 자캐오의 이야기인데, 이것은 명백히 후세에 만들어
진 전설이며, 어차피 아무리 '우두머리'라 하더라도 세리인 것은
분명하기 때문에 대지주나 귀족 패거리와는 사정이 다르다) 마르
코 10장의 '부자'는 예수가 길을 걸어가고 있을 때 붙잡고 말
을 걸어 왔고, 그 집에 초대받아 함께 식사를 했다는 따위의 이
야기가 아니다.

무엇보다도 애초에 어떻게 하면 천국의 입장권을 손에 넣을 수 있을까 라는 발상 자체가 예수의 것이 아니다. 이런 종류의 '해석'은 소작인들의 빚을 탕감한 행위가 '부정'하다는 것을 어떻게 해서든 전제로 삼고 있으며, 또 이것은 단순한 '비유'이며 거기에서 어떻게 해서든 종교적 설교를 읽어내지 않으면 안 된다고 생각하는 그 자세에서 생겨난 것이다. 그 전제 자체가 무리이기 때문에 이런 견강부회牽強附會와 같은 해석을 하게 된다.

이것은 너무도 견강부회이기 때문에 전승자들은 그것으로는 도저히 만족할 수 없었을 것이다. 다시 다른 해석을 덧붙인다. '만일 너희가 부정한 부(재물)에 충실할 수 없다면 어떻게 참된 부를 너희에게 맡기는 사람이 있겠느냐. 만일 너희가 타인의 재산에 대해 충실할 수 없다면 어떻게 너희의 몫을 너희에게 줄 수 있겠느냐.'(루카 16장 11-12절) 이렇게 되면 이미 이야기는 거꾸로다. 이 집사는 위탁받은 지주의 재산을 충실하게 관리하려 하지 않았고, 그리고 그 점이 칭찬을 받았다는 이야기인데, 거기에서 먼저 타인의 재산에 대해 충실하라는 설교를 읽어내려 하고 있으니 대단한 신경이다. 마지막에 아마도 루카 자신이 덧붙였을 주석이 달렸다. 재산 운영이라는 속세의 일에는 흥미가 없고 오로지 종교적 내면성을 추구한 루카의 입장에서 보면 여기까지의 논의는 모두 마음에 들지 않는다. 그래서 아마도 전혀 별개의 전후관계에서 발설되었을 짧은 격언의 전승을 여기에 덧붙인다. '어떤 하인도 두 사람의 주인을 섬길 수 없다…… 하느님과 부를 함께 섬길 수는 없다.'(루카 16장 13절) 이것은 이미 이 비유와는 전혀 관계가 없다.

부르주아 사회의 상아탑 속에 있는 현대의 신학자들은 점점 왜 이 집사가 칭찬을 받아야만 하는지 알 수가 없다. 아라이 사사구에게 이 집사의 행위는 '사기 행위'이며, '파렴치 행위'이다. '사기'라 부르는 것은 좀 심하다. 차용증서를 속여 액수를 배로 해서 소작인들로부터 거둬들였다면 사기라 할 수 있다. 또는 빚을 탕감해 주겠다고 소작인들을 부추겨 놓고 그들한테서 실컷 향응을 대접받은 뒤 탕감이라니 될 말인가 하고 태도를 돌변한다면 사기라 할 수 있다. 그러나 이 집사의 행위는 자본주의 사회의 법률을 적용하더라도 기껏해야 주인 재산의 '횡령'이지 사기는 아니다. 예레미아스는 '양심의 가책을 느끼지 않고 속일 수 있는 작자'라 부른다. 예수는 그것을 칭찬한 것이 아니라 그저 위기에 처해서 '대담하고 결단력 있게, 현명하게 행동해서 새로운 생활을 위한 활로를 열었다'는 점만을 칭찬했다고 한다. 궁색한 궤변이다.

이도 저도 소작인들의 관점에 서서 이 이야기를 읽으려 하지 않고 지주의 논리를 자각 없이 전제해서 읽기 때문이다. 소작인들의 관점에 서면 이런 훌륭한 이야기가 달리 없지 않을까. 나도 좀 해 보고 싶어진다. 대금업자의 계장인지 뭔지로 채용돼, 빚 때문에 옴쭉도 못하던 자들의 증서를 상사가 보지 않을 때 차례차례 고쳐 썼다면 통쾌할 것이다. 그랬다가 해고당하면 어떻게 하냐고? 상관없다. 후다닥 도망치지. 빚으로 고통받던 축들의 친구가 되는 게 빚을 인정사정없이 거둬들여 직무에 충실하다는 둥의 이야기를 듣는 것보다 훨씬 기분이 좋을 것은 당연하다. '파렴치 행위'라고? 그거야 뭐 도쿄대 법학부의 논리로 하자면야 틀림없겠지.

기름 100바트(바트 ＝30~40리터)는 예레미아스의 계산으로
는 146그루의 올리브 나무에서 얻을 수 있는 것에 상당하며,
금액으로는 1000데나리가 된다고 한다. 밀 100코르의 수확은
42헥타르의 땅에서 얻을 수 있는 수확물로, 2,500데나리에 상
당한다. 어느 쪽이든 엄청난 액수다. 그렇다고 해서 이것이 부
자들끼리의 거래라고 생각해서는 안 된다. 소작인들이 그 정도
의 재산을 모으는 것은 불가능하다. 그러나 그 정도의 빚은 순
식간에 생길 수 있다. 출발점에서는 아주 작은 빚이 어느새 이
자가 이자를 낳아 어떻게 그런 거액이 되었는지 알지도 못하
는 사이에 평생 걸려도 갚을 수 없는 빚을 지게 된다. 그렇게
되면 이미 빚의 액수가 문제가 아니다. 요컨대 매년 땀 흘리며
일한 수확물은 이쪽이 겨우 굶어 죽지 않을 정도의 것만 남기
고 모조리 가져가 버린다. 예수의 주위에는 그런 소작인 농부
들이 대부분이었을 것이다. 이런 지배인이 있다면 조금은 수월
할 텐데. 예수의 이 이야기는 그런 농부들의 마음에 강력하게
호소했을 것이다. 이 이야기에 통쾌한 맛이 부족하다면 기름
100바트의 빚을 50바트로, 밀 100코르의 빚을 80코르로밖에
줄이지 않았다는 점뿐이다. 어차피 만들어낸 이야기다. 그렇
게 소심하게 굴 일이 아니다. 100바트를 10바트로, 100코르를
1코르로 줄여버린다면 구원받을 수 있을 것이다. 아니, 차용증
서를 불태워 버리는 편이 낫다.

그래도 이것은 예수가 한 이야기 중에서도 가장 래디컬한
정신을 보여주고 있다. 대지주의 재산 따위 어차피 부정한 마
몬富이다. 그것을 '흩뿌려' 버린다고 해서 뭐가 나쁜가? 여기에
는 당시의 사회 경제 질서에 대한 근본적인 회의가 고개를 쳐

들고 있다. 그것은 직감적인 회의에 지나지 않지만 바닥을 도려내고 있다.

7. 부에 대한 직감적인 반발

그 직감적인 감각은 부자나 재산에 대한 단순하고 솔직한 반발에서도 잘 드러나 있다. 이미 '역설적 반항'을 논한 장에서도 사회적으로 억압받은 자야말로 하느님의 나라에 들어간다는 취지의 발언을 몇 번인가 소개했지만, 여기에서는 지금까지 언급하지 않았던 예를 몇 개 열거해 보자.

> 한 부자가 있었다. 값비싼 상의와 고급 아마포 속옷을 입고 날마다 화려하게 즐기며 살고 있었다. 이 부자의 문간에 라자로라는 이름의 걸인이 방치되어 있었다. 부스럼투성이로 부자의 식탁에서 넘쳐 떨어지는 음식 부스러기로 배를 채우려고 했다. 하지만 개까지 몰려와 그의 부스럼을 핥기도 했다. 그런데 이 걸인이 죽어 천사들이 아브라함의 품으로 데려갔다. 부자도 또한 죽어 장사 지냈다. 그는 지옥에 떨어졌다……
>
> (루카 16장 19-23절)

이것은 이야기의 서곡으로, 이야기의 중심은 지옥에 떨어진 부자가 하늘을 올려다보며 아브라함과 주고받는 대화에 있다. 그 약간 교훈적인 대화의 어디까지가 예수 자신의 창작인지는 알 수 없다. 다만 라자로가 하늘에 올라가고 부자가 지옥에 떨어진 이유는 간단하고 분명하게 기술되어 있다. 부자는 '생전

에 좋은 것을 받았다. 그에 비해 라자로는 나쁜 것을 받았다.'
따라서 지금은 거꾸로 라자로는 하늘에서 위로받고, 부자는 지
옥에서 고통받는다.(루카 16장 25절) 이것은 대체로 예수의 독
자적인 사상이라 할 수 없다. 고대인에게서 널리 찾아볼 수 있
는 일종의 인과응보 사상이다. 그러나 예수의 부자에 대한 단
순하고 솔직한 반발만큼은 잘 드러나 있다.

또는 풍년을 맞은 부자의 비유에 대해서도 같은 말을 할 수
있다.

어느 부자의 땅에 풍년이 들었다. 그래서 부자는 이리저리
궁리하면서 혼잣말을 했다.

'어떻게 할까. 내 수확물을 거두어 놓아 둘 데가 없다. 옳지,
이렇게 하자. 창고를 모두 헐어서 더 크게 지으면 곡식을 전부
저장할 수 있고 그 밖에 여러 재산을 넣을 수 있어. 그렇게 해
놓고 내 생명(영혼)에게 이야기하자. 생명이여, 이것으로 오래
살아갈 수 있을 만큼의 재산을 모았어. 자, 한가로이 쉬고, 먹
고 마시며 즐기지 않겠는가.'

하지만 하느님은 그 부자에게 말했다.

'어리석은 자여, 오늘 밤 너의 생명을 거두어 갈 것이다. 그
러면 네가 저장해 둔 것은 누구를 위해 저장한 것인가.'

(루카 12장 16-20절)

루카는 늘 그렇듯이 여기에 종교적인 교훈을 덧붙인다. '자
신을 위해 보물을 쌓으면서도 하느님에겐 인색한 자는 이처럼
될 것이다.' 이것은 거짓말이다. 어떤 인간이든, 아무리 재산을

쌓아 둔들 죽을 때 갖고 갈 수는 없다는 점은 마찬가지다. 설령 '하느님을 위해 많은 재산을 쌓아' 두더라도 이 세상에 쌓아 둔 재산은 죽으면 소용이 없다는 점에서는 다를 게 없다.

다만 죽으면 재산은 소용이 없다는 예수의 결론도, 이 또한 고대인들이 어디에서나 입에 올리고 있던 것에 지나지 않으며, 딱히 독창적인 사상도 아니다. 다만 큰 부자인 지주를 향해 냉소적으로 그런 말을 한 것에 예수의 감성이 드러나 있다. 그 부자는 자신이 농부일 리가 없다. '땅'이라고 번역한 말은 '영지'로 번역하는 편이 좋을지도 모르겠다. 대토지 소유자의 농장이다. 그러나 이 경우는 지주가 현지에서 생활하고 있다. 소작 농들이 경작해서 얻은 수확물은 그에게는 '내 수확물'이다. 농부들이 그것을 운반해 온다. '창고'는 복수형이다. 큰 창고들을 나란히 지어 거기에 평생 먹어도 걱정 없을 것들이 가득 차 있다. 이것은 자신이 경작하는 농민의 모습이 아니라 대지주의 모습이다. 예수는 냉담하다. 무슨 소리를 하는 거야, 너는 내일 죽어.

이 냉소적인 감정, 솔직한 혐오감의 표현은 좀 노골적이고 인정미가 없다. 그렇지만 부자가 부자인 것은 왠지 수상쩍다는 감정만큼은 잘 표현되어 있다.

예수와 제자들이 어느 날 다시 신전에 간다. 신전이 파괴될 것이라는 등의 이야기가 나오기 전인, 아마도 활동 초기 무렵일까. 헌금 상자 앞에 앉아, 오는 사람을 멀뚱하니 보고 있었다. 부자인 듯한 사람이 차례차례 와서 아낌없이 헌금을 던져 넣고 간다. 있는 자는 있는 것이다. 그중의 아주 일부만이라도 이쪽으로 돌려준다면…… 거기에, 보기에도 초췌한, 가난을 가

저다주는 신이 달라붙어 있는 느낌의 여자가 왔다. 아마도 과부일 것이다. 들여다보는 게 나쁜 짓이라는 생각이 들었지만 얼마를 넣는지 결국 보게 된다. 렙톤 화폐 2개를 넣었다. 이것은 당시 존재하던 가장 소액의 화폐다. 로마 통화로 환산하면 1콰드란스, 즉 약 70분의 1데나리에 지나지 않는다. 거기에 무슨 바람을 빌어 넣었을까. 예수는 돌아보며 제자들에게 말했다.

아멘, 너희에게 말한다. 저 가난한 과부는 헌금을 바치러 오는 그 누구보다 더 많은 것을 던져 넣었다. 누구나 남는 돈의 일부를 넣었지만 그녀는 가난한 중에 자신이 가지고 있는 모든 것, 자신의 생활비를 모두 던져 넣었기 때문이다.

(마르코 12장 41−44절)

흔히 있는 이야기다. 가난한 자가 바치는 등 하나가 부자가 바치는 1만 개의 등보다 낫다는 것이다. 흔히 있을 뿐만 아니라 어느 종교도 반드시 이런 설교를 하나 또는 둘 전통적으로 갖고 있다. 이 이야기도 예수가 신전 앞에 앉아 있다가 실제로 본 것인지, 아니면 후세의 교회가 설교를 위해 만들어낸 이야기인지 알 수 없다. 그리고 이런 이야기를 할 때마다 가난한 자가 조금밖에 갖고 있지 않던 것까지 종교 교단으로 빨려 올라간다. 종교적 착취의 기본적인 모습인 것이다. 가난하면 가난할수록, 괴로우면 괴로울수록 사람은 기도하고 싶어진다. 기도하기 위해서는 헌금을 갖고 가야 한다고 굳게 믿는다.

예수가 만일 자신이 신전 종교를 유지하는 입장에서 이처럼 말했다면 그것은 평범한 사제의 설교밖에 안 된다. 실제로 이 이야기를 교회가 전승으로 이야기하면서 '깨끗한 재물'을 모을 때는 그런 효과밖에 갖지 못한다. 그러나 만일 이것을 예수가 실제로 신전의 방관자로서 구경하면서 한 말이라면 거기에는 앞서 언급한 것과 같은 감정이 토로되어 있다. 부자가 아무리 많은 헌금을 던져 넣더라도 아무런 의미도 없어. 가난한 자의 필사적인 소원만이 하늘에 닿을 것이다.

결론을 정리해 보자. 사회적, 경제적인 관계에 대해 예수도 또한 시대의 아들로서 당시의 대토지 소유를 기조로 한 사회 관계를 자각 없이 전제하고 승인해 버린 경우는 많다. 하지만 그런 사회 관계 속에서 많은 부를 쌓은 자들에 대해 직감적인 반발은 가지고 있었다. 그리고 때로 자각해서 문제를 파악하려 할 때는 소작인들의 빚이 탕감되기를 바라고, 모든 사람의 임금이 같아지기를 기대했다. 그것은 비유라는 형식, 즉 만든 이야기 속에 냉소적인 원망顧望을 담아 말하고 있을 뿐 현실 사회에서 그러한 관계를 실현하려고 운동을 시작한 것은 아니다. 당시의 사람들 입장에서 보면, 그것은 말하자면 꿈과 같은 이야기와 다를 게 없었다. 하지만 설사 만든 이야기일지라도 그런 사회 관계야말로 당연한 것이라 느끼고 말할 수 있을 정도의 자세를 지니고 있었기에 현실 사회에 존재하는 온갖 억압 기구에 대해 날카롭게 대결할 수 있었을 것이다.

제6장

종교적 열광과
종교 비판의 상극

1. 예수의 종교적 열광의 자기 상극

그러면 예수는 어디까지 종교적이었을까. 이 질문을 사람들은 의외로 하지 않는다. 예수 활동의 사회적 범위를 파악하려는 이는 아무래도 예수의 종교적 측면을 일종의 관념적 부수물로 간주하기 쉽고, 또는 거꾸로 그리스도교도 중에서 예수 활동의 사회적 범위에도 주목하고자 하는 사람은 종교적 사상이야말로 예수의 사회적 활동의 원천이며 활력이었다고 말하고 싶어 한다. 나아가 예수를 특히 종교가로 보고 싶어 하는 그리스도교 호교가들이나 종교 취향의 철학자들은 예수한테서 나중의 그리스도교 교의 체제의 골격이 되는 기본 요소를 발견하려 애쓴다. 그러나 그 어느 쪽도 예수의 종교적 열광이 특이하게 고양된 실태를, 거기에서 생기는 인간적 굴절을 인식하지 못한다. 만일 어떤 사람이 자신은 특별히 선택받은 하느님의 아들이며 메시아라고 믿고 있다면 거기에서는 특이하게 굴절된 여러 행동들이 생겨날 것이다. 고양된 확신 때문에 보통 사람들에게는 도저히 그렇게까지 용기를 낼 수 없는 래디컬한 행동으로 돌진한다. 그리고 그 고양은 꿈처럼 현실과 동떨어져 있기 때문에 여러 곳에서 자신의 발걸음이 휘청거리기 시작한다. 그것은 또 미혹과 절망, 꿈에서 깬 뒤의 따분함을 필연적으로 동반한다. 도식적인 전기 작가들이 종종 잘못을 범하는 것은 이런 종류의 종교적 열광가들이 어느 시기에 고양된 확신을 지속하다가 그것이 무슨 이유로 좌절되었을 경우에만 절망과 따분함의 시기가 그 뒤에 이어진다고 생각한다는 점에 있다. 그렇지 않다. 종교적 열광은 바로 그 열광이 한창일 때 본인이 확실히 자각하려 하거나 반쯤 무의식적으로 그것을 자각하는 것을 피하려고 필시 무리하게 허공 중을 날려고 하는 불안과 거기에서 오는 미혹과 절망이 동시에 떠받치고 있다. 열광과 절망 또는 따분함 사이를 늘 오가면서 흔들리고 있는 것이다.

종교 사상을 열광적으로 믿는다는 것은 그런 것이다. 철학자들이 아무것도 하지 않고 앉아 있으면서 인간의 모든 실천을 '근원적'인 종교 사상에서 생긴 것으로 설명하는 것은 가능하다. 그러나 그것은 어디까지나 종이 위에 쓴 줄거리에 지나지 않는다. 실제로 종교적 확신에 열광적으로 사로잡혀 행동하면 동요와 미혹을 피할 수 없다. 늘 일관되게 같은 종교 사상에 열광적으로 사로잡혀 계속 행동하는 것은 불가능하다. 거기에서 래디컬하게 돌진하는 에너지를 얻을 수는 있겠지만 동시에 행동적으로 돌진하면 반드시 현실에 냉혹하게 직면할 수밖에 없고, 열광적 확신만으로는 그 냉혹함에 맞설 수 없게 된다. 그런 상황에서 애써 자각적으로 사태를 다시 파악하려 하지 않고 솟구치는 미혹과 절망을 눈을 감고 무시하고, 더 열광 쪽으로 냅다 달려가는 자들도 역사상 많이 있었다. 그런 자들은 출발점에서는 래디컬하게 사회적 현실을 파고들 수 있을지라도 의도적으로 자신의 의식의 절반을 잠재우려 하는 순간부터 선동가demagogue로 변신한다. 그럴 경우에도 실제로는 동요와 미혹은 따라다닌다. 하물며 열광의 이면에 따라붙는 따분함을 자신이 냉혹하게 응시할 줄 알고 있는 자라면 자신의 동요와 미혹도 정직하게 표현한다.

어쨌거나 그런 점에서 잘 정비되어 체계적으로 모순 없는 종교 사상이 늘 일관되게 표현될 수 있을 것이라고 상상한다면 그림 속의 떡이라고 해도 좋다. 거기에서는 오히려 사상 표현으로서는 온갖 모순이 분출한다. 목가적인 평화로움과 격렬한 저주가, 열렬한 평화 희구와 가라앉은 절망이 동거한다. 그것을 정리해서 체계적인 종교 사상으로 만들겠다는 건 무리한 이야기다.

예수의 경우 그것은 한층 더 복잡하다. 한편으로 종교적 열광의 동요와 미혹을 안고 있으면서, 다른 한편으로는 이미 많이 살펴본 바와 같이 종교 지배 사회를 냉철하고 냉소적으로 비판해 나가는 정신도 아울러 갖고 있다. 이럴 경우 예수의 종교적 열광은 도대체 무엇이었을까. 그는 정말로 자신이 특별히 선택받은 하느님의 아들 내지 메시아라며 우쭐대었던가.

이제까지 그리스도교 학자들은 예수의 종교적 열광을 왜 묘사하려 하지 않았을까. 전통적인 그리스도교 호교가들은 그리스도교의 교의 체계의 요지를 예수한테서 찾아내려 했다. 거기에서 잊혀진 것은, 그러한 교의 체계 또는 그 일부를 신봉하며 살아가는, 즉 신자로서 살아가는 것은 많은 사람들에게 쉬운 일이겠지만, 스스로 그 교의 체계의 중심인 '그리스도' 자신으로 살아 있는 인간으로 실제로 살아가려 한다면 그렇게 멋진 일은 아니라는 사실이다. 물론 그리스도교 호교가들에게는 살아 있는 인간이 스스로 그리스도 이념 같은 것을 체현하며 역사적 현실 속에서 살아가려 한다면 어떻게 될까, 라는 질문 따위는 아무래도 상관없었다. 그리스도 이념이라는 것이 존재했다고 이야기할 수 있으면 그것으로 충분했다. 따라서 역사 속에서 실제로 살아 있었던 인간인 예수를 묘사할 필요가 없었다. 아니, 묘사하지 않는 편이 좋았다. 다만 예수님은 하느님의 아들로서 이 세상에 태어나셨다, 그리고 도중의 인생은 다 날려 버리고 그 뒤에 하느님의 아들로 부활했다고 거듭 이야기하는 것으로 족했던 것이다. 예수는 메시아였다고 주장하긴 해도 한 사람의 인간이 자신이 메시아라는 의식을 갖고 실제로 살아간다면 어떻게 될까, 라는 의문은 갖지 않았다. 한편 근대주의 학문을 통과한 그리스도교 학자들, 즉 이른바 '비판적' 학자들도 예수의 메시아 의식 문제에 관해 언급하고 싶어 하지 않는다. 예수를 메시아로 묘사하는 것은 나중에 교회가 색깔을 입힌 것이고 예수 자신은 그런 의식을 갖고 있지 않았다는 것이다. 이것이 독일을 중심으로 한 오늘날의 학계 '주류'의 견해이다. 그리고 사실 이 견해는 상당히 옳다. 복음서에서 예수를 어떤 의미에서 메시아로 묘사하는 기술은 마르코나 Q자료보다 마태오나 루카에서 훨씬 대량으로 늘어나고, 마르코나 Q자료 중에서도 비교적 새로운 층에 속하는 전승으로 생각되는 것일수록 그런 경향이 강하다. 이것 또한 당연한 것이다. 한 남자가 십자가에 매달려 죽임을 당한 뒤 그 신봉자들이 이것을 구세주 이야기로 만들어낸 것이므로, 전승이 나중의 것일수록 그런 윤색이 강해지는 것은 당연한 일이다.

그럼에도 그렇게 말하고 끝내 버릴 수 없는 종교적 열광 의식이 예수 자신에게도 있었다. 그 부분을 '비판적' 학자들은 기묘한 논리로 빠져 나간다. 예수 자신은 자의식으로서는 메시아 의식을 갖고 있지 않았으나, 실질적으로는 나중의 교단 신자들이 품었던 구세주 상에 대응하는 질質의 생을 살았다는 이론이다. '비판적' 신학자들이라 해도 호교론자라는 점에서는 다를 바가 없기 때문에 근대주의 학문 체재體裁에 맞도록 호교론 논리를 모양 좋게 바꾼 데에 지나지 않는다. 따라서 한편에서는 매우 '비판적'으로 조금이라도 독특한 종말론적 자의식을 암시하는 요소는 모두 나중의 교단이 덧붙인 것으로 간주해서 정색을 하고 잘라내 버렸다. 그렇게 함으로써 근대적인 학문을 영위하고 있다는 만족감에 취한다. 그러나 그렇다면 그것으로 확실하게 예수는 메시아를 내세우는 사상이나 종말론적 열광과는 연관이 없으므로 원시 그리스도 교단은 그 점에서 예수와는 대체로 다른 종교 사상을 전개해 나갔다고 분명하게 이야기하면 좋을 텐데, 그렇게 말하면 호교론이 아니게 되니까 잘못인 줄 알면서도 그렇게 이야기하지 않는다. 사상의 표현은 다르지만 본질은 같은 것입니다, 라고 선언하고 복잡기괴기묘한 논리를 전개한 끝에 그 '본질'이라는 것에 도달한다.

실제로 이것은 무리다. 만일 예수가 훗날 그리스도교도의 신앙 내용과 실질적으로 조응하는 삶을 스스로 살아가려 했다면 그것을 자각하지 않을 수 없었을 것이다. 확실히 사람은 자신의 행동의 질에 대해 자각하지 못하는 경우도 많다. 그런 경우가 훨씬 더 많다고 해도 좋을 정도다. 사람이 자신보다 약한 입장에 있는 자에 대해 실질적으로 억압자, 탄압자로 존재할 때에는 그것을 자각하지 못할 수 있다. 아니, 그런 경우가 압도적으로 많다. 또는 거꾸로 주위의 사람들이 큰 존경의 마음을 품을 정도로 훌륭한 삶을 실질적으로 살아가면서도 스스로는 자신이 별로 존경받을 만한 가치가 있는 존재가 아니라고 믿고 있는 예도 가끔은 있다. 그러나 하느님의 아들이고 구세주라는 삶을 실질적으로 살아가면서 그것을 자신이 자각하지 못한 채 지낸다는 것은 불가능하다. 만일 그런 삶이 있다면 그것은 더없이 이상한, 이상하다는 표현이 마음에 들지 않으면, 일상의 수준을 훨씬 벗어나 극도로 긴장된 것이 될 수밖에 없기 때문이다.

왜 예수는 메시아 의식을 갖고 있지 않았으나 메시아였다, 라는 기묘한 궤변으로 근대적 호교론자들은 달려가는가. 오히려 전통적 호교론자들처럼 예수는 메시아로서 살았다고 단순 소박하게 믿는 것이 정직하고 수미일관하다. 다만 근대적 호교론자들은 그런 궤변으로 한 가지는 피할 수 있었다. 만일 정말로 예수가 메시아로 자각하며 살았다면 이미 이야기했듯이 살아 있는 인간의 삶으로서는 꺼림칙한 이상한 느낌을 불러일으킬 수밖에 없다. 그 이상한 느낌에서 비롯되는 폭넓은 동요와 미혹을 자각하지 않을 수 없게 된다. 살아 있는 인간은 이런 현실의 한계 속에서 살아갈 수밖에 없다. 하느님의 아들이라면 그것을 초월할 것이다. 초월할 수 없는 살아 있는 인간이 자신은 초월했다는 망상을 품게 되면 거꾸로 그만큼 현실의 벽에 부딪혀 고통을 당한다. 즉 자신이 하느님의 아들이라고 우쭐대며 살아간다면 그만큼 인간적으로 많이 왜곡되어 버린다. 이상하게 튀려고 하면 그 만큼 여러 가지로 굴절되게 된다. 메시아로서의 자각을 지닌 인간 예수를 묘사하려 하면 오히려 점점 더 그로 인한 인간적 약점이나 어리석음에 대해서도 언급하지 않을 수 없다. 멋있게 근대적 학문의 치장에 골몰한 호교론자들보다 엔도 슈사쿠遠藤周作가 그리는 센티멘털하고 동화 같은 예수 쪽이 의외로 진실에 육박하는 이유가 거기에 있다. 근대적 호교론자들은 애써 만든 그리스도교 교의의 '본질적' 또는 '실질적' 체현자로서의 그들의 말쑥하고 추상적인 '예수'를, 그런 인간적인 동요나 미혹의 땀투성이로 만들고 싶어 하지 않는다. 따라서 예수에게는 메시아적 자각은 없었다고 우기며 다소라도 종교적 열광의 냄새가 나는 말은 전부 훗날 교단의 창작으로 간주해 잘라내 버리고 아무런 맛도 멋도 없는 무미건조한 예수상을 그려낸다. 살아 있는 인간 심리의 굴절된 미묘함은 모조리 잘라내 버리기 때문에 그만큼 추상화되기 쉽다. 그리고 추상의 극치인 알맹이 없는 허공 중으로까지 예수의 '실질'을 증발시켜 놓고, 그 '실질'은 그리스도교 교의의 본질과 동일한 것이라고 우기는 것이다. 1950년대 후반부터 1960년대에 걸쳐서 학자의 세계를 떠들썩하게 했던 이른바 '사적史的 예수 논쟁'은 이 기묘한 논리를 어떻게 진짜처럼 보이게 할 것인가 라는 궤변을 놓고 서로 경쟁한 것이었다. 그것은 정교한 마술이지만 속임수를 알고 나면 별것 아니다. 종교적 열광에 필연적으로 따를 수밖에 없는 이상함을 예수한테서 잘라내 버리기 위해 예수에게는 종교적 열광은 없었다고 말하고, 게다가 종교적으로 열광하지 않으면 있을 수 없는 실질을 예수는 살았다고 이야기하고 있는 데 지나지 않는다. 하지만 그 때문에 학문인 척하면서 복음서 속의 상당히 많은 말들에 신빙성이 없는 전승이라는 딱지를 붙여 내버렸다.

나는 딱히 그런 그들에 반대해서, 예수는 나중의 교단이 신봉한 것과 같은 구원자로서의 의식을 갖고 활동했다는 식으로 주장하려는 것은 아니다. 다만 예수 사후에 신봉자들이 예수를 메시아로 숭상한 것은 아무것도 없는 무無에서 유有를 만들어낸 창작은 아니기 때문에, 그들에게 그런 생각을 불러일으키게 할 만한 요소가 다분히 예수 자신에게 있었다고 말하고 싶을 뿐이다. 예수에게도 그 정도의 인간적인 약점은 많이 있었던 것이다.

2. 하느님의 나라 – 유대교의 발상

예수의 종교적인 사상의 핵심은 '하느님의 나라' 사상이었다고들 이야기한다. '하느님의 나라'의 실현이 가까운 장래에 이뤄질 것으로 봤다. 또는 이미 지금 '하느님의 나라'는 실현되고 있다고 봤다, 라는 것이다. 그렇다면 '하느님의 나라' 사상이야말로 예수의 종교적 열광의 거점이었다는 것이 된다. 과연 그럴까.

결론부터 먼저 말해 둔다면, 애초에 '하느님의 나라' 사상은 예수 사상의 중심이 아니며, 또 종교적 열광의 씨앗을 품고 있는 것도 아니었다. 오히려 예수가 '하느님의 나라'에 대해 언급할 때는, 조심스럽게, 굳이 언급하자면, 이라는 느낌이었다. 아니 그보다는 몹시 냉철하게 깨어 있었고, '하느님의 나라' 사상이 그때까지 품고 있던 왜곡을 냉소적으로 지적해서 전도轉倒시키는 모양새가 있었다. 그런 점에서는 예수는 날카로운 종교비판자다. 다만 그 '하느님의 나라'와 관련해서 예수가 자신의병 치유 활동에 대해 흥분해서 의미 부여를 했을 때에는 이미종교적 열광에 크게 빠져 있었다. 그런 점에 대해서는 나중에다시 살펴보기로 하고, 우선 예수가 '하느님의 나라'에 대해 어떤 발언을 하고 있는지를 살펴보자.

20세기 그리스도교 신학은 예수 사상의 중심점을 '하느님의 나라' 사상에서 찾아내려고 했고, 그 결과 예수 자신이 직접'하느님의 나라'라는 말을 하지 않은 경우까지 포함해서, 예수의 모든 발언과 행동을 '하느님의 나라' 사상의 발현으로 이해하려고 했다. 물론 이런 이해 방식은 옳지 않은 길이다. 근대의관념론적인 인간 이해 방식이 이런 곳에서 뜻밖에도 드러났다고 할 수 있다. 이것은 한 사람의 인간의 발언과 행동이 모두하나의 종교적 관념에서 생겨날 수 있다는 식의 지극히 관념론적인 인간 이해의 형태를 전제로 하지 않는 한 있을 수 없는발상이기 때문이다. 이에 대한 반론은 용이하다. 예수는 무엇이든지 모두 '하느님의 나라'와 결부시켜 생각하지는 않았다는 것이 사실이기 때문이다. 그의 발언과 행동의 대부분은 전혀 '하느님의 나라'와 관계가 없다. '하느님의 나라' 사상이 얼굴을 내밀지 않는 예수의 발언이나 행동은 무리하게 '하느님의 나라'와 결부시키지 말고 그대로 이해하면 되는 것이다.

그러면 예수가 스스로 '하느님의 나라'에 대해 말하고 있는경우는 어떨까. 예수의 사상과 행동 전체를 '하느님의 나라' 사상으로 결론지을 수는 없지만, 굳이 '하느님의 나라'에 대해 직접 이야기하고 있는 경우에는 하나의 통일된 '하느님의 나라' 상을 제공하고 있는 게 아닐까. 하지만 아무리 예수의 '하느님의 나라'에 대한, 그 수가 그다지 많지도 않은 발언을 늘어놓아 봐도 거기에서 하나의 정리된, 완결된 '하느님의 나라' 사상을 추출해낼 수는 없다.

　이것은 어떤 의미에서는 당연한 것이다. 사람이 하나의 종교 관념을 활용해 여러 가지 생각을 표현할 때, 그 여러 가지 생각 하나하나의 배경에는 여러 모순된 현실이 소용돌이치고 있다. 그렇다면 단 하나의 종교 관념일지라도 그것이 늘 통일된 체계적 의미 같은 것으로만 활용되는 것은 아니며, 오히려 거기에는 사람의 생각의 여러 가지 파열이 얼굴을 내민다. 예수의 '하느님의 나라'도 그럴 것이다. 대체로 매우 고양된 정신 상태에서 '하느님의 나라가 온다'고 외치는 의식을 하루 종일 게다가 장기간에 걸쳐 지속하기란 불가능하다. 거기에다 예수의 경우 자신이 '하느님의 나라'라는 종교 개념을 발명한 것이 아니며, 더구나 자신이 적극적으로 '하느님의 나라'의 도래를 이야기하려고 한 게 아니라 단지 당시의 종교 사상에서 대단히 많이 쓰고 있던 개념에 대해 비평적으로 말하려 한 것뿐이어서, 만일 여러분처럼 '하느님의 나라' 등에 대해 이야기하고 싶다면 이렇게도 이야기해 볼까요, 라는 자세를 취한 측면이 있다. 그렇다면 예수는 그때마다 여러 생각이 머리에서 오가는 가운데 '하느님의 나라' 이념에 얽매여 있었던 셈이 되기 때문에, 그런 데서 정합성 있는 '하느님의 나라' 사상의 체계 등을 추출하려 해봤자 무리를 범할 뿐이다.

다만 '하느님의 나라'라는 개념은 예수의 전매특허라고까지 할 수는 없지만 당시 거의 드물게밖에는 사용되지 않았던 표현을 예수가 독창적인 의미를 담아 사용한 것이라는 학설이 있다. J. 예레미아스라는 유명한 학자의 설이다. 그렇다면 당시의 상식적인 '하느님의 나라' 개념을 예수가 비판했다는 것이 아니라, 오히려 예수가 거의 새롭게 이 개념을 만들어낸 셈이 된다. 과연 그럴까.

　확실히 당시의 유대교 문헌에 '하느님의 나라'라는 개념이 많이 나오지는 않는다. 거기에 비해 복음서에서는 마태오에 37회('하늘나라'라는 말도 포함해서), 마르코에 14회('하느님의 나라'만), 루카에 32회('하느님의 나라'만)나 나온다. 거기에다 '나라國'라는 말(이 말은 오히려 '왕국'으로 번역하는 것이 더 엄밀하지만)이 그것만으로 정관사를 붙여 '하느님의 나라'의 의미로 사용되는 경우도 포함하면 더 많아진다. 다른 한편 이런 개념은 그 이전의 유대교 문헌과 비교하면 랍비 문헌에는 많이 보인다. 이것은 어떤 의미일까. 예레미아스는 예수 당시의 유대교에서는 아직 '하느님의 나라'(또는 '하늘나라')라는 개념은 거의 사용되지 않았는데, 랍비적 유대교에서 처음으로 어느 정도 많이 쓰이게 되었다고 판단한다.

　그러나 랍비 문헌에 나오는 소재는 다루기 어렵다. 확실히 방대한 랍비 문헌 중의 가장 기본적인 것인 미슈나는 2세기 후반에 '전하殿下' 또는 '장로'라는 별명으로 불리는 랍비 유다Judah ha-Nasi가 편집한 텍스트가 바탕이 되어 있다. 미슈나는 샤나(되풀이하다, 반복해서 가르치다)라는 동사에서 만들어진 말로, 요컨대 '가르침' 내지 '교과서'라는 의미인데, 유대교 종교 율법의 해석이 구전으로 전해진 것을 편집한 것이다. 그리고 이 미슈나에 대한 대량의 해석(바라이타*로 불린다)을 미슈나의 원문과 나란히 편집한 것이 탈무드로 불리는 백과사전 분량의 유대교 문헌이다. 오늘날 우리가 보는 미슈나는 유다가 편집한 텍스트에 다시 덧붙여 쓰고 수정이 가해진 것이다. 거기에 쓰여 있는 전승의 발언자도 기원후 1세기 후반부터 2세기 전반의 랍비들이 많다. 따라서 주로 이것은 예수보다 나중의, 특히 70년의 예루살렘 신전 붕괴 이후의 랍비적 유대교의 상태를 보여주는 문헌이다. 하지만 거기에 전해지고 있는 전승의 상당수는 구전 전승으로 상당히 오랜 시기로까지 거슬러 올라간다. 예수보다 20세 정도 연장인 힐렐이나 샴마이의 시대까지 거슬러 올라가는 것도 제법 많다. 거기에다 편집 작업 자체도 유다 전하가 처음 손을 댄 것이 아니라 2세기 후반 무렵 랍비 메이르가 이미 상당히 이뤄 놓은 작업을 유다가 이어받았을 뿐이라고 한다. 그리고 2세기 전반에 랍비 아키바도 상당한 정도의 편집 작업을 한 것 같다. 그 이전의 단계에서도 구전 전승은 조각조각 흩어져 전해진 것이 아니라 주제에 따라 정리되고 종합되어 전해졌기 때문에 그런 의미에서의 '편집' 작업은 학설에 따르면, 힐렐과 샴마이의 제자들, 나아가 힐렐과 샴마이 자신들에까지 거슬러 올라갈 수 있는 게 아닌가 한다. 어느 것이나 구전 전승의 상례로서, 문서로 정착하기 상당히 이전부터 구두로 다양하게 이야기되고 있던 것이 점차 정

---

* Baraita. 아람어로 '외측outside, external'을 의미한다. - 옮긴이

해진 형태를 갖게 되고, 마지막으로 문서로 정착한 것이다.

그렇다면 예레미아스처럼 예수 당시의 유대교에서 '하느님의 나라'라는 말은 거의 쓰이고 있지 않았다고 결론짓는 것도 약간 지나친 게 아닐까 하는 생각이 든다. 확실히 기원전 1세기의 유대교에서는 아직 이 말은 거의 쓰이고 있지 않았다.(하지만 '하느님이 왕으로 지배한다'라는 동사의 어투는 구약성서 이래 계속해서 흔히 사용된 어투다) 하지만 아마도 예수 당시의 유대교에서는 이미 많이 쓰이게 되었으며, 그것이 마침내 문서로 정착한 것이 아닐까. 그것을 보여주는 가장 확실한 증거는, 예수가 '하느님의 나라'에 대해 언급할 때, 사람들이 잘 알고 있는 개념을 언급하고 있다는 느낌으로 이야기하고 있고, 게다가 상식적으로 그 개념의 내용으로 생각되고 있는 것에 대해 역설적인 표현을 던진다는 식의 어투를 쓰고 있다는 사실이다. 그리고 예레미아스 자신이 들고 있는 랍비 문헌 이전의 예도 그것을 증명하고 있다.

'당신(=하느님)의 자비가 당신의 나라에서 이스라엘에 오기를.'(《솔로몬의 시》 5장 18절. 후술하겠지만 '하느님의 나라'는 '하느님의 지배'로도 번역할 수 있기 때문에, 이 부분은 통상 '당신의 지배'로 번역된다)

'그때(=종말), 그(=하느님)의 나라(지배)는 모든 피조물 위에 나타날 것이다'(《모세의 승천》 10장 1절)

그리고 특히 이미 이 책의 서두에서 인용한 카디쉬의 기도에서 '그의(=하느님의) 나라가 지배하도록 해 주시고'라는 구절이 있는 점이 중요하다. 적어도 매주 시나고그 예배 때의 기도에 수도 없이 이 구절은 반복적으로 들어갔으므로, 그만큼 이미 당시의 민중 일반에게도 '하느님의 나라'는 중요한 종교 개념으로 잘 알려져 있었던 것이다.

예수 당시에 '하느님의 나라'에 대해 많이 사용된 표현 방식은 적어도 두 가지가 있었다. 하나는 기도할 때 또는 기원의 마음을 표현하는 말에서 하느님의 나라의 도래를 기대하는 것이다. '하느님의 나라가 나타날 것이다' 또는 그것과 유사한 어투가 많다. 앞서 인용한 세 대목이 거기에 해당한다. 예수가 활동한 시기보다 조금 전에 쓰인 것으로 생각되는 〈모세의 승천〉은 유대교 경건주의의 흐름에 속하는 문서로, 민족주의적인 종말론을 표현하고 있는데, 여기에서는 '하느님의 지배가 나타날' 때에는 '지극히 높으신 하느님이…… 이방인을 벌하고, 그들의 모든 우상을 쳐부수기 위해 당당하게 나타날 것이다'라고 했다. 그것은 단지 이방인의 정치적, 군사적 지배가 끝난다는 것만이 아니라 유대의 하느님이 전 세계를 지배한다, 즉 유대인의 종교 신앙이 전 세계에서 승리하고 이방인은 유대인의 종교 신앙을 받아들여 유대인을 섬기고, 그것을 받아들이지 않는 이방인은 모두 죽임을 당한다는 것이다. '그때 이스라엘이여, 그대는 행복해질 것이다'라는 이야기다. 민족주의적으로 너무나도 뻔뻔하고 괘씸한 원망顯望과 신화적 우주적 종말론이 조합되어 있다. 확실히 그것은 결코 유대 민족이 스스로 정치적 사회적 힘을 획득해서 그런 세계 질서를 만드는 것이 아니다. 하느님이 우주 크기의 규모로 틀림없이 모습을 나타내 이 세계의 질서를 뒤집을 것이라는, 어디까지나 하느님의 행위로서 대망待望되는 것이었다. 그때 평야는 솟아오르고 산은 평평해질 것이며, 태양은 빛을 잃고 별은 하늘에서 떨어진다. 여기에서 생각할 수 있는 하느님의 나라는 결코 이 세상과는 다른 별도의 장소에 있는 피안의 극락이 아니다. '하느님의 나라'라는 것은 '하느님'이라는 말을 입에 올리기를 피하려는 유대인의 어투에서 생겨난 표현에 지나지 않기 때문에 결코 하늘에 있는 낙원이라는 의미가 아니다. 하늘(하느님)의 힘이 지상에 직접 내려 와서 남김없이 지상을 뒤엎고 지상을 모두 지배한다. '종말론'이라고 흔히 이야기하지만, 그것은 이 세상에 종말이 온 뒤에는 아무것도 없게 된다는 것이 아니다. 천지창조 이래의 이 세계의 질서가 끝나고 완전히 새로운 세계가 시작된다는 것이다. 그런 장대한 규모의 신화적 종말론과 얄미울 정도로 뻔뻔한 민족주의적 원망顯望이 밀접하게 조합되어 있는 것이 그들의 하느님의 나라에 대한 대망待望이었다.

그 하느님의 지배가 실현되기를 바라는 원망을 모든 유대인들이 안식일마다 회당에 모여 한목소리로 소리 높여 와아와아 하고 몇 번이고 반복적으로 암송했다. 소리쳤다. 아마도 상당히 역겨운 풍경이었을 것이다.

따라서 또 하느님의 나라는 한편으로는 완전히 타율적인 것, 즉 인간이 만드는 것이 아니라 하느님이 스스로 정해 놓은 때에 스스로 모습을 나타냄으로써 실현되는 것인데, 또 한편으로는 유대인 중에서 그처럼 하느님의 나라를 대망하는 종교적으로 경건한 자들이야말로 하느님의 나라를 떠맡게 될 것으로 생각되었다. 여기에서 하느님의 나라에 관한 또 하나의 표현이 성립한다. '하느님의 나라를 떠맡는다' 또는 좀 더 자주 사용되는 표현으로 '하느님의 나라의 멍에를 짊어진다'는 어투다.

돼지고기를 먹지 않고, '더럽혀진' 것으로 간주된 여인과는 자지 않는다, 등등의 '청결' 규정을 엄밀히 지키는 자야말로 '죄를 버리고 하느님의 나라의 멍에를 짊어질 자로 여겨질 것이다.'(시프라Sifra 레위기 20장 26절. 시프라는 랍비들이 쓴 레위기 주해서)

또 상당히 나중의 문헌이지만, 탄후마라는 이름의 랍비의 말을 많이 담고 있어서 '탄후마'로 불리는 모세오경의 주해서가 있는데, 여기에서는 이방인으로 유대교로 개종한 자가 유대인이면서 불경한 자보다 하느님을 더 기쁘게 한다며, 그런 개종자는 '하느님의 나라를 떠맡는' 자로 불린다. 그에 반해 유대인이면서 율법을 지키려고 하지 않는 자는 '하늘의 멍에' 즉 하느님의 나라의 멍에를 자신의 목에서 벗겨버린 자로 일컬어졌다.

즉 '나라'라는 말은 동시에 '지배'라는 의미를 지닌다. 아니 그보다 하느님이 주로 지배하는 상태 및 그런 상태가 실현된 장소가 '하느님의 나라'인데, 그렇다면 '하느님의 지배의 멍에를 짊어진다'는 것은 유대교의 율법을 온전히 지키며 살아간다는 것이다. 쉐마의 신앙고백을 암송하는 것 자체가 '하느님의 나라의 멍에를 짊어지는' 행위라는 것이다.(베라코트 2장 2절) 베라코트라는 문서는 미슈나의 권두에 있는 문서로, 쉐마를 암송하는 것에 관한 여러 가지 규정을 기술하고 있는데, 이런 표현은 쉐마가 얼마나 중요시되고 있었는지를 보여준다. 매일 아침과 저녁 '들어라, 이스라엘이여…… 마음을 다하고, 목숨을 다하고, 생각을 다하고, 힘을 다해서 주이신 그대의 하느님을 사랑하고……'라고 외는 것이야말로 '하느님의 나라의 멍에를 짊어지는' 행위라는 것이다. 이 용어법은 아마도 예수 당시에까지 거슬러 올라갈 것이다. 이에 대해 몇 가지 걸작에 드는 이야기와 비극적인 이야기가 전해지고 있다.

결혼 초야만은 뭐라고 해도 신랑은 쉐마를 외는 의무에서 면제된다. 그런데 랍비 가말리엘 2세(기원후 90년 무렵)는 초야에까지 쉐마를 암송했다고 한다. 제자들이 당신의 가르침에 따르면 초야에는 면제되는 것 아닙니까, 하고 질문하자 '자네들이 말하는 대로 정말 한순간이라도 하느님의 나라의 멍에를 벗는 짓은 하고 싶지 않네'라고 대답했다고 한다.(베라코트 2장 5절)

또 하나는 유명한 이야기인데, 제2차 유대 독립전쟁 당시(기원후 125년) 그 사상적 주모자로 간주된 랍비 아키바가 고령의 나이에 체포되어 순교하는데, 그때 그는 쇠빗으로 몸을 도려내는 모진 고문 중에 태연하게 '하느님의 나라의 멍에를 짊어졌다'고 했다. 즉 그 고문을 견디면서 쉐마의 신앙고백을 계속 암송했다는 처절한 이야기다.(탈무드의 베라코트 61b) 나중에 아키바를 영웅시하기 위해 상당히 과장해서 전한 것이겠지만 쉐마의 신앙고백이 얼마나 중시되고 있었는지 잘 보여준다.

이렇게 보면, '하느님의 나라'는 결코 꿈같은 극락의 풍경화가 아니다. 유대교 신앙심의 강고하고 무시무시한 특성이 여기에서도 스며 나온다. 하느님의 지배가 온전히 실현될 때는 '죄인'으로 낙인찍힌 자들은 모두 공포 속에 근절된다. 그때가 오기 전이라도, 이미 지금 종교 신심의 엄격성을 제멋대로 추구하고 있는 자들은, 자신들만이 하느님의 나라의 멍에를 짊어지고 있다고 우쭐대고 있다. 심판과 저주의 소리가 늘 따라다닌다.

3. 하느님의 나라 – 세례자 요한의 극한

그 종교적 엄격성을 극한까지 밀고 간 것은 세례자 요한이었다. 이 남자는 바리사이파 정도의 신심으로는 도저히 참을 수 없다. 그것은 어지간히 정신화精神化되어 있어서 생활의 실질에는 그 영향이 미치지 않는다. 요한은 엄격성을 생활의 실질에까지 가 닿게 하려 했다. 그 길의 끝은 철저한 금욕이다. 황야에 나가 거기에서 '메뚜기와 들꿀'을 먹으며 살아가는 수도자의 생활로 일관하면서 사람들을 향해 회개하라고 외쳤다. 유대교 지배층에 대해서도 용서하지 않았다. '독사의 족속들아. 너희는 누가 가르쳐 주어서 닥쳐올 하느님의 분노의 심판을 피하려 하느냐. 피하고 싶다면 회개에 어울리는 열매를 맺는 것이 좋다. 그리고 우리 조상이 아브라함이라는 말은 할 생각도 하지 마라. 하느님은 이 돌들로도 아브라함의 자손을 일으킬 수 있다……'(마태오 3장 7절 이하)

이 요한이 사람들에게 호소한 말이 '회개하라, 하느님의 나라가 다가왔다'(마태오 3장 2절)는 것이었다. 실로 유대교의 사상을 극점에까지 밀어 붙였다. 하느님의 나라란 심판 그 자체다. '도끼가 이미 나무뿌리에 놓여 있다. 좋은 열매를 맺지 못하는 나무는 모조리 잘려 불속에 던져질 것이다.'(마태오 3장 10절) 그러니 바로 회개하는 게 좋다. 그가 실시한 '세례'는 그 회개를 상징하는 의례였다. 그것은 '죄의 용서에 이르는 회개의 세례'(마르코 1장 4절)다. 하느님이 심판을 위해 몸소 직접 모습을 나타낸 뒤에는 이미 늦다. 나 요한은 그저 먼저 온 사자에 지나지 않는다. 하느님이 직접 모습을 드러내면 그 위광 앞에 나는 허리 굽혀 하느님이 신고 있는 샌들 끈을 풀어드릴 자격조차 없다. 넙죽 엎드려 벌벌 떨고만 있을 것이다. 하느님은 키를 가지고 보리타작 마당의 보리를 치우는 농부와 같을 것이다. 보리는 모아서 창고에 넣지만 겨는 꺼지지 않는 불에 타서 없어질 것이다. 괜찮은가. 너희는 지금 회개하지 않으면 겨와 같이 불태워져 끝장이야.

하느님의 나라는 가까이 와 있다. 너희들, 회개하라. 무시무시할 거야……

이것은 실제로 무서운 외침이었음에 틀림없다. 이 무슨 하느님의 나라냐. 하지만 이렇게까지 철저히 당하면 일종의 상쾌함이 있다. 바리사이파의 경우 이러쿵저러쿵 해도 자신들만 으스대며, 자신들의 규율을 다른 사람들에게 강요하고, '깨끗한' 인간과 '더럽혀진' 인간을 구별한다. 사회의 구석진 곳에서 따돌림 당하고 억압받는 이들은 그렇게 되면 하느님의 나라 따위와는 전혀 인연이 없다. '저놈들은 하느님의 나라로 가는 문을 사람들 코앞에서 닫아 버리고는 들여보내려 하지 않는 놈들이다'라고 예수도 한 번 내뱉듯이 말한 적이 있다. 하지만 예수는 어쩐지 빈정대는 투로 한마디 더한다. '저놈들 자신이 들어가려 하지 않겠지만'이라고 덧붙였다.(마태오 23장 13절)

어쨌든 요한의 경우는 철저하다. 왕후군주王侯君主도 일반 서민도 그 사람 앞에서는 모두 마찬가지다. 으스대는 사제들도 랍비도 '더럽혀진 자' 취급당하는 우리도 그 사람 앞에 나가면 모두 똑같이 질책당한다. 모두 죄인이란다. 모두, 겨와 같이 모아져 불태워질 것이란다. 따라서 누구 한 사람, 하느님 앞에서 특권계급 따위 없다. 모두 예외 없이 회개해야 한다. 그렇다, 요한한테로 가서 세례를 받자…… 엄격한 종교 윤리를 철저하고 처절하게 밀어붙였더니 오히려 구원이 있다. 요한이 민중 사이에 인기가 있었던 이유다. 그러나 요한 자신은 어디까지나 고고孤高한 수도자였다. 그가 가는 곳은 봄의 푸른 풀도 모조리 시들고 나자빠지는 분위기가 있었다.

좀 옆길로 새지만, 요한은 '하느님의 나라가 가까이 왔다'고 외친 게 아니라는 것이 지금 학계 주류의 설이라는 것은 지적해 놓겠다. 그 이야기는 마태오에만 기록되어 있다는 것이 그 이유다. 그것에 대해 똑같은 이야기를 예수가 했다는 것이 마르코에 기록되어 있다. 예수가 한 말을 복음서 기자 마태오가 세례자 요한이 한 것으로 만들어 버렸다는 것이다. 과연 그럴까. 이 주류의 설은 예수 사상의 근본이 '하느님의 나라'였다는 것을 무조건 전제로 삼아 버렸다. 그것은 예수의 독창이다, 따라서 그런 것을 요한이 예수보다 먼저 말했을 리가 없다……그러나 그 전제가 들어맞지 않는다는 것은 이미 이야기했다. 오히려 당시 회자되던 하느님의 나라 사상을 비판적으로 뒤엎어 버린 데에 예수의 특색이 있었다.(뒤에 다시 서술) 세례자 요한이 하느님의 나라의 선교자로 등장해 목청을 높여 하느님의 나라에 토대를 둔 회개를 호소했다면 예수의 이 사상적 특색은 설명이 된다. 예수도 한 번 세례자 요한에게 투신해 세례를 받았다. 그러나 얼마 지나지 않아 요한의 윤리적 엄격주의, 무시무시한 금욕주의와는 180도 다른 방향으로 걸어간다. 180도 다른 방향에서 극한까지 밀어 붙이면 신기하게도 공명하기 시작한다. 예수의 제자들 중에는 예전에 요한의 제자였던 자들이 많았다. 예수의 이야기를 감격하며 들었던 많은 청중은 예전에 요한의 이야기에 전율하며 감격한 사람들이었다. 예수는 말했다. '하느님의 나라? 그건 그렇게 무서운 것이 아닙니다. 보세요, 여러분 가운데에 있어요. 하느님의 나라라는 건 그런 것이 아닙니까.'(루카 17장 21절 참조)

따라서 '하느님의 나라가 다가왔다'는 말을 요한이 하지 않았다고 단정해야 할 이유는 없을 것이다. 예수가 한 말을 복음서 기자 마태오가 의도적으로 요한이 한 것으로 바꿨을 것이다, 라는 것은 기묘한 설명이다. 그것이 정말로 예수의 독창이라면 마태오가 굳이 그것을 예수 이전부터 이미 요한이 주장하고 있었던 것이라고 할 이유가 없다. 그런데 예컨대 아라이 사사구는 이 점에서 이치에 맞지도 않는 이치를 들어, 그것은 마태오의 작업이라고 단정한다. 그 판단의 이유는 그것이 마태오 자신의 해석이기 때문이란다. 그리고 그 이유로부터 도출되는 결론은 그것이 요한이 실제로 한 말이 아니라 마태오 자신의 해석이라는 것이다. '너, 도둑질을 했을 거야' '뭐라고, 왜?' '네가 도둑질을 한 것으로 되어 있으니까, 도둑질을 한 거야.' 오히려 거꾸로 이는 마태오로 한정되지 않고, 원시 그리스도교 전반이 예수의 머리를 뛰어넘어 세례자 요한의 발언이나 방식을 자신의 종교 의례나 종교 사상으로 받아들였다. 세례라는 것 자체를 예수는 사람들에게 베풀 의도가 털끝만큼도 없었으나 원시 그리스도 교단은 요한의 세례를 계승해서 자신의 종교 의례의 중심에 앉혔다. 또 '회개'와 거기에 따르는 '죄의 용서'라는 것을, 통상 너무나도 그리스도교적인 것으로 여겨지고 있는 종교 행위와 종교 이념으로 삼았지만, 그것은 세례자 요한의 종교 행위의 중심에 앉혀져 있었던 것으로, 예수 자신은 그 어떤 말도 거의 전혀 하지 않았다. 가장 오래된 복음서인 마르코에서 '회개'라는 말은 후술하게 될 1장 15절을 별개로 하면, 세례자 요한(마르코 1장 4절)과 예수의 제자들의 활동(6장 12절)을 표현하는 경우에만 사용되고 있다는 것은 상징적이다. 그에 비해 루카는 '부활한' 예수가 제자들에게 세례자 요한과 실로 똑같은 것을 선교하라고 명하는 장면을 작문했다. '그리스도의 이름으로 모든 민족에게 죄를 용서받는 회개가 널리 알려져야 한다.'(루카 24장 47절) 그리스도교의 설교를 판에 박힌 듯 '회개'의 호소로 규격화해서 그리스도교로 개종하는 것을 '회개'라 칭하게 된 것은 복음서 기자 루카의 영향이 크지만, 그 경향은 이미 극히 초기의 교회에서도 발견된다.(마태오 11장 20절 이하, 12장 41절. 모두 Q자료) 세례자 요한의 설교 틀이 그리스도교화되고 원시교단에 의해 계승된 것이다.

4. '죄의 용서'를 빌고 싶다면……

'죄의 용서'라고 해 봤자, 예수는 두세 군데의 예외를 별개로 하면, 애초에 '죄'라는 말 자체를 입에 올리지 않았다. 하지만 예수도 시대의 아들인지라 하느님에게 죄의 용서를 비는 정도의 일은 했을 것이다. 그 시대의 유대교의 기도에는 죄를 용서해 달라는 구절이 암송되는 경우가 많았다.

'우리 아버지, 당신에게 죄를 범한 우리를 용서하소서. 당신의 눈앞에서 우리의 잘못을 지워주소서. 당신의 자애는 큽니다. 많은 용서를 해 주시는 당신은 찬양받아 마땅합니다.' ('18기도'의 제6기도)

'18기도'는 그 이름과 같이 18항목으로 된 장대한 기도로,

시나고그의 집회에서 암송되었다. 쉐마는 기도라기보다 신앙고백이고, 카디쉬 쪽은 작은 기도로, 다양한 경우에 짧게 덧붙여서 기도를 한 것이지만, '18기도'는 장대하고 공식적인 유대교의 기도다. 엄청 딱딱한 민족주의 정신을 표방하고 있는 점으로도 유명한데, 또한 정통주의 의식에 집착하고 있는 모습도 무서울 정도다. '배교자에게는 어떤 희망도 없기를.'(제12) 이 제12기도문에 그리스도교가 출현한 이후 또 한 구절이 덧붙여졌다. '나사렛 사람(＝그리스도교도)과 이단들의 무리는 한순간에 멸망하기를.' 그것은 어쨌든 유대인들은 이 제6의 기도에서 보이는 것과 같은 방식으로 다른 기회에도 기도를 할 때는 종종 죄의 용서를 하느님에게 빌었다. 따라서 예수도 또한 당신은 어떻게 기도하는가 하는 질문을 받았을 때 카디쉬의 짧은 기도를 더 요약해서 '매일 빵을 주소서'라고 한 뒤에 '우리에게 빚 진 자를 우리가 용서하듯이, 우리가 진 빚도 용서해 주소서'(마태오 6장 12절)라고 덧붙였다. 하느님에게 기도하는 것은 죄의 용서를 기도하는 것이라는 유대교 기도의 정신을 예수도 또한 일탈하지 않았다.

그러나 여기에서도 예수의 특색 있는 개성이 발휘되어 있다. '죄'라고 하지 않고 '빚'이라고 한 것이 그렇다. 하지만 당시 아람어의 종교적인 어법에서는 '빚'이라는 말은 '죄'를 의미했으므로 이것을 그리스어로 '죄'라고 번역했다고 해서 틀린 것은 아니다.(루카 11장 4절) 하지만 특히 이 말을 택해서 사용한 점에 예수의 특색이 확실히 드러난다. 이 말은 원래 정신적인 의미의 말이 아니라 '빚진 돈' '빚진 재물'을 의미한다. 즉 예수는 '죄'를 하느님에 대한 '빚'으로 생각했다. 예수가 인간과 하느님의 관계를 주로 이처럼 생각하고 있었다는 것은 이미 살펴본 많은 비유들에 잘 드러나 있다. 모든 인간들이 똑같이 하느님에게 재물을 빚지고 있다. 이 세상에 흘러넘치는 좋은 것, 자연계의 풍요는 말하자면 인간이 하느님에게 지고 있는 빚인 것이다. 또는 만일 누군가가 다른 사람보다 훨씬 부유하거나, 다른 사람을 지배하는 권력을 갖고 있다면 그것은 더욱더 하느님한테 진 빚인 것이다. 그 빚을 하느님에게 되갚는 건 불가능한 일이다. 하느님이 우리의 빚을 없애 주시고 아낌없이 그 은총을 계속 베풀어 주시니까 우리가 살아갈 수 있다…… 여기에는 예수의 신 관념의 한 특색인 낙천적이고 어린아이가 가지는 신뢰감과 통하는 것이 있다. 따라서 여기에서는 뭔가 매우 종교적으로 정신화하거나 윤리적인 관념을 내세우는 데서 생기는 음습한 '죄'의 관념이 생각나는 게 아니라, 물질적 생활도 크게 감싼 하느님에 대한 의존 감각이 작동하고 있다.

이처럼 어떤 의미에서 소박하게 생각하기 때문에 하느님에 대한 기도의 자세를, 바로 인간 상호간의 현실 관계로도 옮겨 가서 주장한다. 우리의 풍요가 모두 하느님에게 진 '빚'이라고 한다면, 인간들끼리 서로 빌려줬다느니 빌렸다느니 하며 으르렁거릴 일은 없다. 그런 말들을 하니까 강한 자가 약한 자를, 부유한 자가 가난한 자를 더욱 더 착취하려고 한다…… 이것도 이미 많은 비유에서 봐 온 대로다. 따라서 예수는 하느님에게 '우리의 빚을 눈감아 주세요' 하고 기도하려면, 먼저 우리 자신, 우리한테서 빌려 간 것이 있는 자의 '빚'을 탕감해 주는 것이 당연하다고 주장한다. 하지만 이 점에서도 예수가 반드시 독창적인 것은 아니다. 하느님에게 죄를 용서해 달라고 기도하려면, 자신도 이웃에게 죄를 용서해 줘야 한다는 생각은 유대교의 여러 문헌들에서 많이 발견된다. 다만 예수는 그 점에서 특히 철저했다. '죄의 용서'라는 것을 예수가 이야기한 것은 극히 드문 경우밖에 없지만, 그러나 그 모든 경우에 도장을 찍은 듯 같은 사상으로 일관한다.

> 서서 기도할 때에는 언제나, 누군가 다른 사람에게 뭔가 불평하지 않을 수 없는 일이 있다면, 그것을 용서해 주는 것이 좋다. 그렇게 하면 하늘에 계신 너희의 아버지도 또한 너희의 잘못을 용서해 주실 것이다.
>
> (마르코 11장 25절)

예수가 기도에 대해 생각할 때도 그 눈은 기도 자체보다도 기도의 바깥으로 즉각 향한다. 애초에 하느님에게 기도한다는 게 있을 수 있는 일이라면, 그런 두드러지게 표 나는 행위를 하기 이전에 먼저 자신이 현실에서 살고 있는 인간관계 속에서 그 두드러지게 표 나는 일을 할 수 있게 해주는 관계를 만들어야 할 것이다. 어쩌면 예수가 이야기한 것은, 기도하고 싶다면 먼저 기도하기 전에 자신이 사는 현실의 인간관계부터 정리하라는 것뿐이었을지도 모른다. 그것이 전승되는 과정에서 예수 자신의 기도 말로 바뀌어, '우리에게 빚이 있는 자를 우리가 용서하는 것처럼, 우리의 빚도 용서해 주소서'라고 기도한 것처럼 가르쳤다라는 것으로 변했는지도 모른다.

어쨌거나 그런 예수였으므로 인간의 수많은 행위를 철저히 조사해서 어느 것이 죄가 되는지를 정해서 단죄하거나, 애초에 인간 존재 자체가 죄가 되는 존재로 간주한다는 발상과는 거리가 상당히 멀었을 것이다. 이 사람의 낙천적 태도는 그런 음습한 사상과는 인연이 없다.

단 한 번 예수가 타인을 향해 죄의 용서를 선언한 적이 있다. 카파르나움에서 아마도 베드로나 누군가의 집에 있을 때의 일이다. 예수가 병자를 치유한다는 소문이 이미 퍼져 있었다. 그런 소문이 퍼져 나가기 시작한 초기에는 사람들이 열광적으로 반응하는 법이다. 실제로 온갖 수단을 다 동원해도 고칠 수 없는 병자가 있으면 병자 자신도 주변 사람들도 그런 소문에 민감해진다. 중풍 환자가 있었다. '중풍 환자'로 번역되어 있으나 실제로 어떤 질병이었는지 알 수가 없다. 어쨌든 손발의 신경이 마비되어 일어날 수도 없다는 증상이었다.

사람은 타인의 불행에 대해 많은 경우 잔혹한 존재다. 인간 해방이라는 말을 할 수 있으려면 누구에게 강제당하지 않고 각자가 자신 속에 있는 일종의 잔혹성을 극복하지 않으면 안 되는데, 그건 그렇다 치고 아직 1세기 무렵의 이야기이기에 그 잔혹성도 노골적으로 표현된다. 이유가 분명하지 않은 만성병으로 고통받고 있는 병자가 있으면, 저 녀석은 뭔가 나쁜 짓을 한 결과로 병에 걸린 거야, 라는 식으로 그 병자를 더 나쁘게 헐뜯는 자가 나오는 법이다. 종종 제대로 조사해 보지도 않은 그리스도교 신학자들은 이 이야기만을 실마리로 삼아 당시의 유대교 신학이 질병을 죄의 결과로 간주했다는 둥 잘 안다는 듯이 주석을 붙이지만, 그게 아니다. 확실히 랍비의 말에도 그런 견해는 아주 없는 것은 아니고, 복음서에도 요한 9장 2절에 그런 견해가 언급되어 있다. 그러나 그런 것들은 극히 드문 예이고, 일반적으로 유대교에서 질병의 원인이 죄라고 생각했다는 건 사실이 아니다. 오히려 질병과 죄를 결부시키지 않는 쪽이 보통이었다. 때로는 고치기 어려운 난치병 등에 대해, 또는 그 병자가 평소에 어떤 의미에서 시샘을 당하거나 미움을 받고 있었거나, 어찌됐든 남 험담하기를 좋아하는 이웃이나 간병하다 지친 집안사람이, 저 사람은 뭔가 죄를 지은 탓에 병에 걸렸을 거야, 라고 말했다고 하는 정도의 일일 것이다. 그렇다면 이는 유대교의 특색도 뭣도 아니고 온 세상 어디에서든, 어느 시대든 발견되는, 타인의 불행을 잔혹하게 단죄하려는 인간 심리의 추악한 작동이다.

그렇지만 1세기의 인간이라면 그런 억측에도 쉽게 마음이 움직였을 것이다. 주변 사람들이 저것은 죄지은 탓이야, 라는 말을 퍼뜨리고 있는 사정이 귀에 들어오면 정말로 그런 것인가 하고 자신도 믿게 될 것이다. 좀처럼 낫지 않는 질병으로 고통받는 것만으로도 정신적인 부담이 큰데, 주변에서 그런 잔혹한 험담을 속닥거리면 자신도 자신에게 의심암귀疑心暗鬼가 된다. 내가 도대체 무슨 죄를 지었지. 혹시 그건가, 아니 이건가 하고 고민한다. 아마도 그것인가 생각하더라도, 그러면 어떻게 그 죄를 용서받을 수 있을까. 사제에게 부탁해서 그 죄를 용서받기 위한 공물을 바쳐 보기도 했으나 조금도 병이 낫지 않는다. 그렇다면 다른 죄가 있는 건가…… 원래 신경 계통의 질병이었다면 이처럼 끙끙대며 고민하는 것이 가장 병에 나쁜 법이다. 그리하여 타인의 무책임하고 잔혹한 소문이 그 사람의 병을 악화시킨다. 그때 예수라는 사나이가 어떤 난치병이라도 고치는 기적적인 힘을 갖고 있다는 소문을 집안사람이 듣고 왔다. 가 보자, 해서 병자는 침상에 누운 채 네 명이 짊어지고 서 왔다.

병자를 치유하기 위해 예수가 죄의 용서를 이야기한 것은 이때뿐이다. 왜냐하면 이 남자가 죄를 지었기 때문에 불치병에 걸렸다는 소문이 나고, 본인도 그 때문에 고민하고 있었다는 걸 알고 있었기 때문에, 그런 사정에 맞춰 예수는 이번에는 굳이 허세를 부려 단언했을 것이다.

'너의 죄는 용서받았다. 용서받았으니, 이제 일어나 걸어가도 된다.'(마르코 2장 5, 11절)

그렇게 선언을 받고 병자는 가슴에 막혀 있던 안개가 걷히면서 마치 나은 듯한 기분이 된 것인지, 원래 신경증이었기 때문에 예수의 그 강렬한 선언에 쿵하고 강한 충격을 느껴 어떻게 그 자리에서는 일어날 수 있었던 것인지, 그래서 정말로 나아 버린 것인지, 이래저래 생각해 봤자 어차피 소용없는 일이다. 여하튼 이런 기적 이야기는 심하게 전설화된 형태로만 전해진다. 이 병자는 일어나서 자신이 스스로 침상을 짊어지고 돌아갔다는 것이 전설의 줄거리다. 그러나 그것이 전설이라고 해서 완전히 만들어낸 이야기라고 단정해서도 안 된다. 어쨌든 예수 자신도 주변 사람들도 그런 기적을 믿고 열광하는 정신적 풍토 속에서 살았다. 사실로서 무슨 일이 일어났든 예수가 그런 일을 했다고 사람들이 믿었던 것은 확실하고, 예수 자신도 자신이 기적적인 치유의 엄청난 능력이 있다고 믿고 있으므로, 적어도 이 경우, '너의 죄는 용서받았다' 정도의 말은 주저 없이 했을 것이다.

이것을 주저 없이 말하는 것은 실은 당시의 유대교의 사상 환경 속에서는 대단히 과감한 행위였다. '이건 심한데. 이건 모독이야. 하느님 외에 죄를 용서할 수 있는 자는 없어'라고 율법학자라면 생각했을 것이다. 실제로 마르코는 마침 그곳에 율법학자도 있었다며, 율법학자가 마음속으로 그렇게 생각하고 있는 것을 예수가 꿰뚫어 보고 곧바로 반박했다는 식으로 이야기를 만들었다. 그 자리에 정말로 율법학자가 때맞게 있어서 그렇게 생각했는지, 아니면 누군가 마침 그 자리에 있던 사람이 율법학자가 들었다면 이렇게 말하며 불평했을 것이라고 한 것인지, 일부러 누군가가 나중에 율법학자에게 보고한 것인지, 또는 율법학자가 나중에 소문을 듣고 이건 심하다고 한 것인지, 아니면 원래 실제 이야기가 아닌데 만일 율법학자가 마침 그 자리에 있었다면 이렇게 생각했을 것이라고 마르코가 상상해서 이야기를 만들었는지 등 이런 것들은 아무래도 상관없다. 분명한 것은 율법학자는 물론이고 당시의 진지한 유대교도라면 예수가 이처럼 태연하게 죄의 용서를 선언하는 것을 들었다면, 이건 심한 모독 행위라고 생각했으리라는 점이다. 그것을 감히 단언했으니 엄청난 기백이 어려 있었을 것이고, 그 기백이 병자에게 전달되지 말라는 법이 없었을 것이다. 그리고 고대인으로 그만한 것을 단정할 수 있었다면 예수는 역시 자신이 그냥 보통의 인간이 아니라 독자적인 권위를 지닌 남다른 재능을 지닌 존재라고 확신하고 있었을 것이다.

그러나 이 말에는 예수의 '죄'의 문제에 대한 관심과 자세가 확실히 드러나 있다. 만일 예수가 '죄의 용서' 자체를 중요시했거나, 아니면 자신이 죄를 용서할 정도의 권위를 갖고 있다는 것을 사람들에게 과시하고 싶었다면 이후 기회가 있을 때마다, 병자를 치료하려고 할 때마다 너의 죄는 용서받았다고 선언하며 다녔을 것이다. 그러나 예수에게 그런 것은 아무래도 좋았다. 자신에게 죄를 용서할 권위가 있다는 것을 증명하기 위해 일일이 사람에게 죄인이 되어 달라고 할 필요는 없다. 그 병자의 경우는 죄 때문에 병에 걸린 것이라고 사람들이 떠들어댔기 때문에 병 치료를 위해서는 '죄의 용서'가 심리적으로 필요했다는 사정이 있었기 때문에 예수는 굳이 죄의 용서를 선언했을 것이다. 뭐라고? 이 사람은 자신이 지은 죄 때문에 이런 병에 걸렸다는 말을 듣고 있다고? 그렇다면 내가 말해 주지. 이 사람의 죄는 용서받았다! 이런 경우 예수의 관심은 죄라든가 죄의 용서라든가 하는 것보다, 고통받고 있는 병자에게 재차 타격을 주듯이 잔혹하게 너는 죄인이야, 라며 떠들어대는 무리에게 분노로 맞서는 일이었을 것이다.

따라서 예수가 죄에 대해서 발언한 얼마 되지 않는 말들 중의 또 다른 하나는 더 확실하게 단언한다.

'인간은 어떤 죄라도 다 용서받을 수 있다.'(마르코 3장 28절)

이것은 명쾌하다. 설명이 필요 없다. 복잡한 율법 체계가 있고, 거기에 따라 작은 죄나 큰 죄나 다양하게 규정되어 있고, 어떤 죄를 용서받으려면 어떻게 하는 게 좋은지, 용서받을 수 없는 무거운 죄도 있고…… 됐어, 적당히 좀 해. 인간은 어떤 죄든 다 용서받을 수 있다!(이 전승을 전한 그리스도 교단은 이 말의 명쾌함에 멈칫하며, '그러나 성령을 모독하는 것은 용서받을 수 없다'라고 덧붙여 버렸다.)

앞의 중풍 환자 이야기든, 이 명쾌한 선언이든, 딱히 죄를 용서받기 위해 회개해야 한다거나, 회개에 어울리는 열매를 맺으라거나, 세례를 받으라거나, 그런 이야기는 일절 하지 않았다. 여기에 세례자 요한과 예수의 결정적인 차이가 있다. 그리고 더 중요한 것은 예수는 이것 외에는(그리고 제1장 '의인과 죄인'에 대해) '죄'에 대해 일절 발언하지 않았다는 점이다. 예수의 관심이 종교가의 얼굴을 하고 후안무치하게 타인을 죄인 취급하는 무리에 대한 분노였다면, 애초에 '죄의 용서'를 자신의 기본 과제로 삼을 필요도 없었을 것이다. 그런 무리가 타인의 행위를 여기저기서 들추어내고 죄, 죄, 라고 떠들어대기 때문에 죄에 대해서 문제 삼지 않으면 안 된다는 심정이었을 것이다. 따라서 그런 무리가 도발을 해올 때는 그런 '죄'는 용서받을 테니 걱정하지 말라고 외쳤겠지만, 그 외에 '죄'라는 종교 개념을 예수가 입에 올린 적이 우선 없었던 것은 당연한 일이다.

5. 예수와 세례자 요한

이처럼 사상의 기본적인 체질에 관련된 것에서조차 원시 그리스도 교단은 예수 사상의 질보다 오히려 '죄의 용서에 이르는 회개의 세례'라는 세계자 요한의 호소를 계승하고, 그것이 마치 예수 자신의 사상의 질이기도 한 것처럼 예수상에 밀착시켜서 묘사하려고 했기 때문에(마태오 1장 21절, 26장 28절, 루카 7장 47절 이하 외 다수), 더구나 '회개하라, 하느님의 나라가 다가왔다'는 세례자 요한의 호소를 교단의 전승자들이 예수가 한 것으로 바꿔 놓았다고 해도 이상할 게 없다. 역逆의 가능성(요한은 그런 말을 하지 않았는데, 예수가 한 말을 요한이 한 것으로 바꿨다)은 우선 있을 수 없다.

마르코 복음서 저자는 예수가 그런 활동을 시작한 초기의 선언으로 '회개하라, 하느님의 나라가 다가왔다'라고 했다고 전한다.(마르코 1장 15절) 오늘날 많은 학자들은 일치해서 이것이 예수 자신의 말이 아니라 예수가 가져온 사상을 원시 그리스도 교단이 한마디로 정리하려고 한 데서 만들어진 표현으로 간주한다. 그 결론은 옳아 보인다. 다만 이 학자들이 가르치고 있듯이 예수는 그런 말을 하지 않았다고 해도 예수의 근본 사상을 정리하면 그렇게 된다고 하는 주장은 옳지 않다. 세례자 요한의 사상을 원시 그리스도 교단이 계승하고 그것을 예수가 한 말로 바꿔 버렸을 뿐이다.

하느님의 나라 이야기로 돌아가기 전에, 예수와 요한의 비교를 좀 더 계속해 보겠다.

원시 그리스도교의 전승자들은 이처럼 세례자 요한을 예수 쪽으로 끌어들여 요한을 예수의 선구자로 묘사하려 했기 때문에, 요한이 자신은 하느님이 직접 모습을 나타내기 전에 파견된 예언자라고 한 말을 그리스도가 오기 전에 파견된 선구자라는 의미로 바꿔 읽었다. 요한은 자신보다 뒤에 '힘 있는 자'가 나타날 것이며, 그 사람의 신발 끈을 푸는 것조차 자신은 할 수 없고, 그 앞에서 벌벌 떨 것이라고 했다. 이것은 실은 하느님의 직접적인 현현에 대해 이야기한 것이지만, 그것을 그리스도 교단은 '힘 있는 자'란 그리스도를 말한다고 해석해 버린 것이다. 그렇게 되면 요한은 그리스도 내림來臨의 선구자에 지나지 않는다고 자리매김할 수 있다. 이런 방침으로 요한상像을 색칠하고, 또 한편으로는 거꾸로 요한 또는 요한 교단의 말이나 노래 등을 그리스도교화해서 채용해 버렸기 때문에(적어도 루카 1장 68절 이하의 '즈카르야의 찬가', 요한 1장 1절 이하의 '로고스 찬가'의 대부분은 요한 교단에까지 거슬러 올라가는 것으로 보인다. 아마도 루카 1장 46절 이하의 이른바 '마리아의 찬가'도 그럴 것이다), 복음서의 전승 자료를 이용해 요한상을 묘사하는 데에는 신중할 필요가 있다.

예수는 요한과는 180도 반대 방향으로 극한까지 밀어붙인 결과 오히려 요한과 통하는 바가 있었다고 말했지만, 실제로 예수가 요한을 높이 평가한 것은 확실하다. '여인에게서 태어난 자 중에서 요한보다 위대한 자는 없다'(루카 7장 28절 = 마태오 11장 11절, Q자료)고 치켜세웠고, 또 바리사이파나 율법학자에 대해 '(이스라엘의) 전 국민이, 세리조차도 요한으로부터 세례를 받으며 하느님의 뜻을 받아들였는데, 바리사이파 사람들과 율법학자들은 요한의 세례를 받지 않고 하느님의 의지를 무시했다'고 단정한다.(루카 7장 29-30절 = 마태오 21장 32절, Q자료)

애초에 예수 자신이 요한으로부터 세례를 받았다는 것이 예수가 요한을 높이 평가한 증거다. 하지만 이것은 예수가 아직 자신의 사상과 활동 방향을 확실히 정하기 전에 사람들의 흐름 속에 몸을 맡기고 세례를 받으러 갔다는 이야기일 것이기 때문에, 그 뒤에 저 활동을 시작한 지점에서 돌이켜보면 예수의 요한 평가는 조금 미묘한 의미를 내포할 수밖에 없으나 세례를 받은 시점에는 요한에게 대폭 찬동하고 있었던 것으로 생각된다. 그러나 또한 예수가 요한의 제자 집단 속에 머무르지 않고 독자적인 활동을 전개하기에 이르렀다는 사실 자체가 예수와 요한의 기본적인 방향 차이를 보여주고 있다. 요한에게 찬동하면서도 함께하기에는 거리감이 너무 컸다는 이야기가 아닐까. 대부분 체질상의 차이라고 해도 좋을지 모르겠다.

요한 복음서(이 요한과 세례자 요한은 이름이 같을 뿐 전혀 다른 인물)에는 예수의 활동과 세례자 요한의 활동이 한때 길항 관계에 있었다는 사정이 암시되어 있는데(3장 22절 이하, 4장 1절 이하), 이것은 사실일 것이다. 또 단식 문제와 관련해 세례자 요한의 제자들은 단식을 실천하고 있는데, 왜 예수의 동료들은 단식을 종교 실천으로 삼지 않는가 하고 예수에게 질문하는 사람이 있었다고 한다.(마르코 2장 18절) 이것은 실제로 예수에게 한 질문인지, 그렇지 않으면 예수의 활동 모습을 둘러싸고 예수의 제자들 또는 주변 사람들이 요한 교단과 비교하면서, 그들 사이에 논의를 했다는 것인지 모르겠으나, 어쨌든 단식을 하고, 하지 않고로 예수와 요한의 특색이 확실히 다르다는 것을 사람들이 알고 있었다는 증거다. 물론 예수 자신도 당연히 요한의 금욕적인 삶의 태도는 강하게 의식하지 않을 수 없었을 것이므로, 왠지 모르게 무자각적으로 단식을 실천하지 않은 게 아니라, 거기에서 요한 집단과의 체질 차이를 확실히 의식하고 있었을 것이다. 아니, 너무나도 확실했을 정도다. 예수는 그 질문에 이렇게 대답했다고 한다.

'신랑이 함께 있는데 단식을 하는 혼례객이 있을까.'(마르코 2장 19절)

아무래도 이 사나이, 다른 사람 집에 초청받아 마시고 먹으며 와자지껄 즐기는 걸 엄청 좋아한 모양이다. 그런 장면은 복음서에서도 때때로 언급된다. 예수로서는 아무래도 벌레라도 씹은 것 같아서 무슨 요일과 무슨 요일에는 단식을 하고 어쩌고 하는 것은 할 수 없었을 것이고, 하물며 들판에 나가 메뚜기와 들꿀로 금욕적으로 꿋꿋하게 살아가는 요한 같은 사람은 존경은 하지만 자신의 삶의 방식으로 택하지는 않았을 것이다.

요한이 와서 먹고 마시지도 않자 사람들은 악령에 홀린 것이라고 한다. 그런데 사람의 아들이 와서 먹고 마시고 하자, 저것은 걸신들린 술꾼이다, 세리나 죄인들과 한패다, 라고 한다.

(마태오 11장 18-19절 = 루카 7장 33-34절, Q자료)

이것은 세간의 도덕이나 종교 질서의 추잡함을 보기 좋게 꿰뚫고 있다. 종교 의례로 정해진 단식을 다른 사람에게도 강제하고, 거기에 표현되어 있는 금욕의 정신을 남 못지않게 설교도 하는 마을의 유지나 아는 체하는 '선량'한 사람들은, 그 금욕의 정신을 철저하게 추구하는 요한과 같은 인물이 출현하자, 그 준엄함 앞에서 맞대 놓고 욕을 하지는 못하고 뒤돌아서서, 저런 상궤를 벗어난 무서운 놈은 악령이 든 게 틀림없어 라는 둥 술 마신 기운에 점점 더 심한 말을 한다. 그런데 단식이 어떻다느니, 하느님을 섬기려면 조신해야 한다느니, 금욕이 어떻다느니 하는 이야기는 전부 걷어차 버리고 즐겁고 느긋하게 마시고 떠드는 예수라는 인간이 출현하자, 자신들의 질서를 해쳤다며 정색을 하고 대들며, 저 작자는 타락했다, 예의도 모른다고 욕을 한다. 매번 낯익은 풍경이다.

여기에는 예수와 요한이 180도 다른 방향이면서, 그것을 끝까지 밀고 나가면 일치하게 되는 사정이 잘 표현되어 있다. 분명히 읍이나 마을의 경건한 체하는 유지들은, 예수처럼, 일할 때는 몹시 일을 잘 할지도 모르겠지만, 사람들이 경건한 얼굴을 하고서 기도하는 시각에, 즐거운 듯 거나하게 취한 쾌활한 목소리로 떠드는 소리를 들었을 때 한두 마디 욕이라도 하고 싶었을 것이다. 또 예수도 그런 말을 들으면 자세를 바로잡고, 너희가 그렇게 경건한 체하고 싶다면 세례자 요한처럼 철저하게 해 보는 게 어때, 라며 받아쳤을 것이다.

이것이 마셨느니 마시지 않았느니 하는 동안에는 아직 애교로 봐줄 수 있다. 예수의 활동 자체가 트집을 잡히게 되면 일촉즉발의 험악한 긴장이 조성된다.

예루살렘 신전을 통한 종교 지배 구조를 대표하는 시의회(산헤드린)의 사람들이 예수가 예루살렘에 와 있을 때 붙잡아서 '당신은 도대체 무슨 권위가 있기에 그런 일을 하는가'라고 힐문했다. 이 또한 흔히 있는 광경이다. 알맹이가 없는 주제에 권력을 등에 업고 으스대는 자들은 자신들이 하는 우둔하고 종잡을 수 없는 엉터리 짓은 모두 당연하다고 생각하면서, 타인이 조금이라도 그들의 속이 텅 빈 권위의 발등에 불이 떨어지는 듯한 지점까지 날카롭게 정의를 주장하면 묘하게 격분해서, 당신, 당신, 누구의 허락을 받고 그따위 짓을 하고 있는 거야, 라며 참견하고 싶어 한다. 이 경우 정말로 산헤드린 사람들이 예수가 하는 일에 참견을 하고 나섰는지 —그랬다면 사태는 상당히 긴박했다. 유대 사회의 최고 권력이 직접 참견하고 나섰다면, 이미 정색하고 예수를 탄압하려는 움직임이 시작된 셈이다— 그렇지 않으면 산헤드린의 누군가의 의향을 받은 하수인이 권력을 등에 업고 예수에게 참견하려고 한 데에 지나지 않는 것인지, 그건 알 수 없다. 어쨌든 그 무렵의 예수가 대답하는 품은 도드라졌다.

'아니, 저, 나는 이러이러하고 저러저러한 이유로……'라는 식으로 대답하기 시작했다면, 이미 상대의 권위를 승인해 버리는 셈이 된다. 그들 입장에서는 어떻게 대답을 하든 자신들의 질문에 대답하게 만든다는 행위 자체가 자신들의 권위를 승인하게 만드는 것이기 때문에, 어쨌든 권세 등등하게 상대가 대답을 할 수밖에 없도록 분위기를 만들어 버리면 이미 성공한 것이나 다름없다. 상대가 가능한 한 '권위' 아래에 서 있는 것을 입증할 수 있다면 용서도 해 줄 것이고, 그렇지 않다면 위압해서 입을 다물게 할 뿐이다. 이런 권세 등등한 질문에 대해서는 예수는 애초에 대답하기를 거부한다.

당연한 일을 하고 있는 데 지나지 않을 때, 또는 당연한 정의를 주장하고 있는 데 지나지 않을 때, 일일이 그것을 기성 권위에 의해 보증받을 필요는 없다. 오히려 많은 경우 기성 권위는 인간의 당연한 행위를 탄압하고, 당연한 정의의 주장을 압박한다. 진짜로 어느 쪽에 물을 권리가 있는가. 당연한 일을 하고 있는 사람이 그것을 억압하려는 자에 대해, 당신 무슨 짓을 하고 있는 거야, 라고 묻는 것이 실질에 부합하는 질문일 것이다. 예수는 이런 식으로 문답의 형태를 전도시킨다. 모든 권력에 대한 투쟁은 이에 대한 자각 없이는 관철될 수 없다. 따라서 예수는 거꾸로 그들에게 질문을 던진다. '요한의 세례 활동은 하늘에서 받은 것인가, 사람에게서인가?'(마르코 11장 30절) 요한의 세례 활동은 하느님의 권위에 토대를 두고 있는 것인지 그렇지 않은지, 먼저 너희가 대답해 봐.

세례자 요한의 활동이 이상과 같은 것이었다고 보면, 그것은 유대교 경건주의를 끝까지 밀어붙인 극치라고 해도 좋다. 그렇다면 근원을 살필 경우 바리사이파와 같은 뿌리다. 산헤드린은 전통적으로는 귀족층의 이해를 대표하는 사두가이파가 강했으나, 이미 기원전 1세기부터 바리사이파의 세력도 많이 산헤드린에 침투해 있었으므로, 이 경우도 바리사이파에 속하는 자가 상대였던 것일까. 그렇지 않더라도 어쨌든 바리사이파가 이미 확보하고 있던 강대한 세력 때문에 산헤드린도 바리사이파의 정당성을 승인하지 않고는 아무것도 해 나갈 수 없었을 것이다. —만일 당신들 바리사이파적 종교적 경건주의가 옳다면 진정으로 세례자 요한처럼 밀어붙여 보시오. 그것이 당신들의 '권위'가 실질적인 것이라는 것을 보여주는 유일한 방법이 아니겠소? 그렇지 않고 요한의 세례에 찬동할 수 없다면, 그것은 당신들의 경건주의 방향 자체를 부정하는 게 될 거요…… 어때, 대답해 봐.

이렇게 추궁당하면 그들은 대답할 수 없다. 그들은 거북한 상대를 만났다고 생각했을 것이다. '그런 거 알게 뭐야'라며 건방진 표정으로 대답을 거부한다. 이렇게 되면 예수의 두드러지게 눈에 띄는 문답의 승리다. '그러면 나도 당신들의 질문에 대답해 줄 필요는 없소.'

이 문답에서 예수는 딱히 자신의 주장을 적극적으로 내세우지 않았다. 그러나 예수가 어떻게 요한의 활동을 바라보고 있었는지가 가장 명확하게 드러나 있다. 예수 자신은 요한처럼 행동할 생각은 털끝만큼도 없었다. 애초에 유대교 경건주의의 기본적인 틀을 멀리 넘어가 버린 사상적 지점에 예수는 서 있었기 때문이다. 그러나 유대교 정통파 무리들이 예수의 그 '상궤에서 벗어난 일' 때문에 예수에게 불평을 했다면, 그러면 너희의 종교 정신을 요한처럼 철저하게 해봐, 라고 그는 언제라도 대답했을 것이다. 그럴 경우 예수에게는, 나는 적어도 한때나마 요한의 운동에 진심으로 동조한 적이 있어, 라는 자신감이 있었음이 분명하다. 여기에는, 이제는 요한과 180도 방향을 달리하는 예수가 다소 냉담하게 요한의 활동을 멀리서 바라보고 뒤돌아보면서도 동시에 유대교의 현상現狀에 비해 얼마나 요한의 철저한 자세를 높이 평가했는지 알 수 있다.

6. 요한의 죽음

이 두 사람의 차이는 요한의 죽음을 부른 장렬한 사건에서도 드러난다.

요한의 윤리적인 엄격주의는 특히 정치적인 상층 계급을 향하고 있었던 듯하다. 헤로데 왕가 궁정 안의 남녀관계에 대해서 사정없이 비판을 퍼부었다. 갈릴래아 지방의 그 당시 영주 헤로데 안티파스는 이웃나라 아라비아의 왕 아레타스의 딸을 아내로 두고 있었다. 그것은 명백히 정략결혼이었다. 따라서 안티파스는 그 처에게 냉담한 마음뿐이었던 것 같고, 아레타스의 딸도 친정인 아라비아 왕가를 위해 애를 쓰기는 해도 안티파스에 대해서는 좋은 감정을 품고 있지 않았을 것이다. 가끔 안티파스가 볼일 때문에 로마로 여행할 수밖에 없게 되었을 때 가는 김에 아마도 예루살렘인지 항구 도시 카이사리아인지의, 자신의 이복형제로 대사제의 딸이었던 마리암네가 엄마인, 그 또한 헤로데라는 이름의 남자 집에 머물렀다. 그때 그 헤로데의 처를 보고 첫눈에 반한 것이 사건의 시작이었다. 그 여인이 헤로디아인데, 그 딸이 유명한 살로메다. 복잡한 것은 헤로디아 자신이 안티파스의 또 다른 이복형 아리스토불로스의 딸이라는 점이다. 즉 헤로디아는 한 명의 숙부와 결혼하고 다른 숙부와 사랑을 했다. 또 더 복잡한 것은 안티파스에게 필리포스라는 이름의 또 다른 이복형제가 있었고 갈릴래아보다 더 북쪽, 오늘날의 시리아와 레바논의 일부에 해당하는 지역의 영주로 있었다. 일부다처의 헤로데 대왕은 어쨌거나 5명의 아내로부터 자식을, 알려진 것만 해도 9명을 낳았다. 그 필리포스와 살로메가 나중에 결혼했다. 즉 살로메는 아버지의 동생이자 어머니의 숙부가 되는 사람과 결혼한 셈이다.(헤로데 가 가계도 참조)

이쯤 되면 보통 서민에게는 어디가 어떻게 연결되어 있는지 알 수 없을 정도로 너무 복잡하게 얽혀 있어서 이쪽과 저쪽의 관계가 헷갈리는 것도 어쩔 수 없는 일이다. 복음서 기자 마르코는 안티파스가 마리암네의 아들 헤로데의 처를 데리고 잤다는 것을 잘못해서 필리포스의 처를 데리고 잔 것으로 기록해 버렸다.(6장 17절) 어쨌든 왕가의 일족에 의한 혈연적인 전제 지배가 강할 경우 정략적으로도 근친결혼이 반복되고, 그중에는 근친상간적인 연애도 생겨난다. 피로 이어진 일족의 남녀 사이에 정략적인 냉담과 그것을 뒤엎는 열렬한 애정의 뒤엉킴

이 전개된다.

그런 가운데 사건을 남녀관계만의 문제로 다루면 헤로디아의 행위는 동정할 만하다. 혈연 지배의 굴레에 묶여 아마도 나이가 차기도 전에 숙부와 강제로 결혼했다. 헤로데 일가 중에서 헤로디아는 처음부터 비극적인 위치에 놓여 있었다. 조모 마리암네(앞서 이야기한 대사제의 딸 마리암네와는 다른 사람. 헤로데 대왕은 마리암네라는 이름의 여인 두 사람을 처로 삼았다)도 아버지 아리스토불로스도 모두 조부 헤로데 대왕에 의해 사형에 처해졌다. 마리암네는 헤로데 대왕이 사랑에 빠졌던 아내였으나 헤로데는 하찮은 일로 질투에 눈이 멀어 그녀를 죽이고 말았다. 어머니의 사후 20년이 지나 아들인 아리스토불로스는 이복형 안티파트로스의 음모에 걸려 아버지 헤로데의 의심을 산 끝에 사형당했다. 그때 아리스토불로스의 딸 헤로디아는 아직 어렸다. 자신의 조모와 부친을 죽인 조부와 숙부들 속에서 자라는 환경이 어떠했을지 상상이 간다. 그런 가운데 나이도 차지 않은 어린 상태로 숙부 중의 한 사람과 강제로 결혼했다. 그처럼 혈족 속에서 소외당하면서도 혈족 속에서 안주할 수밖에 없는 여인이 강요당한 근친결혼의 껍데기를 벗어나는 계기를 근친상간으로 잡으려 했다고 해도 이상할 게 없다. 남편인 숙부와는 다른 또 한 명의 숙부가 자신의 집에 머물렀다. 예전에 어린 마음에 그쪽 숙부를 동경했던 것일까, 만나 보고 그쪽 숙부에게 마음이 끌렸던 걸까, 아니, 아마도 마침내 성인으로서의 지혜를 익혀 동족의 굴레를 끊는 데 동족 관계를 이용했던 것일까. 그렇지 않으면 그녀가 동족 사이에 불러일으킨 파문은 조모나 아버지의 피를 흘리게 한 동족에 대한 복수였던 것일까. 그 어느 쪽이 되었건 그것은 그녀의 사랑이었다.

안티파스로서도 그것은 기쁜 일이었을 것이다. 아니, 전해진 이야기로는 안티파스가 유혹을 한 것으로 되어 있다. 로마에서 일을 마치고 돌아오면 결혼하자고 합의했다. 정략결혼의 상대 아레타스의 딸에 비해 마침내 마음속을 편히 털어놓을 수 있는 아내를 얻었다고 생각했을 것이다.

그것으로 끝냈다면 이야기는 흔히 있는 남녀관계 갈등이라는 것으로 끝났을 것이다. 하지만 아라비아 왕 아레타스는 안티파스의 영토 일부를 찬탈하려고 호시탐탐 노리고 있었으므로 그냥 끝나지 않았다. 아레타스의 딸은 그 사건을 구실로 아버지가 있는 곳으로 도망간다. 그 딸이 얼마나 전 남편보다 친정과 더 깊이 연결되어 있었는지는 그때 아라비아 병사들을 배치해서 도망하는 길의 안전을 멋지게 확보했다는 것을 보더라도 알 수 있다. 그것을 계기로 아레타스와 안티파스 사이의 무력충돌이 시작된다. 로마제국의 세계 지배력이 지배하에 있던 속주의 왕들이 사건을 일으키는 것을 좋아하지 않아, 그들 간의 분쟁을 억누르지 못했다면 그 충돌이 두 왕가 사이의 흥망을 건 전쟁으로까지 발전해 갔을지도 모른다. 그렇다 해도 그 무력충돌은 갈릴래아의 민중에게 쓸데없는 희생을 상당히 강요했을 것이다. 권력자의 불장난은 민중의 피를 흘리게 한다.(이상 요세푸스『유대 고대지』18장 109-119절 참조)

하지만 세례자 요한이 여기에서 안티파스를 규탄한 것은 그의 불장난으로 이처럼 이웃나라와 분규를 일으켜 민중에게 공연한 희생을 강요했다는 점 때문이 아니다. 어디까지나 종교 윤리적으로 엄격주의자였던 요한은 안티파스의 남녀관계를 들어 규탄했다. 다른 남자의 아내를 가로채는 것은 옳지 않다는 것이다. 이것은 확실히 유대교 율법으로 보더라도 엄격히 금지되어 있다. 하지만 그런 비판을 시장 구석에서 떠드는 정도라면 죽임을 당하지는 않는다. 요한이니까 왕궁까지 진입했거나 왕궁 앞에서 떠들썩하게 연설이라도 했을 것이다. 아니, 그 정도로도 죽임을 당하지는 않았다. 그것이 지나치게 고지식한 어느 집의 아버지였다면 병사들에게 붙잡혀 채찍 100대 정도 맞고 내쫓기는 것으로 끝났을 것이다. 유명한 세례자 요한이었기에 그렇게 되지는 않았다. 헤로데 안티파스는 사람들이 속속 요한한테서 세례를 받고 있고, '다른 사람들도 요한의 말을 듣고 매우 감동해서 더욱 몰려들었기 때문에 요한의 그런 설득력이 사람들에게 무슨 폭동이라도 일으키게 하지 않을까 두려웠다. ……그래서 사태가 악화되어 폭동적인 상황이 벌어지고 나서 후회하기보다는 그의 활동으로 혁신적인 운동이 생겨나기 전에 거기에 개입해서 없애버리는 것이 좋겠다고 생각한 것이다.'(요세푸스 『유대 고대지』 18절 118-119절) 즉 안티파스가 만반의 준비를 갖추고 기다리고 있던 판에 요한이 왕궁에 들어가게 된다.

그 뒤 요한 처형과 관련된 복음서의 이야기는 완전히 허구일 것이다. 자신의 연애로 인한 사태를 비판당한 헤로디아가 불같이 화가 나서 딸인 살로메의 춤에 대한 포상으로 남편인 안티파스에게 요구해서 요한의 목을 쟁반에 담아 오게 했다고 한다. 후세의 서양 문학자들이 즐겨 개작했던 그 이야기는 폐쇄된 왕궁 속의 비사에 에로틱하고 그로테스크한 활극을 상상하고 싶어 하는 소문이 그 출발점이었다. 실제로 요한은 왕궁이 있는 티베리아스에서 멀리 떨어진 마카이로스 요새에 유폐되고 거기에서 처형당했으므로, 왕궁의 연회 때 바로 죽여 쟁반에 머리를 담아 가지고 온다는 건 이치에 맞지 않는다.(마르코 6장 17-29절 참조) 이 지어낸 이야기 탓에 헤로디아는 세계 역사상의 전설에서도 드물게 보는 악랄한 요부라는 오명을 덮어쓰게 되었으나 실제로는 상당히 순정純情한 여자였던 것으로 생각된다.(또 그 시점에서는 살로메는 이미 성인이었으므로 마르코의 이야기에 나오는 '소녀'일 수 없다는 것이 정설이 되어 있다. 아마도 그럴 것이다. 그러나 어쨌든 전혀 근거 없이 지어낸 이야기가 어디까지 역사적 사실에 기초한 것인지 따져 봤자 소용없는 일이다.)

10년쯤 뒤에 결국 안티파스도 실각한다.(기원후 39년) 로마에서는 칼리굴라가 황제가 되었고, 그와 매우 친했던 헤로데 아그리파가 팔레스티나의 지배권을 손에 넣으려고 안티파스의 실각을 도모했기 때문이다. 안티파스는 칼리굴라에 의해 추방당해 갈리아 지방, 오늘날의 프랑스 리옹에 가까운 땅에서 생애를 마감했다고 한다. 그때 헤로디아는 약삭빠르게 처신할 생각이 있었다면 안티파스와의 연을 끊고 우아한 삶을 갈릴래아에서 계속할 수 있었다. 안티파스를 실각시킨 아그리파는 헤로디아의 오빠다. 황제 칼리굴라 자신이 그녀에게 남편과의 인연을 끊고 오빠의 비호 아래 그때까지 해온 대로 많은 농지를 영유하며 살아가는 게 좋다며 권유했다고 한다. 이것으로 보건대 그때까지 이미 남편 안티파스로부터 나눠 받아 그녀 자신이 상당한 영지를 사유하고 있었던 셈이다. 그 제안에 대해 그녀는 '남편이 운이 좋을 때는 거기에 맡겨 왔는데 이제 불행한 운명이 덮쳐 왔다고 해서 남편을 버리는 것은 옳지 않겠지요'라고 대답하고 안티파스와 함께 추방지로 향했다고 한다.(요세푸스, 『유대 고대지』 18장 254절) 여기에서 음탕하고 바람기 있으며 권세욕과 물욕이 강한 악녀라는 모습은 떠오르지 않는다. 헤로데 왕가가 싫어 로마 황제에 밀착해 있던 유대인 지식인 요세푸스는 그녀의 이 말을 '오만'하다고 평하면서 이런 경조부박輕佻浮薄한 여인에게 빠졌던 안티파스가 나빴다고 혹평하고 있으나, 여기에 있는 것은 오히려 순정한 여인의 모습이다. 아마도 생애에 단 한 번 자신의 의지로 행동해서 쟁취한 연애에 추방지까지 함께 가며 몸과 마음을 맡겼다고 해야 할까.

  따라서 현대의 우리가 보기에, 이것은 연애 사건 자체로서는 달리 비난할 만한 일이 아니기 때문에, 비난해야 할 일이 있다면 그런 사생활상의 파도가 곧 이웃나라와의 무력분쟁으로 이어져 주민들에 피해를 끼친 것을 안티파스가 잊었거나 알면서도 태연했다는 점일 것이다. 하지만 근대인이 아닌 종교 윤리의 엄격한 추구자 요한은 연애 사건을 가지고 규탄했다. 분명히 요한도 단순한 도덕가는 아니며, 정치 권력자의 허장성세에 대해 강도 높게 증오하고 있었던 것은 요한 교단에 가까운 사람들한테서 유래하는 것으로 보이는 노랫말에서도 추정할 수 있다.

  하느님은 전능하신 팔을 펼치시어 큰일을 해 주셨다.
  마음이 교만한 자를 흩으시고
  권세 있는 자들을 그 자리에서 끌어내리시고, 보잘것없는

자를 높이셨으며

　배고픈 사람은 재화로 채우고, 부유한 자를 빈손으로 돌려
보내셨다.

(루카 1장 51-53절)

　이것은 구약성서의 예언자 이래의 전통적인 말투인데, 요한
특유의 말투는 아니었다. 부유한 자나 권력자가 교만하고 뻐기
는 것에 대한 증오의 표명, 굶주린 자, 학대받는 자가 그 고통
에서 해방될 것이라는 외침은 예언자의 반권력 사상에 일관되
고 있다. 하지만 예언자의 경우, 그리고 그중에서도 요한의 경
우 권력자에 대한 그 증오를 권력자 개인의 사적인 행위에 대
한 규탄으로 돌렸다.

　예수가 안티파스의 이 연애 사건을 들었다면 ―유감스럽게
도 그 점에 대해서는 자료가 없어서 완전히 상상에 기댈 수밖
에 없으나― 빙긋 웃으며 들은 체 만 체하고 상대도 하지 않
았을 것이다. 이 사건뿐만이 아니라 예수는 권력자나 그 가족
의 사생활상의 행동에 대해서는 아무런 흥미도 보이지 않았다.
예수가 항거한 것은 그런 권력자를 정점으로 하는 지배 구조
에서 파생되는 것, 날품팔이 노동자의 임금 수준이나 소작인의
빚 문제 등이며, 그리고 그런 구조를 감각적으로 용인해 버리
는 많은 사람들의 감성에 대해서였고, 또한 그 구조를 고정시
킨 바탕 위에서 사람들의 마음 상태까지 강제하고 수탈하려는
율법학자들을 중심으로 한 종교 지배의 중압에 대해서였다.

　예수도 한 번 헤로데 안티파스에 대해 언급한 적이 있다. 그
것도 자진해서 한 것이 아니다. 바리사이파 중에도 예수에게

공감을 하던 이가 있었던지 아니면 반대로 공감을 가장해서 예수를 쫓아내려 했는지는 모르겠으나, 바리사이파 사람 몇 명이 예수가 있는 곳으로 와서 권고했다.

'이 지방에서 나가는 것이 좋다. 헤로데가 당신을 죽이려 하고 있다.'

하지만 예수는 헤로데가 어떻게 나오든 관심도 보이지 않았다.

> 가서 저 여우에게 말하라. 오늘도 내일도 나는 악령들을 쫓아내고, 질병 치유를 계속할 것이라고. 나는 오늘도 내일도 또 그다음 날도 나아가야 한다.
>
> (루카 1장 51-53절)

이 말도 루카가 그 구제사救濟史 신학으로 변형시켜 버렸기 때문에 원형을 정확하게 복원하는 것은 불가능하다. 처음의 '오늘도 내일도' 뒤에 '사흘째 되는 날 일을 마친다'고 덧붙였고, 다시 마지막에 '예언자가 예루살렘이 아닌 곳에서 죽는 것은 있을 수 없다'고 덧붙였으며, '나아가는' 목적지를 예루살렘으로 정해 버렸다. 하지만 예루살렘을 향해 나아가는 것이라면 어쨌거나 갈릴래아 지방을 버리는 것이 되므로, 이 문답은 의미가 없다. 원래 예수는 자신은 치유 활동이 중요하기 때문에 그것을 포기하고 갈릴래아 지방에서 도망칠 까닭이 없다고 말했다. '나아간다'는 것은 자신의 활동을 방심하지 않고 계속해 가겠다는 의미였을 것이다. 예수에게는 안티파스가 어떤 자이든 알 바 아니었으므로, 여우가 왕궁 안에서 무슨 짓을 꾸미고 있든 마음대로 하라는 심산이었을 것이다. 권력 구조의 정점에 앉아 있는 개인은 어차피 권력 구조 위에서 연극을 벌이는 여우나 꼭두각시일 수밖에 없다. 나는 바쁘다. '악령에 홀렸다'고 하는 병자들이 많이 있는 것만으로도 매일 연달아서 해야 할 일이 잔뜩 생겨난다. 이 지방에서 나가라고? 적당히 해둬. 붙잡아서 죽이고 싶으면 마음대로 해. 나는 지금 눈앞에서 해야 할 일이 산더미야. 누가 여기서 도망칠 수 있겠나.

7. 윤리 관념의 이상한 확대? – '간음'한 여인

이런 예수의 자세와 요한의 절규를 복음서 기자 마르코는 잘 구별해서 썼다. 요한은 황야로 나간 고고한 설교자다. 사람들은 거기로 죄의 용서를 구해 순례를 갔다. 요한은 황야에 머물며 순수한 금욕주의적 생활을 하면서 거기에서 세상을 바라보며 규탄한다. 그에 비해 예수는 자신이 직접 도회나 마을에 들어간다. 들어간다기보다 거기가 본래 예수가 있는 곳, 즉 거처다. 그리고 그곳에서 사람들에게 말을 걸고 마주친 병자들을 치료한다.(마르코 1장) 그리고 모두와 더불어 즐겁게 대취한다.

확실히 예수는 한편으로는 윤리적으로도 요한과 마찬가지로 엄격한 발언을 한다. 아니, 요한 이상으로 철저했다.

옛날 사람들에게 살인하지 마라, 살인하는 자는 누구든 재판을 받아야 한다고 명령하신 것을 너희는 알고 있을 것이다. 그러나 나는 말한다. 자신의 형제에게 화를 내는 자는 재판을 받아야 한다…… 간음하지 말라고 명하신 것을 너희는 알고 있을 것이다. 그러나 나는 말한다. 욕정을 채우기 위해 여인을 바라보는 자는 누구라도 그 여인을 이미 마음속에서 간음한 것이다.

(마태오 5장 21-22, 27-28절)

산상 수훈의 말을 다룰 때에는 늘 마태오 신학의 윤색을 털어낼 필요가 있다. 그럴 경우에도 뒷부분의 '간음'에 대한 말은 우선 예수 자신의 발언인 것은 틀림없겠으나, '살인'에 대한 것은 그것에 맞춰 마태오 교회가 비슷한 발언을 작성했을지도 모른다. 적어도 '자신의 형제에 대해서'라는 표현은 마태오 신학의 냄새가 난다. '살인'의 금지도 '간음'의 금지도 모세 십계에서 강조하고 있다. 구약 율법의 근간이다. 그리고 모든 율법과 마찬가지로 여기에서도 실행 행위를 염두에 두고 있다. 그것에 비해 '분노'는 좀 더 마음의 움직임으로, 거기에까지 율법적인 벌칙을 확대하면 끝이 없어진다. 실행 행위라면 했는지 하지 않았는지 확실히 판별할 수 있지만, 마음의 움직임은 객관적으로 판별할 수 없다. 원래 미묘한 마음의 움직임을 어디까지 '분노'로 규정하고 어디까지를 단지 마음이 흔들렸을 뿐이라고 봐야 할지는 구별할 수 있는 게 아니다. 따라서 이런 것을 이야기하면 끝도 없게 된다. 요시모토 다카아키가 이것을 관념 영역으로의 무제약無制約 확대라고 부른 것은 가히 절묘하다고 할 수 있다. 그리고 여기까지 확대되면 이미 윤리 관념이 철저하다는 정도의 이야기가 아니라 이상한 추구 방식이다.

이런 형태로 정신 영역으로 제약 없이 확대해 가는 것은 한편으로는 마태오의 정신주의에 어울린다. '가난한 자'를 '마음이 가난한 자'로 바꿔 말한 마태오다. 이처럼 그가 무엇이든 정신의 문제로 파악하려 했다고 해도 이상할 게 없다.

그리고 확실히 실행 행위로 적용이 한정되는 법률은 아무래도 위선을 촉발한다. 위선뿐만 아니라 온갖 악을 촉발한다. 그것은 잘 알려져 있는 바이기 때문에 여기에서 논할 것까지도 없다. 법이 적용되는 바로 코앞의 아슬아슬한 경계까지 얼마든지 악한 행동을 한다. 아니, 법 해석을 권력으로 조작하면 무리하게 법망을 빠져나가지 않더라도 우리 편이 하는 악은 법에 걸리지 않고, 탄압하려는 상대에 대해서는 얼마든지 법을 적용할 수 있다. 그리고 또한 실행 행위밖에 재판할 수 없다는 것도 완전한 거짓말이다. 국가 권력이 마음에 들지 않는 자가 타인의 손가락 끝에 눈곱만한 찰과상이라도 입히면 수십 일간 구류당한 끝에 장기간의 재판에서 구속되고 결국 유죄 판결까지 받는다. 하지만 경관에게 무참하게 두들겨 맞아 전치 몇 개월이나 되는 상처를 입어도 '입증'할 수 없다면 그뿐이며, 거기에서 그치지 않고 자칫하다가는 이쪽이 공무집행 방해인지 뭔지로 기소당한다. 대학의 교수회가 사상적인 탄압은 말할 것도 없고 단순한 개인적 증오나 때로는 사진 판정을 할 때 사람을 착각하거나 해서, 완전히 엉망진창으로 학생을 퇴학 처분하는 따위의 짓을 한 경우도 있었다. 그럼에도 처분 취소는커녕 손해배상도 받을 수 없다. 그런데 그 때문에 화가 나서 교수에게 항의하러 가면 즉각 폭행이니 위력에 의한 업무방해니 하는 죄명을 덮어쓴다. 예를 들자면 끝이 없다. 책 한 권으로는 다 담을 수 없다. 법률은 실행 행위밖에 재판하지 않으므로 동기나 사상은 묻지 않는다는 것은 거짓말이다.

따라서 마태오와 같은 윤리주의자로 위선을 정말 혐오하는 자들이 점차 정신 영역으로 이야기를 확대해 들어가는 것도 그 까닭을 모르는 바 아니다. 하지만 마태오와 같은 방식으로 정신주의에 빠져들면 역시 체제 질서에 순종하는, 길들여진 어린 양처럼 되어 버린다. 요컨대 마태오의 '예수'는 '분노하지 말라'고 이야기하지만, 정작 실제의 예수는 얼마나 분노하고, 소리치고, 흥분하고, 격분했는지 이미 많이 봐 온 대로다. 마르코는 두 번 '분노하다'는 말을 써서 예수의 행위를 묘사했다.(마르코 3장 5절, 1장 41절. 이 가운데 후자는 사본에 따라서는 '측은하게 여기다'라는 동사로 고쳐 놓았다) 하지만 예수를 화내지 않는 온화한 사람으로 만들고 싶어 했던 나중의 교회는 이 두 곳 모두 삭제해 버렸다.(마태오, 루카는 이 부분을 필사하면서 '분노하다'라는 말 내지 그 말을 포함하는 구절 전체를 삭제했다. 마태오 8장 3절, 12장 12절 이하, 루카 5장 13절, 6장 9절 이하)

하지만 이런 모순은 예수 자신에게도 있었다. 하느님에게 기도할 때는 먼저 타인이 자신에 대해 지고 있는 빚을 탕감해 주고 기도하는 게 좋다고 한편에서는 이야기하면서, 다른 한편으로는 종교 지배자, 사회적 경제적 권력자, 정치 권력자 등에 대해서는 예수는 조금도 용서하지 않고 규탄의 손길을 늦추지 않는다. 실제로 그리스도교 도덕의 '남을 용서하라'거나 '화내지 마라'거나 하는 것은 대단히 자주, 거만한 작자나 부자라고 마구 으스대고 있는 작자, 권력을 휘두르며 날뛰는 작자를 규탄할 때에만 그렇게 엄하게 사람을 규탄하지 마라, 좀 더 관용의 정신을 가지고 하라는 등의 설교로서 증언대에 불려 나간다. 그런 점에서 예수의 방식은 명확히 다르다. 그가 남을 용서하라고 할 때 염두에 두고 있는 것은 자신보다 약한 자다. 상대적으로 더 약한 처지에 있는 자, 더 가난한 자의 '빚'을, 빌린 돈을 탕감해 주려 하지 않고 거꾸로 질책하고, 쥐어짜고, 억압하는 자들에 대해서는 예수는 자신의 격분의 고삐를 늦추지 않는다. 그런 점에서는 예수의 '남을 용서하라'와 분노는 반드시 모순되지는 않는다. 하지만 마태오가 '살인하지 말라'를 '분노하지 말라'로 바꿔 놓은 것은 예수의 그 격분을 계승하려 하지 않는 것이기 때문에 마구잡이로 정신주의적인 도덕으로 흡수되는 경향을 지닌다.

그렇다고 해서 그것은 마태오파의 정신주의적인 작문에 지나지 않는다고 잘라 말하기에는 아무래도 그 구절은 집요하게 달라붙어 떨어지지 않는다. 이상하게 추구한 면이 있기 때문에 정신주의적인 도덕의 깔끔한 틀로는 해결되지 않는다. 그렇게까지 추구한다면 이상하고 기분 나쁠 정도인데, 거기에는 일종의 진리가 뿌리 깊게 얽혀 떨어지지 않는다. 요시모토 다카아키 식으로 이야기하자면, 심술궂은 진리가 여기에 있다. 논증은 생략하지만, '간음'에 대한 발언은 99퍼센트 예수 자신이 실제로 한 발언인데, '분노'에 대해서도 혹시 예수 자신이 그런 말을 했을지도 모르겠다는 가능성은 버릴 수 없다. 세례자 요한에 관한 예수의 발언과 비교하면, 이것은 동일선상에 있다.

예수는 유대교 경건주의자들에 대해 정말로 너희의 경건주의로 가고 싶다면 요한처럼 철저히 추구해 보라고 들이댔다. 그렇다면 모세 십계를 중심으로 한 유대교 종교 율법 준수를 막무가내로 주장하는 무리에 대해서도 마찬가지로 냉소적으로 들이댔다고 해도 이상하지 않다. 살인하지 말라고 너희가 이야기하지만, 살인하지만 않으면 된다는 얘기는 아닐 것이다. 율법의 정신을 정말로 철저히 추구하고 싶다면 살의는 분노에서 생겨나기 때문에 애초에 분노하는 걸 그만둬 보라. 법은 실행 행위밖에 처벌하지 않는다고 이야기하는 게 얼마나 거짓인지 알고 있을 거야. 실행 행위가 나쁘다면 그 실행 행위를 만들어내는 동기 자체를 먼저 도려내는 게 좋아…… 죄가 어떻든 죄를 지으면 하느님의 나라에 들어갈 수 없어, 라고 말하며 으스대는 무리에 대해, 그렇게 하느님의 나라에 들어가고 싶다면 '눈이 나를 걸려 넘어지게 하면 뽑아 내버려라. 한쪽 눈으로 하느님의 나라에 들어가는 것이 두 눈으로 지옥에 던져지는 것보다 나을 것이다'라고까지 단언한 예수다. '화내지 말라'는 것은 확실히 예수가 말한 것인지 어떤지는 알 수 없지만, '간음하지 말라'라는 율법 규정을 방패로 타인의 행위를 마구잡이로 뒤쫓아다니며 마치 더럽혀진 것이라도 있는 듯이 타인의 남녀 관계를 단죄하려 하는 종교가들에 대해, 그렇게 간음, 간음하며 시끄럽게 소란을 피우는데, 본시 욕정을 가지고 여인을 바라보는 것 자체가 간음이지, 라고 말한 것은 너무나도 예수답다. 그렇게까지 이야기하면, 누구도 '간음'을 피할 수 없다. 저 엄격주의 요한조차 거기까지 이야기하지는 않았다. 아니, 혹시 욕정을 가지고 여인을 바라보는 것 자체를 피하기 위해 홀로 황야로 도망쳐 버린 것인가. 간음은 안 돼, 라며 소란을 피울 정도라면, (요한처럼) 그 정도까지 해 보라고 하는 것이 종교적 윤리주의가 가야 할 극치일 것이다. 이런 말은 목석처럼 아무것도 느끼지 못하는 유별난 남자만이 할 수 있는 것으로, 예수는 그런 점에서 역시 보통 사람은 아니었을 것이라는 식으로 말할 수는 없다. 오히려 거꾸로 그런 말은 여인을 보면 두근거리는 가슴을 억누를 수 없는 자들만 할 수 있는 것이다. 이 말을 뒤집으면 누구든 욕정을 품지 않고 여인을 바라보기란 불가능하다는 생각이 존재한다.

예수는 요한처럼 황야로 도망치는 일은 하지 않는다. 그쪽 방향으로 추구할 마음이 없었던 것이다. 따라서 또한 여러 여인들과 얽힌 사건과 맞닥뜨린다.

간음 현장에서 붙잡힌 여인이 끌려 나왔다. 구약 율법 규정에 따르면 그 여인은 돌로 쳐서 죽여야 한다.(신명기 22장 22절) 규정에 따르면, 실은 그 여인과 함께 잔 남성도 함께 돌로 쳐서 죽여야 하는데, 남성은 용케 도망쳤거나 그렇지 않으면 남성 사회에서는 법 규정이 어떻게 되어 있든 실제로는 나쁜 것은 여성이라고 낙인찍고 남성은 눈감아 주거나 하지 않았을까. 현대의 성 해방 문제, 또는 구미 그리스도교 부르주아 사회에서 확립된 일부일처제의 사회 제도라는 의식을 전제로 해서 1세기 유대교의 '간음' 문제를 논하면 상당히 초점을 잘못 짚게 된다. 거기에서는 여성의 인격은 처음부터 문제가 되지 않는다. 여성은 남성의 소유물이다. 아이를 낳게 하는 도구이며, 또 노동력으로서 어엿한 재산이다. 따라서 아내를 맞아들이기 위해서는 그 아버지에게 돈을 지불하고 딸을 사 온다. 사적 소유를 전제로 한 사회인 만큼 타인의 재산에 손을 대는 것은 도둑질과 같은 것이다. 따라서 결혼한 여인과 자는 것은 타인의 재산을 침해한 것이기 때문에 처벌받는다. 여성에게 견딜 수 없는 것은, 만일 완전히 비인격적인 소유물이라면 처벌받는 것은 그 '재산'을 침범한 남성일 뿐, 재산 자체는 처벌받을 수 없다. 하지만 '여성'이라는 재산은 벌을 받을 때에 한해서 주체적인 의지가 있는 인간으로 간주되어 그 남성의 공범이 된다. 아니, 실제로는 대다수의 경우 이 장면처럼 여성 혼자만 처벌받았을 것이다. 혼인이 이처럼 소유 관계로 여겨진다면 결혼한 남성이 다른 여성과 함께 자는 것은 아무런 죄로도 간주되지 않는다. 만일 그 여인이 다른 남자의 소유물, 즉 아내가 되어 있지 않는 한 그렇다. '간음'이란 남녀관계의 도덕 문제가 아니라 사유재산의 침해 문제였던 것이다.

예수가 이혼에 반대한 일에 대해서도, 이 소유 관계를 전제로 해야 비로소 어디에 논의의 초점이 있었는지를 이해할 수 있다.

어느 바리사이파 남자가 예수에게 이혼의 조건에 대해 질문했다. 이것은 원래 당시의 바리사이파 내부에서 구약성서의 원문의 의미가 명확하지 않아 늘 논란의 씨앗이 되어 왔던 문제다. '사람이 여인을 맞아 결혼한 뒤에 그 여인한테서 수치스러워 해야 할 것이 있다는 걸 알고 좋아하지 않게 되었다면 이혼증서를 건네주고 집에서 내보내야 한다.'(신명기 24장 1절) 이렇게 되어 있더라도, 그러면 '수치스러워 해야 할 것'이란 무엇인가, 라는 문제가 불거지는데, 법률가들은 왁자지껄 논의를 한다. 샴마이파는 이것을 가능한 한 확대해석하지 말라고 했다. 히브리어만 그런 건 아니지만, 법률 용어라는 것은 그때그때마다 불필요한 해석을 이끌어내게 하는 기묘하고도 애매한 언어인데, 이 경우는 히브리어 자체의 애매함도 그 이유가 되어 있다. 원문은 '일의 수치'라는 표현인데, 보통 히브리어의 감각으로는 이것을 번역하면 '부끄러워해야 할 것'이 된다. 따라서 샴마이파는 이것을 협의의 '부끄러워해야 할 것', 즉 성적으로 부정한 행위라는 의미로 봤다. 하지만 간음 자체는 돌로 쳐서 죽이는 형에 처해지기 때문에, 여기에서는 남자와 함께 자지는 않았지만 거기에 가까운 행위라는 것인가. 그게 아니면 간음 정도로 죽이는 것은 애처롭다고 하니 남편이 그게 마음에 걸리면 이혼하는 것만으로도 괜찮다는 것인가. 그렇더라도 법률 논의라는 것은 재미없는 일이지만, 기기에 대해 힐렐파는 마구 확대해석을 한다. '일의 수치'를 무슨 일에 대해 부끄러워해야 할 것이라 해석하고, 무슨 일이든 부끄러워해야 하는 것은 안 돼, 라고 한다. 그렇다면 이제는 어디까지라도 확대해석할 수 있다. 보통 힐렐파 쪽이 샴마이파보다 법 해석에서 '자유'롭고 '관용'적이라는 말을 듣지만, 이 경우에도 그렇다. 즉 남성의 제멋대로 할 권리에 대해서는 한없이 느슨해 어디까지나 '관용'이다. '음식을 눌어붙게 한 여성'은 이혼해도 좋다는 정도여서 도무지 견딜 수가 없을 지경이다. 하지만 학설에 따르면, '음식을 눌어붙게 하다'라는 것은 비유적 표현으로, 율법의 가르침을 업신여긴다는 의미라고 한다는데, 물론 이것은 힐렐파의 체면을 살려 주려는 '학설'일 것이다. 또는 랍비 아키바는 '달리 더 아름다운 여인을 찾았다면 이혼해도 좋다'라고 해석했다고 한다.(이상 미슈나 중의 이혼장에 대한 규정을 논한 기틴Gittin이라는 문서의 9장 10절)

이렇게 되면 무엇이든 튀어나온다. 어느 세계에나 있는 일이지만, '아이를 낳지 못하면 떠나라'라는 것은 이 경우에도 할 수 있다. 그 밖에 랍비가 흔히 하는 말은 머리카락을 꽉 묶지 않고 푼 채로 외출하는 여성은 이혼해도 좋다. 실외에서 실을 잣는 여인. 옷이 떨어져 팔이 보이는 여성 등등. 외간남자와 이야기하면 안 돼, 라는 것도 있다. 어쨌든 이건 '이혼' 문제가 아니다. 남자와 여자가 헤어질 것인가 말 것인가의 문제가 아니기 때문에, 남자가 돈을 지불하고 획득한 소유물에 그만한 상품 가치가 없다는 것을 나중에 알았다면 그것을 버리고 새로 사면 된다는 것이다. 이혼이 아니라 '이연離緣' 문제다.

그런데 이 '일의 수치'에 대해 예수는 어떻게 해석할까라는 것이 질문 내용이다. 예수 당시의 바리사이파는 힐렐파와 샴마이파가 무장투쟁도 불사할 정도로 논쟁을 벌였다는 사정을 다시 한 번 떠올려 주시기 바란다. 마태오 교회는 이 문제에 대해 샴마이파의 견해를 채용해 그것을 예수가 말한 것으로 해 버렸다.(마태오 5장 32절) 그러나 예수 자신은 여기에서도 상대가 묻는 질문에는 대답하지 않는다. 그렇게 하면 애초에 여성을 물품화해서 어떻게 처리할 것인가, 라는 논의에 동조하는 꼴이 되어 버린다. 예수는 남과 여의 성에 대해서 더 아름다운 생각을 품고 있었음이 분명하다. 창세기(2장 24절)에 '하느님은 사람을 남자와 여자로 만들었다. 그 때문에 사람은 그 부모를 떠나 두 사람은 한몸이 된다'고 쓰여 있는 것을 이용해, 이미 한몸이 되었기 때문에 이혼해서는 안 된다고 말했다.(마르코 10장 2-8절) 여기에서는 성적으로 에로틱한, 남과 여의 육체가 결합하는 것을 고대인답게 묘하게 부끄러워하지 않고 그대로 표현하고, 또 그 육체관계를 살아가면서 일체가 된다는 의미로까지 확장했다. 남과 여가 대등하게 마주보는 사상이 분명히 선언되고, 또한 자연의 결합에 낙천적으로 의거하려 한다. 그 밖에도 볼 수 있는 예수의 낙천적인 이상주의가 여기에서도 표현되어 있다. 어쨌든 이런 예수의 발언은 당시 유대교의 어떤 논의를 상대하고 있는가, 라는 실정實情 속에 놓고 볼때 비로소 생생한 발언이 된다. 이 말이 그리스도교 부르주아 사회의 일부일처제 사회 제도의 규정이 되어 이혼의 절대 금지가 주장되던 시기에는 전혀 다른 의미를 갖게 되어 버렸다.

그건 그렇고, 간음한 여인이 끌려나온 이야기로 돌아가자. 율법에 충실하려면 돌로 쳐 죽여야 한다. 당신은 어떻게 생각하시오? 이것도 아마 늘 예수에게 당한 율법학자나 그 동료가 이것만은 예수도 우리 의견에 따를 수밖에 없을 것이라고 반半 농담조로 말을 걸지 않았을까. 그러나 그렇게 말을 걸어 와도 예수는 상대하지 않고 땅을 향해 몸을 구부린 채 모래 위에 손가락으로 뭔가를 쓰고 있었다. 또 이 어떻게 할 도리가 없는 율법학자들이 넉살좋게 나서는군, 하고 생각하고 있었을까. 하지만 그들이 끈질기게 예수의 의견을 청했기 때문에, 마침내 예수는 분명히 말했다.

'너희 중에서 죄 없는 자가 먼저 이 여인에게 돌을 던지는 게 좋겠다.'

그렇게 말하고, 계속 땅에 뭔가를 쓰고 있자, 그들은 여인 혼자 거기에 남겨두고 연장자부터 차례차례 떠나버렸다고 한다. 이 이야기 자체가 욕정을 지니고 여인을 바라보면 그것만으로 이미 간음한 것과 같다는 예수 발언의 훌륭한 해설이 되었다. 간음한 여인을 죄인으로 보고 돌로 쳐서 죽이고 싶다면, 먼저 너희 자신이 여인을 볼 때 단 한 번도 욕정을 품은 적이 있는지 없는지 한 번 생각해 봐. 실은 이 이야기는 요한 복음서에만 나온다.(8장 1-11절) 게다가 요한 복음서의 원본에는 원래 들어 있지 않았던 이야기인데, 상당히 나중에 만들어진 사본에 처음 삽입된 것이다. 그런 의미에서는 물론 어디까지가 예수 자신의 사실인지 알 수 없다. 후세의 창작일 가능성이 높다. 그러나 어떤 학설에 따르면 이것은 단편적인 구전 전승으로 전해지다가 후세에 사본에 들어간 것으로, 전승 자체는 대단히 오래된 것이고, 예수 자신의 역사적 사실에까지 거슬러 올라갈 수 있다고 한다. 과연 그렇게까지 얘기할 수 있을지는 알 수 없지만, 만들어낸 이야기로서도 예수 사상을 이만큼 멋지게 해설한 작품은 많지 않다.

8. 예수 주변의 여인들

그런데 실제의 예수는 이 이야기보다 좀 더 대범했던 모양이다. 이 이야기가 꺼림칙한 것은 여인이 간음했다며 돌로 쳐 죽이겠다고 소란을 피운 자들 때문이고 예수 탓은 아니지만, 그렇다 하더라도 욕정을 품고 여인을 바라보는 자는 이미 간음한 것이라고 단언한 예수가 한편으로 그런 생활을 했는지 생각해 보면 빙긋 웃고 싶어지는 장면이 있다. 그리고 이 편이 예수의 일상을 황야에 나간 요한과는 달리 도시나 시골 마을에서 얼큰하게 취한 기분이었던 예수의 평상시 모습을 잘 보여주는 이야기일 것이다.

'나병환자'라는 별명으로 불린 시몬, 즉 아마도 예전에 무슨 피부병에 걸렸던 적이 있어서 그런 별명이 붙었겠지만, 그 시몬의 집에 초대받아 평소대로 예수가 즐겁게 마시며 먹고 있을 때였다. 한 여인이 값비싼 향유를 몽땅 부어 예수의 발에 바르고 자신의 머리칼로 예수의 발을 닦기 시작했다…… 뭐, 이것도 물론 실화인지 아닌지 알 수가 없다. 그러나 세 개의 공관 복음서만이 아니라 요한 복음서(12장 1-8절)에도 같은 이야기가 기록되어 있고, 공관복음서 쪽도 단지 마르코(14장 3-9절)의 이야기를 다른 복음서들이 베껴 쓰기만 한 것이 아니다. 마태오(26장 6-13절)는 마르코의 것을 옮겨 쓴 것이지만, 루카는 아마도 마르코와는 전혀 다른 계통의 전승을 찾아내 그것을 전혀 다른 전후 관계 속에 배치했다.(7장 36-50절) 실은 이 여인이 자신의 머리칼로 예수의 발을 닦았다는 이야기는 요한과 루카에만 나온다. 마르코와 마태오 판은 향유를 예수의 발에 부은 것이 아니라 머리에 부은 것으로 되어 있다.

아마도 그리스도교 전승자들은 이 이야기를 어떻게 처리해야 좋을지 고민했을 것이다. 모든 게 혼란스럽다. 도대체 장면 자체부터 마르코·마태오 판은 나병환자 시몬의 집으로 설정했지만, 요한 복음서에서는 라자로의 남매 마르타, 마리아의 집으로 되어 있으며, 기름을 부은 것은 그 마리아다. 누구인지 이름도 전해지지 않은 한 여인의 이야기를 확실하지는 않지만 마르타, 마리아 자매와 연결시키고 싶어 하는 요한 복음서도 또한 마리아의 이야기로 만들어 버린 걸까. 그렇지 않으면 너무 노골적인 이야기여서 마르코 복음서의 저자가 주저하며 실명을 올리는 걸 피한 것일까. 그렇다면 역시 원래 이야기는 예수의 발에 향유를 붓고 머리칼로 닦은 이야기였는데, 이걸 마르코가 그건 너무 지나치다고 해서 예수의 머리에 부은 것으로 한 걸까. 고대 유대교 세계에서 향유를 머리에 부은 것뿐이라면 별로 주목할 만한 일은 아니다. 루카는 적당히 하면 좋으련만 이것을 어느 바리사이파 인물의 집에서 일어난 것으로 만들어 버렸다.

이 전승의 혼란상으로 보건대, 오히려 거꾸로 그 근본에는 뭔가 실화實話가 있었을 것으로 상상하고 싶어진다. 처음부터 종교적 설화說話로 창작된 것이라면 이처럼 전승이 혼란스러울 리가 없다. 교회 사람들이 이 이야기를 어떻게 처리하면 좋을지 몰랐으므로, 그것을 여러 가지로 세공해서 각기 다른 이야기로 만들었을 것이다. 그리고 원래 도저히 종교적 설화가 될 것 같지도 않은 이야기에 뭔가 종교적 의미를 찾아내려 하다 보니 각각이 마치 다른 '해석'을 도입하는 듯한 결과가 되었다. 마르코가 전하는 전승이 향유를 머리에 붓는 것으로 한 것은 물론 메시아 선정 의식의 작은 모형이다. '메시아'란 잘 알려져 있다시피 원래는 히브리어로 '기름이 부어진 사람'이라는 의미다. 하느님에 의해 특별히 선발된 사람의 머리에 향유가 부어진다. 예수는 죽기 얼마 전에 이렇게 해서 메시아로서 머리에 기름이 부어졌다는 이야기다. 그러나 마르코 자신은 여기에서 메시아 선정 의식의 작은 모형만을 보는 것은 너무 억지스럽다고 생각한 것인지, 동시에 이것이 예수의 죽음의 준비라는 해석을 도입했다.(마르코 14장 8절) 이 또한 당시의 유대인 풍습으로(유대만이 아니라 널리 보급되어 있었지만), 죽은 사람을 매장하기 전에 그 유해에 향유를 발랐다. 그녀는 예수의 죽음이 가까웠다는 것을 느끼고 미리 장사 지낼 준비를 했다는 것이다. 하지만 이처럼 무엇이든 후세의 해석으로 간주하는 것은 좋지 않을지도 모르겠다. 실제로 예수와 어느 정도 이상 친밀했던 사람들이라면, 아무래도 이대로 계속 가게 되면 예수는 이제 곧 붙잡혀서 죽임을 당하지 않을까 하는 두려움을 느끼고 있었다고 해도 이상할 게 없다. 그녀는 그것이 슬퍼서 그런 과감한 행동으로 나간 것일까. 마르코만이라면 모르겠는데, 요한 복음서도 비슷한 해석을 하고 있다.

어쨌든 루카판은 명료하게 루카 신학을 통한 설교다. 무엇이든 '죄의 용서'라는 설교로 만들지 않고는 마음이 놓이지 않는 루카는 여기에서도 그녀는 '죄 있는 여인'(매춘부)이고 그 죄를 용서받은 감사의 표시로 그런 행위를 한 것이라고 해석해 준다. '죄의 용서'라는 종교 관념 일색으로 칠해대지 않으면 마음이 놓이지 않는 이 사람의 특색이 잘 드러나 있다. 그 덕에 후세의 그리스도교에서는 그녀는 매춘부였다는 전설이 정착한다. 물론 마르코·마태오판도 요한판도 그런 내용은 전혀 쓰지 않았다. 게다가 매춘부라면 막달라 마리아일 게 분명하다고 해서, 중세 이후의 그리스도교 회화나 조각에서는 막달라 마리아의 전기에 반드시 이 장면이 들어가게 되었다. 물론 막달라 마리아가 매춘부였다는 것은 아무런 근거도 없는 상상인데, 그 이전에 원래 이 이야기의 여인이 막달라 마리아였다는 것도 전혀 근거가 없다. 만약 마리아라는 이름의 여성이었다면 요한 복음서가 이야기하듯 마르타의 동생 마리아였을 것이다.

따라서 사실인지 아닌지는 알 수 없으나, 만일 실화였다면 그때 예수가 어떤 얼굴을 하고 그것을 받아들였을까. 손님의 발을 씻어 주는 것은 고대 사회에서는 지극히 당연한 풍습이었다고 해도(하지만 보통은 노예나 하인의 업무였다) 머리칼로 닦아 주었다면 역시 도가 좀 지나치다. 요한 복음서가 이야기하듯 예수의 죽음이 가까웠다는 걸 느끼고 그 슬픔을 이런 행위로 표출한 것인가, 아니면 전혀 그런 것이 아니고 단지 예수에 대한 평소의 연정을 이런 형태로 표현한 것인가…… 예수인들 설마 예전에 '욕정을 품고 여인을 바라보는 자는 간음을 한 것이다'라며 벌레라도 씹은 듯한 얼굴을 하며 호언장담하던 때와 같은 얼굴을 하고 있었을 리는 없다.

싸구려 미국 영화 같은 데서, 예수가 특정의, 내지는 몇 명인가의 여성과 연애 관계를 맺고 있었다거나 성관계도 했다거나 하며 제멋대로 온갖 상상을 하며 값싼 소설을 써 보고 싶어 했지만, 그런 것을 의심하며 억측을 하는 것은 결국은 천박한 자의 억측이어서, 자료에 아무런 실마리도 없는 것을 소설식으로 상상해 봤자 아무 의미도 없다. 그것은 뭐든 이런 상상으로 이야기를 풀어가고 싶어 하는 사람들 자신의 성향을 표현하고 있는 것일 뿐이며, 예수든 복음서든 그것과는 아무 관계도 없다. 아무 근거도 없는 것에 대해 상상을 펼치는 것은 시간 낭비다.

그러나 그런 상상은 그렇다 치고 실제 문제로서 예수에 반한 여인들이 여럿 있었을 것이다. 어쨌든 저만한 인물이었다. 병 치료를 받아 감사하는 마음, 또는 폐부를 도려내는 듯한 말에 감동한 외경畏敬의 마음, 또는 세례자 요한처럼 정색을 한 냉혹함과는 다른 대범한 온기에 대한 감동 등의 여러 감정과, 연정 사이의 갈림길이 어딘지는 정할 수가 없을 것이다. 예수로서도 그런 여인들과 마주보는 즐거운 때를 좋아했을 것이다. 그때도 정말로 머리칼로 발을 닦았는지 어땠는지는 제쳐놓고라도 친밀한 여인의 환영을 받는 기쁨에 멍하니 몸을 맡기고 있었을 게 분명하다. 그 정도의 이야기다. 무리하게 종교적으로 의미 부여를 하려 하니까 기묘한 이야기가 되어 버린다. 예수라는 사나이는 그런 부류의, 사람과 사람이 만나는 따뜻한 온기 속에서 살아갔다는 것이다.

예수의 '사상'에만 흥미를 갖고 있는 야기 세이이치는 물론 이런 이야기는 묵살한다. 아라이 사사구도 그것이 사실이었다고 생각하고 싶지 않다. 그래서 그것은 실제로 있었던 이야기가 아니라 전승에 지나지 않는다고 단정한다. 그렇다면 그렇게 그냥 놔두면 되는데, 여기에는 '여성 차별을 철폐'한 예수의 '행동거지'가 보인다고 한다. 사건은 사실이 아니더라도 그 속에서의 '행동거지'는 사실이라는 이 진묘珍妙한 논리. 이런 영문을 알 수 없는 이치에는 동조할 수 없지만 아라이는 이것이 '여성 차별 철폐'라며, 예수가 '남성과 마찬가지로 여성과도 사귄' 모습을 여기에서 찾을 수 있다고 한다. 만일 이런 논리가 옳다면 당시의 유대교에서는 남성이 머리칼을 길게 길러서 손님의 발을 닦아 주는 것이 풍습이었는데 예수는 여성이 그렇게 하는 것도 환영했다는 이야기가 되어 버린다. 그런 진묘한 '남성의 풍습' 따위, 아라이 씨는 역사 자료 어디에서 그런 것을 찾아냈는지 모르겠다. 또한 아라이에 따르면, '유대의 풍습으로는 손님을 맞아 차려진 식사에는 남성만 참석하게 되어 있으므로, 그 한복판에 여성이 들어오는 행위 자체가 이미 이상하다.'(『예수와 그의 시대』) 이런 일견 학자적인 스타일로 쓰인, 늘 봐온 듯한 거짓말을 나는 좋아하지 않는다. 대체로 예수는 곧잘 남의 집에서 함께 식사를 하고는 했겠지만 아라이가 상상하는 것과 같은, 비교적 유복한 무리가 바리사이파적 예의작법으로 손님을 초대하는 장면과는 거의 인연이 없었을 것이다. 서민이 지인의 집에서 함께 즐겁게 마시고 먹을 때에는 그 집의 가족도, 근처의 남녀 지인들도 왁자지껄 모여드는 법이다. 주로 바리사이파 율법학자들이 남긴 규율을 실마리로 당시 서민의 생활 풍습이 모두 그러했다고 상상하는 것은 이치에 맞지 않다. 아라이의 방법은 에도 시대의 서민 생활을 묘사하는 데 무사 집안의 관습을 서민도 빈틈없이 지키고 여성은 남성이 있는 객실에 손님이 되어 앉는 일은 없다고 상상하는 것과 같다. 어느 세계에서나 여성이 많은 노동을 담당했던 하층 계급에서는 그만큼 여성들도 활달하게 남성들과 어울리는 법이다. 확실히 지금 일본의 좀 오래된 가정에서는 변함없이 손님이 왔을 때 주부는 식사를 함께하지 않고 서비스에 몰두하는 것처럼, 당시 유대인의 유복한 계급에서도 남자 손님들의 식사 자리에 여자도 함께 앉아서 함께 마시고 즐기는 일은 없었을 것이다. 그러나 서민의 친밀한 동료 사이에 '초대' 따위의 격식 차린 자리가 아니라, 함께 밥이라도 먹자고 했을 때 그 집의 주부나 딸이 어떻게 처신했을까, 라는 것은 바리사이파 율법학자들이 써서 남긴 법 해석 체계 따위를 아무리 조사해 봐도 알 수 있을 리가 없다. 만일 함께 식탁에 앉지는 않더라도 식사거리를 가지고 오거나 할 때마다 잡담이 오간다든지 하는 것은 당연한 풍경이었을 것이다. 아니, 부자의 딱딱하고 거북한 연회석도 객석에 여성이 앉는 일은 없을지라도 급사일을 하는 그 집 여성이 출입하는 것은 드문 풍경이 아니다. '여성이 들어오는 행위 자체가 이미 이상하다'라고 새빨간 거짓말을 역사적 사실인 것처럼 단정하는 것은 요컨대, 예수를 '차별 철폐'의 성자로 만들고 싶어서 여기저기 모조리 '차별' 색으로 칠하고 싶은 종교가의 설교벽에 지나지 않는다. 즉 아라이는 루카와 같은 작업을 하고 있다. 루카는 예수를 '죄의 용서'의 성자로 만들기 위해 아무것도 아닌 한 여성을 '죄 지은 여인'으로 만들었다. 아라이는 '차별 철폐'의 성자를 만들고 싶었으므로 거기에 여인이 있다는 것 자체가 이미 이상하다는 해석이 필요했다. 그러나 아무리 1세기의 유대인 사회라지만 그렇게까지 상식을 벗어났을 리는 없다.

본래의 이야기로 돌아가자. 요한 복음서에서는 이 여인이 마르타의 동생 마리아로 되어 있다. 하지만 그 마르타와 마리아는 루카 복음서에서는 예의 가사노동 멸시 이야기의 주인공이 되어 버렸다.(루카 10장 38-42절) 이 자매는 예루살렘 근교의 마을 베타니아의 주민이다.(요한 11장 1절) 예수는 아마도 무슨 볼일이 있어서 예루살렘에 갈 때는 이 자매의 집에 머물 수 있게 허락을 받았던 것일까.(마르코 11장 11절 참조) 루카가 기록한 이 이야기에 따르면, 언니 마르타가 접대하는 일에 바빴지만 동생 마리아는 조금도 도와주지 않아서 속이 바작바작 탔다. 마리아는 예수의 발치에 앉아 그 이야기를 듣고 있었다는 것이다. 언니가 예수에게 와서 말했다. '이 동생이 조금도 도와주지 않아요. 뭐라고 말씀 좀 해 주세요.' 하지만 루카판의 예수는 거꾸로 언니에게 설교했다. '마르타, 마르타야. 너는 많은 것에 신경 쓰면서 요란스레 돌아다닌다. 하지만 필요한 것은 하나뿐이다. 마리아는 그 좋은 쪽을 택했으니 그것을 빼앗아서는 안 된다.'

성스러운 구세주 그리스도님의 말씀을 들을 기회는 거의 없다. 그 절호의 기회를 놓치지 않으려고 마리아는 열심히 듣고 있었던 것이다. 세속의 하찮은 잡일에 시달리며 요란스레 돌아다니느라 가장 중요한 것을 놓쳐서는 안 된다…… 아마도 어느 종교에서나 반드시 나올 법한 종교 신앙의 말씀이야말로 무엇보다 중요하다는 설교인데, 그런 말을 들으면 마르타도 화가 나서, 내가 하는 일이 중요하지 않다고 말씀하시는 거라면, 지금 여러분의 식사 준비를 하고 있는데 그만두죠, 라는 말을 내뱉고 싶지 않았을까. 물론 살아 있는 우리 인간에게 가장 중요한 것은 무사히 밥을 먹을 수 있는 것이고, 그것을 내버려두고 뭔가 고마울 것 같은 설교를 들어봐야 배가 찰 리도 없겠지만, 이 이야기가 그 뿌리가 되어 이후 그리스도교 세계의 2천 년 역사를 통해 여성의 가사노동을 경시하는 전통이 생겨났다. 실은 그 덕에 살아가고 있는 주제에 가사노동 따위 가치가 낮고 대단할 것 없는 여성의 일이라며 우쭐해져 경시한다. 아니, 좀 더 정확하게 이야기하면, 이런 가사노동 멸시는 동서고금에 남성이 사회의 권력을 장악한 이래 어디에서나 변함없이 반드시 볼 수 있게 된 것이어서 그리스도교의 전매특허는 물론 아니다. 루카 복음서의 한 이야기 정도로, 갑자기 그런 체제와 가치관이 확립된 것은 아니다. 고대 사회라 하더라도 이미 오랜 세월 이런 여성의 노동에 대한 멸시가 확립되어 있었다. 루카 복음서 저자가 한 것은(다분히 그 이전부터 이미 그런 이야기가 돌고 있었던 것을 그가 기꺼이 복음서에 채용했겠지만) 종교적 관념적인 설교의 무게를 그 위에 얹어서 그런 종교 설화를 작문한 데에 지나지 않았다. 따라서 루카 한 사람의 영향이라고 할 수는 없겠으나, 하지만 이 이야기가 그리스도교 세계에서

커다란 영향을 끼친 것도 사실이다. 실은 아무도 가사노동을 하지 않고 살아갈 수는 없다. 그것이 인간 생활의 근간이다. 그런데 남성들은 그것을 일방적으로 여성들 어깨 위에 짊어지웠을 뿐만 아니라 실컷 신세를 져 놓고도 그것이 하찮은 가치밖에 없다는 당치도 않은 가치관을 온갖 기회를 이용해 떠벌렸다. 마르타와 마리아의 이야기는 그리스도교 세계에서는 제대로 그 역할을 수행한 것이다. 이후 그리스도교 세계에서는 '마르타적'인 일은 근대에 들어서도 바로 얼마 전까지 죽 경시되어 왔다. 실은 남성들도 인간이 살아가는 데에는 가사노동 없이는 안 된다는 것을 잘 알고 있다. 따라서 '필요한 것은 하나뿐이다'라고 단언한 예수의 이 말이 무의미한 종교적 부추김이라는 것도 실은 잘 알고 있다. 따라서 가사노동 따위 필요 없습니다, 라고 잘라 말하지는 않는다. 그러나 그것은 명백히 필요한 것이지만 중요한 것은 아닙니다, '정말로 없어서는 안 되는 것은 종교적 진리뿐입니다'라며, '정말로' 같은 속임수의 부사구를 슬쩍 붙여 가사노동 멸시를 관철하려 해 왔다.

이것은 단지 여성 노동의 멸시라고만 할 사항이 아니다. 예컨대 중세의 수도원에서 수도사(엄밀한 의미에서의, 제대로 된 '자격'을 얻은 수도사, 즉 중세적 신분 계급에서는 상층 계급에 속한 자들)는 가능한 한 세속의 일에는 종사하지 않고 그런 일은 하층 하인(조수사助修士 등으로 불렸다)에게 시켰다. 자신들의 하느님에게 불려간 자는 기도와 찬미에 몸을 바쳤기 때문에 밥을 하거나 청소를 하거나 장작을 쪼개는 일 따위는 신분이 낮은 자가 해야 할 일이었다……

그래서 후세의 그리스도교 세계에서는 절대적인 영향이 있었던 말씀이지만, 이것 역시 예수 사후에 상당한 시간이 흐른 뒤 만들어진 종교 설화일 것이다. 루카 복음서에만 나오며, 또 명료하게 이미 기성 종교로 확립된 종교 교단의 설교 냄새를 물씬 풍긴다. 하지만 이야기의 출처가 완전히 사실무근이었는지의 여부는 알 수 없다. 실제 문제로 여동생 마리아가 모처럼 예수가 왔다고 해서 언니의 가사를 도와주지 않고 예수의 발치에 앉아 이야기를 듣고 있었던 정도의 일은 있었다고 해도 이상할 것은 없다. 언니가 그래서, 조금 거들어 주라고 말씀 좀 해 주세요, 하고 예수에게 하소연했다고 해도 이 또한 어디에서나 볼 수 있을 법한 풍경이다. 요한 복음서 저자는 루카와는 달리 마르타와 마리아 가족을 매우 잘 알고 있었던(내지 매우 잘 알고 있는 사람들이 전해 준 전승을 잘 알고 있었던) 것으로 생각되는데, 그 제10장에서 길게 이야기하는 '라자로의 부활' 이야기도 잘 읽어 보면 마르타와 마리아의 이런 관계가 배경에 얼핏 보인다. 마리아는 분명히 예수에게 친근감을 갖고 예수의 이야기 듣기를 좋아했다.

요컨대 좋지 않은 것은, 그 정도로 흔히 있는 대화를 토대로 거기에서 종교 설화를 만들어낸 루카의 설교 정신이며, 그런 정도의 일에 지나지 않는 것이지만, 마리아가 예수의 이야기 듣기를 좋아했다는 것은 사실이었을 것이다. 그러나 또 이런 것을 재료로 삼아 마리아가 예수에게 연정을 품고 있지나 않았는지 쓸데없는 일에 대한 억측은 그만두는 게 좋다. 아니, 그것은 또 존경과 연정은 구별이 되지 않는 경우가 많으므로 실은 본인들에게 물어보는 수밖에 달리 방법이 없으나, 어떤 감정을 품고 있었든 마리아가 예수의 이야기 듣기를 좋아한 것은 확실한 것이어서, 그것은 당연히 예수의 이야기가 재미있었고 그녀는 그 재미를 충분히 이해할 능력이랄까, 자질이랄까, 정신이랄까, 그런 자세가 되어 있었다는 이야기다. 그것을 연정 때문이라고 하는 것은 그녀의 지성에 대해 실례가 되는 일이 아닐까. 연정이 있었다고 해도 상관없으나, 그녀는 예수가 어떻게 재미있었는지를 평가할 수 있을 만한 실력이 있었다.

그런 여성은 그 밖에도 여럿 있었다. 예수가 죽을 때 십자가의 단말마를 멀리서 지켜보았고, 매장하는 데 동행했으며, 아침 일찍부터 무덤을 참배하러 간 것은 몇 명의 여인들이었다. 막달라 마리아도 그중에 있었다. 막달라라는 것은 갈릴래아 호수 서안의 마을인데, 이 여성에 대해 사실로 알려져 있는 것은, 예수한테서 치료를 받고 병이 나았다는 사실이 유일하다. 일곱 가지 악령에 홀렸다고 하니 뭔가 성가신 지병이었을 것이다. 그녀 외에도 몇 명의 여인들이 예수의 죽음 장면에 입회했다.(마르코 15장 40-41, 47절, 16장 1절) 그 여인들과 예수 사이에 오갔을 게 분명한 다채롭고 풍성한 감정의 뒤얽힘을, 그 하나하나의 장면을, 우리는 이미 알 수가 없고, 그것을 상상으로 쥐어짜 그려내려 해봤자 무의미한 일이다. 다만 그 하나하나의 내용을 우리가 이미 알 수 없게 되었다 하더라도, 적어도 다채롭고 풍성한 감정이 뒤얽혀 있었음이 분명한 정경을 예수의 생활 분위기로 항상 상상하면서 예수상을 그리지 않으면 이 사나이를 이 세상이 아닌 얄팍한 종교 관념으로 환원해 버리게 될 것이다. 세례자 요한은 바로 그런 정경에서 탈출해 그 바깥에 머물려고 했던 탈세간脫世間의 금욕수행자다. 그런 점이 두 사람의 활동의 질의 전형적인 차이다. 그리고 예수의 역설적 반항의 예리함을 잘 이해하고 평가할 수 있었던 것은 예수의 '제자'들보다 이 여인들이었을 것이다. 예수 사후에 예수가 그토록 혐오했던 예루살렘 시내에 상당히 권위주의적인 그리스도 교단을 만들었던 제자들은 그녀들과 달리 예수가 체포당할 때 후다닥 잽싸게 도망쳤으며, 그 처형이나 매장 현장에도 없었다.

9. '하느님의 나라'의 역설적 비판

그런데, 예수와 세례자 요한의 비교를 길게 계속해 왔지만, 그것을 토대로 비로소 하느님의 나라에 대한 예수의 약간 수수께끼 같은 신랄한 발언도 이해할 수 있다. 예수가 세례자 요한을 '여인의 몸에서 태어난 자 가운데 가장 위대한 자'라고 찬양했다는 것은 앞에서 지적했다. 그러나 그에 이어 예수는 재미있는 구절을 덧붙인다. '그러나 하느님의 나라에서 가장 작은 자도 요한보다는 클 것이다.'(루카 7장 28절 = 마태오 11장 11절, Q자료) 이것은 무시무시한 야유다. 하느님의 나라라는 것은 그처럼 상상을 절(切)하는 피안의 위대함이라는 이야기를 예수가 하려고 한 것은 아니다. 한편으로 예수는 이 세상의 종교가들이 하느님의 나라와는 가장 인연이 먼 존재로 간주한 '세리와 매춘부'야말로 오히려 하느님의 나라에 들어갈 것이라고 단언했다.(마태오 21장 31절) 또 하느님의 나라는 '가난한 자'의 것이라고도 분명히 말했다.(마태오 5장 3절) 하느님의 나라라는 것을 이야기할 수 있다면, 그곳은 세리나 매춘부나 가난한 자가 지금 수탈당하는 상태에서 해방되어 안심하고 살 수 있는 장소인 것이다. 거기에 들어가는 데 자격 따위는 필요 없다. 고을의 한길로 나가는 것이 좋다. 거기에서 만나는 그 누구라도 모두 하느님의 나라에 들어갈 것이다.(마태오 22장 9절 = 루카 14장 21절, 다분히 Q자료) 그렇게 해서 누구라도 싱글벙글하며 살 수 있는 하느님의 나라에서, 그런 사람들에 비해 세례자 요한은 가장 작다. 요한이 추구한 종교 실천을 매우 높게 평가하면서도 예수 자신은 180도 다른 방향으로 향했고, 요한을 다소 냉소적으로 멀리서 바라보고 있던 마음을 이 말은 정직하게 표현하고 있다.

바리사이파는 하느님의 나라의 멍에를 짊어질 것이라 칭하고 찌푸린 상통을 한 채 종교 실천에 힘쓰고 있었다. 그리고 그들과 함께하지 않는 자들을 인연이 없는 중생으로 보고 하느님의 나라에서 배제하려 했다. 그러나 그들의 지나치게 고지식한 노력도 '기도'를 빠뜨리지 않고 암송하거나, '청결'을 중심으로 한 계율 준수 등에 한정되어 있었다. 거기에 몹시 불만을 품은 세례자 요한은 생활 전반에서 엄격하게 윤리적으로 하느님의 나라에 대비하는 실천을 철저히 하려 했다. 이런 사람들의 종교성으로 보면 확실히 요한은 가장 위대하다. 그러나 그 방향으로 계속 가는 한 하느님의 나라는 점점 더 숭고하고 요원하며 두려운 종교 이념이 되어 버린다. 그렇지 않다. 하느님의 나라라는 것이 있다면 짐짓 점잔을 빼고 괴로운 듯한 얼굴을 하고 짊어질 수 있는 게 아니다. 그렇게 하느님의 나라, 하느님의 나라라고 말하고 싶다면, 분명히 말해 주겠다.

'하느님의 나라는 너희 가운데 있다.'(루카 17장 21절)

이 경우 '가운데'라는 전치사는 여러 가지로 해석되어 왔다.

당신들 사이에 서 있는 예수야말로 하느님의 나라를 대표하고 있다거나, 하느님의 나라는 여러분의 정신의 안쪽에 있는 것, 곧 정신생활이다 등등. 그러나 이에 대해서는 A. 뤼스토프라는 학자의 논문이 결정적인 답을 제시하고 있다고 생각한다. 이 사람은 그리스도교 학자가 아니라 고대 법제사의 전문가인데, 헬레니즘 시대의 문헌이나 파피루스 등을 읽어가던 중에 '가운데'라는 전치사가 이 경우와 같은 의미로 사용되고 있는 예를 찾아냈다며, 실례를 많이 인용하고 있다. 그중에서 두 가지만 소개하면, 크세노폰의 표현에 '화살 가운데'라는 것이 있다. 이것은 '화살이 가 닿는 범위', 글자 그대로 사정거리에 있다는 의미다. 또는 파피루스에 어느 주부에 대해 '포도주 저장분이 그녀 가운데에 있다'는 구절이 발견된다. 그녀의 손이 닿는 곳, 자유롭게 처리할 수 있는 곳에 있다는 것이다. 그렇다면 '하느님의 나라가 너희 가운데에 있다'는 것은 너희의 손닿는 곳에 있다, 너희 자신의 가능성이다, 라는 의미가 된다. 실제로 그렇게 이해하는 것이 다른 경우에 예수가 하느님의 나라에 대해 발언하는 것과 잘 대응한다. 이 또한 단편 전승이기 때문에 '너희'라는 말로 누구를 가리키고 있는지는 알 수 없지만 하느님의 나라는 가난한 자의 것이라고 한 것과 같은 정신으로, 매우 훌륭한 사람이 가까스로 도달할 수 있는 이상한 피안이 아니라 너희 자신의 당연한 가능성이야, 라고 말하려는 것임은 분명해 보인다.

이렇게 보면, 하느님의 나라의 비유로 간주되는 '저절로 자라는 씨앗의 비유'(마르코 4장 26-29절)의 취지도 명쾌해진다. 예수가 말한 비유 이야기 중 다수는 원래 무엇을 비유해서 한 것인지가 전해지지 않고 비유만 전해진 탓에 나중의 복음서 기자, 특히 마태오는 대부분의 비유를 하느님의 나라를 비유한 것으로 취급해 버렸다. 따라서 마태오가 이것은 하느님의 나라를 비유한 것이라고 해도 쉽게 신용할 수가 없지만, 마르코의 경우는 아마도 그럴 것이라고 생각된다. 마르코는 비유 이야기를 기록한 것이 적은데, 적은 중에도 하느님의 나라를 비유한 것으로 기록되어 있는 것은 이것과 이어지는 '겨자씨의 비유' (4장 30-32절)뿐이기 때문이다.

> 하느님의 나라는 다음과 같은 것이다. 사람이 땅에 씨를 뿌리고, 밤낮으로 자고 일어나고 하는 사이에 씨앗이 싹을 내고 자란다. 뿌린 사람이 알지 못하는 가운데 저절로 땅이 열매를 맺는 것이다. 먼저 푸른 풀이 되고 다음에 이삭이 나오고, 그리고는 이삭 속에 열매가 가득 찬다. 열매가 익을 때가 되면 사람이 낫으로 베게 된다. 그것이 수확이라는 것이다.
>
> (마르코 4장 26-29절)

그렇다. 그것이 수확이라는 것이다. 만일 하느님의 나라라는 것이 있다면, 다른 어디에서 그것을 찾을 수 있겠는가. 여기에서도 예수의 하느님과 하느님이 만든 자연에 대한 실로 낙천적인 신뢰감이 넘친다. 하느님은 그처럼 인간에게 잘 해 준다. 밭을 갈고 씨를 뿌리면 그 뒤는 농부가 자고 있어도 저절로 대지가 열매를 맺게 하지 않는가. 고대의 농부가 아직 자연의 힘에 대해 소박한 경이와 외경을 잃지 않고 있던 시대에 농작물이라는 것을 자신이 자연에 손을 대서 수확물을 만들어내는 것이라는 생각은 하지 않고, 오히려 자연이 베풀어 주는 은혜에 감사하며 따 오는 것이라고 생각했던 모습이 여기에는 명확하게 그려져 있다. 실제로 고대인에게는 보리 씨앗이 저절로 싹을 내고 이윽고 열매를 맺기에 이르는 과정은 실로 불가사의한 힘이 작동하고 있는 것으로, 농부들은 주야로 자고 일어나고 했을 뿐이다. 소박한 자연주의라고도, 매우 고대적인 낙천주의라고도 부를 수 있다. 그리고 자연의 정경이 황야에 가까운 유대보다도 풍성한 과일나무와 농작물에 에워싸여 있는 갈릴래아 사람에게 어울리는 발언이라고도 할 수 있다.

마찬가지로 자연의 은혜라는 점에서는 예수의 하느님에 대한 소박한 신뢰감은 철저했다. 이미 논한 '들판의 꽃, 공중의 새'에 대한 발언(2장 '솔로몬의 영화' 참조)도 그런 생각을 보여주며, 또 '구하라, 그러면 받을 것이다. 찾아라, 그러면 얻을 것이다'라는 구절도 같은 정신을 표현하고 있다. 밭을 갈고 갈아도 기근은 이어지고 보답받을 수 없는 엄혹한 자연 조건 아래서 살아가는 사람이라면 이처럼 낙천적으로 '하면 줄 것이다'고 단언할 수는 없다.

자신의 아이가 빵을 달라는데 돌을 줄 사람이 어디 있겠느냐. 생선을 달라는데 뱀을 줄 사람이 어디 있겠느냐…… 하물며 하늘에 계신 아버지라면 구하는 자에게는 좋은 것을 주신다.

(마태오 7장 7-11절 = 루카 11장 9-13절, Q자료)

참새는 5마리가 고작 2아스(8콰드란스)에 팔리지 않느냐.

더구나 그 한 마리조차 하느님 앞에서 잊혀지는 일은 없다.

(루카 12장 6절 = 마태오 10장 29절, Q자료)

예수는 하느님이 주는 이런 자연의 은혜에 대한 낙천적인
신뢰감이 다른 사람들보다 좀 더 강했던 것으로 생각되지만,
농부가 자고 일어나고 하는 사이에 저절로 땅이 열매를 맺어
준다는 이야기에는, 갈릴래아 사람이라면 모두 그래 그래 하고
생각했을 게 틀림없다. 예수의 특이한 점은 하느님의 나라는
그런 것이다라고 덧붙인 점에 있다. '하느님의 나라의 멍에를
짊어진다'고 점잖을 빼는 얼굴을 하는 것이 보통이던 사상 풍
토에서 '뭐? 하느님의 나라? 여러분 농민의 매일의 생활이 그
것 아닙니까? 밤에 자고 낮에 일어나고, 그러다 보면 다 됩니
다'라고 주저 없이 말했다.

J. 예레미아스 ―이것은 인내의 권유다. 농부가 씨를 뿌려도
그 뒤에 한참 인내하며 기다려야 한다. 폭력으로 무리하게 하
느님의 나라를 오게 하려 해서는 안 된다. 오로지 인내하라. R.
불트만 ―인간이 관여하거나 이해할 것 없이 씨앗은 싹이 터
서 자라고 익는다. 그것이 기적적인 것과 마찬가지로 하느님의
지배가 도래하는 것도 또한 기적적인 것이다. 그것은 절대타
자, 절대적인 피안의 사항이다. 야기 세이이치 ―하느님의 지
배는 인간의 업業으로는 안 되고 스스로 관철한다. 따라서 그
것은 인간에게 건설을 호소하는 것이 아니라 회개를 호소한
다.― 씨앗을 뿌린 뒤에는 한가롭게 밤에 자고 낮에 일어나다
가 수확 때는 가라고 해서 낫을 들고 베러 왔다, 좋았어…… 라
는 취지의 이야기가 왜 '회개의 호소'로 해석되어야 하는지 나

로서는 도무지 이해할 수 없다. 비유는 어떻게도 해석할 수 있다는 사례가 여기에 널려 있다. 예수는 실로 이런 식으로 만지작거린 종교가들의 그럴싸한 강변에 대해 이야기한 게 아닐까. 그런 쓸데없는 것을 생각하지 말고 씨앗을 뿌리러 가고, 그 뒤에는 밤에 자고 낮에 일어나며 한가롭게 지내세요…… 갈릴래아의 농민들이라면 맞아, 맞아 하고 손뼉을 쳤을 게 틀림없다.

위의 해석 중에서 예레미아스가 '인내'를 강조하는 것은 쓸데없지만, 하느님의 나라를 폭력을 통해 불러오려고 하는 자를 거론한 것은 일리가 있다. 예수 자신이 분명히 말했기 때문이다.

> 세례자 요한의 때부터 지금에 이르기까지 천국에는 폭력이 가해지고 있다. 그리고 폭력을 가하는 자들이 천국을 찬탈하려 하고 있다.
>
> (마태오 11장 12절)

정치와 혁명을 싫어하는 종교가들은 여전히 이것을 열심당에 대한 예수의 비판이라고 해석한다. 예수한테서 열심당 비판을 읽어내려 하는 것은 시대착오라는 이야기는 이미 했다. 거기에다 열심당이 폭력, 정치혁명과 군사력으로 하느님의 나라를 세우려고 했다는 것은 아직도 증명되지 않은 학자들의 허구에 지나지 않는다. 열심당은 토마스 뮌처*가 아니다. 그들이 군사력으로 민족 독립을 쟁취하려 한 것은 사실이지만, 그것으로 '하느님의 나라'를 수립하려고 했다는 것은 아무도 증명하지 않은 채 전제로 삼고 있는 허구에 지나지 않는다. 게다가 어째서 종교가들의 해석은 쓰여 있는 것(세례자 요한)을 무시하고 쓰여 있지 않은 것(열심당)을 읽어내려 하는가.

이것은 '찬탈하다'라는 동사를 쓰고 있는 이상, '하느님의 나라에 폭력을 가하는 자들'이 억지로 하느님의 나라를 자신들이 전횡하려 하고 있다는 비판의 말 이외에 해 줄 말이 없다. 그리고 '세례자 요한의 때보다'라고 했으니 세례자 요한의 활동과 관계가 있는 일이라고 간주할 수밖에 없다. 이것은 요한을 비판하고 있는 것이 아니라 요한을 죽인 권력자들을 비판한 말이라는 해석도 있다. 하느님의 나라의 사신使信, kerygma 담당자였던 요한을 죽였다는 것은 하느님의 나라에 대해 폭력을 휘두른 것이 된다…… 하지만 그 사람들이 하느님의 나라를 찬탈하려 하고 있다는 것은 좀 기묘하다. 헤로데 안티파스는 이 세상의 지배자인 것으로 만족하고 있었기 때문에, 하느님의 나라에 참견을 했다는 것은 아무래도 어울리지 않는다. 그렇다면 이것은 역시 세례자 요한, 그리고 특히 그 제자들에 대한 비판이며, 그들은 하느님의 나라를 억지로 자신들의 것으로 만들려 하고 있다는 의미로 받아들이지 않을 수 없다. 한편 예수는 저토록 요한을 높이 평가하고 있었고, 또 원시 그리스도 교단이 요한을 예수의 선구자로 규정한 이래 그리스도교 신학자들은 요한을 부정적으로 평가하는 건 생각도 할 수 없

---

* Thomas Münzer(1489?~1525). 종교개혁 시기에 활동한 독일의 급진 종교 개혁가이며 재세례파 지도자. 농노반란을 지도. 폭력 투쟁을 통해 봉건영주의 통치권에 대항하여 교회와 하층민이 중심이 되는 이상사회를 건설해야 한다고 주장했다. – 옮긴이

는 일이었으므로, 이 명백한 말을 액면 그대로의 의미로 해석하려 하지 않았다. 하지만 요한을 높이 치켜세운 뒤 하느님의 나라 안에서 가장 작은 자도 요한보다는 크다고 덧붙인 예수다. 한편으로 그 정도로 냉담하게 요한의 세례 활동을 비평하고 있었다고 해도 이상하지 않다. 역시 예수와 요한은 180도로 방향이 달랐던 것이다. 실제로 '하느님의 나라가 다가왔다, 회개하라'고 황야에서 절규하며 사람들에게 그 사신使信 앞에 엎드릴 것을 요구한 요한의 활동은, 예수의 눈으로 보면 강제로 하느님의 나라에 대해 힘을 휘두르고 있다고 생각되었는지도 모른다. 그리고 특히 요한의 제자들이 그 세례 활동을 계승해 자신들의 세례 활동을 통하지 않고는 하느님의 나라에 들어갈 수 없다고 주장했다면, 그것은 당연히 하느님의 나라를 찬탈하는 주장이었다. 그 정도까지 확실하게 이 말의 의미를 한정해서 해석할 수 없을지는 모르겠으나, 어떤 의미에서 예수가 요한과 그의 제자들의 활동에 대해 부정적이었다는 것은 분명할 것이다. 그렇게 무리하게 힘을 휘두를 일이 아니다. 밤낮으로 자고 일어나고……

　이렇게 이야기해 놓고 보면, 얼핏 여기에는 불교적인 어려운 길難行道과 쉬운 길易行道의 대립과 같은 것이 있는 것처럼 생각될지도 모르겠으나, 그런 것은 아니다. 이행도易行道라고 해도 깨달음을 얻으려고 최대한 노력을 다하고 다해서 도달한 정점에서 그것을 뒤집어 버리고는, 그런 이상한 노력을 통해서 깨달음을 얻을 수 있는 것은 아니라는 것을 깨닫는다. 그에 비해 예수는 처음부터 하느님의 나라에 들어가려고 결사적으로 노력하지 않았다. 따라서 또한 이상한 노력을 고집하는 것에 대한 반동으로 거꾸로 외곬으로 생각하며 '평상심'을 고집하지도 않았다. 난행도든 이행도든 기본은 '하느님의 나라'에 있다. 이행도는 난행도가 하느님의 나라에 들어가는 상도常道라고는 생각하지 않았기에 '평상平常'에서 그 상도를 구했으며, 역시 그 근원에는 '하느님의 나라'가 놓여 있다. 그러나 예수는 어떻게 하면 하느님의 나라에 들어갈 수 있을까, 라는 것을 구도심求道心의 중심에 앉히고 거기에서 앞서 이야기한 것과 같은 심경에 도달했던 것은 아니다. 오히려 예수에게 '하느님의 나라'는 본질적인 문제가 아니었다. 그건 아무래도 좋았다고 해도 좋다. 당시의 종교가들이 뿌린 강렬한 종교적 이데올로기 탓에 사람들은 '하느님의 나라'를 염두에 두지 않을 수 없었다. 그래서 예수도 '하느님의 나라'에 대한 발언을 요구받은 적이 몇 번이나 있었을 것이다. 그렇게 '하느님의 나라, 하느님의 나라 하고 이야기하고 싶다면……'이라는 게 예수가 하느님의 나라에 대해 말할 경우의 냉담했던 기분이었을 것이다. 따라서 예수는 '하느님의 나라'에 대해서 발언하지 않는 경우에는 하느님의 나라 따위는 잊어버렸다. 다른 문제에 직면할 때 예수는 하느님의 나라와 같은 이념으로 그 문제를 처리하는 것이 아니라 그 문제 자체로 돌진한다. 역설적 발언은, 하느님의 나라에 대한 진리를 말하는 것에 의미가 있는 것이 아니다. '하느님의 나라의 멍에를 짊어진다'면서 요란을 떨면 얼마나 우스꽝스러워지는지를 지적하는 데에 그 안목이 있다. '하느님의 나라는 너희 가운데에 있다'는 것은 찾고 찾고 또 찾은 하느님의 나라가 생각과는 달리 우리 자신들 가운데에 있었다는 '발견'의 의미가 아니다. 하느님의 나라, 하느님의 나라라고 외면서 겉보기만 하지 말고 자기 자신의 현실의 가능성을 중시하라는 것이다. 하지만 이처럼 이치에 맞게 설명을 하는 것은 근대인들이고 고대 유대교의 분위기 속에서는 '하느님의 나라는 너희 가운데에 있다'고 거침없이 역설적으로 잘라 말하는 것이 설득력이 있었을 것이다.

이른바 이행도와 근본적으로 다른 것은, '하느님의 나라'가 만일 하늘의 피안에 있는 것이 아니라 자신들의 일상 속에 있다는 것이라면, 그 일상에 만족하면서 이것으로 좋다 하고 자세를 바로잡아 가는 사상에 어떻게든 연결되어 버리지만, 예수는 그 일상을 긍정하지 않았다. '하느님의 나라는 가난한 자의 것이다'라고 해도, 그러니까 가난한 자가 있는 곳에 하느님의 나라가 있는 것이니 가난한 채로 사는 게 좋다고 하지는 않았다. 만일 하느님의 나라라는 것을 이야기할 수 있다면, 지금 운좋은 작자들이 가난한 사람들을 내쫓고 하느님의 나라에 들어갈 것이라는 얘기는 아닐 것이다. 지금 착취당하고 있는 가난한 사람들이야말로 하느님의 나라에 들어갈 권리가 있다. 누군가가 유복하게 되는 것이 좋다면, 지금 가난해서 고생하고 있는 자를 제쳐 놓고 누가 유복해질 권리가 있을까. 울고 있는 자들이야말로 웃을 수 있게 되어야 한다. 예수는 현상에 안주하는 이행도와는 거리가 좀 멀었다. 현상에 항거했다. 사납게 포효했다.

이렇게 보면, 특히 '하느님의 나라'에 대해서도 예수는 종교 사상가가 아니라 종교 비판자였다. '하느님의 나라'라는 종교 이념에 열광하는 것이 아니라, 오히려 그 이념을 냉담하게 역설적으로 비판했던 것이다.

10. 종교적 열광 – 병의 치유에 몰두

그런데 그 예수가 '하느님의 나라'보다도 종교적으로 훨씬 더 열광해서 빠져든 한 가지가 있다. 병자 치유다.

> 만일 내가 하느님의 손가락으로 악령을 쫓아내고 있다면, 하느님의 나라는 여러분에게로 온 것이다.
>
> (루카 11장 20 = 마태오 12장 28절, Q자료)

마태오는 '하느님의 손가락'이 아니라 '하느님의 영'으로 되어 있다. 어느 쪽이 예수 자신의 말투인지 알 수 없지만, 어느 쪽이든 자신의 병 치유 행위는 하느님의 힘이 직접 작용해서 실현되고 있는 것이라는 자신감에 차 있다. 그리고 그 때문에 하느님의 나라는 왔다고 선언한다. 그렇다면 이 경우의 '하느님의 나라'는 역설적 말투는 아니기 때문에 지금 현재 병 치유라는 좋은 일이, 그것도 기적적으로 좋은 일이 일어나고 있다, 그것은 하느님의 나라의 지복 상태가 실현되고 있는 것이다, 라는 확신의 표현이다. 거기에는 다소 흥분한 종교적 열광이 있다. '하느님의 나라'라는 종교 사상을 출발점으로 해서, 그러면 그 '하느님의 나라'는 어떻게 실현될까, 라고 생각하며 말하고 있는 것이 아니다. 오히려 자신이 힘을 가지고 악령 추방을 실현할 수 있다, 그것도 아마 한두 번이 아니었다는 사건을 통해 생겨난 확신을 먼저 갖고, 이처럼 사람을 불행에서 해방하는 굉장한 사건이 차례차례 일어난다면 '하느님의 나라'가 왔다고 할 수 있다고 생각했을 것이다. 그렇게 생각함으로써 얻을 수 있는 열광적 확신은 예수를 다음의 병 치유로 향하도록 내몰았다. 이미 인용한 혜로데 안티파스에게 던진 말, '오늘도 내일도 나는 악령들을 쫓아내며 병 치유를 계속할 것이다'(루카 13장 32절)라고 한 것은 그 열광적인 사명감을 잘 표현하고 있다.

모든 종류의 정신 신경 계통의 질병은 악령 또는 '더럽혀진 영靈'이 달라붙은 것으로 간주되고 있었다. 하지만 다른 질병도 비슷하게 생각되고 있었기 때문에, 예컨대 나병은 '나병'이라는 것이 인간에게 달라붙어서 생기기 때문에, 악령이 떠나면 병이 낫는 것과 마찬가지로 '나병'이 떠나면 나병이 낫는다(마르코 1장 42절)고 여겨졌다. 그런 의미에서는 복음서에 나오는 '악령 들린 사람'이 모두 정신적인 질병이었다고 할 수는 없다. 우리에게는 하나하나 구별이 되지 않지만 여러 질병들의 원인이 악령으로 여겨지고 있었을 것이다. 어쨌든 예수가 치유했다는 말을 들은 병자들 중에는 '악령'에 사로잡힌 이들이 많았다. 한 가지 이유는 물론, 이런 종류의 이른바 카리스마적인 종교적 기적 행위자는 강렬한 정신의 작용과 '신앙'을 통해 질병을 고치기 때문에, 그것을 통해 치유되는, 또는 본인들이 치유되었다고 굳게 믿는 질병은 정신적인 것이 많았다는 이야기일 것이다. 그러나 또 하나 주목해야 할 사정은, 그렇다 하더라도 이런 종류의 질병이 대단히 많았다는 사실이다. 팔레스티나가 외국인의 제국에 지배당한 역사는 이미 오래되었다고는 하지만 헬레니즘·로마 시대는 그 가운데서도 독특한 의미를 지닌다. 그 지배는 단지 정치적, 군사적인 것이 아니라 경제적으로도 그냥 뭉뚱그려 공납금을 내는 것만이 아니라 서민의 일상 경제 생활의 구석구석까지 외국 지배가 침투해 들어와 문화적 언어적으로도 치밀하게 지배망이 퍼져 있었던, 실로 식민지 지배라는 이름에 걸맞은 상황이었다. 이질적인 문화에, 그것도 자신들을 압도하고, 착취하고, 집어삼키려는 강대한 이질 문화에 일상적으로 직면하는 것은 그것만으로도 실로 커다란 정신적 중압인데, 그것이 단지 문화면에 그치지 않고 세계적인 경제 변동에 조응해 늘 자신들의 생활이 불안에 노출된다. 올해 무사히 먹을 수 있다는 것이, 내년에 한 푼 없이 유랑 생활을 시작하는 것에서 몸을 지켜 준다는 보장이 되지 않는다. 폐쇄된 원시 촌락 사회에서는 가장 가난한 자라도 급격한 변동에 위협을 받는 일은 없다. 가난하면 가난한 대로 안정되어 있다. 어느 쪽이 생활상의 중압이 더 큰지 한마디로 이야기할 수 없지만, 정신적인 중압이라는 면에서는 식민지 지배하의 생활 상황의 불안정은 다른 것과 비교할 수 없는 불길하고 거대한 '악령'의 힘이라고 할 수 있다.

설상가상으로 유대인 사회의 특수 상황이 더해진다. 종교 지도자들 다수는 정치적 경제적으로는 외국 지배를 용인하고 있는 주제에, 따라서 거기까지 용인해 버리면 문화적으로도 상당 부분을 용인하게 되는데, 그런 주제에 외국 문화를 이교異敎의 것이라고 물리치면서 그것을 흡수하는 자에게 저주의 소리를 퍼붓는다. 주민의 일거수일투족은 종교 지배의 대변자들에 의해 계속 감시당한다. 그렇게 되면 늘 정신적으로 계속 쫓기면서 쉴 짬이 없다. 그것은 특히 갈릴래아인들에게 심했다. 유대인 왕조가 자신들을 지배하게 된 지 아직 2세기가 지나지 않았다. 갈릴래아인들의 생활의 모든 순간을 유대교 질서 속에 짜 넣으려는 중압이 일상적으로 계속 작용했다.

이런 세계에서 온갖 정신, 신경 장애가 나타나지 않는 것이 이상한 것이다. 그것은 또 내장의 기능을 불안정하게 만들기 때문에 다른 질병의 형태를 띠는 경우도 많았을 것이다. 의료가 발달하지 않은 고대에 전염, 유행병 등은 어쩔 수 없었겠지만 복음서에 나와 있는 질병에는 전염, 유행병 같은 것은 거의 찾아볼 수 없다. 오히려 일상의 이른바 스트레스가 원인이되어 생기는 질병이 많다. 예컨대 예수가 '나병'을 치유했다고해도(마르코 1장 40-45절), 근대에 이야기하는 나병인지 아닌지는 알 수가 없다. 온갖 종류의 피부 질환이 '나병'으로 취급되었기 때문에, 그런 경우가 실제로 무엇이었는지는 알 수 없다. 습진, 두드러기류 등 정신적 육체적 피로가 계기가 되어 생기는 경우가 많아서, 이런 경우가 습진이었다고 이야기할 수는 없으나, 어쨌든 온화하고 안심이 되는 포근함으로 감싸 주는 듯한 예수의 인격 앞에서, 그 손으로 따뜻하게 환부를 쓰다듬어 주고, 게다가 외포畏怖을 품게 하는 권위까지 느끼게 하면서, 이 세상 것이 아닌 박력을 수반한 위엄 있는 태도를 목소리에 담아 '나병'에 대해 '깨끗해져라' 하고 명하면 나을 사람은 낫고, 낫지 않더라도 가벼워졌다는 기분은 맛볼 수 있을 것이다. 하물며 '악령에 들린' 질병이라면 더욱 그럴 것이다.

어느 안식일의 유대교 회당에서. 마르코에 따르면 예수의 활동 초기 무렵. '더러운 악령'에 들린 자가 예수를 향해 외쳤다. '당신은 우리 악령을 죽이러 왔는가?' 예수는 정색하고, '입다물고, 이 사람한테서 나가거라' 하고 꾸짖었다. 더러운 악령은 그 남자에게 경련을 일으키고 큰 소리를 지르며 나갔다.(마르코 1장 23-26절) 병이 나았는지 여부는 알 수 없다. 예수의 강대한 권위가 적어도 그 병자를 조용하게 만들었다.

아마도 몹시 난폭하게 굴었기 때문에 마을 사람들로부터 따돌림당해 묘지에 살고 있던 자가 있었다. 갈릴래아 호수의 건너편, 게라사인 영주에게 속하는 지역이다. 예수를 만나자 이 병자는 자신 속에 살고 있는 악령이 돼지 무리 속으로 옮겨갈 수 있도록 허락해 달라고 부탁한다. 있을 수 있는 이야기다. 악령이 정말로 그 주변을 마구 돌아다니고 있다고 믿고 있던 사회에서 생긴 이야기다. 본인도 자신에게 수많은 악령들이 들러붙어 있다고 생각했을 것이고 그들이 나가 준다면 편안해질 것이라 생각했을 것이다. 예수가 허락하자 그 남자는 기꺼이 돼지 무리 속으로 들어갔다. 돼지 무리는 놀라 도망치다 벼랑 위에서 호수로 일시에 우르르 몰리며 떨어져 죽었다. 그러나 병자는 그것으로 악령이 스스로 나가 돼지에게 옮겨가 주었다고 믿고 크게 기뻐했다.(마르코 5장 1-16절)

나아가 또 악령에 들린 병 외에도 비슷한 이야기가 많이 전해지고 있다. 예수의 제자 시몬 베드로의 장모가 열병을 앓고 있는 것을 고친 이야기(그녀에게 붙어 있던 '열'이 그녀를 떠났다, 마르코 1장 29-31절), 이미 '죄의 용서'와 관련해서 소개한 '중풍환자' 이야기(마르코 2장 1-12절), 안식일의 치유로 논란의 씨앗이 된 '손 마비' 환자의 치유(마르코 3장 1-6절), 마찬가지로 안식일의 치유 사례로, 보통 '수종 水腫'으로 번역되고 있으나, 어떤 피부병을 치유한 이야기(루카 14장 1-6절), 가사假死 상태가 된 소녀를 치유했다는 이야기(마르코 5장 21-24, 35-43절), 부인병으로 출혈이 멈추지 않아 고생하던 여성이 예수의 옷자락에라도 닿으면 낫지 않을까 하는 비원을 품고 군중

속에서 살며시 뒤따라가 살짝 닿았더니 나았다는 이야기.(마르코 5장 25-34절)

이상은 모두 기적 이야기로 전설화되었고, 따라서 기적적이고 과장된 어투로, 그리고 종교적인 의도도 혼입된 상태로 전승으로 구전되어 온 것이기 때문에, 물론 쓰인 그대로 역사적 사실일 리가 없다. 그러나 사건 자체로서는 사실이었다고 해도 이상할 게 없을 정도의 것들뿐으로, 예수가 자신의 질병 치유 능력에 대해 가지고 있던 저 자신감에 찬 어투로 보더라도 이들 중 어느 것이 사실이고 어느 것이 사실이 아닌지 판별할 수는 없지만 상당한 정도가 실제로 일어난 일인 것은 확실해 보인다. 적어도 본인들은 나은 것으로 믿었다는 의미에서.

그리고 이렇게 되면 어디에 가더라도 예수 주변에 질병 치유를 바라며 사람들이 쇄도하는 것은 피할 수 없기 때문에, 이상과 같이 이야기로 구전되지는 않았지만 이 밖에도 유사한 사건, 또는 유사한 사건을 찾아 모여든 사람들이 많았을 것이다. 예컨대 예수가 갈릴래아 호수를 배로 건너 서안의 겐네사렛에 갔을 때 겐네사렛 지방을 사람들은 구석구석 빠짐없이 뛰어다니며 예수가 왔다고 알리고 다녔으며, 여기저기서 병자들이 침상에 누운 채 실려 왔다. 마을이든 도시든 부락이든 예수가 가는 곳마다 사람들은 병자를 광장으로 데리고 가서 하다못해 예수 옷자락 끝에라도 닿게 해달라고 간청했다.(마르코 6장 53-56절) 이것은 복음서 기자 마르코가 나중에 회고하면서 예수를 에워싼 사람들의 정경을 하나의 전형적인 예로 정리해서 묘사한 것이다. 따라서 상당히 과장된 필치로 쓰여 있기는 하나, 어떤 분위기를 전하고 있다.

다만 근대인인 우리가 이들 사건을 사실로서 충분히 일어날 수 있다고 생각하는 것과, 당시의 사람들이 이것을 사실로서 신봉한 것은, 생각의 내용이 다르다. 우리는 이것을 사실로서 당연히 있을 수 있는 것이라고 생각하지만, 그들은 이것을 당연한 것이 아니라 보통으로는 생각할 수 없는 기적이 실현되었다고 생각한다. 따라서 거기에서 종교적 열광이 생겨나는 것이다.

11. 식민지 지배하의 기적 신앙

기적이 일어나기를 바란다는 사람들의 기대, 대망待望이 어떻게 기적을 만들어내는지를 보여주는 사례는 역사상 얼마든지 있으며, 비교의 소재도 부족하지 않다. 여기에서는 20세기 전반前半의 아프리카의 예를 들어 보겠다. 20세기 전반의 아프리카에서는 각지에서 많은 기적 행위자들이 배출되었다. 그들의 대부분은 단순한 질병 치유자가 아니라 '예언자'로서 민중에게 말을 걸고 다양한 희망을 사람들 마음속에 심었다. 고대와 근대의 차이를 뛰어넘어 비교하는 점에만 너무 눈을 빼앗겨서는 안 되지만, 적어도 거대한 세계적 제국주의 지배하의 상황이라는 점에서 서로 상당히 닮은 면이 있는 것도 사실이다. 제국주의 지배하의 상황이 아니더라도 빠져나가기 어려운 불행에 시달리는 이들이 많이 있는 곳, 생활의 고통에 신음하는 이들이 많이 있는 곳에서는 기적을 대망하는 마음이 많은 사람들한테서 싹트는데, 강력한 제국주의 지배 아래에서는 그런 원망願望이 유별나게 강하다고 할 수 있다. 강렬한 지배 압력에서 아무리 발버둥 쳐도 벗어날 수 없을 때, 사람들의 바람은 달리 분출할 데가 없기 때문에 기적 대망 쪽으로 분출한다. 20세기 전반의 아프리카에서는 기적 신앙을 필요로 할 만큼의 사회적 기반이 조성되어 있었다. 너무 많을 정도였다고 해도 좋다.

가나의 에베인으로 도라는 이름의 '예언자'가 있었다. 그가 '예언자'로서 활동을 시작한 계기가 흥미롭다. 그는 백인 선교사가 가지고 들어온 장로파 그리스도교회의 회원이었다. 그러나 그의 마을에는 교회가 없어서 일요일에는 멀리 떨어진 교회까지 가야 했다. 마을 사람들 다수가 그리스도교도가 되어 있었고, 또 교회에 소속되지 않으면 생활도 불편해지는 서구 식민지 지배하에서는 이처럼 일요일마다 멀리 떨어진 지역의 교회에 가야 하는 것은 매우 난처한 일이었다. 그래서 도는 지오페 마을 사람들에게 그 마을에서 자신들의 예배를 하자고 호소했다. 당시의 선교사 운영 교회에 이것은 이미 하나의 반역이었다. 선교사의 허가를 얻지 않고 선교사가 정식으로 임명할 리 없는 '현지인'이 자기들 마음대로 그리스도교 예배를 주최하는 것은 종교적으로 보면 '이단'이며, 식민지 지배 논리에서 보면 질서 교란이었다. 게다가 또 마을은 아직 완전히 그리스도교화한 것도 아니었기 때문에 마을에 그리스도교 예배를 도입하는 것은 전통적인 종교 생활을 계속하며 그리스도교에 반발하고 있던 사람들에 대한 공격이기도 했다. 그래서 도 자신도 좀 멈칫거릴 수밖에 없었다. 그런데 처음으로 시도한 날에 그들이 집회를 했던 집의 아이가 돌연 죽었다. 실제로는 아마도 주위의 흥분이 전달되어 기절했거나 무언가의 이유로 정신을 잃거나 했겠지만 도 자신은 그것을 하느님이 준 벌이 아닌가 하는 생각을 했다. 모두들 그렇게 생각했다. 그래서 모두가 필사적으로 기도했으나 그때 도는 아이에게 기름을 발라야 한다는 걸 '느꼈다'고 한다. 자신의 책임으로 일이 이렇게 된 이상 어떻게든 해야 한다는 강한 강박관념을 갖게 된 도가 이 것을 하느님의 고지告知로 생각했다 하더라도 이상하지 않다. 기름을 바른 뒤 아이 위에 손수건을 펼쳐야 한다고 '강하게 느꼈다'고 한다. 그런데 그때 아이가 생명을 되찾고 움직이기 시작했다. 이렇게 되면 도 못지않게 동요하고 있던 사람들이 도가 죽은 아이를 부활시켰다고 열광하면서 소동이 일어났다고 해도 이상할 게 없다. 이미 도 자신의 의지도 의도도 넘어서서 사태는 굴러갔다. 사람들은 기적이 일어나는 것을 필요로 하고 있었던 것이다.

나이지리아의 이비비오인 오톤. 피부병을 앓았는데 조금도 낫지 않아 고통을 견딜 수 없게 되자 몇 번이나 자살을 시도했지만 실패했다. 몹시 괴로워하고 있을 때 어떤 '목소리'를 듣게 된다. 그것으로 위로를 받아 하룻밤 푹 잠을 잘 수 있었다. 병고가 시작된 이래 편히 잠을 잘 수 없었던 것이다. 이튿날 아침 병은 기적처럼 나았다. 이야기를 전해 듣고 한 여인이 아이를 데리고 찾아 왔다. 모자가 함께 병을 앓고 있었다. 오톤은 어떻게 해야 좋을지 몰랐다. 기도하고 이어서 한 잔의 물을 축복하며 주었다…… 그리하여 오톤의 명성은 퍼져나갔다. '결국 나는 수많은 사람들에게 둘러싸이게 되었다. 어떤 사람들은 스스로 도움을 받으러 찾아왔다. 다른 사람들은 일어난 일을 보겠다며 찾아왔다. 내 힘으로는 그렇게 밀려오는 사람들 물결을 감당할 수 없었다. 그러나 달리 방법이 없었다. 어쨌든 사람들은 힘이 임재臨齋하고 있고, 그것은 신심 깊이 도움을 바라는 이들에게 쏟아져 들어간다는 것을 알고 있었다.'(이상의 두 사례는 H. J. 그레샤트에서 인용)

이렇게 사람들의 기적 대망이 기적을 만들어낸다. 그리고 그런 소문이 점점 기적 대망을 강화시키고, 다음 기적을 성립시킨다. 거기에서 대중적인 종교적 열광이 생겨난다. 그것이 대중적인 열광이 되면 될수록 지배자들에게는 골치 아픈 상황이 된다. 그것이 아무런 정치적 또는 사회적 요구를 내포하지 않은 것으로 보이는 종교적 열광이라도, 원래 민중의 움직임이 어디까지가 종교적이고 어디까지가 사회적인가 하는 식으로 선을 긋는 것 자체가 무의미한 이야기다. 생활의 고통으로 굶주린 민중이 열광하기 시작하면 그것은 언제 사회적인 운동으로 분출할지 모른다. 하물며 기적 행위자가 동시에 강한 사회적 정의감을 지닌 사람들에게 호소해 갈 때 그것은 지배자들에겐 대단히 위험한 것이 된다. 예전의 벨기에령 콩고에서의 시몽 킴방구Simon Kimbangu 운동이 그랬다. 킴방기슴은 20세기 전반 아프리카의 그리스도교적 예언자 운동 중에서도 최대 규모로 발달해 오늘날 공칭 5백만 명의 신자를 헤아리는 교단으로 성장해 있다.

1921년 4월 6일 킴방구는 곰베라는 마을(킨샤사의 서쪽)에 있는 병든 부인을 찾아가라는 하느님의 소명에 '이끌렸다'고 느낀다. 그 부인을 찾아가 머리 위에 손을 얹고 예수 그리스도의 이름으로 치유한다. 소문이 퍼지고 킴방구는 어쩔 수 없이 열광적인 신앙 운동의 교조가 된다. 백인이 아니라 자신들과 같은 콩고인이 그 백인들도 믿고 있는 세계적인 하느님으로부터 직접 소명을 받았다. 게다가 백인 선교사 등은 지닐 수 없는 커다란 힘을 하느님으로부터 부여받았다. 이제 자신들은 이 신앙으로 백인의 힘 따위 기대하지 않고 해 나갈 수 있다, 라는 외침은 거기서 한 걸음만 더 나가면 반식민지주의가 된다. 마침내 우리 사회에 백인 따위 없어질 때가 왔다! 벨기에인의 식민지 총독 모렐은 여기에서 바로 당시의 아프리카인의 상황에 조응한 종교가 성립되었다고 인식한다. '현지인들은 우리는 흑인의 하느님을 발견했다. 아프리카인에 어울리는 종교를 발견했다고 말할 것이다'라고 생각한 모렐은, 바로 그래서 사회의 안녕질서를 위해서는 지금 이 운동을 탄압하지 않으면 안 된다고 생각했다. 같은 해 9월에 킴방구는 체포되어 1951년 10월에 옥중사하기까지 30년간을 옥중에서 보냈다. 하지만 탄압은 예상대로 되지 않았고 킴방기즘은 탄압하면 할수록 점점 더 커져 갔다. 콩고 독립 운동의 한 선구적 복류伏流가 여기에 있었다.

킴방구가 탄압당한 것과 예수가 탄압당한 것은 그 이유가 완전히 같았다고 해도 좋다. 예수 쪽이 훨씬 더 강렬했고 특히 그 사회 비판의 날카로움은 세계사에서 드물게밖에는 볼 수 없는 것이었으므로 그만큼 더 탄압당할 만했다고도 할 수 있다. 어쨌든 예수의 모습을 기적 신앙의 그림자가 두껍게 에워싸고 있는 것은 그만큼의 사회적 필요에 대응했던 것이다. 이야기로서 발설되면 너무 황당무계하기 때문에, 그리고 근대인 특히 근대 지식인의 심정에는 이런 류의 기적 신앙은 너무 유치한 미신으로 생각되었기 때문에, 근대의 그리스도교 학자들은 예수상을 묘사할 때 기적 이야기를 거의 완전히 무시해 버렸다. 또는 아니꼬운 호교론의 입장에서 기적 신앙은 용렬한 기복 종교에 지나지 않으며, 예수에게 그런 것을 바란 갈릴래아 민중은 어차피 진정으로 정신적인 복음을 이해하지 못했다는 식으로 이야기하면서, 예수를 둘러싼 사람들에게 기적 신앙을 인정하면서도 그것을 예수 자신과는 무관한 것으로 간주해 버렸다. 어쨌거나 그 결과 신학 사상의 덩어리 외에 아무것도 아닌 것 같은 비현실적인 예수상만 제출된다. 하지만 기적 신앙을 빼고 예수를 그리는 것은 인간을 육체 없는 관념으로 그리려 하는 것과 같다. 기적 신앙의 파도를 타고 열광적으로 달려가는 국면을 빼 버리면 무엇 때문에 예수가 죽임을 당해야 했는지 이해할 수 없다. 바닥의 바닥까지 찌르는 날카로운 사회 비판이나 종교 비판의 발언도 발언만이라면 설사 탄압받더라도 저와 같은 방식으로 사형에 처해지지는 않는다. 어느 정도 날카로운 신전 비판을 했다고 해도 그것만이라면 붙잡혀 채찍으로 맞고 걷어차인 뒤 쫓겨났을지 모르지만, 그리고 그 상처 때문에 또는 먹고 살 수 없어서 길가에 쓰러져 죽었을지도 모르지만, 아니면 사도행전에 나오는 스테파노처럼 린치를 당해 죽었을지도 모르지만, 그리고 그 어느 경우에도 그것만으로도 무시무시한 생애였다고 할 수 있겠지만, 그러나 체포당해 공중의 면전에서 십자가에 걸려 처형당하는 지경까지 가지는 않았을 것이다. 그것은 어디까지나 예수가 쟁취한 대중적인 인기 때문이다. 그리고 그 인기는 그냥 인기가 아니라 기적 신앙을 탄 열광적인 인기였다. 그 인기와 날카로운 사회 비판, 종교 비판이 혼연일체가 되자 권력으로서는 예수를 십자가에 매달

필요가 생겼던 것이다.

　기적 신앙은 증폭된다. 예수가 기적 행위자라는 소문이 나자, 그것을 증폭시켜 뿌리도 잎도 없는 만들어진 이야기도 유통된다. 맹인 치유(마르코 8장 22-26절, 10장 46-52절), 귀머거리 치유(마르코 7장 31-37절), 본인이 예수를 만나지 않고 대리인이 치유 의뢰를 하러 온 두 개의 이야기, 즉 시리아 페니키아의 여인이 더러운 악령에 사로잡힌 딸의 치유를 부탁하러 온 이야기(마르코 7장 24-30절), 카파르나움의 백인대장 하인의 치유(마태오 8장 5-13절＝루카 7장 1-10절, 다분히 Q자료) 등은 그렇게 해서 창작되었다고 할 수 있다. 또는 어떤 사실 관계가 배경에 있었다고 해도 도저히 그것을 상상해서 복원할 수 없을 정도로 지어낸 이야기가 되어 버렸다. 나아가 이미 죽었던 사람을 부활시키는 이야기, 즉 나인 마을의 과부 외아들의 부활(루카 7장 11-17절)이나 라자로의 부활(요한 11장 1-44절) 등은 점점 그런 경향이 심해져, 그것을 황당무계의 일보 직전까지 밀고 나가면 병자 치유가 아닌 이른바 자연 기적을 다수 이야기하게 된다. 폭풍을 잠재웠다, 호수 위를 걸었다, 다섯 개의 빵으로 5천 명을 먹였다는 식의 이야기가 그것이다. 다만 창작 정도가 강한 전승일수록 사실에서 멀어져 있다. 또는 사실과 무관하다고 해도 창작 정도가 강할수록 전승으로서 새롭다고는 할 수 없다. 이미 예수의 생전부터 황당무계한 기적 이야기가 예수에 대해 떠돌고 있었다 하더라도 이상할 게 없다. 우리는 당연히 사실일 것 같은 이야기와 완전히 황당무계한 것을 구별하지만, 당시의 사람들에게는 모두 보통은 있을 수 없는 기적이기 때문에 하나를 믿게 되면 다른 모두를 믿게 되어 있었다. 그리고 그런 기적 신앙을 토대로 전해진 이야기만 우리 수중에 남아 있기 때문에, 이제까지는 일단 사실일 것 같은 이야기와 완전히 창작 같은 것을 구별해 봤으나 실은 사실일 것 같다고 해서 실제로 꼭 사실이었다고 할 수는 없으며, 완전히 창작인 것으로 보이는 것도 의외로 그 배경에 어떤 사실, 적어도 이야기의 실마리가 된 것 같은 사건이 있었을지도 모른다. 그 부분을 엄밀하게 구별하기는 어렵다.

어쨌거나 그런 창작이 퍼져 나가면 실제의 예수와는 상당히 거리가 있는 성자 숭배가 보급되어 가게 되지만, 그거야 어찌 되었든 예수 자신도 질병 치유 활동에 빠져들었던 것은 확실하다. 그것도 주변의 기적 대망에 떠밀려 어쩔 수 없이 그렇게 되었다는 것만이 아니라 이미 예로 든 두세 개의 이야기가 보여주고 있듯이 스스로 거기에 적극적으로 헌신했다. 그 밖에도 몇 가지 같은 이야기가 전해지고 있다.

'내게는 사탄이 번개처럼 하늘에서 떨어지는 것이 보였다.' (루카 10장 18절)

예수는 사탄, 즉 악령들을 총괄하는 수령과 승패를 건 격투를 벌인 셈이다.

예수의 이런 치유 활동에 대해 당연히 반은 질투로 불평을 터뜨리는 자들도 나온다. 마르코는 예루살렘에서 내려온 율법학자가 예수는 베엘제불에 들렸다며 비난했다고 기록했다. 베일제불은 사탄의 다른 이름이다. 즉 악령들의 수령인 베엘제불이 예수에게 달라붙어 있어서 악령들이 점잖게 예수가 하는 말을 듣는 것이라는 논리다. 예수의 적대자 쪽에서 이런 비난을 했다는 것 자체가 예수가 적극적으로 악령을 쫓아내는 작업을 벌였다는 사실을 증명한다. 이에 대해 예수는 대답한다. '사탄이 사탄을 쫓아낼 수는 없다. 만일 어느 왕국이 스스로를 거역하여 분열한다면 그 왕국은 존립할 수 없다.' 이것은 사탄에 대한 하느님의 힘의 싸움인 것이다. '또는 힘센 자의 집에 들어가 그 집의 재물을 터는 경우를 생각해 보라. 먼저 그 힘센 자를 꽁꽁 묶어 놓지 않으면 아무도 그것을 할 수 없다.'(마르코 3장 22-27절) 이 비유 방식은 너무나도 예수의 말투다. 예수는 사탄이 지배하는 집에 들어가 사탄을 묶어 놓고 그 수하들을 쫓아낼 작정이었다. 이것은 장절壯絶한 우주적 전쟁이다. 게다가 예수는 그것을 종교 사상으로 전개하고 있는 것이 아니라, 또 자신의 정신 내부에서 사탄과 싸우고 있는 것이 아니라, 한 사람 한 사람의 병을 치유함으로써 그 싸움을 실천하고 있다. 이런 실천에의 몰입은 어지간히 자신이 그만한 힘이 있다고 믿지 않는 한 지속할 수 없다. 그것도 예수는 자기 개인에게 그만한 남다른 능력이 있을 뿐만 아니라 지금 하느님의 지배 자체가 이 세상에서 실현되고 있다고 믿고 있었다. 그 믿음이 스스로의 기분을 항진亢進시켜 다음 행동으로 내몰아 간다.

12. 예수의 열광 – 이상이 일상에 침투하기 시작하다

예수가 종교적인 열광에 빠져 있었던 것은 기적적인 질병 치유의 경우만은 아니다.

이미 단식 문제에 관해 인용한 말에서 예수는 '신랑이 함께 있는데 단식을 하는 혼례객이 있겠느냐'(마르코 2장 19절)고 했다. 이것은 세례자 요한과 같은 금욕주의, 또는 유대교 전체의 '단식'과 같은 종교적 행위에 담겨 있는 분위기와 비교해서, 예수가 자신들의 생활의 밝은 기분을 비유적으로 이야기한 정도의 말일지도 모른다. 그렇다면 너무 확대해석해서는 안 되겠지만, 혹시 '신랑이 함께 있다'고 한 구절을 통해 지금 이미 하느님에 의해 특별히 은혜받은 때가, 또는 '종말론적'인 지복의 때가 시작되고 있다는 식으로 생각하고 있었을지도 모른다. '결혼으로 신랑이 함께 있는 때와 같이' 특별히 흥겹고 기쁜 때인 것이라는 의식이다. 그럴 경우 엄밀히 종말론적인 사상을 확립해서 그 체계 속에 지금의 때를 갖다 놓는 것이 아니라, 오히려 자신의 치유 활동이 어느 정도 성공한 밝은 기분, 또는 여러 종교 사회 비판적 발언들이 주변에서 생겨나는 해방된 의식의 밝은 기분이, 지금은 기쁜 때라고 말하게 했을 것이다. 그럴 경우 딱히 누가 신랑이라고 말하지 않고 '신랑이 함께 있는 때'와 같은 즐거운 기분이 지금 넘치고 있다는 말만 하고 있는 것인지 모르겠지만, 혹시 자기 자신이 기쁨의 원천인 '신랑'이라고 생각하고 있었을지도 모른다. 그렇다면 예수는 자기 자신을 특별한 종말론적 중심 인물로 보고 있었던 셈이 된다.

마찬가지로 고양된 기분은 다음과 같은 구절에도 보인다.

> 너희가 보고 있는 것을 보는 눈, 듣고 있는 것을 듣는 귀는 행복하다. 아멘, 나는 너희에게 말한다. 많은 예언자들과 왕들이 너희가 지금 보고 있는 것을 보고 싶어 했으나 볼 수 없었고 듣고 싶어 했으나 들을 수 없었다.
>
> (루카 10장 23-24절, 마태오 13장 16-17절, Q자료)

이것도 어떤 장면에서 한 말인지 알 수 없다. 마태오와 루카는 각기 전혀 다른 전후관계에 이 구절을 배치하고 있어서, 이미 그들이 이 전승을 알았던 단계에서 그것이 발설된 상황과 분리된 단편 전승이 되어 있었다. 누구를 가리켜 '너희'라고 했는지 알 수가 없다. 다만 확실한 것은 '신랑'에 대한 말과 마찬가지로 지금 시기는, 그리고 자신의 활동을 중심으로 해서 일어나고 있는 사태는 멋진 것이라는 확신이다. 또 여기에도 바로 '하느님의 나라는 너희 가운데에 있다'고 단언한 것과 같은 정신, 즉 우리 평범한 서민의 일상 속에서야말로 잘난 사람들은 도무지 보고 들을 수 없는 굉장한 일이 실현되고 있다는 역설의 비유가 있다. '많은 예언자들과 왕들'은 그것을 볼 수도 들을 수도 없었다. 즉 구약 이래의 유대교의 종교성의 정점에 위치하는 예언자들, 그중에서도 세례자 요한이야말로 예언자 중의 최대급 예언자이며 또 최후의 예언자인데 우리가 보고 듣고 있는 이 굉장한 기쁨은 그들이 추구했던 종교성으로는 접할 수가 없었다. 그리고 또한 그것은 이 세상의 권력을 가능한 한 모두 그러모은 왕들이 그 아름답게 꾸민 생활 속에서도 도저히 보고 들을 수 없었던 것이다.(마태오는 '왕들' 대신에 '의인들'이라고 썼다. 그렇다면 이것은 예언자적 종교성과 율법학자적 종교성 둘을 비판하고 있는 셈이 된다) 우리는 여기에서 이미 많이 논해 온 예수의 말, 솔로몬의 영화에 대한 발언, 세례자 요한은 하느님의 나라에서 가장 작다고 한 발언 등을 떠올릴 수 있다. 여기에도 예수의 역설적인 정신이 숨 쉬고 있다.

그렇지만 이 경우 결코 잘난 사람의 높은 곳보다도 서민의 다소곳한 생활이야말로 진짜 멋진 것이라고 말하고 있는 건 아니다. 굳이 이야기하자면, '하느님의 나라'라고나 불러야 할 굉장한 것이 지금 자신들의 낮고 가까이에 있는 생활을 바꾸어 나가고 있다는 이상하게 고양된 의식을 이야기하고 있는 것이다. 그리고 그것은 이상하게 고양된 의식으로 말하기 때문에 비속한 종교적 깨달음으로 떨어질 위험을 피했다. 깨달음의 얼굴을 한 채, 잘난 사람의 높은 곳보다도 서민의 다소곳한 생활이 더 멋진 것이라며 정색을 할 때, 그 다소곳한 생활을 그대로 완전히 긍정하면서 실은 그 다소곳한 생활은 결코 멋진 것으로 가득 찬 것이 아니라 항상 억압받고, 착취당하며, 고통을 당한다는 사실에서 눈을 돌려 버린다. 그렇지 않다. 이 다소곳함도 억압당한 생활 속에서 그 생활을 굉장한 기쁨 속으로 해방시켜 줄 사건이, 또 인간관계가 많이 생겨나고 있다. 지금은 이상異常이 일상日常에 침투하기 시작했다……

　하지만 이 이상하게 고양된 의식은 장기간 지속될 수 있는 성질의 것이 아니다. 그것은 어딘가에서 뚝 부러져 좌절하지 않으면, 이상한 채로 고착되어 거기에서 고양된 기분만 사라지고 음습한 종교 집단의 교리로 흘러간다.

　요즘 독일의 이른바 비판적인 신학자들은 이런 예언자나 왕들도 볼 수 없었던 굉장함은 그리스도교의 구원 외에는 있을 수 없으며, 그것은 곧 교단의 신앙에서 비로소 성립할 수 있었으므로 예수 자신이 그런 것을 말했을 리가 없다는 기묘한 논리로 이것 또한 교단이 창작한 말이라고 판정한다. 그렇게 해서 그들은 한 장 한 장 예수의 모습에서 몸의 껍질을 벗겨내고 알맹이 없는 공허한 하늘의 존대함으로 바꿔 나간다. 확실히 이 이상하게 고양된 의식은 바로 살아 있는 인간의 소행이다.

냉혹한 현실보다도 의식이 과대해져 기쁨에 넘쳐 냅다 달린다. 그것은 이윽고 냉혹한 현실에 보복당할 수밖에 없다. 따라서 예수를 신격화해서 떠받들고 싶은 자는 예수에게 이런 인간의 소행을 인정하고 싶어 하지 않는다.

하지만 예수는 냅다 달린다. 결국 뚝 부러질 줄 알면서 냅다 달린다. 하지만 그의 종교적 열광은 현실의 회색을 장미빛으로 잘못 보고 열광하는 것과는 약간 느낌이 다르다. 현실의 회색을 장미빛으로 잘못 보면 결국 그 잘못 본 것을 둘러대는 강변強辯이 음습한 교단이나 당파의 교조를 만들어내지만, 아무래도 예수의 경우는 현실의 회색을 회색인 줄 알면서도 그것에 열광적으로 맞서는 느낌이 있다. 그만큼 독자적인 힘이 넘치고 행동의 적극성이 두드러진다.

새 천 조각을 낡은 옷에 대고 깁는 사람은 없다.
새 술을 낡은 가죽부대에 담는 사람은 없다.

보통 사람들에게 기억되고 있는 이 구절은 실은 좀 더 미묘한 의미를 품고 있다.(마르코 2장 21-22절) '새 천 조각'이라는 구절은 정확하게 번역하면 '아직 바래지 않은 천 조각'이다. 아직 바래지 않았으면 머지않아 오그라든다. 그냥 두어도 약해진 낡은 옷에 이것을 대고 기우면 당연히 오그라드는 힘이 잡아당겨 낡은 옷을 찢는다. '새 술'은 아직 발효가 진행 중이다. 발효하고 있는 생명력은 낡은 가죽부대를 찢는다. 이것은 결코 단지 새로움과 낡음의 동거를 경고하고 있는 것이 아니다. 새로 태어나는 힘, 발효하고 있는 생명력, 생성 과정에 있는 움직이는 힘이 어떻게 낡은 것을 뚫고 나가는지에 대해 말하고 있는 것이다. 자신은 그 힘을 담당하고 있다. 자기 자신이 그 힘이라는 긴장된, 그리고 적극적인 의식이 예수에게는 있다. 회색의 현실을 장미빛으로 잘못 보고 꿈을 꾸고 있는 것이 아니다. 말하자면 회색의 현실을 회색이게 하고 있는 힘을 뚫고 가려 하고 있는 것이다.

같은 적극성은 질병 치유에 대해 이미 언급한 말에도 표현되어 있다.

'나는 오늘도 내일도 또 그다음 날도 나아갈 것이다.'(루카 13장 33절)

그렇다면 예수는 이상하게 고양된 기분대로 현실을 잊고 냅다 달리다가 끝내 차가운 현실의 벽에 부딪혀 푹 쓰러졌다는 것과는 조금 다른 듯하다. 확실히 한편으로는 고양된 종교적 열광에 지배당했다. 그러나 다른 한편으로는 무섭게 각성된 눈으로 자신의 주변 현실을 응시하면서 또 자신은 일어나 나아가지 않으면 안 된다고 결단하고 있었던 것이 아닐까. 대저 한 사람의 인간이 하나의 관념 체계에 정연하게 지배당한 채 있을 수는 없다. 상황에 따라 자신의 의식 속의 여러 층이 얼핏 상호 모순되는 방식으로 나타났다가 숨었다가 한다. 저 역설적 발언에서 보이는 날카로운 비판, 상대의 질문에 대답하기를 거부하고, 당신이 알아서 하면 되잖아 하고 뿌리치는 냉정함, 바닥의 바닥까지 돌진해 오는 듯한 기분 나쁜 야유 등에 일관되게 보이는 무섭게 각성된 눈과 얼핏 매우 유치하고 미신적인 종교적 열광이 어떻게 한 사람의 사나이 예수에 동거할 수 있었는가. 그것은 그와 같은 시대에 같은 장에서 같은 과제를 안고 살아가려고 하지 않는 한 좀처럼 알 수 없을 것이다. 그러나 일반론으로서는 그처럼 뜨거움과 차가움이 한 사람의 인간에 동거하는 것은 더러 있는 일이라고 할 수는 있다. 그리고 실제로 자신이 살아갈 때의 반응으로 상상한다면, 만일 그처럼 제정신에 냉소적으로 현실의 상황과 부정적으로 대치할 수 있다면, 당연히 그것은 그 현실 상황을 극복하지 않으면 안 된다는 것과 마찬가지고, 그리고 그 극복을 향한 움직임은 당연히 열렬한 투지를 수반하지 않을 수 없으며, 그 열렬함에서 꿈의 이상異常함으로 비상하는 것이기도 하다는 연결 방식을 모를 리 없다. 다만 거기가 실제로 어떻게 연결되고, 어떻게 동거하며, 어떻게 상반되고 있었는지는 본인인 예수 외에는 알 수가 없다. 아니, 예수 자신도 그런 자신의 심리를 분석하고 있을 짬이 없었을 것이다. 확실한 것은 이런 자세 전체는 단지 저절로 열광에 휩쓸려 간다는 것이 아니라 그 자세를 자신이 지켜내겠다는, 굳세게 견디는 의지의 힘이 필요했다는 것이다.

'쟁기를 잡고 나서 뒤를 돌아보는 자는 하느님의 나라에 어울리지 않는다.'(루카 9장 62절)

이 또한 누구를 상대로 어떤 상황에서 말한 것인지 알 수 없다. 루카는 이것을 예수를 '따르는 것'과 관련해서 이야기된 (또는 편집된) Q자료의 말(루카 9장 57-60절 = 마태오 8장 18-22절)과 동질의 것으로 이해하고 모든 것을 포기하고 예수를 따르려고 하지 않는 자에 대한 비판의 말로 간주하고 편집했다. 예수에게 '나를 따르라'는 말을 들은 자가 '먼저 가족들에게 작별을 고하러 가게 해 주세요.'라고 대답하자 예수가 무정하게도 이처럼 엄하게 나무랐다는 식으로 구성한 것이다. 그렇다면 상당히 정신화되어 있다. 교단 내의 신앙에 조응해서 '예수를 따른다'는 것이 이미 정신화된 종교적 행위라면, 그것을 위해 모든 것을 포기하라는 것도, 모든 것을 포기한 듯한 기분으로, 라는 것에 지나지 않는다.

그런 루카적 교단 의식을 버리고, 이 말을 예수 자신의 활동 속에서 본다면 이것은 모든 것을 포기하기를 타인에게 요구하고 있는 말이 아니다. 그런 부정적인 의미가 아니라 더 적극적으로, 일단 앞을 향해 나아간다면 이미 멈춰서거나 뒤돌아가거나 하지 않겠다는 의식의 표명이다. 누구에게 말했는지, 자기 자신에 대한 자계自戒의 말인지, 그렇지 않으면 쉽게 예수의 활동에 찬성의 뜻을 표한 자에게 냉엄함을 전하려고 한 말인지, 어쨌든 '오늘도 내일도 그다음 날도 나아간다'고 선언한 것과 같은 의식이 여기에도 표현되어 있다.

이처럼 한편으로 이상하게 고양된 종교적 열광이 있고, 또 한편으로는 냉엄한 결단이 있을 때, 예수가 자기 자신을 하느님으로부터 특별한 사명을 받은 자로, 또는 어떤 의미에서 독특한, 하느님이 택하신 자로 간주하는 자의식을 갖고 있었다는 것은 충분히 있을 수 있는 일이다.

예수가 실제로 '메시아 의식'을 갖고 있었는지의 여부를 논할 때, 당시의 유대교에서 몇 가지 메시아적 칭호가 지니고 있던 의미를 조사해서 그 정의를 치밀하게 내리고, 그러면 예수가 그 정의에 따라 행동했는지 여부를 논해 봐도 아무런 결론도 나오지 않을 것이다. '하느님의 아들' '메시아(그리스도)' '다윗의 자손' '사람의 아들' 등등의 이념을 유대교의 문헌에서 조사해 봤자 그것은 나름대로 재미있는 종교사적 연구가 되겠지만, 그런 것과 합치하는지 여부를 논하더라도 예수의 의식에 접할 수는 없다. 애초에 그렇게 하는 것은 예수라는 사나이가 기성의 종교 체계가 만들어낸 이념의 주형에 자신을 집어넣어 행동했다고 전제하고 있는 셈이 된다. 그 전제 자체가 잘못되어 있다. 그렇게 하는 것은 이 사나이의 행동의 독자적인 질을 완전히 잘못 보는 것이다. 그것이 아니라, 예수가 자기 활동의 독자적인 질 때문에 자신이 수행하고 있는 독자적인 역할에 대한 자신감을 심화시켜 갔다고 봐야 할 것이다. 그 자신감이 어느 정도 유대교 전래의 종말론 사상과도 연결된 부분이 있었다고 해도 말이다.

13. '사람의 아들' – 종말론적 확신

하지만 전통적인 메시아적 개념 중에서 '사람의 아들'만은 특별한 듯하다. 예수 자신 '사람의 아들'이라는 표현을 종종 썼고, 그것도 자기 자신에게 적용해서 썼다. 공관복음서에서 '그리스도(메시아)' '하느님의 아들' 등의 칭호는 다른 사람이 예수를 부를 때 쓰거나, 복음서 기자가 대화 외의 지문에서 예수를 그런 사람으로 설명하는 데 쓰고 있는 것이 보통인데, '사람의 아들'은 예수의 발언 중에서만 인용되는 게 아니다. 물론 그중에는 나중의 교회가 예수의 발언으로 창작한 것도 포함될 것이다.(예컨대 마태오 12장 40절, 13장 37절, 41절, 루카 19장 10절 등에서는 명백하게 복음서 기자 마태오 또는 루카가 '사람의 아들'이라는 개념을 도입하고 있다) 그러나 만일 이 개념을 예수 자신은 전혀 쓰지 않았고, 나중의 교회가 비로소 예수에게 적용한 것이라면 이 개념이 예수의 발언 중에만 사용되고 있는 현상은 기묘하다. 역시 예수 자신이 즐겨 '사람의 아들'이라는 표현을 사용했다고 결론짓지 않을 수 없다.(예전에 내가 아직 대학원 학생일 무렵 불트만학파에 상당히 영향을 받고 '사람의 아들'에 대한 발언은 일절 예수 자신에게 귀속시킬 수 없다는 관점에서 쓴 논문을 공표한 적이 있다. 참으로 미숙한 것이었다. 오늘날 불트만 학파의 영향력이 점점 강해짐에 따라 이 설의 신봉자는 늘고 있으나, 역시 이처럼 단정하는 것은 무리일 것이다.)

'사람의 아들'은 원래 아람어의 표현으로, 본래 아무런 특별한 의미를 갖고 있지 않다. '아들'은 그 부류에 속하는 일원이라고나 해야 할 의미로, 즉 '사람의 아들'이란 '인간'이라는 유類에 속하는 일원, 곧 '한 명의 사람'이라는 의미에 지나지 않는다. 일찍이 '사람의 아들'의 '사람'에 정관사가 붙는 경우와 붙지 않는 경우 어떤 의미 차이가 있는가, 라는 것도 여러 가지로 논해졌지만 결국 적어도 예수 시대의 아람어에서는 그 점에서 의미의 구별은 없는 것 같다. 또 평범한 교과서에는 종종 '사람의 아들'에 '나'라는 의미가 있다고 적혀 있다. 즉 '나는……'이라는 분명한 말투 대신에 자신을 이야기할 때 '사람의 아들은……'이라고 말했다는 것이다. 이것도 오랜 학설이지만 도무지 확실한 용례가 발견되지 않기 때문에 지지할 수 없을 것 같다. 즉 자신을 '사람의 아들'이라 부를 경우는 단지 '나'라는 의미가 아니라 '한 사람의 인간인 나는……'이라는 의미다.

이것이 신약성서의 그리스어로 번역되면 어떻게 되는가. 복음서 중의 '어떤 사람' '사람들'은 아람어의 전승 단계에서는

'사람의 아들' '사람의 아들들'이라고 했을 가능성이 높다. 그런 흔적이 '어떤 죄도 사람의 아들들은 용서받는다'(마르코 3장 28절)는 구절이다. 의미는 인간에게는 어떤 죄든 용서받을 수 없는 것은 없다는 것이다. 이것은 아람어에서 그리스어로 번역할 때 '사람의 아들들'이라고 번역하면 너무 직역이기 때문에 실은 단지 '인간에게는'으로 일반적인 복수형으로 번역해야 했다는 것인데, 아람어를 잘 알고 있던(내지 아람어가 모어여서 그리스어는 그다지 잘 몰랐던) 마르코는 그만 이런 곳에 아람어의 표현을 그대로 남기고 만 게 아닐까.

일반적으로는 예수에 관한 전승을 아람어에서 그리스어로 번역한 사람들은 보통 의미의 '사람의 아들'은 단지 '사람'으로 번역했을 것으로 생각되지만, 특수한 의미 즉 메시아적인 의미 또는 예수의 독자성을 표현하고 있다고 생각되는 경우에만 '사람의 아들'이라고 그대로 직역한 것으로 생각된다. 이것은 그리스어에는 없는 표현이기에, 그래서 이렇게 직역되면서 뭔가 특별한, 색다른 개념이라는 느낌을 띠게 되었다.

그러면 '사람의 아들'의 메시아적 의미가 어디에서 왔는가 하면, 구약성서 다니엘서 7장 13-14절에서 유래한다.(구약성서는 일반적으로 히브리어로 씌어져 있으나, 다니엘서의 일부는 아람어로 씌어져 있다. 이 부분도 그렇다.)

보라, 사람의 아들과 같은 이가 하늘의 구름을 타고 와서 태고적부터 계신 이(=하느님)에게로 와 그 앞으로 인도되었다. 그에게 주권과 명예와 지배가 맡겨지고 국민, 민족, 언어가 다른 이들이 그를 섬기게 했다. 그 주권은 영원한 주권이며 없어지지 않고, 그 나라는 멸망하지 않을 것이다.

그러나 이 경우의 '사람의 아들'은 아직 결코 메시아적 술어는 아니다. '사람의 아들과 같은 이', 즉 인간과 같은 모습을 한 하늘의 존재라는 의미다. 그리고 이것은 비유적 표현으로, 이제까지는 '네 마리의 큰 짐승'이 차례로 세계를 지배했다. 즉 고대 오리엔트 및 헬레니즘 왕조의 세계 지배가 '짐승'에 비유되고 있는 것에 대해, '종말' 즉 현재의 세계가 끝나고 새로운 세계가 시작될 때 이미 '짐승'이 아닌 '인간과 같은 모습을 한 하늘의 존재'가 영원히 세계를 지배하게 되리라는 것이다.

다니엘서의 이 비유가 유대교 묵시문학에 계승되어 에녹서나 제4에즈라서에서 다양하게 전개되고 있는데, 그런 것들이 직접 복음서의 전승에 영향을 준 흔적은 없다. 오히려 예수 시대의 유대교에서 아직 문서화되지 않은 형태로, 다니엘서가 제공하는 이 비유적인 상에 대해 여러 가지로 이야기되고 있던 것이 복음서 전승에 반영되지 않았을까. 그리고 아마도 당시의 유대교 일반보다도 먼저 예수 자신이 이 비유적인 상을 즐겨 이용한 덕에 그것이 복음서 전승에서 중심을 이루게 된 게 아닐까. 예수 자신은 이것을 다니엘서와 마찬가지로 '사람의 아들과 같은 이'라는 비유적 표현으로 사용한 데에 지나지 않는 것일까, 아니면 이미 '사람의 아들'을 고유명사화해서 특수한 호칭으로 생각하고 있었던 것일까. 초기 그리스도 교단이 예수의 말을 전승해 가던 어느 단계, 적어도 그리스어로 번역된 단계에서는 이것이 이미 비유적 표현이 아니라 고유명사화된 종말론적 호칭이 되어 있었던 것은 확실하다. 하지만 종말론적인 의미 외에도 예수는 기묘한 말투로 자신을 '사람의 아들'이라 불렸으므로, 이것도 혹시 예의 그 예수 특유의 색다른 말투일지도 모른다.

> 이 나날들에는, 그 고난 뒤에
> 태양은 어두워지고 달은 빛을 잃는다
> 별들은 하늘에서 떨어지고, 하늘의 영들의 힘은 흔들리며 떨어질 것이다
> 그때에,
> 사람의 아들이 커다란 힘과 영광을 떨치며 구름을 타고 오는 것이 보일 것이다
> 그리고 그때 사람의 아들은 천사들을 시켜 땅 끝에서 하늘 끝에 이르기까지 사방팔방에서
> 선택한 사람들을 모을 것이다.
>
> (마르코 13장 24-27절)

이것은 명백히 다니엘적인 '사람의 아들'이다. 예수 사후의 초기 그리스도 교단이 다니엘적인 '사람의 아들'을 출발점으로 삼고 여러 묵시문학적 전승을 가미하면서 종말 때의 '사람의 아들' 내림來臨 모습을 그려낸 그림이 여기에 있다. 그러나 여기에서는 이미 '사람의 아들과 같은 것'이 아니라 고유명사적 호칭으로서의 '사람의 아들'이 되어 있다. 그렇다고 해도 이것을 그대로 예수 자신의 발언으로 간주해서는 안 된다. 예컨대 마지막 행의 '선택한 사람'이라는 말은 명백히 교단의 신학 용어다. 하지만 예수 자신이 어떤 형태로 종말 때에 '사람의 아

418

들(과 같은 이)'의 강림을 대망하고 있었다고 하는 것까지는 부정할 수 없다. 요즘 특히 독일어계 학자들이 이것을 부정하려 하는 것은 너무나 고색창연한 고대 유대교의 신화적 신앙을 예수도 공유하고 있었다고 생각하는 것이 유쾌하지 못하기 때문이 아닐까 싶다.

예수가 체포되어 대사제의 재판을 받을 때에도 같은 취지의 발언을 하고 있다. 일반적으로 수난 이야기는 복음서의 다른 부분 이상으로 짙게 교단의 그리스도 신앙을 반영해서 쓰였기 때문에, 지극히 대략적인 큰 줄거리 외에는 여기에서 역사적 사실을 추출하기는 어렵다. 특히 이 '재판' 장면은 예수의 제자들은 한 사람도 그 자리에 없었기 때문에 밤중의 대사제 관저에 예루살렘 종교 귀족의 최고 간부들이 모인 밀실에서 무엇이 논의되었는지 알 도리가 없다. 예루살렘 귀족 중에도 예수를 동정하는 사람이 있어서(마르코 15장 43절), 그 현장의 정경을 나중에 예수의 제자들에게 전했을 가능성도 생각할 수 있지만, 어쨌거나 정확한 기록을 여기에서 읽어낼 수 있는 가능성은 별로 없다. 그러나 그렇다 하더라도, 여기에서 예수가 대답한 방식은 다른 경우와 매우 비슷하다. 만일 나중에 제자들이 재판 장면을 상정해 만든 이야기라 하더라도 예수 특유의 말투를 잘 아는 사람이 만든 이야기일 것이다. 즉 여기에서도 예수는 상대의 질문을 얼버무린다.

대사제 '당신은 찬양받을 자(= 하느님)의 아들, 메시아인가.'

예수 '그렇게 말하고 싶다면 마음대로 말해라.* 어쨌든 너

희는 사람의 아들이 힘 있는 자(=하느님)의 오른편에 앉고

---

* 대량으로 존재하는 마르코 복음서의 사본 중에서 원문을 복원하는 데에 중요한 것은 크게 나눠 세 개의 계열 정도다. 이른바 알렉산드리아계, 카이사리아계, 서방계다. 이들 세 개가 일치하면 문제가 없지만, 그렇지 않을 경우는 각 케이스별로 대응해 어느 독해를 채택할지 검토할 필요가 있다. 이 경우는 알렉산드리아계와 서방계의 사본은 대사제의 '당신은 메시아인가'라는 질문에 대해 예수가 '나는 그렇다'고 대답했다고 기록했다. 그에 대해 카이사리아계 사본은 '내가 그렇다는 것은 당신이 말하는 것이다'라고 썼다. 이것을 좀 매끄럽게 하기 위해 '그렇게 말하고 싶다면 마음대로 말해라'고 나는 번역했다. 여기에서 어느 쪽의 읽기를 채용할지는 산술적 가능성으로서는 반반이다. 이것과 마태오의 병행 기사 26장 64절을 비교해 도식화하면, 가능성 (A) 마르코의 원본 = 알렉산드리아계, 서방계 '나는 그렇다'→그것을 마태오가 '당신은 그렇게 말한다'로 바꿨다→그것이 마르코의 카이사리아계 사본에 들어가 '내가 그렇다는 것은 당신이 말하는 것이다'가 되었다. 가능성 (B) 마르코의 원본 = 카이사리아계 '내가 그렇다는 것은 당신이 말하는 것이다'→그것을 마태오는 줄여서 '당신은 그렇게 말한다'로 했다. 한편 마르코의 알렉산드리아계 서방계 사본은 마르코의 원문에서 '당신이 말하는 것이다'를 삭제하고 '내가 그렇다'만을 남겼다. 가능성 (A)를 선택한다면 왜 마태오는 마르코의 원문을 이처럼 고쳐 썼는지 설명이 되어야 한다. 그리고 그것을 설명하는 것은 어렵다. 마르코에게는 다소 확실하지 않으나 마태오에게는 명료하게 예수는 메시아다. 그 마태오가 만일 마르코에 확실히 예수가 자신이 백 퍼센트 메시아라고 선언하는 구절이 있었다면, 그것을 굳이 애매하게 '그것은 당신이 말하는 것이다'라고 고쳐 썼다고 생각할 수는 없기 때문이다. 그에 대해 나는 가능성 (B)를 채용했는데, 그 경우 마태오는 마르코의 원문을 충실하게 옮겨 쓴 데에 지나지 않는다. 한편 마르코의 사본 어딘가의 단계에서, 예수는 당연히 메시아라고 생각하는 사본가가 원문을 개찬해서, 예수가 스스로 메시아라는 것을 긍정했다는 의미로 고쳐 썼다.(사본 단계에서 그리스도교 도그마에 맞춰 이처럼 개찬하는 것은 적지 않이 일어난 현상이다) 이쪽이 가능성으로서는 훨씬 더 있을 법한 것이라고 생각된다. 이상과 같은 것은 신약학의 기초이기 때문에 전문가를 상대로 해설할 필요는 없으며, 비전문 독자들에게는 죄송하지만, 그때마다 이런 논의를 전개할 경우 방대한 책이 되기 때문에 보통은 논의를 생략한다.

또 하늘의 구름과 함께 오는 것을 보게 될 것이다.'

(마르코 14장 61-62절)

'메시아'나 '하느님의 아들'이라는 호칭을 나에게 적용할지 말지, 그런 것은 알 바 아니다. 논의하고 싶다면 너희끼리 마음 대로 논의해라. 어쨌든 분명한 것은 이윽고 종말의 때가 와서 '사람의 아들'이 구름을 타고 올 것이다, 라는 말이다. 그때 지금의 세상은 끝나고 전 세계적인 규모의 재판이 열릴 것이다. 너희가 그때가 되어 당황하더라도 나는 모르겠다. 실은 이 구절의 말투는 혼란스럽다. 두 개의 다른 말투를 결합한 것이다. 한편에는 죽은 예수가 하늘에 올라가 '하느님의 아들'로서 천상의 권력을 가지고 이제 하느님의 오른편에 앉아 있을 것이라는 이념이 있다. 이것은 초기 교회가 시편 110장 1절의 말을 예수에게 적용해 만든 상이다. 예컨대 사도행전에 나오는 스테파노가 사람들이 던진 돌에 의해 죽임을 당했을 때 하늘을 우러러보며 '하늘이 열려 사람의 아들이 하느님의 오른편에 서 있는 것이 보인다'라고 외쳤다고 한다.(7장 56절) 여기에서 주목해 둘 것은 스테파노는 예수의 신전 비판 정신을 계승하려 한 인물이라는 점이다. 신전을 중심으로 하는 현세의 종교 지배 질서를 비판할 때 스테파노가 거기에 대립하는 비판의 거점을 이 세상을 넘어선 절대적인 미래의 희망에 두고, 그 희망을 체현하는 것으로서의 '사람의 아들'에게 자신의 종교 신앙을 의탁했다고 해도 이상할 것이 없다. 그렇다면 여기에는 말투야 어찌되었든 '사람의 아들'에 대한 예수의 발언이 극히 초기의 그리스도교회 일부에서는 그 나름의 방식으로 계승되고 있었다는 것의 예증이 있다.

대사제에게 한 예수의 대답은 초기 교회가 부활의 그리스
도에게 의탁한 '하느님의 오른편에 앉는다'는 상과, 다니엘적
인 '구름을 타고 하늘에서 내려오는 사람의 아들'이라는 상을
짜맞춘 것이다. 따라서 여기에서 엄밀하게 예수 자신은 어떻
게 말했는지 확정할 수는 없으나, 적어도 예수의 다른 발언에
대응하는 의식이 여기에도 표현되어 있다는 것은 이야기할 수
있다. 즉 대사제를 중심으로 하는 유대교의 기성 권위에 대해
저항하고 비판을 들이댄 자신의 활동이 옳다는 것은, 이윽고
'하느님의 아들'이 강림함으로써 전 세계적으로 밝혀지게 될
것이라는 확신이다.

예수의 이런 확신은 '사람의 아들'과 자신의 관계에 대해 말
할 때 더욱 노골적으로 단정된다.

> 이 간악하고 죄 많은 시대에 나와 내 말을 부끄럽게 여기는
> 자가 있다면 사람의 아들이 아버지(=하느님)의 영광으로 성
> 스러운 천사들을 따라 강림할 때에는 그런 자를 부끄럽게 여
> 길 것이다.
>
> (마르코 8장 38절)

이것은 무서운 자신감이다. 현재 예수의 활동과 발언을 비
난하는 자는 이윽고 올 종말의 '사람의 아들'에 의해 보복당할
것이라는 말이니까 실질적으로 예수는 자신을 종말의 '사람의
아들'과 동화시켜 버렸다. 좀 더 친절하게 이야기하자면, 종말
의 '사람의 아들'에 대한 이념을 먼저 확정한 위에 예수는 자

신의 활동을 실질적으로 그 '사람의 아들'의 권위에 동화시켜 간 것이 아니라, 오히려 거꾸로 자신의 활동이 옳다는 것에 대한 압도적인 확신이 먼저 있었고, 그 확신이 종교적 미래상에 투영되어 이윽고 '사람의 아들'이 올 때에 모두 결말이 날 것이라는 신앙으로 이어져 갔을 것이다. 따라서 여기에서는 예수가 단지 유대교의 종말론을 계승하고 있는 것은 아니다. 거기에는 예수 활동의 전체의 질質에서 스며 나오는 확신이 반영되어 있다. 이것은 절대적인 자신이다. 하지만 심히 우쭐대는 자기 절대화가 아니다. 안식일에 병자를 치유했다가는 욕을 먹는다, '더러움'과 '청결'이 어떻다는 등 신전 권력에 눌러앉은 귀족과 과부 등쳐먹는 율법학자들이 자신들이 좋아하는 것들을 열을 올려가며 떠드는 것에 대해 단호하게, 그건 아니다, 라고 들이댄 것은 오히려 당연했을 것이다. 많은 사람들은 반대로, 옳다는 걸 알면서도 권력이나 체제 질서 앞에서 말을 흐리지만, 예수는 당연히 옳은 것을 옳다고 주장했을 뿐이다. 이 당연한 감각이 압도적 확신과 결합한다. 따라서 여기에 있는 것은 자기 절대화해서는 안 됩니다, 하느님 앞에서는 모두 똑같은 '무자격자'이므로 자신이 옳다는 것을 확신하지 말고……등등의 나긋나긋한 감성과는 전혀 무관한 문제다.

이 강한 확신 때문에 예수는 죽임을 당할 때까지 멈추지 않고 계속 달려갔다.

하지만 한편으로는 또 이 강한 확신이 주변 사람들이 보기에는, 특히 신봉자들의 눈으로 보면, 도저히 일반인들에게는 있을 수 없는, 현격하게 다른 위대함으로 비쳤을 것이다. 이런 대단한 사람은 혹시 우리와 같은 인간이 아니지 않을까. 이런 사람이 머지않아 모습을 바꿔 하늘의 영광스러운 모습으로 구름을 타고 오는 것이 아닐까. 예수 자신이 거기까지 생각했을까, 사람들이 압도당하는 생각에서 그런 신앙을 가지게 되었을까. 어쨌든 앞의 발언에서 나타난 확신을 한 걸음 더 밀어붙이면 거기까지 가 버린다. 그리고 예수의 주변 사람들은 아직 전통적인 종교적 발상의 틀을 빠져 나갈 수 없었으므로 거기까지 가면 그 뒤는 쉽게 줄줄이 '메시아'다, '하느님의 아들'이다, 등 모든 신앙을 예수에게 떠맡겨, 전 인류의 종교적 '구원자'로 예수를 떠받드는 지경까지 갔다. 예수와 함께 싸우면서 같은 확신을 가지려 하는 대신에 예수를 제단에 모셔 놓고 그 앞에 엎드렸다. 우리는 이 책을, 예수는 그리스도교의 선구자가 아니었다고 단언하는 지점에서 시작했다. 그리스도교가 예수를 교조로 떠받든 것은 예수를 말살하는 것과 같은 행위다, 라고. 그러나 그렇게 떠받들여지게 된 데에는 예수 자신에게도 책임이 없었다고는 할 수 없다. 한편으로 저토록 기적적인 질병 치유에 빠져들면서 다른 한편으로 자신과 종말의 '사람의 아들'을 실질적으로 동일시하기까지 한 엄청난 확신을 드러내 보이면 거기서 교조로 떠받들여지는 것은 동일선상에 있는 게 아닐까.

그렇기는 하지만, 우리는 과연 예수에게 역시 교조로 떠받들여진 것은 당신이 나빴어요, 적당한 배려를 해서 제동을 걸어 놓지 않아 유감이에요, 라고 말할 수 있을까. 예수의 저 확신이 오히려 현세의 종교 지배 체제를 철저히 타파하려는 자세에서 생겨난 것이라면, 그 확신에서 제단 위의 교조를 만들어낸 것은 역시 나중의 그리스도 교단의 큰 책임이라고 하지 않을 수 없다. 이렇게 될 수밖에 없었던 것은 인간 세상이 피하기 어려운 얄궂음일지도 모른다.

14. '사람의 아들' – 한 인간의 확신과 절망

하지만 예수가 '사람의 아들'이라는 말을 즐겨 사용한 것은 또 하나의 측면이 있다. 이미 이야기했듯이, 이 말은 원래 '한 명의 인간'이라는 의미에 지나지 않는다. 예수는 한편으로 자신을 종말의, 이 세상이 아닌 천상적 존재와 겹쳐서 생각했기 때문에 자기 자신을 '사람의 아들'이라 부를 때에도 당연히 그 연결을 생각하고 있었겠지만, 실은 그것은 겉으로 거의 드러나지 않는다. 실제로는 예수가 자신을 '사람의 아들'로 부를 때는 보통은 참으로 다소곳한 것을 생각하고 있다. 세례자 요한과 대조해서 자신의 모습을 그리는 데, '사람의 아들이 와서, 먹거나 마시거나 한다'고 하는 말을 할 때, 설마 구름에 올라타고 와 전 우주를 준열하게 심판하는 '사람의 아들'을 생각하고 있을 리가 없다.

'예언자' 등과 같은 걸출한 존재로 자신을 인식하는 것이 아니라, 한 명의 보통 인간으로 먹고 마시고 할 뿐이오, 라고 말할 때 '먹고 마시고'라는 평범한 일상생활의 표현만이 아니라, '사람의 아들'이라는 표현을 여기에서 굳이 사용했다는 점에도 종래의 빼어나게 높은 것을 추구하려는 종교성에 대한 야유가 있었을 것이다. 이런 말을 할 때 예수는 '사람의 아들'이라는 표현을 그 아람어 본래의 의미, 여러 인간들 중의 한 사람에 지나지 않는 인간이라는 의미로 사용했다.

그리고 유대교 전래의 다채로운 '메시아'상이나 종말론 중에서도 예수가 다른 전통적 이념은 적극적으로 채용하려 하지 않고 '사람의 아들과 같은 이'만 좋아했던 것도 다른 전통적 이념에는 분리하기 어려울 정도로 유대 민족주의의 영광을 추구하는 냄새가 스며 있다는 이유도 있었겠지만(하기야 그렇게 보면 다니엘서의 '사람의 아들'로 해 봤자 마찬가지다), 역시 '한 명의 인간'이라는 표현이 마음에 들었던 것일까. 그렇다 해도 '한 명의 인간'을 고집하고 있던 예수가 유대교 종말론 중에서도 가장 신화적으로 무시무시한 천상적 존재인 다니엘서의 '사람의 아들과 같은 이'에 자신의 신념을 의탁한 것은 기묘한 결합이다. 군이 상상하자면 예수의 확신은 인간으로서의 당연한 삶을 주장하는 곳에서 생겨난 것이었으므로 그 '인간으로서의'라는 요소가 '사람의 아들'이라는 호칭과 결합했고, 한편으로 강력한 확신이 무시무시한 신화적 권위와 결합했다는 것일까. 이렇게 상상하는 것은 너무 도식적이고 또 근대적인 휴머니즘을 너무 많이 읽어낸 것이지만, 그럼에도 딱 맞지는 않는다고 할지라도 멀지는 않다고 생각되는 이유는 다음 세 구절에 있다.

하나는 이미 다룬 중풍환자의 치유 때 '죄의 용서'를 둘러싸고 논의를 했을 때 예수는 '사람의 아들은 지상에서 죄를 용서할 권위를 갖고 있다'고 주저 없이 말했다.(마르코 2장 10절) 이것도 원래 이 장면에서 나온 말인지, 그것과는 본래 다른 장면에서 나온 말이 내용이 비슷해서 이 장면과 엮였는지 어느 쪽인지 알 수 없으나, 어쨌거나 한편으로 자신의 현재 활동은 종말의 '사람의 아들'의 권위에 대응한다고 확신하고 있었던

(마르코 8장 38절) 것과 같은 강력한 확신이 표현되어 있음과 동시에, 다른 한편으로 당연히 옳은 것이라면 한 사람의 보통 인간이 죄의 용서를 선언한다고 해서 뭐가 나쁜가라는 의식이 겹쳐 있다.

또 하나는 예수가 실제로 한 말인지 여부를 알 수 없지만, 이 또한 이미 언급한 안식일의 문제와 관련해서 '안식일은 사람을 위해서 있다'고 선언한 구절에 이어서, '따라서 사람의 아들도 또한 안식일의 주인이다'(마르코 2장 28절)라고 덧붙였다. 만일 안식일이 인간을 위해서 있는 것이라면 한 명의 사람의 아들인 나도 또한 안식일의 율법에 예속되어 복종할 것이 아니라 오히려 그 주인으로서 자유롭게 율법의 규정을 초극해서 행동해도 좋지 않은가, 라는 자기변호와 동시에 논리적으로는 이것은 당연한 것이지만 실제로 당시 유대교의 안식일 율법이 갖고 있던 거대한 권위를 생각하면, 그것을 초극한다고 단정하기에는 이쪽에도 상당히 거대한 확신이 필요하기 때문에 그것이 '사람의 아들'의 권위로 발설되게 된다.

마지막으로 '사람의 아들은 섬김을 받기 위해(또는 하인을 부리기 위해)서가 아니라, 섬기기(하인으로 일하기) 위해 온 것이다'(마르코 10장 45절)라는 선언도 인간 일반에 대해 말하고 있는 것이 아니라 한 명의 사람의 아들인 나 예수가 온 것은, 이라는 의미인데, 꼭 뛰어난 '예언자'도 아니고 하물며 왕후군주도 아닌 나의 활동은 한 명의 인간으로서 당연히 그래야 하는 활동인 것이라는 의식이 표명되어 있다.

'사람의 아들이 ……하기 위해서 왔다'는 표현은 이 세상의 존재가 아닌 '사람의 아들' 예수 그리스도가 이 세상에 강림한 것의 목적은……, 이라고 말하면서 설명하는 그리스도 교단 신학의 표현이라는 학설이 있다. 따라서 '……위해서 왔다'는 표현을 동반하는 전승은 모두 교단의 창작이라는 것이다. 확실히 루카 복음서 저자가 세리 자캐오에 대한 이야기의 결론으로 '사람의 아들이 온 것은 잃어버린 것을 찾아내 구원하기 위해서다'라고 덧붙일 경우(루카 19장 10절), 이것은 명백히 구원자 예수 그리스도는 죄인을 용서하기 위해 이 세상에 온 것이라는 루카 특유의 신학을 '사람의 아들'을 주어로 해서 어떻게든 예수 자신의 한 말처럼 보이도록 표현한 것이다. 따라서 그 밖에도 '사람의 아들은 ……왔다'라는 구절이 예수 자신의 발언이 아니라 교단이 작성한 것일 가능성이 크다고 하지 않을 수 없다. 그럼에도 마치 '아멘, 나는 말한다'라는 예수 특유의 말투를 나중의 교단 사람들이 흉내 내서 원래의 전승에서 이 말투를 쓰지 않은 경우에도 전승의 이곳저곳에 즐겨 이 말투를 삽입해서 전승에 '예수적'인 분위기를 만들려 한 것과 마찬가지로, '사람의 아들은 ……왔다'는 예수 특유의 말투를 나중의 교단이 흉내 내서 자신들의 신학을 예수의 말처럼 꾸며 표현한 것이라면, 복음서에 전해지고 있는 '사람의 아들은 ……왔다'는 구절 중에서 적어도 몇 개는 예수 자신의 실제 발언이었을 것으로 상정할 수 있다. 종말 때 구름을 타고 강림할 '사람의 아들'의 권위에 대응할 수 있을 만한 권위를 가지고 한 명의 사람의 아들인 자신은 지금 활동하고 있는 것이라고 굳게 믿었던 예수다. 종말 때의 '사람의 아들'에 대해서 말하는 것과 같은 어조로 '사람의 아들'인 자신이 이 세상에 온 것은……, 이라고 말했다고 해도 이상할 게 없다. 또는 거기까지 골똘히 생각하지 않았다 하더라도 반드시 피안의 저편에서 '이 세상'에 온다는 의미가 아니라, 더 평범하게, 자신이 이 세상에서 생을 누린 것은, 이라고 하거나 자신이 이런 활동을 이끌고 세간의 표면에 나온 것은, 이라는 의미로, '사람의 아들이 온 것은……'이라는 표현을 사용할 수도 있다. 적어도 앞서 애기한 '사람의 아들이 와서 먹고 마시고 한다'를 '온다'는 동사 때문에 예수 자신의 말이 아니라고 단정하는 것은 무리일 것이다.

그런 그렇고 '사람의 아들'을 주어로 하는 발언 중에는 이상과 같이 강렬한 확신을 피력하는 것, 또는 자신의 평범한 모습을 그대로 말하려고 한 것 외에 쓸쓸한 것도 전해지고 있다.

'여우에게는 굴이 있고 하늘의 새에게는 둥우리가 있다. 그러나 사람의 아들은 머리 둘 곳조차 없다.'(마태오 8장 20절＝루카 9장 58절, Q자료)

이것은 이미 Q자료의 단계부터 어느 율법학자(또는 어떤 사람)가 예수를 따라오겠다고 요청한 데에 대해 대답한 말로 되어 있다. 정말로 그런 것인지는 알 수 없다. 정말로 그랬다면 예수는 자기 자신에 대해, 사람의 아들인 자신은 머리 둘 곳(베개를 벨 곳)도 없다고 말하고 있을 뿐만 아니라, 자신을 따르는 자도 돌아가야 할 집을 포기해야 한다고 호소하고 있는 셈이다. 그렇다면 이것은 아마도 극히 초기의 교단이 작성한 것으로 생각되는 다음 말에 대항하는 종교 윤리를 말하고 있는 셈이다.

내게로 와서 또 자신의 부모나 처자식이나 형제자매를 미워하지 않는 자, 나아가 자기 자신의 생명마저 미워하지 않는 자는 내 제자가 될 수 없다.

(루카 14장 26절)

　이것은 마태오가 전하는 좀 더 간단한 문장 '나보다 자신의 부모를 더 사랑하는 자는 내게 어울리지 않는다. 또 나보다 자신의 아들딸을 더 사랑하는 자도 내게 어울리지 않는다'(마태오 10장 37절)를 루카가 과장해서 강조했는지, 아니면 거꾸로 원래 너무 과장되어 있어서 마태오가 좀 온건하게 고쳐 말했는지 알 수 없으나, 어쨌든 형성 과정에 있는 초기 그리그도 교단이 유대교 등의 압력에 견디며 신흥 교단으로서 자신의 위치를 확보해 가기 위해서는 종종 그 신자들에게 자신의 가정을 희생해서라도 교단 활동에 충실할 것을 요구할 수밖에 없었던 실정을 반영하고 있다. 사실 그리스도교도가 되면서 유대교를 믿는 가족으로부터 절연당하거나 교단 활동에 힘을 너무 쏟는 바람에 가족관계가 원만치 않아지는 일이 많았을 것이다. 신흥 종교 교단이 반드시라고 해도 좋을 정도로 직면하는 문제다. 그리고 그것은 한편으로는 어쩔 수 없이 생기는 가족과의 알력을 견뎌내야 한다는 의미로 말하기도 했겠지만 또 한편으로는 그런 장애를 극복함으로써 점점 더 '신앙'이 강화되었을 것이므로 교단 윤리로서는 가족과의 유대를 끊는 것을 적극적인 '신앙'의 증거로 칭송도 했을 것이다. 여기에 있는 것은 어디까지나 신흥 종교 교단의 교단 윤리이지 요시모토 다카아키가 자신의 주관적인 의식을 황급히 넣어서 읽어낸 근친증오 문제가 이야기의 중심은 아니다. 확실히 이런 형태로 교단이 가족 관계를 넘어서는 교단 윤리를 주장하면 거기에 따라 이제까지 심리의 이면에 숨어 있던 근친 증오가 노출되는 면도 있었을지 모른다. 그러나 그것은 심리적으로 있을 수 있는 수반隨伴 현상에 지나지 않기 때문에 결코 먼저 근친 증오가 있었고 거기에서 이런 교단 윤리 문제가 나온 것은 아니다.

또는 그 정도의 교단 윤리 주장이 있었다고 해서 실제로 교단의 구성원들 다수가 집도 가족도 생산 수단도 모두 포기하고 거지처럼 생활을 시작했다는 식으로 상상하는 것도 어리석다. 이 말 때문에 이 말을 한 교단 사람들은 모두 '방랑의 래디컬리즘'이라는 것을 살았다고 G. 타이센이라는 독일 학자가 주장하고 있지만, 그것은 이런 교단 윤리의 마치 강요하는 듯한 말투의 실질이 어떤 것인지에 대해 무지하거나, 아니면 알면서도 일부러 거기에서 눈을 돌렸거나 그 둘 중의 하나에 지나지 않는다. 여기에서 이야기되고 있는 것은 기껏해야 가족보다 신앙이 더 중요하다는 정도의 설교밖에 없다.

거기에 대해 예수가 '사람의 아들은 머리 둘 곳이 없다'고 했을 때, 이것과 취지는 비슷하게 보여도, 중점을 두는 쪽이 전혀 다르다. 만일 이것이 Q자료가 보여주듯이 예수를 따르고 싶다고 신청한 자들에 대한 대답이었다 하더라도, 그 취지는 타인에 대해 유랑 생활을 요구하는 것이라기보다 예수 자신의 생활이 그렇게 되었다는 사실을 지적하는 점에 있다. 당신은 나를 따르고 싶다고 이야기하지만, 한 명의 사람의 아들인 나는 머리를 둘 곳도 없어요…… 하물며 Q자료가 제공한 틀이 허구라면, 이것이 타인에 대해서 말을 건 것인지 아닌지도 알 수 없다. 오히려 예수가 자신의 모습을 이야기한 한마디의 말로 봐야 할 것이다. 그리고 그것은 그렇게 하는 것이 옳기 때문에 기꺼이 그렇게 했다는 것이 아니다. 여우나 새들조차 자신의 보금자리를 갖고 있는데 한 사람의 인간인 내게는 안심하고 머리를 둘 곳도 없다. 이것은 단지 돌아가야 할 고향이나 가정이 없다는 말이 아닐 것이다. 오늘은 여기 내일은 저기로, 질병 치유를 바라거나 다른 조언을 바라며 모여드는 사람들에게 쫓겨 느긋하게 쉴 틈도 없다는 의미도 있을지 모르겠으나, 그것보다는 오히려 아마도 자신의 활동은 한 명의 사람의 아들로서 당연한 것을 주장하고 있는 것에 지나지 않는데, 그 당연한 것을 초지일관 밀고 가면 역시 자신은 사회를 지배하는 힘에 의해 이 사회로부터 따돌림을 당한다는 의식을 표현하고 있을지도 모르겠다. 탄압당할 때에는 안심하고 머리를 둘 곳이 없다.

이 몹시 서글픈 말과 나란히 더 용감한 말도 했다.

'나는 지상에 불을 지르기 위해 왔다.'(루카 12장 49절)

예수에게서 혁명가의 원상原象을 보려고 하는 사람은 즐겨 이 구절을 인용하고 싶어 한다. 복음서에 전해지는 다른 모든 요소들을 무시하고 이 말만을 인용해서 폭력 혁명을 예수의 이름으로 정당화하려는 것은 기묘한 시대착오다. 혁명에서의 '폭력' 문제는 현재의 문제이고, 그것을 부정하거나 긍정하는 데 예수의 이름을 증거로 끌어댈 필요는 없다. 다만 여기에서 혁명가의 원형을 보려고 하는 사람의 감각이 어느 정도 들어맞는 것은, 예수가 현재의 체제 질서에 안주할 리 없는 자세를 갖고 있었다는 것을 간파하고 있기 때문이다. 현재의 체제 질서가 이대로 수습될 리가 없다, 수습해서 좋을 게 없다. 반드시 불을 뿜는 시대가 온다. 아니, 나는 그 불을 지르려고 온 것이다.

예수가 여기에서 생각하고 있는 것은 사회 혁명의 불이 아니다. '불'은 당시의 유대교에서는 종말의 때에 벌어질 하느님에 의한 심판의 상징이었다. 다만 예수는 단지 일반적인 종교 신앙으로서 최후의 심판을 하느님이 내릴 것이라고만 생각했던 것은 아니다. 이미 많이 이야기해 온 현재의 체제 질서에 대한 예수의 분노가 하느님이 내릴 심판의 불을 희구하는 마음과 결부된다. 그리고 예수는 여기에서 어느 날 세상의 종말이 올 때 하느님이 불을 질러 주는 것을 기다리고 있는 것이 아니다. 여기에도 자신의 활동에 대한 거대한 확신이 표현되어 있다. 내가 불을 지르기 위해 온 것이다!

이 말의 용맹함에 압도당해서인지, 사람들은 그만 그 뒤에 이어지는 구절을 보지 못한다.

'불이 타올라 주기를 얼마나 바랐던가.'

즉 이것은 용맹한 말임과 동시에 절망에 가득 차 있다. 나는 불을 지르기 위해 온 것이다. 그렇다면 불타오를 것이 아닌가. 타올라 준다면, 하고 얼마나 바랐던가. 하지만 연기만 내는 불씨는 타오르기 전에 물이 끼얹어져 꺼져 버린다.

그렇다면……

결국 나는 붙잡혀 죽임을 당할 것이다.

예수의 종교적 열광은 이 서슬 푸른 칼날 같은 자신의 미래를 맑은 정신으로 삼키고 있었다.

'사람의 아들'을 주어로 하는 말의 전승에는 '수난예고受難豫告'라고 학자들이 이름붙인 것이 몇 개나 있다. 사람의 아들은 고난받고受難, 체포당하고, 죽임을 당한다고 예수는 예고했다는 것이다.

'사람의 아들은 반드시 많은 고난을 받지 않으면 안 된다. 장로, 제사장, 율법학자들에 의해 배척받아 죽임을 당하지만, 사흘 뒤에 부활하게 되어 있다.'(마르코 8장 31절)

이와 아주 비슷한 발언이 복음서 속에서 몇 번 반복되는데, 그중에서는 아마도 이 구절이 전승의 원형일 것이다. 물론 이 구절은 초기 그리스도 교단이 예수의 십자가 죽음 사실을 알고 나서 기록한 구절이다. 예수는 실제로 장로, 제사장, 율법학자, 즉 예루살렘 시의회(산헤드린)의 권력에 의해 체포되어 죽임을 당했다. 게다가 초기 교단은 사흘 뒤의 부활이라는 자신들의 신앙 조항까지 덧붙였다. 하지만 다른 한편으로는 예수 자신이 자신의 죽음을 미리 예측하지 않았다고 상상하기도 어렵다. 그만한 활동을 계속해 온 사나이다. 게다가 오늘은 활동하고 내일은 도망친다는 것이 아니다. 오늘도 내일도 그다음 날도 계속 나아갈 각오를 하고 있다. 그런 활동을 스스로 온몸으로 실천하는 자야말로 그 활동이 어떤 결과를 가져올지 잘 알고 있다.

'사람의 아들은 많은 고난을 당하고 멸시받다가 죽임을 당한다'

라는 정도는 말했을 것이다. 만일 사람의 아들에게 머리 둘곳도 없고, 불을 지르려 했으나 타오르지 않았다면, 더군다나 거기에서 물러서지 않고 오늘도 내일도 그다음 날도 나아간다면, 아무래도 사람의 아들은 심하게 고난받고 버려질 수밖에 없다.

15. 예수 수난 이야기

　유월절 당일 밤(마르코), 혹은 그 전날 밤(요한), 예수는 체포
당했다. 이튿날 아침 바로 십자가에 달렸고, 오후에는 숨을 거
두었다. 한 인간의 몸뚱이를 소멸시키는 것은 권력에는 아주
쉬운 일이었다.

　예수의 죽음을 기념하기 위해 교단 사람들이 쓰고 거듭 낭
독해 봤을 게 틀림없는 복음서의 수난 이야기에서 역사의 사
실을 재구성하는 것은 거의 불가능하다. 거기에는 교단의 신앙
이 너무 짙게 투영되어 있다. 수난 이야기의 세밀한 부분을 분
석, 검토하는 것은 그리스도교 신앙의 성립 과정을 알기 위해
서는 의미가 있어도 예수의 죽음과 관련된 역사적 사실을 아
는 데에는 그다지 큰 의미가 없다.

　예컨대 이스카리옷 유다가 예수를 '배신했다'고 한다. 왜 '배
신했다'는 것일까, 어떻게 '배신했다'는 것일까, 도대체 예수를
체포하는 데 왜 유다의 '배신'이 필요했던 것일까, 우리는 아무
것도 모른다. 뭔가의 의미에서 '배신자'로 단죄당한 유다는 예
수 사후 제자들의 교단에서 배제당했다. 그리고 '배신자'를 배
제한 교단은 배신자가 어떻게 배신했는지 말해 주어야 할 필
요에 쫓겼다. 모든 권력적 당파에 공통되는 행동을 초기 그리
스도 교단도 취했을 뿐이다.

　밤, 예루살렘 교외에서 예수는 체포당했다. 그때 길잡이를
한 것이 유다로 알려졌다. 그럴지도 모르고 그게 아니었을지
도 모른다. 어쨌거나 어둠을 틈타서 체포한 것은 사실일 것이
다. 이미 예수는 유명해져 있었지만, 그리고 바로 그 때문에 죽
여야 한다고 권력은 생각하고 있었지만, 분명 예수의 얼굴을

잘 알고 있는 자는 권력 상층부에는 없었을 것이다. 그 때문에 유다를 붙잡아 길잡이를 시켰다는 것일까. 어쨌든 야음을 틈타 대처한 것은 예수가 쟁취하고 있던 큰 인기를 두려워했기 때문일 것이다. 어설프게 한낮에 사람들 속에서 체포하면 폭동이 일어날지도 모른다.

여기에서 권력의 행동은 모순된다. 만일 예수의 인기를 두려워했다면 야음을 틈타 몰래 암살해 버리면 되었을 것이다. 그렇게 하지 않고 사람들 눈에 노출시켜서 십자가에 매달아 죽인 것은, 그 이유 가운데 하나로 우선 본때를 보여주겠다는 의미도 있었던 게 분명하다. 그리고 또 어느 시대의 권력도 탄압 방식에 대해서는 뻔뻔할 정도로 잘 알고 있다. 체포 현장에 수많은 민중이 있을 경우, 민중은 격앙한다. 그러나 일단 별 탈 없이 체포하고 나면, 민중은 패배의식을 갖기 때문에, 그 뒤는 어떻게 요리해도 민중은 슬퍼하면서 지켜볼 뿐이다. 체포할 때는 신중하게, 처형은 뻔뻔하게 권력의 힘을 보여주면서, 라는 것은 탄압자의 상도常道라고도 할 수 있다.

일찍이 예수의 기적에 감격한 민중이, 예수는 이 세상의 진리가 아니라 피안의 진리를 가져오려고 한 사람에 지나지 않는다는 것을 알았을 때에, 이번에는 반대로 원한을 품고 예수를 십자가에 매달라고 소리쳤다는 것도 해석자의 허구에 지나지 않는다. 그런 것은 복음서 어디에도 쓰여 있지 않다. 예수는 이 세상의 진리가 아니라 피안의 진리를 가져오려 했다는 것이 이미 사실에 반하는 허구이기 때문에, 민중이 그것을 알고 도리어 원한을 품었다는 것도 불가능하다. 게다가 야음을 틈타 은밀히 체포하고, 밤중에 대사제 관저에서 필라투스 쪽에 넘겼을 때, 필라투스 관저로 모을 수 있었던 '군중'은 누구였는가. 전에 예수의 기적에 감격한 민중이 거기에 모일 수 있었을 리가 없다. 예수 일파를 탄압하기 위해 대사제의 수하들이 그러모은 자들이 예수를 끌고 필라투스 있는 곳으로 가서 '십자가에 매달아라' 하고 요구한 것에 지나지 않는다.

또 한 가지, 필라투스 자신은 완전히 수동적으로, 대사제 일파가 짠 연극에 마지못해 얹혀갔다는 것도 사실이 아니다. 그랬다면 필라투스는 보고도 못 본 체하고 있으면 되었기 때문에 대사제 일파에게 예수의 신병을 인도하고 좋을 대로 하라고 말해 주면 그걸로 끝날 일이었다. 요한 복음서 저자는 예수를 체포하기 위해 대사제의 수하들만이 아니라 로마군 부대가 출병했다고 기록했다.(요한 18장 3절) 부대라는 것은 허풍에 지나지 않지만, 예수 사건에 대해서 기묘하게도 세부 사항은 정확하게 기록하려 했던 요한의 저자였기에 이 기술도 무시할 수 없다. '부대'에서 몇 명인가의 병졸을 파견했다는 것일까. 어쨌든 십자가에 매달았다는 것 자체가 로마 총독 필라투스가 적극적으로 예수를 처형하려고 결단했다는 것을 보여준다. 십자가형은 로마제국의 정규 처형 방법으로, 만일 대사제를 중심으로 한 유대교 당국만이 예수를 죽이려고 했다면 돌로 쳐서 죽였을 것이다. 그리스도교 신학자들 중에 반유대주의 Antisemitism에 중독되어 있는 자들은 예수의 체포 처형은 로마 당국이 의도해서 한 것이 아니라 유대교 당국만의 책임이라고 주장하고 싶어 한다. 한편 그리스도교 유럽의 유대인 차별을 속죄해야 한다고 생각하는 신학자들은 엉뚱한 데서 점수를 따려고 예수 처형에는 유대교 당국은 책임이 없고 로마제국의 대관代官이 한 짓이라고 주장하고 싶어 한다. 어느 쪽도 절반은 맞고 절반은 틀렸다. 예수의 살해에 유대교 당국이 손을 댄 사실도, 로마제국 지배자들에 책임이 있다는 사실도, 어느 쪽이나 말살할 수 없는 사실이다. 유대교 당국과 제국의 지배자들이 공모해서 예수를 말살하려 했던 것이다. 그리고 이 공모 사실은 예수 활동의 질을 잘 표현하고 있다. 예수는 로마제국 지배자들에게도 유대교 당국에게도 불편한 존재였던 것이다.

복음서는 모두 로마제국 지배하의 상황에서 그리스도교의 정당성을 주장하려는 의도를 갖고 쓰였다. 그 의도가 부수적으로 어렴풋이 드러나는 경우도 있고, 상당히 노골적으로 표현되는 경우도 있다. 어느 쪽이든 로마의 대관 필라투스가 적극적으로 예수를 처형하려 했다면, 예수를 교조로 받드는 그리스도교는 로마제국에 대한 '범죄자'의 종교라는 꼴이 되므로 복음서의 저자들은 그렇게는 쓰고 싶지 않았다. 가능한 한 필라투스는 처형에 관여하지 않은 것으로 하고, 유대교 당국의 압력에 눌려 어쩔 수 없이 처형했다는 것으로 해 두고 싶었다. 될 수 있으면 필라투스는 예수를 '무죄'로 간주했다는 식으로 쓸 수 있다면 그보다 더 좋은 건 없다…… 이 로마제국에 대한 호교적인 자세는 이미 마르코에 어느 정도, 그리고 마태오와 루카에는 훨씬 더 노골적으로 표명되어 있다. 하지만 초기 그리스도교의 이 호교적인 자세에도 불구하고, 예수가 십자가라는 로마제국의 사형 수단에 의해 처형당했다는 사실까지는 말소할 수 없었다.

한편 유대교 당국의 책임을 얼버무리기 위해 현대의 신학자들이 주장하는 논리도 별로 신용할 수 없다. 예컨대 밤중의 재판은 유대교의 율법에는 없는 것이어서 대사제 관저에서의 재판은 사실이 아니다 등등의 주장에 동조해도 어쩔 수 없다. 탄압이나 탄압 재판이 법률 조문을 성실하게 지키면서 자행되는 일은 동서고금에 없다. 법률 조문만을 근거로 해서 거기에서부터 모든 역사적 사실의 진위를 판정하려 하는 것은 법률이 무엇인지, 정치권력의 행동이 어떤 것인지, 역사가 무엇인지 아무것도 모른다고 하는 데에 지나지 않는다.

바라바에 대한 이야기도 사태를 애매모호하게 만든다. 이 경우도 복음서 저자들은 필라투스를 가능한 한 면책하고 모든 책임을 유대교 당국 쪽에 떠밀려는 의도를 노골적으로 드러내고 있기 때문에, 그 기술의 배경에 있는 역사적 사실을 확인하기가 어렵다. 이야기의 줄거리는 바로 예수가 체포되었을 때 폭동을 일으켜 사람을 죽인 일군의 폭도들이 붙잡혀 있었는데, 그 폭도 중의 한 사람인 바라바라는 남자와 예수를 '군중' 앞에 나란히 세워 놓고, 필라투스가 어느 쪽이든 한 사람을 사면해서 석방해 주겠다고 제안했더니, 군중은 유대교 당국자(제사장 등)에 선동당해 바라바를 사면하라, 예수를 십자가에 매달아라, 하고 외쳤다. 그래서 필라투스는 바라바를 석방하기로 했다는 것이다.(마르코 15장 6-15절) 이 이야기의 성립 전제는 축제 때마다 로마 당국은 사람들이 청원하는 죄수 한 사람을 은사로 석방하는 관습이 있었다는 것이다.(마르코 15장 6절) 그러나 과연 실제로 그런 관습이 있었는지 복음서의 이 기술 외에는 그런 관습의 존재를 입증할 실마리가 전혀 없기 때문에, 이것 자체가 아무래도 만들어낸 이야기인 듯하다. 그리고 이 전제가 무너지면 이야기 진행 전체도 이상해져 버리기 때문에 필라투스가 무슨 의도로 바라바를 석방하고 예수를 처형하기로 한 것인지 복음서의 기술만으로 그 부분을 적확하게 알려고 하는 것은 도저히 무리한 시도다. 결국 바라바에 대해 후세의 해석자, 신학자나 역사가나 소설가들이 묘사해 온 것은 모두 소설적인 공상일 뿐이다.

　예수를 이 세상의 사회적, 정치적 현실에서 분리시켜 저 세상의 '진리'에만 관여했던 이로 묘사하고 싶은 사람들은 바라바의 이야기에서 하나의 실마리를 얻으려고 한다. 바라바가 일으킨 폭동은 반로마 독립 운동이었고, 유대인 '민중'은 결국 살인까지 범한 듯한 정치 혁명가를 좋아해서 그 맞교환 상대로 천상의 존재인 평화의 주 예수 그리스도를 죽였다는 것이다. 하지만 이런 해석은 대체로 사리에 맞지 않다. 그러면 왜 필라투스가 예수와 바라바를 나란히 세워 놓고 예수를 죽이도록 시나리오를 짰는지가 설명이 안 된다. 복음서 기술이 지니고 있는 로마에 대한 호교론적 경향을 제거하고 생각하면, 이 이야기의 주역은 필라투스이기 때문에 만일 바라바가 반로마 저항 운동의 투사이고 예수가 이 세상의 정치 상황과는 무관한 평화의 작은 비둘기였다고 가정해도, 그러면 왜 로마의 대관인 필라투스가 바라바를 석방하도록 시나리오를 짰는가 하는 기묘한 사실이 설명되어야 한다. 게다가 바라바가 반로마 독립 운동의 투사였다고 하는 것은 완전한 허구다. 이 허구의 유일한 근거 같은 것이 바라바가 '강도'로 불리고 있었다는 것이다.(요한 18장 40절) 열심당 등의 반로마 저항 운동의 투사들은 지배자 쪽으로부터 종종 '강도'로 불린 적이 있다. 따라서 바라바도 강도라 불리고 있는 이상 반로마 저항 운동의 투사였음이 분명하다는 것이다. 그러나 그것은 역逆이 반드시 참眞은 아니다, 라는 논리학의 ABC도 모른다는 말을 들어도 어쩔수 없다. 역이 반드시 참은 아니기는 고사하고, '강도'라고 불린 인간은 모두 예외 없이 실은 강도가 아니라 반로마 저항 운동의 투사였다라는 논리라니, 어처구니가 없어서 상대하고 싶은 생각도 없다. 실제로는 '강도'라 불린 자들 대부분은 실제로 그저 물건을 훔칠 목적의 강도에 지나지 않았을 것이다. 바라바가 '폭동을 일으키고 살인을 저질렀다'는 마르코의 기술을 보더라도, 폭동이 일어나면 그게 모두 반로마 정치 혁명이었을 리가 없다. 다만 뭔가 소동을 일으켰을 뿐이다. 바라바의 석방을 요구한 것이 '제사장'들이었다면, 그것은 그들이 예루살렘 신전 기구의 가장 정점에 있는 유대교 권력자이기 때문에, 그리고 그들은 로마 지배 권력과 유착하는 것으로 자신들의 지위를 지켰기 때문에 여기에서 단순한 반로마 저항 운동을 상정하기란 불가능하다. 만일 '반로마' 냄새가 난다고 가정해 본다면, 유대교 권력자들이 한편으로는 로마 지배 권력과 유착하면서도 다른 한편으로는 로마 세력을 쫓아내고 권력을 독점하고 싶다는 모순된 바람을 갖고 있었을 터이기 때문에 바라바가 그들의 앞잡이와 같은 인물이었다면, 어설프게 여기저기 돌아다니다 필라투스에게 체포당한 것을 유대교 권력자가 빼냈다는 것일까. 그 빼내는 대가로 예수를 재료로 활용했다는 것인가. 그럴 경우에는 필라투스 쪽도 여우와 이리의 속임수로 유대교 당국자들을 조종하면서 로마 지배를 관철할 필요가 있었으므로 바라바가 로마인에 대한 짓궂은 폭동을 일으켰다고 해도 그 정도의 사건으로 유대교 당국과 정면으로 분규를 일으키는 것은 재미없는 일이어서, 어차피 유대교 권력에게도 로마 지배에도 사정이 좋지 않고 살려 놓아도 아무 득도 되지 않는 예수를 죽이기로 하고 바라바를 사면해 유대교 당국이 갚아야 할 하나의 빚을 만들어 놓았다는 것인가.

다만 이것도 완전히 상상에 지나지 않는 것이어서, 그 밖에도 이런저런 상상이 가능하며, 어떤 상상도 동등한 권리를 갖고 있지만 또한 동등하게 근거가 없다. 폭동이라 해도 기껏 폭력단의 출입 같은 것에 지나지 않았는지도 모르는데, 다만 때마침 검거당한 이들 중에 있던 바라바는 예루살렘 귀족에 연고가 있어서 그런 식으로 요행히 석방되었을지도 모르며, 아마도 더 가능성이 있는 것은 그 시기에 유대교 여러 파들 간의 세력 다툼이 매우 거셌고 바리사이파와 사두가이파의 충돌이 어지간한 서로 죽이기로 발전할 정도의 사건은 때때로 있었을 것이며, 바리사이파 내부에서도 힐렐파와 샴마이파의 불화는 이미 이야기했듯이 상당한 것이었기 때문에 그런 유대교 파벌 간의 투쟁의 하나가 '폭동'이 되고 그때 검거되었던 바라바는 때마침 '제사장들'의 일파에 속했기 때문에 그런 식으로 요행히 석방되었다는 것일지도 모르겠다. 어느 쪽이든 모두 상상이지만 그중에서도 바라바는 반로마 독립 운동의 투사로 정치혁명을 꾀했다는 식의 상상은 가장 가능성이 적은 서툰 상상이다.

16. 십자가 죽음의 고통

결국 예수 수난극 중에서 역사적으로 가장 확실한 사실은 십자가에 매달려 죽임을 당했다는 점이다. 처형달할 사람이 스스로 십자가의 가로대를 짊어지고 형장까지 사람들이 보고 있는 가운데 걸어가야 한다는 것도 로마인의 십자가형 관습이기 때문에, 당연히 예수의 경우도 그랬을 것이다. 그때 예수가 십자가를 스스로 짊어지고 갈 수 없게 되자 때마침 그 자리에 있던 키레네 사람 시몬이라는 인물이 대신 짊어졌다는 것도 사실일 것이다. 밤에 체포되어 '재판'을 받고 아침까지 마구잡이로 자행된 고문까지 당하면 아무리 예수가 건장했더라도 무거운 십자가를 짊어지고 걸어갈 체력은 남아 있지 않았을 것이다.

십자가형은 잔혹한 사형이다. 하긴 사형은 모두 잔혹하지만, 죽이는 방법 자체에 이토록 잔혹한 배려를 하고 있는 사형은 드물다. '십자가의 죽음은 키케로에 따르면, 가장 잔혹하고 가장 무서운 사형이다. 처형당할 사람이 동정을 받는 경우에는 정강이뼈를 부러뜨리거나 겨드랑이를 창으로 찔러 고통의 시간을 줄여 준다. 그렇지 않을 경우 불행한 처형자는 몇 시간이나, 또는 종종 며칠 동안이나 고통을 받으며 십자가에 매달려 있어야 한다. 그러다 결국 쇠약, 질식, 울혈, 심장파열, 허탈, 또는 다른 무언가의 쇼크로 죽는다. 하지만 그러기까지 계속 십자가에 매달린 사람은 자신을 덮쳐 오는 맹수, 맹금에 완전히 무력하게 노출된다. 상처에 달라붙는 파리나 등에를 피할 수조차 없다. 요컨대 십자가형은 고대의 재판 제도가 발명한 더없이 극악비도極惡非道한 제도다.' (E. 슈타우퍼『예루살렘과 로마』)

예수는 이미 쇠약해져 있었던 탓인지 손발에 못이 박히면서 생긴 유혈과 고통만으로도 긴 시간을 견디지 못하고 한나

절 정도 만에 죽었다. 군이 정강이뼈를 부러뜨릴 것까지도 없었다. 죽은 것을 확인하기 위해 창으로 옆구리를 찔렀을 뿐이라고 한다.(요한 19장 24절) 고통의 시간이 짧았던 것이 그나마 작은 위안이었다고 해야 할까. 탄압당하고 죽을 때는 오직 비참할 뿐이다. 참혹하게 흘린 피와 그저 고깃덩이가 되어 보기 흉하게 흩어질 때까지 극도의 고통뿐이다.

탄압으로 인한 죽음에 희망이 있다면 그 죽음에 이르기까지의 당사자의 활동과 그 죽음의 의의를 살리려는 후대 사람들의 활동에서 찾을 수밖에 없다. 죽음 자체는 어디까지나 비참한, 어둠에서 어둠으로 파묻히기 위한 사건일 뿐이다. 따라서 예수의 죽음이라는 사건에서 예수 활동의 의미를 찾아내려 하는 것은 잘못이다. 단말마의 극도의 고통은 어디까지나 단말마의 고통인 것이고, 탄압의 타격에 자신의 육체가 무너져 가는 고통의 순간 이외에 아무것도 아니다. 그 일순간에 자신이 그때까지 살면서 활동해 온 모든 것들의 의미가 응축된다는 건 있을 수 없다. 결코 있을 수 없다.

단말마 속에서 예수는 외쳤다.

'나의 하느님, 나의 하느님, 왜 나를 버리시나이까.'(마르코 15장 34절)

그건 그럴 것이다. 근대의 무신론자들이 신에 의한 절대적 정의 따위는 존재하지 않는다는 것을 잘 알면서, 조금이라도 많은 인간들이 정의를 바라며 활동하고, 자신을 희생하며 죽어갔다는 것과는 이야기가 다르다. 그런 경우조차 객관적으로 보면 확실히 그 사람의 죽음은 헛되지 않았고, 그 사람 자신도 하느님이 정의를 보장해 줄 것이라는 것은 기대하지 않았으며,

그저 역사의 미래를 믿고 자신의 한 조각 생명을 버리고 갔을 지라도, 단말마의 고통 속에서는 어쩌면 자신의 노력은 완전히 헛된 것이 아니었을까 하고 절망적인 감정에 사로잡히기도 할 것이다. 하물며 고대인 예수는 하느님을 믿었다. 자신이 생명 을 걸고 관철해 온 활동은 하느님 편의 정의라고 확신하고 있 었다. 아마 예수도 자신의 체포, 처형 때 하느님이 몸소 출현해 자신을 구해줄 것이라고 생각할 정도로 안이하지는 않았겠지 만 역시 그처럼 탄압당하고 무참한 죽음에 처하게 되면 도대 체 하느님은 정말로 정의의 편에 서 있는 것일까 하고 회의에 빠져들지 않을 수 없었을 것이다. 아니, 그 정도의 회의라면 이 미 몇 번이나 거듭 통과해 왔을 것이다. 여기에 있는 것은 이미 회의가 아니라 절망이다. 하느님은 나를 버렸다.

그렇게 말하며 외쳤을 때, 그 순간에 남은 것은 무참한 죽음 뿐이었다. 그 순간의 예수의 마음을 생각할 때 두려워 떨지 않 을 사람은 없을 것이다.

이 너무나 적나라한 단말마의 모습과 두려워 떨면서 대면하 는 것을 피하기 위해 과학적 해석자들은 예수한테서 이 말조 차 빼앗으려 해 왔다. 어떤 사람은 예수가 이처럼 외친 것은 역 사적 사실이 아니라고 생각했다. 하느님의 아들인 세계의 구 원자가 이처럼 무참하게 절망하며 죽을 리가 없다…… 또 다 른 사람은 이것은 구약의 시편 22편의 시작 부분 구절의 인용 이며, 그 시의 마지막은 '사람들은 주(이신 하느님)의 이름을 앞으로 올 세세대대로 전하고, 주(이신 하느님)께서 하신 그 구 원을 나중에 태어날 사람들에게 알리고 전하리라'라는 하느님 찬미 구절로 끝나고 있으므로, 예수는 그때 '고난의 의인'으로서 하느님을 찬미하며 숨을 거두었다고 해설해 준다. 그 근거로 구약성서를 인용하는데, 그 문헌 전체를 인용하는 대신에 서두의 구절만을 인용하는 관습이 있었다고 한다. 그러나 그런 관습은 존재하지 않는다. 창세기와 같은 긴 문헌의 최초의 말(이 경우라면 '처음에')만을 그 문헌의 표제로 썼다고 하는 것은 있어도 그 문헌 도중의 한 구절을, 또는 그 문헌 전체의 정신을 표현하는 데 최초의 한 문장만을 인용하는 기묘한 관습은 존재하지 않는다. 더군다나 최초의 한 문장과 최후의 한 문장이 전혀 다른 것을 말하고 있는데, 최후의 한 문장만을 말하고 싶어서 최초의 한 문장만을 인용한다는 따위의 일이 있을 수 있을 리가 없었다. 하물며 이것은 율법학자들 사이의 성서 해석 논쟁 장면이 아니라 단말마의 비명이다. 단말마의 비명은 가장 하고 싶은 말을 입 밖에 내는 법이다.

한 사람의 인간이 이만큼 두려운 탄압과 학살에 처해, 단말마의 고통스러운 말을 가까스로 외치고 있는 것을 앞에 두고, 그 앞에 두려워 떨며 머리를 숙이는 게 아니라, 그러기는커녕 온갖 억지를 부리면서 이것은 단말마의 비명이 아니다, 하느님의 구원 계획의 고마운 성취다, 라는 등 태연하게 허풍을 떨 수 있는 신학자들은 도대체 어떤 정신의 소유자들인가.

확실히 당시의 어느 정도 교양인으로서 예수의 머릿속에도 시편의 여러 구절들이 암기되어 쌓여 있었을 것이다. 하느님은 나를 버렸다. 십자가의 고통 속에서 그 생각이 강해짐에 따라 예수는 그 생각을 이 구절에 가탁해 외쳤을 것이다. 이 짧은 구절은 인용이라기보다 단말마의 절망을 그대로 표현하고 있다.

다만 예수가 이 구절을 외쳤기 때문에, 이미 가장 초기의 그리스도 교단에서 예수 수난 이야기를 말한 화자話者는 시편 제 22편에 나오는 몇 개의 구절이 예수의 죽음의 장면에서도 그 대로 실현되었다는 식으로 이야기를 만들었다. '모두 나를 보는 자들은 비웃고, 입을 비쭉거리고, 머리를 흔들며 말한다, 그는 주(이신 하느님)에게 몸을 맡겼다, 주(이신 하느님)께서 그를 구해 주겠지.'(22편 7-8절. 마르코 15장 29-32절은 그 혼용) 로마 병사들은 '서로 내 겉옷은 나눠 갖고, 속옷을 놓고 제비를 뽑는다.'(22편 19절 = 마르코 15장 24절) 이런 상태에서 십자가 장면 자체의 묘사까지 성스러운 구약성서의 예언 성취라는 도식에 맞춰 끼워 넣었다.

그리하여 수난 이야기의 화자도, 후세의 신학적 해석자들도 단말마의 예수의 너무나도 무참한 의식과 대면하며 두려워 떠는 것을 피하려 했다. 그런 해석자들의 의식 속에서 예수는 '부활'당한다. 그다음에는 예수의 죽음에 대한 의미 부여가 시작된다. 결국 예수라는 구원자는 십자가의 죽음을 통해 세상 사람들을 구원하기 위해 이 세상에 온 것이다, 라고들 이야기하게 된다. 예수는 십자가에 매달려 죽기 위해서 살았다는 것이다.

그렇지 않다. 예수의 저런 삶과 활동의 결말로 저런 죽음이 있었던 것이다. 저렇게 무시무시하게 살았기 때문에, 저렇게 무시무시하게 죽기에 이르렀다. 아니 오히려 저렇게 무시무시한 죽음이 예기豫期되어 있음에도 불구하고 굳이 그것을 회피하지 않고 끝까지 살아냈다고 해야 할까. 예수의 죽음에 희망이 있다면 죽음 자체 속에서가 아니라 그 죽음에 이르기까지 살면서 활동을 계속한 모습 속에 있다.

초판 후기

　이 책의 집필에는 햇수로 8년이 걸렸다. 8년간 이 작업에만 전적으로 매달린 것은 아니고, 생활상의 이유로 종종 작업을 중단했다. 제1장은 1972년 8월호의 〈역사와 인물〉(중앙공론사)에 발표했다. 그러나 전체 구상은 집필에 들어가기 전에, 특히 1970년에 오사카의 자립적 목사 연합 주최의 연속 강좌에서 '예수'를 주제로 해서 다루었을 때 이미 거의 완성되어 있었다.

　그 직후에 독일로 건너가 괴팅겐대학의 교원으로 연명하면서 제2회(이 책 제2장, 〈역사와 인물〉 1972년 10월호), 제3회(이 책 제3장 및 제4장 1-3, 〈정황情況〉 1974년 3월호)를 공표했다. 제3회 이후의 원고가 〈역사와 인물〉지에 게재되지 않았던 이유에 대해서는 〈정황〉지에 자세히 공표했기 때문에 여기에서는 되풀이하지 않겠다.

　그 뒤 계속해서 집필을 해야 했으나 괴팅겐대학에서의 체류를 예정보다 앞당겨 자이르(지금의 콩고)의 킨샤사에 있는 대학 교원으로 가게 되어서 그 준비도 해야 했기에 결국 이 책의 집필은 중단됐다. 킨샤사에는 연구서나 노트류는 전부 갖고 가서(강의의 질을 유지하기 위해서도 그것은 불가결했지만), 어떻게든 집필을 계속하려 했으나, 신식민지주의 지배하의 무서운 빈곤과 사회적 혼란 속에 있는 아프리카 대륙의 일각에서 대학 교원으로 일한다는 데서 오는 자기분열과 과중한 노동을 강요당하는 생활 속에서는 집필할 짬을 좀처럼 낼 수 없었다. 결국 1974년 10월부터 76년 8월까지 2년간의 아프리카 체류 중에 이 책의 원고를 위해 붓을 드는 것은 불가능했다. 그뿐만 아니라 그 짧은 2년간의 체력 소모와 생활상의 깊은 상처에서 회복하는 데 예상외로 시간이 걸렸다. 그다음 1년은 옛 보금자리인 프랑스 스트라스부르대학에서 교원 생활을 했는데, 그 기간에도 이 책 집필을 재개할 수 없었다. 1977년 말에 일본에 돌아와, 마침내 78년 봄부터 이 책의 작업을 재개했다. 그해 여름까지 이미 발표한 원고에 전면적으로 손을 댔고, 제4장의 나머지 부분을 완성했다. 그 뒤 다시 1년 가까운 준비를 거쳐 제5장과 제6장을 1979년 7월부터 10월까지 완성했다.

이처럼 장기간에 걸쳐 쓴 사정으로 생긴 결함은 문체를 통일하지 못한 것이다……

하지만 한편으로는 이 책을 이만한 세월을 들여 쓴 데에는 그 나름의 장점도 있었다. 하지만 나로서는 장년의 세월에 걸쳐 썼다는 의식은 거의 없다. 완성해 보니 햇수로 8년이나 걸린 것을 깨닫고는 스스로 놀랐을 정도다. 바로 어제 막 첫 페이지를 쓰기 시작했다는 느낌이었다. 그렇게 느낀 데에는, 그 하나로 1970년 4월에 국제기독교대학에서 부당해고를 당한 이래 내 생활이 변화무쌍하게 바뀌면서 순식간에 시간이 너무 지나가버린 탓도 있을 것이다. 한 장소에서 겨우 책상을 손에 넣어 작업을 할 수 있게 됐다 싶으면 벌써 다음 장소로 이사 준비를 하고 있었다. 킨샤사의 시내에서만 두 번이나 이사를 했고, 이사용의 큰 나무상자를 해체해서 책상을 만들고 그것을 또 해체해서 이사용 상자를 만들었다. 또는 2, 3개월 정도는 시간 계산에 들어갈 수 없는 아프리카 대륙의 느긋한 생활 리듬에 익숙해진 탓도 있다. 또는 책 한 권에 10년, 20년이나 걸리는 것이 예사인 유럽의 출판 사정에 익숙해진 탓도 있다. 2, 3개월만 하면 책 한 권이 만들어지는 일본의 출판 사정 속으로 되돌아 온 것은 말하자면 길가의 풀을 즐겁게 바라보며 걷던 인간이 갑자기 제트 코스터에 처박힌 것과 같았다.

그렇지만 이 8년의 집필 기간을 길다고 느끼지 못한 주요 이유는, 설사 직접 붓을 들어 쓰지 않은 기간에도 예수상을 늘 머릿속에서 그리기를 계속한 덕일 것이다. 학문적인 고증을 완성한 뒤에도 살아 있는 인간의 상으로서는 어쩐지 어슴푸레한 상태로 머물러 있는 경우가 많다. 그 어슴푸레한 상을 의식 속의 대화 상대로 유지하면서 다른 한편으로 자신의 현재의 역사적 현실 속에 깊이 파고들어 살아가려고 할 때 점차 그 상이 확실히 보이기 시작하고 육성이 들려올 정도가 된다. 그것도, 예수가 살아간 하나하나의 장면에 대해 어느 한 장면이 확실히 상이 맺혀도 다른 장면은 희뿌연 경우가 많다. 그들 모든 장면이 상호 연관되면서 약동하기 시작할 때, 마침내 예수라는 사나이를 이해할 수 있게 됐다고 할 수 있을 것이다. 그런 의미에서는 8년 정도는 여전히 너무 짧다.

한편 이제 이 책은 어떻게 해서라도 집필을 끝내야겠다는 조바심도 있었다. 예수가 죽임을 당한 것이 30대 전반이었다면, 또는 설령 30대 후반이었다 하더라도 나는 이미 예수보다 훨씬 오래 살았다. 연령상으로 너무 간격이 커져 버리면 이 사나이의 격렬하고 날카로운 의식을 표현하는 데 역시 아무래도 미묘한 어긋남이 생길 것이다. 이 책을 쓰기 시작했을 무렵이 이미 연령상으로는 예수를 그릴 수 있는 최후의 시기라고 생각했다. 그리하여 한편으로는 예수를 그리는 것은 내 일생의 과업이라고 생각하면서, 또 한편으로는 한시바삐 완성해야겠다는 초조한 심정이었다.

한 사람의 인간은 일생에서 많은 것을 할 수 있다고도 할 수 있고, 할 수 있는 게 별로 없다고도 할 수 있다. 나는 다른 것을 할 여유는 별로 없고, 예수를 그리기 위해 이 세상에 태어났을지도 모르겠다는 느낌은 있었다. 그런 만큼 엉거주춤한 채로 끝내고 싶지 않았다. 내 일생의 모든 것을 걸고 쓴다면 죽기 직전에 완성하는 것이 어쩌면 가장 옳을지도 모르겠다는 생각을 했다. 8년이나 쓰기를 계속한 것은 어쩌면 마음 깊숙한 곳에서, 이것은 끝내 버리면 좋을 일이 아니다, 언제까지라도 계속 쓰고 싶다는 욕망이 꿈틀거리고 있었기 때문일지도 모르겠다. 그런 의미에서 직접 붓을 들고 있지 않은 시간에도 계속 예수를 그리고 있었다고 할 수 있다. 애초에 십자가에 매달려 죽임을 당한 이 사나이의 무시무시한 삶을 그릴 수 있으려면 자신도 거기에 대응할 수 있을 정도의 삶의 질을 살아가지 않으면 안 된다. 나는 도저히 그 정도까지의 삶을 살 수는 없었다.

그러나 적어도 가능한 한 거기에 근접하는 삶의 질은 지키고 싶었다. 그렇지 않으면 예수를 그린다는 행위가 예수를 뼈대를 발라내고 부둥켜안는 꼴이 되는, 2천 년간 계속 반복되어 온 행위에 나도 빠져들게 될 것이다. 역사를 서술한다는 것이 어차피 현재를 산다는 행위라고 본다면, 예수를 위해서 현재의 문제에 맞서는 것은 아닐지라도, 현재의 문제에 맞서면서 예수를 그리지 않으면, 예수를 그릴 자질은 가질 수 없다. 적어도 1968년 이후 나는 예수를 그리는 인간으로 살아가려 해온 셈이다. 그리고 이 책이 출판되면 이번에는 예수를 그린 사나이로서 살아갈 책임을 지게 된다. 나로서는 그 과제를 충분히 감당할 수는 없었으나, 감당하지 않으면 안 된다는 의식을 버리지는 않았다.

따라서 이 8년, 붓을 들지 않은 기간도 이 책 내용과 무관했던 것은 아니다. 특히 킨샤사에서 생활한 2년간은 세계사적으로 거대한 규모의 식민지 지배가 부과한 중압이 너무나 생생하게 그 흔적을 남기고 있는 곳에서 살아가고 있는 사람들을 눈앞에서 보고, 또 실제로 그 속에서 살아가고 있는 학생들에게 강의로 예수상을 그리는 작업을 하고 있었으므로, 로마제국 지배하의 변경 지역에서 살아가던 예수상을 그리는 데 그것이 무관할 리가 없었다. 설사 아프리카에 가지 않았다 하더라도 이 책의 내용도 문장도 99퍼센트는 바뀌지 않았을 것이다. 그러나 그 1퍼센트가 보태졌기 때문에 이 책의 수준이 약간은 더 높아졌다고 생각된다.

예수를 그린 책을 누구라도 쉽게 손에 넣을 수 있고, 또 그것이 저렴한 가격으로 팔리지 않는다면 그것 자체가 자기모순이다. 그럼에도 나는 이 책을 신서판 크기로 만들 의지는 추호도 없었다. 일본만이 아니라 구미에서도, 그것도 19세기 이래 '예수'는 신서판, 문고판으로 출간되는 것이 보통이었다. 이것은 출판 자본의 요청이다. 거의 1세기나 되는 기간에 전 세계에서 '예수'는 소형 신서판이라는 상식이 통용되어 왔기 때문에 자본의 논리가 책의 질을 규정하는 힘의 크기를 새삼 느낄 수밖에 없다. '예수'는 가볍게 읽을 수 있고, 정가가 싸고, 호주머니에 들어갈 정도라면 상업적으로 반드시 성공한다. 실제로 그렇게 해서 전 세계에서 그 수를 헤아릴 수 없을 정도로 쓰이고 팔린 동공이곡同工異曲의 신서판 '예수'는 우선은 대체로 상업적으로 성공했다. 그 때문에 가볍고 쉽고 얄팍하게, 라는 요청에 맞춰 싸고 간편하고 얄팍한 예수상이 계속 제공되어 왔다. 만약 제대로 예수의 전체 모습을 그려 달라고 요청받을 경우 주저할 게 분명한 수많은 저자들까지도 겨우 반년이나 1년도 채 되지 않는 기간에 완성하는 얄팍한 신서판이라면 어떻게든 할 수 있겠다는 이유로 차례차례 휘갈겨 써 왔다. 독일어 책을 그대로 번역하거나, 적당히 요약하거나 한 것을 자신이 쓴 글인 것처럼 그럴싸하게 보이게 하고 그 사이에 계획도 없이 그때그때 생각나는 대로의 즉흥적인 착상을 배치하기만 한 도작盜作이나 다름없는 신서판 등은 논외지만, 명저라 불릴 수 있는 책 다수도 신서판 정도의 크기로 만들어지고 있는 것은 유감스러운 일이다. 만약 한편으로 어느 정도 충분히 그려진 '예수'가 몇 권 존재한다면, 그것과 나란히 또는 그것을 요약하는 형태로 신서나 문고판의 '예수'가 다소 존재하는 것은 의미도 있을 것이다. 그러나 '예수'라고 하면 얄팍한 신서판이라는 형태가 상식화되는 것은 결국 그 인물의 존재 자체를 얄팍한 것으로 다듬는 것일 수밖에 없다. 예전에는 교회가 예수를 교회의 논리 속에 품어 뼈대를 발라냈으나, 20세기에는 상업주의 출판의 논리 속에 예수가 뼈대를 발리고 있다. 이러니저러니 해도 예수라는 사나이는 역시 세계사적으로 거대한 흔적을 남긴 인물이다. 신서판에 조촐하고 아담하게 수납될 리가 없다.

이 책을 쓸 때 특히 전반에서는 몇 명의 저자들이 쓴 '예수'를 대화 상대로 가려냈다. R. 불트만의 『예수』(1926), 야기 세이이치의 『예수』(1968), 도이 마사오키의 『예수 그리스도』(1966)이다. 이 세 사람에 대한 언급은 특별히 사전 양해가 없는 한 여기에 든 저작에 관한 것이다. 그 외의 저자에 대해서는 필요 없는 한 가급적 이름을 들어 논급하지는 않았다. 이 책의 목적은 여러 설들에 대해 논하는 것이 아니라 예수상을 그리는 것에 있었기 때문이다. 여러 설들에 대해 논하는 것은 또 다른 장場에서 하게 될 것이다. 다만 후반에서는 종종 J. 예레미아스에 대해 언급했다.(『예수의 비유』(1947), 『신약성서신학 제1부 – 예수의 선교』(1971)) 너무 유치한 호교론적 자세에도 불구하고 1세기 팔레스티나의 시대 상황 속에서 예수를 이해한다는 작업에 관해서 예레미아스는 발군으로 뛰어나기 때문이다. 한편 불트만 등 세 사람을 특히 선택한 것은 일본어로 쓰인 '예수' 중에서는 비교적 잘 읽히고 있기 때문이다. 거기에다 각각의 결함에도 불구하고 매우 독창적이며, 논의의 대상으로 삼을 만한 충분한 가치가 있다. 불트만의 『예수』는 명저다. 불트만과 야기의 경우도 그 나름으로 저자 자신과 그 예수상 사이에 매우 개성적인 대화가 이뤄지고 있다. 이 두 사람 모두 예수를 완전히 추상적인 사변의 덩어리로 환원시켜 버렸기 때문에 도저히 예수의 역사적 실태에 다가갈 수 있는 것은 아니지만, 그럼에도 각각의 신학적 전제 위에서는 어떻게든 예수를 이해하려 하면서 매우 독창적인 깊이에 도달하고 있다. 한편 도이 마사오키의 책은 역사적으로 너무 초보적인 오류가 많아 진지하게 상대할 수는 없지만, 그러나 출발점의 착상의 재미는 그나름으로 독창적인 질에 도달해 있으며, 일본인이 쓴 '예수' 중에서는 적어도 굳이 언급할 만한 수준은 된다.

그리고 이 책이 마무리되기 조금 전에 아라이 사사구가 예수에 관한 책을 두 권 연이어 상재했다.(『예수와 그의 시대』(1974), 『예수 그리스도』(1979)) 이에 대해서는 타이프라이터의 스피드 경쟁과 같은 속필에 경의를 표하는 것 정도면 될 일이라고 생각하지만, 요즘 상당히 많은 독자들에게 읽히고 있는 듯해서 무시할 수도 없겠기에 다소 언급하기로 했다. 아라이의 이 두 저서에 대해서는 이미 아라이가 이 책의 전반부를 잡지에서 읽었고 후반부에 대해서도 거의 알고 있으면서 자신의 저작을 썼다는 사실을 지적해 두는 정도로 충분할 것이다. 즉 이 책의 후반부는 이런 형태로는 아직 발표되지 않은 것이지만, 그리고 특히 제5장의 분수령 운운한 것과 제6장의 메시아 의식에 관한 문제에 대해서는 지금까지 분명하게 논한 적은 없지만, 그 이외의 점에 대해서는 적어도 그 골격은 모두 어떤 형태로든 잡지에 쓰거나 강연 등의 형태로 발표한 것이어서 당연히 아라이의 눈에도 띄었을 것이다. 아라이가 그리는 예수상이 내가 그리는 예수상과 일부분 매우 비슷한 듯하면서도 한편으로는 그런 부분과 같은 저작 속에서 공존하는 것이 도저히 무리인, 물과 기름만큼 이질적인 부분과 아무렇지도 않게 조합되어 있다는 것만 알아 두면, 아라이가 내게서 무엇을 가지고 갔는지, 그리고 그것을 어떻게 부풀리고 뼈대를 발라내고 가시와 가죽과 살도 빼내서 칼날이 향하는 방향을 역전시켜버렸는지 독자들도 알리라는 것이다.

외국어 문헌의 인용에 대해서는 현대어 문헌은 물론 직접 원전과 대조했으나, 공간된 일본어역이 있는 한 가능한 한 그것을 존중했다. 그러나 나의 문체 탓도 있고 반드시 일본어 역본 그대로의 인용이 아니라 내가 직접 번역해서 인용한 것이 많다. 고대 유대교 문헌에 대해서는, 그리스어 문헌은 원칙적으로 원전에서 번역했으나 그것 외에는 독일어역이나 영어역에 의거했다. 구약성서에 대해서는 세키네 마사오關根正雄역(이와나미 문고)이 존재하는 경우에는 가능한 한 그것에 의거했으나, 일본성서협회의 구어역에 따른 것도 있고, 이 또한 주로 문체상의 이유로 위의 두 개의 번역을 참조하면서 내가 번역한 경우도 많다. 랍비 문헌의 인용은 유럽에 있는 기간에 준비한 부분에 대해서는 주로 원전의 독일어역과 대조했다. 특히 미슈나는 중요하므로 영어역도 포함해 몇 개의 번역과 대조했다. 유럽에 있는 기간에는 가능한 한 히브리어 원전과도 대조했으나, 나는 랍비의 히브리어는 별로 읽어낼 수 없어서 여러 번역들 사이에 차이가 있을 경우에 어느 것이 원문의 직역에 가까운지를 판단하는 데 도움이 되는 정도였다. 그 이외의 랍비 문헌 인용에 대해서는 빌러벡의 인용에만 의거했다.

신약성서의 인용은 물론 전부 나의 번역이다. 다만 '참조'라고 붙인 경우는 직역이 아니라 상당히 해석을 섞은 말로 보완

했다.

예수라는 사나이가 이런 남자였다고 해서, 그러면 어떻게 이런 남자로부터, 또는 이런 남자임에도 불구하고 그리스도교라는 것이 생겨났는가 하는 의문은 종종 제기된다. 그 질문에 예수 쪽에서 접근하면 이 책의 제6장과 같은 것이 된다. 그러나 그것만으로는 물론 원시 그리스도교의 성립이라는 역사의 수수께끼를 해명할 수 없다. 그 문제의 본질적인 부분은 나로서는 이미 공표한 〈원시 그리스도교와 아프리카〉(『역사적 유비의 사상』, 1976년) 외에 몇 개의 논문에서 파악했다고 생각하지만, 그것을 개개의 사건들을 묘사하면서 상세하게 서술하는 것은 아직 10년이나 더 걸릴 작업일 것이다.

술어에 대해서는 물론 통일하려 했으나 예루살렘의 산헤드린의 번역어만은 결심이 서지 않았다.*

마지막으로 이 책을 만드는 데 직접 도움을 받은 많은 분들에게 감사의 마음을 표시하고 싶다. 그 밖에도 간접적으로 대단히 많은 분들의 도움을 받았다. 예컨대 스트라스부르대학의 은사 에티엔 트로크메나 벗들 외에 이름을 들자면 한이 없기 때문에, 여기에서는 단지 감사의 마음을 일반적으로 표현하는 데 그치고, 다음과 같은 분들만 이름을 명시하고자 한다. 첫째, 이 책의 최초 계기가 된 연속 강연회를 주최해 주신 간사이의

---

* 따라서 초판에서는 '최고법원最高法院', 제6장만 '종의회宗議會'로 했으나 제2판에서는 모두 '시의회市議會'로 통일했다. 예루살렘의 산헤드린도 기본적으로는 헬레니즘·로마 세계 자치도시의 시의회에 대응하는 것이기 때문이다.

자립적 목사 연합 소속의 여러분. 그 강연회는 당시 실업자였던 내가 생활을 꾸려갈 수 있게 해 주시겠다는 뜻도 있었기 때문에 글자 그대로 나는 그분들 덕에 살아남을 수 있었다고 해도 좋다. 물론 그 당시뿐만 아니라 지금에 이르기까지 끊임없이 그분들에게 많은 것을 나는 빚지고 있다. 다음으로, 내가 명목상 발행인이 돼 있는 월간지 〈지肢〉 발행위원회의 미야타키 츠네오 씨와 사나다 하루히코 씨. 자립적 목사연합과 〈지〉의 여러분과는 이 책의 내용에 대해서도 늘 대화를 계속해 왔다. 내가 자신의 독창적인 견해라 믿고 있는 것도 실은 그들로부터 배운 점이 많을 것이다. 게다가 아프리카 체류 및 그 직후의 생활상의 위기도 그분들 덕에 넘어설 수 있었다. 셋째, 그 킨샤사의 대학에서 내 강의를 듣고 매 시간마다 온갖 주장과 질문을 퍼부으며 내용을 풍성하게 만들어준 학생 여러분. 넷째, 이 책 편집자인 사쿠라이 노리아키 씨. 마지막으로, 그러나 똑같이 큰 감사를 얼굴을 아는, 또는 얼굴도 이름도 모르지만 때때로 아직 다 못 썼느냐며 재촉해 주신 많은 독자분들에게 감사 드리고 싶다. 책의 질은 독자들의 무언의 압력을 견뎌내는 긴장감을 통해 결정되기 때문이다.

1980년 2월 29일

증보 개정판(제2판) 후기

　개정판이라 해도 상당히 많이 고쳐 썼다고도 할 수 있고, 거의 고쳐 쓰지 않았다고도 할 수 있다.

　원래 나는 표기 방식은 가능한 한 오랜 전통을 그대로 지키는 쪽이 좋다는 의견이다. 언어문화의 일관성을 지키기 위해서다. 그러나 요즘의 일본어 표기는 변화가 너무 급해서, 발행 뒤 24년이나 지나면 나 같은 사람도 다소 수정을 할 수밖에 없다. 그뿐 아니라 다시 읽어 보면 문장이 서툴러 잘 알 수 없는 곳이 눈에 띈다. 순수한 잘못만이 아니라 문장이 무엇인가에 걸려 술술 잘 읽히지 않는 곳, 논리적으로 시원치 않은 곳 등. 그런 부분은 어느 정도 손을 댔기 때문에 꽤 읽기 쉬워졌을 것이다. 또는 애매한 표현을 확실하게 강조한 문장에서 거꾸로 너무 강조한 부분을 다소 부드럽게 바꾸기도 했다.

　따라서 전체적으로 평균하면 한 페이지에 4, 5군데 정도, 또는 더 많이 고쳤다. 문장의 흐름이 나빠 큰 맘 먹고 한두 페이지를 통째로 바꿔 쓴 곳도 있다. 그러나 내용적으로는 원칙적으로(이하 지적하는 몇 군데를 빼고) 일절 변경하지 않기로 했다. 이미 발행되어 세상에 나돌고 있는 책은 저자 자신으로부터도 독립한 존재다. 저자라도 마음대로 바꿀 수 없는 것이다. 물론 지금도 다시 읽어 보면 여러 결점도 많이 눈에 띈다. 하지한 또 한편으로는, 용케도 이만한 책을 썼구나, 하고 스스로 감탄하는 바도 많다. 만일 지금 완전히 새롭게 쓴다면, 절반은 이 책보다 훨씬 더 나아지겠지만, 나머지 절반은 도저히 이 책의 수준에 미치지 못할 것이다. 따라서 역시 이미 자립한 존재가 된 책은 문장을 읽기 쉽게 손질하는 것 외에는 가능한 한 다시 쓰는 것을 피하는 게 옳을 것 같다. 그리고 많은 부분 고쳐 썼다고 하지만, 이 책 제1판을 이전에 읽으신 분이 이 개정판을 보시더라도 거의 대부분 정정된 부분을 알아채지 못하고, 뭐야, 똑같잖아, 라고 생각하시며 읽게 될 것이다.

제1판에서는 쇄를 거듭할 때마다 부주의한 숫자 오류 등을 고쳤지만 아직도 어느 정도 남아 있었다. 참으로 죄송하다. 이번에 눈에 띈 것은 다 고쳤다. 현대의 사건에 관해 언급한 경우, 24년이나 지나 그 사건 자체가 이미 옛날 일이 되어 버려서 독자들에게 통하지 않게 된다. 따라서 그런 사례 몇 개는 삭제했지만, 바꿔 넣은 것들도 다소 있다.

제1판에서 '신약서' '구약서'라고 한 것은 '신약성서' '구약성서'로 고쳤다. 확실히 신약성서가 '성서'로 불리게 된 것은 그 문서들이 쓰인 지 수백 년이나 지난 뒤의 이야기이기에, 신약의 문서들 자체를 가리킬 때 '성서'라고 부르는 것은 어울리지 않는다. 그래서 그 무렵에는 요시모토 다카아키의 말투가 유행하고 있기도 해서, 그 흉내를 내서 '신약서'라 썼다. 그러나 '성서'라고 부르는 것을 피하고 싶다면 '신약'이라 부르는 것도 기묘하다. 이 호칭도 또한 '성서'보다는 좀 오래된 것이지만(2세기 후반 정도이므로), 1세기의 그리스도교도는 아직 그 문서들에 그런 이름을 붙이지 않았다. 따라서 '성서'라는 말을 쓰지 않겠다면, '신약'도 써서는 안 된다. 그러나 오히려 사물의 이름이라는 것은, 현재 우리가 그것을 '성스러운 책'이라고 생각하느냐 하지 않느냐의 문제가 아니기 때문에, 전통적으로 '신약성서'라고 부르며 익숙해진 책이라는 정도의 의미로 그냥 그대로 '신약성서'로 부르는 게 좋을 것이다.

완전히 다른 취지로 고쳐 쓴 것은 5장의 루가 16장 9절에 대한 서술이다. 상당히 무리하게 비꼰 논술이었던 것을 말끔하게 고쳐 썼다. 역시 무리해서 다른 사람의 학설을 추종하려 하면 아무래도 사리에 맞지 않게 된다. 반성.

증보판이라 해도 대량으로 증보한 것은 아니다. 크게 보태서 쓴 것은 제5장의 '달란트의 비유'(이것은 제1판의 내 견해를 대폭 수정하고 그 이유를 전개했다) 및 제6장의 '마르타와 마리아' 이야기(이것은 새로 추가했다)에 대한 부분이다. 또 그것과 관련해서 어느 여인이 예수의 발에 향유를 부은 이야기도 꽤 고쳐 썼다.(전승사적인 분석 등등을 진지하게.) 그 밖에 2, 3행 정도 수정 내지 추가한 부분은 곳곳에 있다.

개정판을 내고 싶었던 큰 이유 가운데 하나는 제1판의 편집 체제가 읽기 어렵게 되어 있는 것과 표지다. 책 내용과 전혀 관계가 없는 그림이 표지를 장식하고 있는 것은(내 책에 국한되지 않고 일본의 매우 많은 출판물들의 나쁜 관습이지만) 아무래도 기뻐할 일은 아니다. 이 개정판을 작품사作品社에 부탁한 주된 이유는 이미 다른 출판물을 통해 다소 알고 지낸 편집자인 마스코 신이치 씨의 편집 체제, 장정 등의 센스가 마음에 들었기 때문이다. 물론 단지 이런 외형적인 요소만이 아니라 그의 편집 자세 전체가 존경할 만하지만 말이다. 이미 초판 단계에서 24년간 약 2만 6천부 팔린 책이다. 증보개정판이라 해도 초판의 계속이다. 앞으로 그 이상으로 엄청 많이 팔릴 것이란 기대는 별로 할 수 없을 것 같다. 그럼에도 출판을 군이 맡아주신 작품사와 마스코 신이치 씨에게 진심으로 감사드린다.

2004년 3월 21일
다가와 겐조

옮긴이의 말

지난해 6월에 아라이 사사구荒井献의 『예수와 그의 시대』(서커스출판상회) 한글판을 내면서 역자 후기에, 성서학과 기독교계 사정에 문외한인 역자로서의 걱정과 만용을 면피하듯 전제하면서, 이렇게 썼다.

"반세기 전에 일본 사회가 성취해낸 성서학이나 예수 연구의 경지가 대단한 것이었다는 생각을 하게 만들었다. 어쩌면 이른바 '리버럴'의 전통이 살아 있던 그 시절의 일본이야말로 사회, 경제 분야뿐만 아니라 학문의 세계에서도 근대 일본이 도달한 정점이 아니었을까 하는 막연한 추측과 함께, 아라이와 다가와의 예수 연구 또한 그 전성기를 장식한 하나의 봉우리가 아니었을까 하는 생각을 했다. 그 리버럴 전통이 급속히 사라지고 일제히 우편향하면서 왜소해져 버린 듯한 지금의 일본을 생각하면 더욱 그런 느낌이 든다."

다가와 겐조田川建三의 이 책 『예수라는 사나이イエスという男』

를 번역하면서 그런 생각이 더 강해졌는데, 어쩌면 다가와 겐조야말로 그 선봉에 섰던, 그리고 어쩌면 가장 탁월한 연구자 가운데 한 사람이 아니었을까 하는 생각을 했다. 다가와의 이 책은 1979년 말에 탈고해 초판 1쇄가 1980년 초에 나왔으나, 저자에 따르면 전체 틀은 1970년에 이미 완성되어 있었고, 1972년부터 이 책의 제1장에 해당하는 내용이 월간지 〈역사와 인물〉(중앙공론사)에 게재된 것을 시발로, 3장, 4장이 1974년 3월에 다른 잡지를 통해 공표됐다. 5, 6장을 1979년 10월에야 완성하는 등 이 책 집필에 8년이나 되는 세월이 걸렸다. 이에 비해 아라이 사사구의 『예수와 그의 시대』가 이와나미岩波신서로 나온 것은 1974년10월이었다. 다가와가 초판 저자후기에서 지적하고 있듯이 아라이는 『예수와 그의 시대』를 탈고하기 전에 1972년부터 공표되기 시작한 다가와의 이 책 내용을 충분히 파악하고 있었을 가능성이 높다.

저명한 문학비평가요 사상가인 가라타니 고진柄谷行人이 다가와의 이 책이 나오기 10여 년 전에 나온 그의 『원시 그리스도교사의 한 단면原始キリスト教史の一斷面-福音書文學の成立』(1968)을 보고 '놀라움', '경탄'을 토로했다며 『예수라는 사나이』의 새로운 시각을 중심으로 짧지 않은 리뷰를 쓴 것으로 보아, 다가와의 기독교 성서, 예수 연구는 당시부터 일본 지식계와 기독교계의 큰 주목을 받았던 것으로 보인다. 따라서 아라이가 『예수와 그의 시대』를 쓸 때 먼저 나온 다가와의 『예수라는 사나이』의 주요 내용을 파악하고 집필에 참고했을 가능성 역시 높다고 봐야 할 것이다. 독자의 입장에서는 재미있게도 다가와는 이 책 여러 곳에서 아라이를 직설적으로 비판하면서, 아라이의

지적 독창성과 예수 시대의 상황 이해의 심도에 노골적으로 의심과 불신을 토로하고 있다. 물론 전체 내용으로 보면 작은 단편들에 불과한 지적들이지만, 1935년생인 다가와가 1930년생인 아라이 저작의 전반적인 수준을 높게 평가하면서도 작심하고 '까는' 부분들은 단지 재미 차원에 그치는 것이 아니라 예수와 그 시대에 대한 접근 방식과 총체적 이해의 차이를 드러내면서 독자들의 이해를 심화시키는 데에도 보탬이 될 것으로 생각된다.

역자는 1983년에 초판이 나온 뒤 오래 절판됐던 『예수라는 사나이』(한울림)의 번역에도 미력이나마 부분적으로 동참했기에 이번에 완역을 하면서 감회가 새로웠다. 40년 전의 그때를 지금 돌이켜 보면, 문제의식과 의욕은 충만했으나 세상에 대한 이해도 책에 대한 이해도 많이 부족했다는 생각을 하지 않을 수 없다. 지금도 성서학과 기독교 사정에 대한 역자의 이해가 그때보다 별로 나아진 게 없지만, 『예수라는 사나이』는 이번에 그야말로 전혀 새롭게 다가와 역자도 새삼 경탄을 금치 못했다.

번역은 2020년 8월 30일에 발간된 제2판(증보개정판) 제13쇄를 모본으로 삼았는데, 2004년 6월에 제2판 1쇄가 나온 뒤 13쇄를 찍었으니 다가와의 이 책은 초판 발행 뒤 지금까지 40년간 꾸준히 팔리고 있는 스테디셀러 고전으로 확고히 자리잡았다고 해야겠다.

다가와의 예수 이해에서 핵심적인 단어 가운데 하나라고 할 수 있는 것이 '역설적 반항아'라는 것이다. 예컨대 '선한 사마리아인' 비유에서 예수는 '이웃'이란 누구인지 그 정의부터 물어 온 유대교 율법학자에게 즉답을 하지 않고 당신 생각은 어떤가? 하고 반문했다. 율법학자가 평소 달달 외고 있던 유대교 경전 구절을 인용하며 이것 아니오? 하자, 잘 알고 있으면서 왜 물었느냐는 투로 대꾸한 뒤, 바로 '선한 사마리아인 비유'를 꺼내 그것을 뒤엎어 버린다. 그 요체는, 그 율법학자가 말한 이웃이란 우선 유대인이어야 하고 유대교 경전을 잘 알고 그것을 하느님의 뜻으로 알고 믿어야 한다는 등 이웃과 이웃이 아닌 사람을 우선 가르고 이웃이 아닌 경우를 배제해가면서 그런 사람은 이웃이 아니고 이런 사람이 이웃이라는 것인데, 예수는 그런 접근법 자체를 뒤집어 버린다. 그런 접근법은 기득권자, 강자들이 미리 정해 놓은 틀에 맞지 않는 것을 이단이나 '더러운 것'으로 이웃 범주에서 제외시켜가는 철저한 차별·배제적 접근이다. 이에 대해 예수는 그런 접근법에 따를 경우 결코 이웃이 될 수 없는 사마리아인이야 말로 진짜 이웃이라며, 이웃은 그렇게 가르고 내쳐서 골라낼 수 있는 것이 아니라 "내가 먼저 다가가 그의 이웃이 되는 것"이라고 설파한다. 바로 예수가 생애를 바쳐 싸웠던 유대의 지배 체제, 즉 대사제와 종교 귀족들, 유대교라는 종교와 산헤드린, 그리고 그들과 연합했던 로마제국 파견 대관들과 군사들의 세계관과 가치관 자체를 부정하고 뒤엎어 버린 것이다. 로마제국 아래서 국교로 승인받아 새로운 지배 종교로 등장한 그리스도는 그 이후 지금까지 2천 년간 사마리아인 비유를, 사마리아인과 같은 이단자나 '불결한' 자들도 선한 일을 하면 하느님의 자비로 천국에 갈 수 있다는 체제 순응적, 호교론적 해석으로 예수의 비유를 완전히 변질시켜 버렸다는 것이 다가와의 생각이다. '10리를 가자거든, 10리를 더 가주어라'는 얘기도 그런 선한 마음으로 순종적인 행동을 하면 보상받고 하느님의 구원을 받을 것이라는 종교적·율법적 해석을 철저히 배격하는 쪽으로 다가와는 해석한다.

로마제국의 식민 지배 아래서 예컨대 밭에서 일하던 농부(서민)에게 지나가던 로마병들이 어이, 이 물건 들고 따라와, 라고 했을 때 두 말 않고 그렇게 하지 않을 자가 있었을까. 만일 그것을 거부했을 경우 물건을 들고 가주는 노고의 몇십 배가 넘는 보복을 당할 게 뻔했다. 최악의 경우 목숨을 잃을 수도 있었다. 그것이 당대의 관행이었다. 따라서 10리를 가 달라면, 10리를 가서, 더 가 달라는 말을 하기도 전에 먼저 10리를 더 가주겠다고 해야 무사할 수 있었던 시대였다는 얘기다. 일본 제국주의 식민 지배하에서 조선인 보통 사람들이 겪었던 고초, 이른바 '징용공'이나 '징병', '근로정신대', '위안부'가 다 그런 억압적인 시대상황의 비참한 산물이었듯이. 그러니까 다가와는 그렇게 10리를 가 주고, 요청도 하기 전에 미리 10리를 더 가주겠다고 하는 게 마음씨가 곱거나 인품이 좋아서가 아니라 당대의 억압 체제에서 살아남기 위한 서민들의 생활지혜이자, 속이 부글부글 끓어오르며 뒤틀리는데도 참고 견뎌야 했던 시대상황의 산물이었다는 것에 대한 이해 없이는 성서 속의 그런 구절들을 제대로 이해할 수 없다는 것이다. 예수의 언행도 그런 이해가 선행되지 않으면 유대교 또는 기독교의 호교론적 해석 관행 속에 허사가 되거나 강자들의 지배 담론·장치에 알게 모르게 가담하는 일이라는 것이다. 신전에서 예수가 했다는 유명한 '카이사르의 것은 카이사르에게, 하느님의 것은 하느님에게'도 기독교의 호교론적 정통 해석인 정치와 종교의 분리, 예수는 정치 등 현실문제에는 관여하지 않았으며 더 높고 영원한 가치, 천국, 구원 등에만 집중했다는 얘기도, 다가와에 따르면 완전히 예수의 진의를 왜곡한 것이다. 다가와는 예수가 로마제국 지배에 예컨대 '열심당'의 무장 독립투쟁과 같은 적극적 저항도 하지 않았지만 그렇다고 해서 로마의 지배를 수용한 것도 아니라면서, 예수가 더 적극적으로 저항한 것은 로마의 간접 지배가 아니라 거기에 빌붙어 신전세니 십일조니 인두세니 해서 힘없는 서민들을 쥐어짜며 군림했던 유대교라는 종교와 그 지배세력이었다고 얘기한다. 당시 유대교는 단순한 종교가 아니라 종교와 정치 경제 권력이 합쳐진 유대민족주의 지배 체제였다. 따라서 '하느님의 것은 하느님에게로'는 정교 분리나 당대의 기성 종교인 유대교를 긍정해서가 아니라 오히려 철저히 부정하고 저항했다는 맥락 위에서 이해해야 한다고 주장한다. 예수의 그 많은 성서 속 언동들이 마태오나 루카 등 복음서 기록들이 전하듯 호교론적 입장이 아니라 실은 철저히 유대 종교 지배 체제에 저항하고 뒤집으려 한 결과라는 것이다. 바로 '역설적 반항'이며, 그것이 서민 대중의 호응 속에 세를 얻어가자 위기를 느낀 유대 지배 세력과 로마제국이 공모해서 그를 반역자로 몰아 죽인 것이라는 게 다가와의 생각이다. 이뿐만 아니라 '오른쪽 뺨을 때리거든 왼쪽 뺨도 내 줘라'는 예수의 이야기도 10리를 가자고 하면 10리를 더 가 주라는 것과 같은 맥락에서 이해해야 하며, 부자가 집을 나서며 하인들에게 돈을 나눠주고 나중에 돌아와 상을 주고 벌을 주었다는 비유, 그리고 하루 종일 일한 사람이나 한나절도 일하지 않은 사람이나 모두 똑같이 1데나리의 일삯을 준 포도 밭 주인 이야기도 예수 당시의 시대 상황과 예수의 생각, 그 비유가 발설된 장소 등 당시의 상황이나 그것을 큰 틀에서 규정한 정치 경제 사회 체제·구조에 대한 이해 없이는 제대로 이해할 수 없다며, 정통적인 교회 설교적 해석들을 완전히 뒤엎는다. '가난한 자는 행복하다'는 이야기도 '한 마리의 잃어버린 양' 이야기도 마찬가지다.

예수가 살았던 1세기 전후 팔레스티나 지역에는 이윤 동기가 철저히 관철되는 고대적 자본주의가 이미 작동되고 있었고, 오늘날과도 별로 다를 바 없는 '실력 제일주의'가 이미 판치던 세상에서 가진 것 없는 대다수 서민들 대부분은 내일 먹을 빵 조차 보장되지 않은 날품팔이 노동자 신세를 면치 못했다. 부잣집 주인과 하인들 비유나 포도밭 주인과 일꾼들의 균등한 임금 비유는 그런 시대 상황이나 체제, 거기에 대한 '역설적 반항'에 대한 이해 없이는 아무리 파고들어도 맥락이 닿지 않는 기이한 해석이나 자가당착적인 기독교의 이른바 정통 해석에 갇혀 버린다. 오른쪽 뺨을 맞거든 왼쪽 뺨도 대어 줘라는 얘기도 기독교 정통 해석인 이른바 '관용의 정신'의 발로로 읽는 것은 실상과는 완전히 동떨어진 오해거나 곡해라는 것이 다가와의 생각이다. 분하지만 차라리 한 대 더 맞아 주는 것이 반항하다 더 맞거나 심지어 맞아 죽을지도 모를 참변을 당하는 것보다는 낫다고 생각할 수밖에 없었던 것이 당시 사회적 약자들의 처지였다는 사실을 모르고선 이 이야기를 제대로 이해할수 없다는 것이다. 다가와의 접근 방식은 이매뉴얼 월러스틴의 세계체제론이나 안드레 프랭크 등의 종속이론 등 비슷한 시대에 등장했던 세계 이해의 유력 사조들과도 상통하는 듯하지만, 지금도 전혀 낡았다는 생각이 들지 않는다. 오히려 새롭다.

그렇다고 다가와가 이런 체제나 시대 상황, 역사적 사실로만 예수를 해석하고 있는 것은 아니다. 가라타니 고진도 지적했듯이, 다가와는 예수가 자신을 메시아로 자각했을 수 있고 하느님의 존재도 믿었을 것으로 본다. 특히 질병 치유의 '기적' 이야기들에서 보이는 예수의 종교적 '열광'을 통해 그런 점을 짐작할 수 있다며, 질병 치유 기적 등 예수의 언행과 관련한 모든 '이적'들을 모조리 후대의 기독교 교도들의 변형하거나 추가한 것으로 몰아가는 것도 결국은 근대 이후 종교적 신학자들의 호교론적 예수 이해(결국은 몰이해)의 한 갈래일 수 있다며 경계한다. 철저한 종교 비판과 종교적 '열광'이 서로 얽혀 있는 모순적 면모를 보이는 존재가 예수라는 것이다.

다가와의 이런 예수 이해의 바탕을 이루는 요소 가운데 하나는 예수가 근대인이 아니라 고대인이라는 점이다. 독립된 개인의 등장, 과학과 탈주술의 합리적·논리적·실증적 근대의 세계 이해가 아니라 주술적·몰개성적(공동체적) 세계 이해의 고대 세계에서 오늘날의 근대인과는 확연히 다른 예수 사고의 한계를 인정해야 한다고 다가와는 얘기한다. 그가 십자가 위에서 외친 "나의 하느님, 나의 하느님, 왜 나를 버리시나이까"(마르코 15장 34절)라는 단말마도 그런 맥락 위에서 해석한다.

하지만 합리적 논리적 설명이 불가능하다고 해서 실천적 경험을 통한 직관적 본질 이해력이 근대인보다 반드시 떨어진다고 할 수는 없다. 다가와가 보기에 예수는 그런 의미에서의 세계 체제의 본질 이해에 누구보다 투철했을 뿐 아니라 그 체제 모순 특히 지배계급의 전횡에 저항하며 새로운 가치와 해방을 초지일관 추구한, 그 끝이 결국은 자신의 죽음이 될 수밖에 없다는 걸 알면서도 멈추지 않은 점에서 인류 역사상 가장 위대한 존재 가운데 하나였다. 그것이 예수가 인류에게 안겨준 희망이라고 다가와는 말한다.

2022년 3월 26일
한승동

옮긴이 | 한승동

1957년 경남 창원에서 태어나 서강대 사학과를 다녔다. 〈한겨레신문〉 창간 멤버로 참여해 도쿄 특파원, 국제부장과 문화부 선임기자를 거쳐 논설위원을 역임했다. 저서로 『대한민국 걸어차기: 미국 · 일본의 패권 게임과 우리의 생존법』, 『지금 동아시아를 읽는다: 보수의 시대를 가로지르는 생각』이 있으며, 역서로는 『예수와 그의 시대』, 『시대를 건너는 법』, 『나의 서양음악 순례』, 『디아스포라의 눈: 서경식 에세이』, 『들어라 와다쓰미의 소리를』, 『제국의 브로커들』, 『정신과 물질』, 『국체론』, 『강제 징용자의 질문』, 『종전의 설계자들: 1945년 스탈린과 트루먼, 그리고 일본의 항복』, 『삼국지 그림 기행』, 『완전하지도, 끝나지도 않았다』, 『동남중국해 힘과 힘이 맞서다』, 『1★9★3★7 이쿠미나』 등이 있다. 현재 출판 기획 및 전문번역가로 활동하고 있다.

예수라는 사나이

초판 1쇄 발행 2022년 4월 30일

지은이 다가와 겐조
옮긴이 한승동

펴낸곳 서커스출판상회
주소 경기도 파주시 광인사길 68 202-1호(문발동)
전화번호 031-946-1666
전자우편 rigolo@hanmail.net
출판등록 2015년 1월 2일(제2015-000002호)

ISBN 979-11-87295-63-1 03230